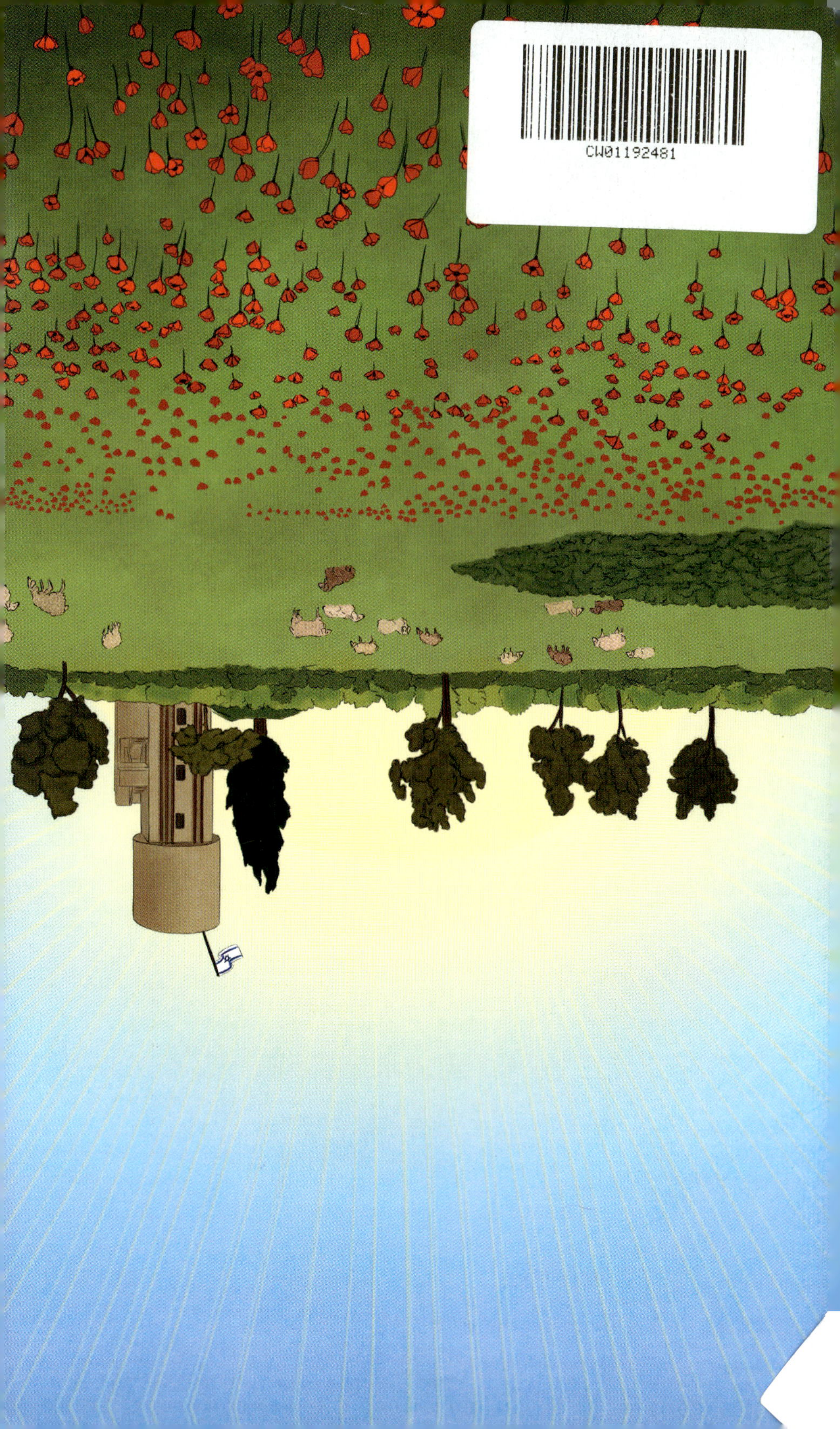

יאיר אגמון · אוריה מבורך

יום אחד באוקטובר

ארבעים גיבורים, ארבעים סיפורים

טובי

Yair Agmon and Oriya Mevorach
One Day in October: Forty Heroes, Forty Stories

יאיר אגמון ואוריה מבורך
יום אחד באוקטובר: ארבעים גיבורים, ארבעים סיפורים

עורך אחראי: ראובן ציגלר
עורכת משנה ומגיהה: אפרת גרוס
עריכה לשונית: שרה המר
לוגיסטיקה: לירון ברנשטיין
מראיינים: מיכל קורניץ, אור מנחם, משה יהודה אקרמן, גל עבדו
עיצוב פנים: שמואל לעסרי
עימוד: רינה בן גל
עטיפה: סטודיו דב אברמסון
איור פתיחה : שרון ארדיטי

© כל הזכויות שמורות להוצאת קורן, 2024

ספרי טובי, הוצאת קורן
ת"ד 4044 ירושלים 9104001
טל': 02-6330530 פקס: 02-6330534

office@korenpub.com
www.tobypress.com

אין לשכפל, להעתיק, לצלם, להקליט, לאחסן, במאגר מידע, לשדר או לקלוט בכל דרך או בכל אמצעי אלקטרוני, אופטי, מכני, או אחר כל חלק שהוא מן החומר שבספר זה. שימוש מסחרי מכל סוג שהוא בחומר הכלול בספר זה, אסור בהחלט אלא ברשות מפורשת בכתב מהמו"ל.

מסת"ב ISBN 978-965-526-372-5

נדפס בישראל Printed in Israel 2024

תוכן העניינים

הקדמה ראשונה – לָמה... 7
הקדמה שנייה – איך... 13

"אתה מחזיק את הדלת, אני עם הילדה"
סיפורה של שי-לי עטרי................................... 17

נס פך הווזלין
סיפורם של האחים שרעבי................................. 29

אולי צריך לחזק כאן את הכוח האימהי
סיפורה של טלי חדד...................................... 37

בדיוק הפוך מכל סיפורי הגבורה האלה שיש
סיפורו של שלמה רון..................................... 42

זה דור של גיבורים
סיפורו של מתן אברג'יל................................... 46

ניסיתי לעזור כמה שאני יכולה
סיפורה של גלי אילון..................................... 53

אם אני נוסע בשבת אני נוסע בשביל להציל חיים
סיפורו של אמבולנס חמישים וארבע......................... 61

היא החליטה להיות לוחמת
סיפורה של עדן אלון לוי.................................. 73

יש לי חבר'ה שמחכים לי במסיבה
סיפורו של יוסף אלזיאדנה................................. 78

עד הפלסטר האחרון
סיפורה של עמית מן...................................... 86

למות כאנשים חופשיים
סיפורו של יותם חיים 94

הוא נהרג על האדמה שהוא אהב
סיפורו של אוריאל אברהם 102

הבן אדם הכי לא בינוני בעולם
סיפורו של גיא שמחי 108

בכיתי כי הרגשתי שגם אנחנו שייכים
סיפורה של קמיל ג'סלבה 114

כמו אנרכיסט טוב
סיפורו של ענר שפירא 121

אני הולך להציל את הבנים שלי
סיפורו של אייל אהרון 129

אני מרגישה את אבא כל הזמן
סיפורו של דניס בלנקי 140

האדרנלין עוזר, וגם אבא עוזר
סיפורו של אפק לבני 144

פחדתי שמישהו יגלה שאני לא קשור
סיפורו של ערן מסס 149

הייעוד שלי בחיים זה לילד בני אדם
סיפורה של מיכאלה קורצקי 156

מי מתאהב אחרי דייט ראשון!
סיפורו של נטע אפשטיין 164

יש לי סוס פרא בבית
סיפורו של יהונתן צור (ברנש) 170

מפקדת מהמקום הנשי
סיפורה של אור בן יהודה 177

לא חיפשתי להיות גיבור, אבל ככה יצא
סיפורו של רמי דוידיאן 190

אבא, אתה לא משאיר אותנו לבד
סיפורו של הדר בכר 197

אבא שלי באמת היה הכי חזק בגן
סיפורו של אבי עמר 203

גם דוד המלך ניצח את גוליית עם אבנים
סיפורו של יונתן אלעזרי 211

הורדתי את שניהם מהשירותים
סיפורו של אליה לילינטל 217

"אני יוצאת, יש מחבלים"
סיפורה של מורן טדגי 221

אני לא רק ראיתי את המוות, אני התחבקתי איתו
סיפורו של מיקי 229

כל דבר שהוא עשה, הוא עשה בשלמות
סיפורו של יעקב קרסינסקי 237

כל אחד קופץ את הבנג'י שלו
סיפורו של שחר בוצחק 245

צרחתי כמו משוגעת עד שנרגעתי
סיפורה של נסרין יוסף 253

שני דברים השאירו אותי בחיים
סיפורו של ידין גלמן 261

גיבור הוא אדם שאינו יכול לעמוד מנגד
סיפורם של האחים סלוטקי 270

וכל זה כשהוא עם כפכפים
סיפורו של עידו הרוש 276

קופסה עם ירקות חתוכים
סיפורו של יצהר הופמן 281

הכתובת הייתה על הקיר
סיפורה של שי אשרם 289

זה קדושת אדם
סיפורו של יוסי לנדאו 299

תודה אבא שאתה חי
סיפורם של תומאס ואמילי הנד 308

שנלך בדרך הזאת, בדרך הלבנה
סיפורו של עווד דראושה 321

מפת המאורעות 326

שַׂחֲקִי, שַׂחֲקִי עַל הַחֲלוֹמוֹת,
זוּ אֲנִי הַחוֹלֵם שָׂח.
שַׂחֲקִי כִּי בָאָדָם אַאֲמִין,
כִּי עוֹדֶנִּי מַאֲמִין בָּךְ.

כִּי עוֹד נַפְשִׁי דְּרוֹר שׁוֹאֶפֶת
לֹא מְכַרְתִּיהָ לְעֵגֶל־פָּז,
כִּי עוֹד אַאֲמִין גַּם בָּאָדָם,
גַּם בְּרוּחוֹ, רוּחַ עָז.

שאול טשרניחובסקי

הקדמה ראשונה – לָמה

.1

בשבעה באוקטובר 2023 התהפכו עלינו החיים. אלפי מחבלים צמאי דם, חסרי לב ושונאי אדם, חצו את קו הגבול, ואז טבחו ורצחו ושרפו ואנסו וחטפו, גברים, נשים, קשישים וילדים. זה היה היום הקשה והמר בתולדות מדינת ישראל. ברגע אחד, בשעת בוקר מוקדמת, הפכנו כולנו מבעלי בית לפליטים. מישראלים ליהודים נרדפים. למעלה מאלף ומאתיים אנשים נרצחו ביום הזה. מאתיים שישים בני אדם נחטפו. אלפים רבים נפצעו. מיליונים התחבאו במקלטים. הטרור הכה בנו, בכל הכוח, ללא רחם. נותרנו עזובים ומפוחדים.

כל זה קרה ביום אחד באוקטובר. יום עצוב כל כך. בתוך פחות מעשרים וארבע שעות, מדינת ישראל השתנתה ללא הכר. ההיסטוריה דפקה בדלת. מאז השואה לא נרצחו כל כך הרבה יהודים ביום אחד. הארץ התמלאה בהורים ובאחים שכולים, באלמנות וביתומים. הרשתות החברתיות התמלאו בפוסטים של אנשים שחיפשו את יקיריהם. מאות אלפי אזרחים מיישובי העוטף ומגבול הצפון נמלטו מבתיהם והפכו לפליטים. זה היה הרגע הכי עצוב שלנו. הכי נמוך שלנו. הכי חלש שלנו. והצלקות השותתות שנותרו בנו מאותו יום אפל, ילוו אותנו כל החיים.

.2

אבל, ואין אבל חשוב מזה, מתוך אותה קטסטרופה היסטורית איומה שעמדה עלינו לכלותינו – קמו ועלו לנו גיבורים. גיבורות וגיבורים. בין תימרות העשן לנחילי הדם, צצו לנו אנשים גדולים. הם יצאו מהבית, בלי פחד, נסעו אל התופת, ונלחמו, והצילו חיים. הם חילצו פצועים תחת אש בשדות קטל. הם שרדו עם תינוקת בת חודש בממ"ד. הם קפצו על רימון בנגמ"ש כדי

7

להציל חברים. הם הוציאו כסף מהארנק וניסו לשכנע מחבלים. הם חיבקו ילדה קטנה שיצאה משאול המנהרות. הם חיבקו חייל שחטף הלם קרב מול כל המכוניות השרופות.

הם היו גיבורים. גיבורים כמו פעם. כמו בתנ"ך, כמו בתש"ח. גיבורים מסוג גיבורים. ולצד העצב המר והכלימה הצורבת, לצד הפחד, המועקה והדממה, לצד החרדה הקיומית, היהודית, העמוקה, הם באים, ומעניקים לנו את האפשרות לספר סיפור אחר.

זה נכון. מתקפת הפתע של החמאס תפסה אותנו לא מוכנים. כל הקונספציות קרסו. כל האשליות התפוגגו. נכון. שנים ארוכות של הדחקה הפכו אותנו לאדישים וזחוחים. נכון, העליונות המודיעינית והטכנולוגית שלנו לא עזרה לנו ברגע האמת במאום. הכול נכון. לרגע הובסנו. לרגע הושפלנו. יישובים הופקרו. בסיסים נכבשו. ערים ננטשו. זה נכון. הכול כואב ונכון.

אבל בתוך האפלה המרה הזו בקעו גם אלומות דקות של אור. אינספור, אינספור, אינספור גיבורות וגיבורים שעטו אל לב התופת, סיכנו את חייהם, ולעיתים אף הקריבו את נפשם למען אחיהם, למען עתיד ילדיהם, למען הסיפור ששמו מדינת ישראל. ואת הסיפור הזה, על הגבורה הזכה הזאת, את הסיפור הזה אנחנו רוצים לספר. למען הדור ההלום שלנו. למען הערבות והאחווה והאחריות שלהן אנחנו זקוקים עכשיו. ולמען הדורות הבאים.

.3

את המסע המופלא הזה, אל סיפורי הגבורה של השבעה באוקטובר, התחלנו בתחקיר ראשוני, שטחי ולא מעמיק. חיפשנו גיבורות וגיבורים. וכבר אז, בתוך יום וחצי, אולי פחות, מצאנו את עצמנו עם רשימה אינסופית של מאות רבות של אנשים. הסיפורים שהגיעו אלינו לא הפסיקו להדהים אותנו. איך ייתכן שביום אחד כל כך הרבה אנשים קפצו על רימונים. איך ייתכן שביום אחד כל כך הרבה אנשי רפואה ירדו לשטח וניסו להציל פצועים. איך ייתכן שכל כך הרבה לוחמות נחושות חיסלו מחבלים. איך ייתכן שכל כך הרבה אזרחים פשוטים, שלא קשורים לכלום, נסעו בלי פחד אל שדות הקטל כדי להילחם באנשים הרעים. אבינו שבשמיים, איך ייתכן שזכינו לחיות כאן, על האדמה הזו, לצד אנשים כאלה קדושים.

זאת האמת. זה לא סיפור אחד, קטן, אגבי ושולי. זו גבורה המונית, מאסיבית, אישית וקולקטיבית. זו גבורה שבלתי אפשרי למסגר או להגדיר. נשים וגברים, ילדים, בני נוער ומבוגרים, דתיים וחילונים, יהודים וערבים, אתיופים, מזרחים, רוסים, בדואים, אשכנזים, חרדים, ועובדים זרים, כולם לקחו חלק במופע הגבורה הזה, שאת גודלו ויופיו ייתכן שלעולם לא נבין. אוי, אלוהים, כמה גיבורים גילינו שיש כאן, בינינו. וכל אחד מהם הוא אור איתן. וכולם ביחד הצילו כאן תועפות של חיים.

ובמילים אחרות, הספר שבידיכם לא מסכם ולא מחזיק ולו קמצוץ מסיפורי הגבורה שהתרחשו באותו היום. הסיפורים שמופיעים כאן הם מדגם קטן ולא מייצג של סיפורים שנגעו בליבנו. היו סיפורים שפספסנו. היו גיבורים שלא הסכימו או לא יכלו להתראיין. היו כאלה שעדיין לא הסדירו נשימה. אם היינו רוצים, אם היינו מסוגלים, יכולנו להוציא בקלות שבעה ספרים נוספים של סיפורי גבורה מדהימים מאותו היום. מי יודע, אולי יום אחד זה עוד יקרה.

.4

רבי נחמן הצדיק לימד אותנו שגם בהסתרה שבתוך ההסתרה, גם ברגעים הכי נמוכים ושפלים ועצובים ועלובים, מסתתרת איזו אלוהות נשגבת, איזו אמת עמוקה. לאה גולדברג הצדיקה לימדה אותנו, שגם בתוך התופת הבוערת, גם בשיאה של מלחמת העולם, מותר לחלום על ימים של סליחה ושל חסד. מותר לשמוח על כף רגל חשופה שפוסעת בשדה חיטה. ובצומת הלבבות שבין דבריו של רבי נחמן לשירה של לאה גולדברג, הספר הזה משתדל להתמקם.

"יום אחד באוקטובר" הוא ניסיון קטן ונואש שלנו לראות את הטוב. לשמוח באור. להיזכר שגם בתוך התופת, גם בתוך השכול, גם בתוך אש הגיהינום, היו גיבורים. היו בני אדם, היה שם גם חסד. הגבורה שבספר הזה היא גבורה במובן רחב ונדיב. כן, יש כאן סיפורים על לוחמים ולוחמות, שחיסלו מחבלים ללא מורא. אבל יש פה גם סיפורי גבורה מסוג אחר. קשיש שמתיישב על כורסה ומקריב את חייו כדי להציל את משפחתו. מתמודד נפש ג'ינג'י ששורד חמישה ימים בשג'אעייה. מיילדת שהופכת את הבית שלה לבית חולים שדה. תצפיתנית שמדווחת במשך חודשים ארוכים על אימונים צבאיים ותנועות חשודות. מתנדב זק"א שמתעקש לשמור על כבוד

החללים. מתנדב "איחוד הצלה" שמוצא מכתב אהבה בכיס של חייל הרוג, ודואג שיגיע ליעדו. וכולם גיבורים, וטהורים, וקדושים. וכולם שומרים על גחלת צלם האלוהים.

.5

עד עכשיו כתבנו בלשון רבים. ועכשיו אני (יאיר) רוצה לכתוב כאן משהו אישי. כשמלחמת עזה פרצה, בשבעה באוקטובר, שקעתי בדיכאון שכמוהו לא חוויתי כל חיי. גדוד המילואים שלי לא גייס אותי. כשניסיתי להתנדב אמרו לי שאין צורך ואין סיבה. במשך שבועות ארוכים נותרתי בביתי, בתל אביב, חיוור מצער ומבושה. הפחד הקיומי שיתק אותי. כל חבריי התגייסו לצבא, ואני נשארתי מאחור, עם ילדים שלא נרדמים בלילה מפחד האזעקות.

בהתחלה עוד ניסיתי לעבוד, ניסיתי לתפקד, ניסיתי לכתוב. אבל לא הצלחתי להזיז את עצמי. כל הפרויקטים שלי הוקפאו. כל ההרצאות שלי בוטלו. כמה אנשים הציעו לי להוביל פרויקטים תיעודיים, אבל אני לא הצלחתי לצאת מהבית. לא הצלחתי לעשות כלום. בימים רגילים, כשאני לא בדיכאון, אני בן אדם די חרוץ. אבל בחודשים הראשונים של המלחמה, לא עשיתי דבר. הייתי קם בבוקר. צופה בסרטונים מחרידים. קורא זוועות באתרי החדשות. לומד על חטופים. בוכה על הרוגים. צועק על הילדים. וחוזר לבהות במיטה.

במשך שבועות ארוכים הייתי שקוע במרה רעה ושחורה. ואז, בדרך נס, ובזכות שותפתי האהובה אוריה, הגיעה ההזדמנות הזו לפתחי – לערוך ספר שמאגד בתוכו עשרות סיפורי גבורה. בהתחלה הייתי בטוח שאני לא אצליח להרים את עצמי מהעצב הזה. הייתי בטוח שאני לא אצליח לקרוא מילה. היום הנורא הזה גם ככה רודף אותי. מה הטעם להתפלש בו שוב ושוב. אני גם ככה לא מצליח לנשום בתקופה הזאת. אז בשביל מה.

אבל אז קראתי את הסיפור הראשון, על גיבור אחד שהציל אנשים מהמסיבה. ואז קראתי עוד סיפור, על שוטר שאיבד את חייו בשדרות. ועוד סיפור, על עובדת זרה שהצילה את האישה שעליה היא אמונה. ועוד סיפור, על בחור צעיר שהעיף רימונים ממיגונית. ועוד סיפור, על מפקדת שהצילה פלוגה שלמה. ומסיפור לסיפור, ומעדות לעדות, הרגשתי שהאוויר חוזר לי

לריאות. נכון, הסיפורים הללו נוגעים בכל הזוועות שהתחוללו ביום הזה. אבל הם נוגעים גם באור הטוב שפעם בו. והם העניקו לי, בשיא הדיכאון, רגע מתוק של נחמה.

וכך, בדרך פלא, בזכות הספר הזה, חילצתי את עצמי מהדיכאון המר. כשהתחלתי לעבוד על הספר, הייתי בשיאו של משבר נפשי שלא ידעתי כמותו כל חיי. ומסיפור לסיפור, מריאיון לריאיון, מטקסט לטקסט, הרגשתי שהחוסן הנפשי שלי נבנה. פתאום שמתי לב שאני כבר לא מעשן. אני כבר לא מכור לחדשות. אני כבר לא בוכה בלילה במיטה. יש לי הרבה יותר סבלנות לילדים שלי. והכול בזכות המתנה הזו שניתנה לי, להתבוסס בים מתוק של סיפורי חסד וגבורה.

זאת הייתה תקופה מכוננת עבורי. תקופה של חמלה ושל אהבה. התאהבתי באנשים שמופיעים בספר הזה. התאהבתי בסיפורים שלהם. בשפה היפה שלהם. בלב הטוב שלהם. בערכים שלהם. התרגשתי שהם היו כאן, או שהם עדיין כאן, איתי באותו העולם. הסיפורים שלהם גאלו אותי מהדיכאון שבו הייתי. הגיבורים הללו לא יודעים את זה, מן הסתם, אבל גם חיי שלי ניצלו בזכותם.

יומיים לפני שהספר ירד לדפוס, זכיתי להפוך לאבא בפעם השלישית בחיי. את הקריאה של הגרסה הסופית של הספר עשיתי במחלקת יולדות ב׳ באיכילוב, עם תינוקת קטנטנה בידיים. לפני כמה חודשים, בשיאה של המלחמה, בשיאו של ההיריון, שקעתי במחשבות שחורות ומרות על העולם שאליו אני מביא את הילדה הזו. אבל בזכות העבודה על הספר שבידיכם, הבנתי שבעולם הזה יש גם יופי, אמת, צדק, חסד ונחמה. ראויים החיים. ומותר לגעת בהם. ומותר לאהוב. ברוכה הבאה רוני קטנה. ״רָנִּי וְשִׂמְחִי בַּת צִיּוֹן״, רָנִּי ושמחי רוני אהובה.

ואני מתפלל. אנחנו מתפללים. שהספר הזה יעניק לקוראים בו את המתנה הזו שאני קיבלתי. אנחנו מתפללים שהספר הזה יפיץ את הסיפורים המופלאים הללו, של האנשים המופלאים הללו, הלאה הלאה בעולם. אנחנו מקווים ומאמינים שהספר הזה יזכיר לקוראיו, שבתוך החושך האפל הזה, בתוך התופת הרעה ששטפה אותנו, התנוצצו להם אינספור סיפורים אנושיים וטהורים, שכל כולם אהבת אדם. זה ספר שמסוגל, כך אנחנו מאמינים, להפוך את הכעס לגאווה, את הפחד לתקווה ואת הצער העמוק לנחמה.

בשבעה באוקטובר החיים שלנו התהפכו עלינו. זה היה אחד הימים העצובים בתולדות העם היהודי. אבל גם בתוכו, דווקא בתוכו, זכינו לגיבורות וגיבורים, טהורים וזכים ואמיצים, אנשי אמת, אנשי צדק, אנשי חסד ואהבה. והגיבורים הללו הם התשובה לכל הצער והכאב. הם הקול הצלול והדק בתוך כל הרעש והמהומה. הם האור הטוב. הם החסד הרך. הם האור הטוב. הם הדרך הלבנה.

הקדמה שנייה – איך

כבר בתחילת המסע של הספר הדוקומנטרי שבידיכם, הרגשנו שסיפורי גבורה מעין אלה, מוטב לשמוע מגוף ראשון, עם כמה שפחות פילטרים, מפיהם של האנשים שהיו שם, בשטח, הכי קרוב למה שקרה. ולפיכך, כך התנהלה העבודה על הספר הזה. דקה אחר דקה.

בשלב הראשון הקמנו בעזרתו של גל עבדו חכם הלב, 'מאגר נתונים' ראשוני שבו מופיעים מאות סיפורי גבורה. מאות רבות. וכולם, ללא יוצא מן הכלל, התרחשו ביום אחד. בשבעה באוקטובר. באותה יממה שהעניקה לנו מאות ואלפי גיבורי ישראל חדשים. חלקם אף נפלו באותו היום. וכולם גיבורים שהיו באמת.

בשלב השני בחרנו מתוך הרשימה את הגיבורים שאת סיפורם רצינו לספר. השתדלנו לשמור על גיוון, באופי הסיפורים, במקומות שבהם הם התרחשו, בסוגי הגבורה, וכמובן, בדמויותיהם של הגיבורים והגיבורות שבחרנו. השתדלנו לספר סיפור רחב ומייצג ככל האפשר, שיעניק תמונה, ולו חלקית, של הגבורה האנושית שפעמה באותו יום נורא. יש כל כך הרבה סיפורים שלא סיפרנו. שלא הספקנו לספר. שלא הצלחנו לספר. יש כל כך הרבה גיבורים. וכולם ראויים. כולם מפעימים. כולם מלאים באהבה.

בשלב השלישי פנינו אל המרואיינים הפוטנציאליים בעזרתה המדהימה של התחקירנית לילך חכמון. במיומנות ובמקצועיות מדהימה, לילך איתרה עבורנו את פרטי הקשר של המרואיינים וסייעה לנו גם ליצור איתם קשר ראשוני. תודה לילך, על האכפתיות שלך. מה היינו עושים בלעדייך.

בשלב הרביעי, והמשמעותי מכולם, יצאנו לפגוש את הגיבורים שלנו, ולראיין אותם. את מקצתם ראיינו אנחנו, יאיר ואוריה. אך רובם שוחחו עם צוות המראיינים והמראיינות המסור שלנו. שכולם אנשי אמת, עדיני נפש, רגישים ומוכשרים. זה היה תהליך אנושי מפעים ומורכב, שבמהלכו נפגשו

המראיינים עם גיבורי הספר לשיחות פתוחות, חשופות ומעמיקות, מלב אל לב. מטרת השיחות הללו הייתה למצוא את בני האדם שמעבר לסיפורי הגבורה. לרדת לפרטי הפרטים של החוויה האנושית. להפגיש אותנו עם הריחות, הטעמים והגעגועים של בני האדם הללו, שאת סיפורם אנחנו מנסים לספר.

חלק מגיבורי השבעה באוקטובר הם ילדים, וזכינו לכלול כמה מסיפוריהם בספר הזה. את הראיונות הללו ערכה מיכל קורניץ, אשת טיפול המיומנת בשיחות רגישות עם ילדים. השיחות התנהלו בליווי ובנוכחות אדם מבוגר שאותם ילדים רצו שיהיה שם לצידם.

למזלנו כי רב, זכינו למראיינים מדהימים. חכמים, רגישים ואוהבי אדם. אנשים שיודעים להכיל מורכבות. לבכות כשצריך. לשהות בכאב. מיכל קורניץ שנגעה בנפשם של כל מרואיינה, אור מנחם ששמה מעיד על נפשה, משה יהודה אקרמן החרוץ והמתוק שרצה לדעת הכול על כל אחד, וגל עבדו הרַגיש, שכולו עין טובה. אתם הלב הפועם של הספר הזה. העדינות שלכם, המקצועיות, האחריות, האכפתיות העמוקה שלכם לכל מרואיין בספר, העצות החכמות שקיבלנו מכם, שעזרו לנו לדייק את הסיפורים ולהעשיר אותם מזוויות שרק אתם נחשפתם אליהן בשיחה, כל אלו עטפו אותנו בתחושה חמה ומנחמת של שותפות לדרך. מראיינים אהובים, כל דף מדפי הספר הזה ספוג בטוב ליבכם ובחוכמת החיים שלכם. תודה.

בשלב החמישי, תמללנו את הראיונות הארוכים לקובצי טקסט. הראיונות ארכו כל אחד בין שעה וחצי לשעתיים וחצי, והם היו סבוכים ומפורטים. עבדנו עם דד ליין צפוף ולעיתים בלתי צפוי, ולשם כך היינו צריכים למצוא מתמלל או מתמללת שיהיו לא רק מדויקים וזריזים, אלא גם כאלו שמוכנים לקבל משימת תמלול בשעות־לא־שעות ולהתמסר אליה באופן מידי. כך הגענו לאוולין.

כשפנינו לאוולין לנדו, היינו בטוחים שמדובר בתקשורת טכנית בלבד. לא ידענו ש'נפלנו' על מתמללת מקצועית שהיא גם בעלת רגישות גדולה, לב רחב ואכפתיות אדירה. אוולין יקרה, אנחנו רוצים להודות לך על המסירות האינסופית שלך לספר הזה. נעלה כאן יחד עם אוולין את זכרו של אחיה היקר רב טוראי אנדרי (דיושטמסקי) לנדו ז"ל, בן עשרים ואחת במותו, שנפל על אהבת הארץ הזו. יהי זכרו ברוך.

בשלב האחרון, נכנסנו אנחנו, אוריה ויאיר, למלאכת העריכה של הסיפורים. קיבלנו את הקבצים המתומללים והפכנו אותם, בתהליך איטי וקפדני, לכדי סיפור מתומצת, ברור ונגיש. לפרוזה תיעודית. עבדנו מתוך התמלולים. השתמשנו במילים של הגיבורים שלנו, בשפה שלהם, בעולם הפנימי שלהם. השתדלנו בכל כוחנו להעביר לקוראינו את אותו רושם שלא ניתן לתרגם למילים. ניסינו להבין "איך עושה גיבור". ניסינו לתאר ככל האפשר את מה שקרה בשטח, ואת מה שקרה בליבם של גיבורינו האהובים. השתדלנו לגעת ביד רכה בחושך, בתהום, וגם באור, ביופי ובשגב האנושי שפעמו שם, באותו היום. השתדלנו לספר סיפור שלם. סיפור על בני אדם שביום עצוב אחד הפכו לגיבורים.

בסיום תהליך הכתיבה העברנו את הטקסטים לאישורם של גיבורי הספר, אשר הואילו בטובם לדייק אותנו, להכווין אותנו, ולעזור לנו לספר את הסיפורים שלהם ושל אהוביהם. למען הנחמה שאנו זקוקים לה, ולמען הדורות הבאים.

"יום אחד באוקטובר" הוא פרויקט דוקומנטרי מורכב וסבוך מבחינה רגשית, נפשית ואנושית. תודה ללירון ברנשטיין, גאון הניהול, המצחיק והמרגש, שניהל את ההפקה הטעונה של הספר הזה ביד בוטחת, באחריות ובחוכמה. לירון יקר, זו מתנה לעבוד עם אדם כמוך. זכינו בך.

תודה לדב אברמסון החרוץ והמבריק, הסבלני והאכפתי, על עטיפה (ואולי נכון יותר לכתוב בלי יותר מדיי ספוילרים – עטיפות) שהפיחה בנו תקווה. תודה לשמואל לעסרי על עיצוב העימוד ועל עצותיו המבריקות. תודה לרינה בן גל על העימוד המוקפד, לשרה המר על עבודת הגהה מקצועית ומדויקת ולאפרת גרוס על עין חדה, עצות חכמות ומסירות אינסופית. תודה לספי פסו מדפוס גסטליט על מאור הפנים והסובלנות לכל השיגעונות שלנו.

תודה לאנשי החזון של הוצאת קורן־מגיד, לראובן ציגלר, שהגה את רעיון הספר וליווה את התהליך מתחילתו ועד סופו בחוכמה, רגישות ואנושיות נדירה, וליהושע מילר, שאפילו מתוך שירות המילואים שלו בעזה, עטף את הספר במעטפת של אמונה, תמיכה וסיוע בכל מה שנדרש. תודה למו"ל מת'יו מילר שנדלק על הספר מהרגע הראשון ואִפשר את הקמת הצוות הנפלא שהביא לידי הגשמה את הספר המורכב הזה. תודה לאריה גרוסמן שתמיד עמל להפוך חזון למציאות.

תודה למשפחות שלנו, לבני הזוג שלנו ולילדים שלנו, שהחזיקו אותנו שפויים, גם כשהסיפורים שערכנו רדפו אותנו בחלומות. תודה לכם על התמיכה, על הסבלנות ועל הנדיבות שאפשרו לנו להתמסר לאותה מערבולת כואבת וקסומה, מערבולת של כתיבה בלתי פוסקת בלילות ארוכים בלי שינה. הכול שלכם והכול בזכותכם.

ומעל הכול, ולפני הכול, רצינו לומר תודה לכל גיבור וגיבורה שמופיעים בספר הזה. תודה על מעשי הגבורה שלכם, על הלב הפועם שבכם, על העין הטובה, על הנדיבות שלכם ועל האמון שנתתם בנו לספר את הסיפור שלכם הלאה בעולם.

תודה לכם, תודה שאתם. תודה על החיבוק החם שאתם מעניקים לנו ולעם ישראל בעת הזו. תודה למשפחות שגידלו את הגיבורים הללו, שחיו לצידם חיים שלמים והפכו אותם למי שהם. תודה לכל גיבורה וגיבור על הסיפור שהענקתם לנו. סיפור להתרפק עליו, להתנחם בו, לצחוק איתו, לבכות איתו, ולחלום איתו ביחד את הפרק הבא של הסיפור הגדול שאותו אנחנו מספרים.

כ"ד באדר א' התשפ"ד
4 במרץ 2024
150 ימים למלחמת חרבות ברזל

״אתה מחזיק את הדלת, אני עם הילדה״

סיפורה של שי־לי עטרי

כפר עזה

.1

יהב ואני נפגשנו בבית ספר למשחק, ומהיום שנפגשנו ועד לרגע האחרון, לא הפסקנו לריב בינינו מי התאהב במי ראשון. אני תמיד אמרתי שהוא התחיל איתי. הוא תמיד אמר שאני התחלתי איתו. ייתכן ששנינו צודקים.

ללימודים ב״ניסן נתיב״ תל אביב הגעתי אחרי תקיפה מינית שעברתי. הגעתי מאוד פגועה וסגורה. ומה שלא ידעתי, זה שגם יהב הגיע ללימודים עם פוסט טראומה משלו. הוא עבר בשנת אלפיים ושמונה אירוע ששינה את הנפש שלו ללא הכר. הוא היה בקיבוץ, בכפר עזה, ופשוט נחתה משום מקום פצצת מרגמה. לא היו אז ממ״דים, לא היה אז צבע אדום, והפצצה נפלה בבת אחת והרגה את ג׳ימי קדושים, אבא של אייל, החבר הכי טוב של יהב, ויהב היה שם קרוב בחצר, והוא הראשון שראה אותו שם. לפעמים הוא היה מספר לי על הרגע הזה שלנגד עיניו בן אדם הופך לגופה. הוא היה אז בן עשרים ושתיים, בחור צעיר בעולם, שכל האמון שלו במציאות נשבר.

אני זוכרת, בשנה א׳, הוא עשה תרגיל באחד השיעורים, הוא ביצע את השיר ״ארול״ של מאיר אריאל, כמונולוג, והוא היה כל כך כריזמטי. אני זוכרת שהסתכלתי עליו, הוא היה מואר באור במה כזה, בפנס צהוב, ואני הסתכלתי עליו וחשבתי לעצמי, ״מי זה!״, וגם חשבתי, ״וואו, הוא מוכשר״. לאט לאט מצאנו את עצמנו כל הזמן עובדים ביחד. כותבים ביחד. זה הבסיס של הקשר שלנו, היינו קודם כול פרטנרים שאוהבים ליצור אומנות אחד עם השני.

מה שקרה זה שבהמשך השנה הוא פשוט הזמין אותי לעשות איתו סצנה מ"רומיאו ויוליה". באחת החזרות היינו עייפים ושמנו לרגע ראש על מזרן מעופש קטן, ואני זוכרת שפתאום, כשהסתכלתי לו בעיניים ראיתי משהו שונה. ראיתי משהו שהזכיר לי תחושה של בית. לימים הבנתי שגם בשבילו זה היה רגע מכונן, כשהוא הביט לתוך העיניים שלי באותו הזמן. מתישהו בחזרות לסצנה התנשקנו.

.2

לקח לנו קצת זמן להתייצב כזוג. הוא קצת נבהל, נראה לי, מכל מה שהוא הרגיש. אני הייתי אומרת לו שאני אוהבת אותו, והוא היה אומר לי, "אני לא יודע אם אני יכול", ואני אמרתי לו, "בסדר, אבל אתה אוהב אותי", והוא היה אומר, "אולי אנחנו לא נצליח להיות זוג", ואני הייתי אומרת, "בסדר, אתה תלך ותחזור שוב. מה זה משנה, בסדר, תלך ותחזור". כאילו, הייתי נורא בטוחה בזה שהוא אוהב אותי, אני לא יודעת למה. ידעתי שהוא אוהב אותי באופן עמוק. והיה לי מעין ביטחון באהבה שלנו. אמרתי לו, "אם אתה צריך זמן כדי להבין את זה, תיקח". וידעתי שהוא יחזור.

בשנת אלפיים ושש עשרה עברתי תאונת דרכים קשה. היו לי כמה שברים פתוחים ברגל שמאל, שברים קשים, ופגיעת ראש. הייתי בשיקום שנה וכמה חודשים. הייתי על כיסא גלגלים תקופה מאוד ארוכה, כי הניתוחים לא צלחו. יש לי נכות שנשארה, ומחלת כאב, ואני נעזרת במקל כדי ללכת. אני עושה כמעט הכול. אבל לאט.

בהתחלה התביישתי לצאת מהבית עם מקל. העדפתי לצלוע או שיכאב לי. עם הזמן מצאתי את עצמי בקושי יוצאת החוצה. עד שיהב אמר לי, "מאמי, למי את דופקת חשבון, אנחנו נקנה לך מקלות בכל הצבעים!", ובאמת הלכנו, חיפשנו ביחד מקלות שווים, קנינו לי מקל סגול, מקל זהב, מקל כחול. היה לי את כל המקלות האפשריים, והיה לי אפילו מקל כזה, עם פסלון קטן למעלה. מקל של רשעים.

ובערב אחד, ישבנו בבית שלנו אז ביפו, ואכלנו פסטה, פפרדלה, אני הייתי על כיסא גלגלים, ואז יהב, תוך כדי שאנחנו אוכלים, הוא פשוט מוציא קופסה קטנה כזאת, עם טבעת, ופותח אותה מולי. אני הייתי עם הפפרדלה בפה. לא הספקתי לבלוע ותוך כדי הביס אז אמרתי לו "כן". זה היה כמה

שבועות אחרי שהסבירו לי שאני לא אוכל ללכת. שיש סיכוי אפסי, אבל מדובר בניתוח נוסף שיש בו הרבה סיכון. אני חושבת שהבחירה של יהב להציע לי נישואים דווקא באותו רגע של ייאוש הייתה כדי לתת לי כוחות לא לוותר ולצאת לעוד ניתוח. וגם כי הוא כנראה רצה להתחתן איתי.

.3

אחרי התאונה שעברתי, התחלנו להגיע יותר ויותר לכפר עזה. הכול שם הרבה יותר מונגש לכיסא גלגלים. לי זה היה מאוד נוח, ויהב התחיל להתאהב שוב בקיבוץ. בזמנו אחרי הטראומה שלו הוא עבד עם אבא שלו בשדה, והאדמה פשוט ריפאה אותו. ככה הוא אמר. הוא התחיל לדבר על זה שנגדל ילדים בקיבוץ, ליד סבא וסבתא, ואני התנגדתי, לא בגלל המצב הביטחוני, פשוט פחדתי שיהיה לי משעמם, ושאני לא אמצא עבודה. ואמרתי לו, "אני לא רוצה, יש לי ויז'ן שאני רואה את עצמי יושבת מיניקה עצובה ליד דלת רשת כזאת". ויהב אמר לי, "דווקא לי יש ויז'ן אחר, אני מדמיין אותנו כזה יושבים בחצר, עם שאכטה ביד, ויש לידנו ילד, שמתרוצץ בדשא עם טוסיק חשוף, והוא רץ במים של הממטרות". שתקתי לרגע. דמיינתי את זה. אמרתי לו, "זה דווקא נשמע לי ויז'ן טוב". ככה החלטנו לעבור.

גרנו כאן שנתיים וחצי. קצת יותר. והאמת שזה היה חלום. שנינו יוצרי קולנוע, במאים, שחקנים. עשינו ארבעה סרטים בשנתיים האלה. הוא עבד בספיר, בבית הספר לקולנוע, ריכז שם את ההפקות, ואני ערכתי סרטים. הרבה מהפרויקטים מהדרום הגיעו אליי. אנשים מהמרכז באו לערוך אצלי בכפר עזה.

בסרט האחרון של יהב "הגדת קיבוץ", סרט באורך מלא שהוא צילם, כאן בקיבוץ, השתתפו המון אנשים מכפר עזה. גם איריס חיים שיחקה בסרט הזה. היא שיחקה מדהים. אני עדיין לא מסוגלת לגשת לסרט ולצפות בחומרים. יש מלא אנשים שמופיעים בסרט, מלא ניצבים שנרצחו, שנחטפו. חדר האוכל שצילמנו בסרט, מרוסס כולו. אני אערוך את זה מתישהו. אבל לא עכשיו. עדיין לא.

.4

סבא של יהב נפטר כמה ימים לפני הרצח. וביום שישי, בשישה באוקטובר,

בבוקר, קברנו את סבא שלו בבית הקברות בקיבוץ. ואני זוכרת שחשבתי לעצמי בהלוויה, וואו, איזה יפה בית הקברות הזה, זה בטח מדהים להיקבר פה, הכול כזה ירוק, עלים, עצים, ככה חשבתי. ויהב דיבר בהלוויה, הוא מאוד אהב את סבא שלו, הוא דיבר על כמה שהוא היה לו משמעותי, ובסוף הוא אמר לו, ״שלום ידידי, ניפגש!״. זה היה לי מפחיד שהוא אמר ״ניפגש״. לא הבנתי למה הוא אמר את זה.

ובאותו היום בערב, הייתה לנו ארוחה משפחתית, של כל המשפחה שישבה שבעה, וכולם רצו לראות את הבת שלנו, את שייה, היא הייתה בת חודש בסך הכול, ויהב לקח אותה והסתובב איתה והשוויץ איתה, שכולם יראו את הילדה שלו. שלנו.

ובדרך הביתה, בשבילים בחושך, דיברנו בינינו על כמה שהיה מיוחד, ואני זוכרת שאמרתי לו, ״וואי מאמי, הדבר הכי טוב שעשינו בחיים זה לעבור לגור בקיבוץ״, ויהב אמר, ״וואי לגמרי״ והמשיך לדבר על משהו אחר. ככה הרגשנו. שנינו הרגשנו טוב בחיים שלנו. הרגשנו שאנחנו במקום הנכון, ובזמן הנכון.

.5

בשש וחצי בבוקר התעוררנו מצבע אדום, ומבומים מטורפים. אני בחיים שלי לא שמעתי כמות כזאת של פיצוצים. אני הייתי עדיין במצב מדיטטיבי כזה, חצי ישנה וחצי ערה, כי חיכיתי לשייה שהייתה צריכה להתעורר רעבה. הייתי בהלם, ורצתי לממ״ד וראיתי שם את יהב, הוא כבר התחיל לסגור את החלון, ואת הדלת. והחלון שלנו לא באמת ננעל, אין שם צ׳ופצ׳יק. הדירה שלנו הייתה בשכונה של בתים ישנים. ובבתים האלה הממ״דים לא באמת ננעלים.

אחר כך התחילו להגיע הודעות, יש חדירה, לנעול את הדלתות, להישאר בבתים, ובדיוק אז יהב קולט שהכלב שלנו לא איתנו, באקלי. אז הוא אומר לי שהוא הולך להביא אותו, ואני צועקת עליו, ״אתה לא הולך להביא אותו!״, פחדתי שהוא יצא, פחדתי שהוא ימות. ואז הוא לא הקשיב לי, הוא פשוט הלך, וחיפש את באקלי, והביא אותו פנימה. ובאקלי בדרך כלל נובח המון. אבל בגלל כמות הפיצוצים הוא היה ממש מבוהל. הוא פשוט ישב שם בשקט. ואני פחדתי ממש. התחלתי להתפלל, ולבכות, להתפלל, ולבכות,

ובאקלי שראה שאני בוכה, בא אליי, והתחיל ללקק לי את הדמעות. עד היום הוא מלקק לי את הדמעות.

לא עבר הרבה זמן, ופתאום אנחנו מתחילים לשמוע יריות. בהתחלה זה קטן. קצת יריות. ואופנועים. ואז אנחנו שומעים קולות שמתקרבים אלינו, וצועקים, צוחקים, אומרים שלום אחד לשני, "תעל! תעל!" ואנחנו קולטים שזה מתקרב, ואנחנו מתחילים לדבר בינינו בשפת הסימנים. לא מוציאים מילה. סימנו אחד לשני בלחישה הסכם שכמו אומר – "אתה מחזיק את הדלת, אני עם הילדה". אנחנו לא חשבנו שהם יבואו מהחלון, חשבנו שהם ייכנסו לבית, שהם ינסו לפתוח את הדלת מבפנים.

ואז מסילת הברזל של החלון נפתחה. הם פתחו אותה בכוח, ואור גדול נכנס לחדר. הממ"ד היה חשוך וסגור לפני, ופתאום נכנס לתוכו אור יום. ויד של מחבל נכנסה פנימה, יד גדולה ומפחידה. שנינו כבר היינו עם הפנים לחלון. אני הייתי מאחורי יהב, ושייה הייתה על הידיים שלי. לא באמת היה זמן, המחבל כבר בתוך החדר, ובכל זאת יהב הסתובב אליי למבט אחרון קצר. לא פרידה של ממש. הוא רק סימן לי עם הראש לברוח. העיניים שלו היו ריקות כאילו הייתה בהן את ההבנה שזהו, זה הסוף.

אם הייתי יכולה לתאר במילים מה הוא אמר לי במבט שלו, זה נראה לי היה משהו כמו "סליחה מאמי". ואז הוא פשוט הסתובב בחזרה לחלון, פתח את הידית של הזכוכית ונאבק עם המחבל כדי להחזיק כנגדו את מסילת הברזל. הדבר האחרון שאני זוכרת, זה את האגן שלו זז כזה, בזמן שהוא נאבק במחבל. הוא היה בחור צר, רזה כזה, והאגן שלו זז. זה הדבר האחרון שאני זוכרת.

.6

יהב נשאר בממ"ד, ואני יצאתי החוצה, עם שייה ביד, ולקחתי שמאלה בשביל. אם הייתי לוקחת ימינה הייתי רצה ישר לתוך המחבלים. בפוקס לקחתי שמאלה. ואז התחלתי לרוץ, הייתי יחפה, בלי טלפון עליי, עם פיג'מה, ועם תחתונים כאלה, של קוטקס, לנשים אחרי לידה. רצתי, ובשלב מסוים הרגשתי סביבי מלא יריות, זה היה צליל שלא הכרתי, מין "פצצץ" כזה, משהו שורק כזה, והבנתי שאני הולכת למות אם אני ממשיכה לרוץ על השביל, אז נכנסתי

לאיזה שיח, ליד גדר במבוק של שכן שלי. ושמעתי אותם קוראים אחריי "תעל תעל!", עם צהלות שמחה, כאילו זה פרס להרוג אותי ואת שייה.

בגלל הרגל שלי לא הצלחתי לרוץ מהר, אז המשכתי לרוץ דרך השיחים, ואז התחלתי לדפוק על דלתות, וכל הבתים היו נעולים, עברתי מבית לבית, מחצר לחצר, והכול היה נעול, ופחדתי לצעוק אפילו "זאת שי־לי", כי פחדתי שהמחבלים ישמעו אותי, כי הם עדיין היו ממש קרובים. באיזשהו שלב הבנתי שאין לי לאן ללכת, אז הסתתרתי בנישה קטנה, בין דלת רשת לבין דלת הבית של השכנה שלי, ירדנה. שייה איכשהו עדיין ישנה והתפללתי שהיא לא תתעורר. התפללתי וחיכיתי שם עד שלא שמעתי את הצעדים של המחבלים מעל הראש שלי. הצצתי דרך הרשת וראיתי שהמחבלים לא שם, ואז יצאתי משם, והמשכתי לרוץ ולדפוק על דלתות וחלונות של בתים.

ובאיזשהו שלב הבנתי שלא פותחים לי, אז מצאתי איזה מחסן גינה, ונכנסתי אליו, וסגרתי אותו. זה היה מחסן עץ. חיפשתי בפנים משהו חד. אני זוכרת שמצאתי פטיש, ועוד משהו ארוך, כמו אזמל. אז החזקתי את הפטיש ביד, והכנסתי את האזמל לפיג'מה שלי. וניסיתי להסתיר אותנו. הייתה שם מכונת כביסה, הסתתרנו מאחוריה, ושמתי מעל שייה אדנית, והרגליים הקטנות שלה בצבצו מתוכה. אז שמתי עלינו עוד אדניות, ושקים כאלה, של חול ודשן. והתפללתי שהיא לא תתחיל לבכות.

ניסיתי לחשוב כאילו זו לא אני, ניסיתי לחשוב שאני עכשיו דמות בסרט שואה. דמות במחנה השמדה שמחביאה את התינוקת שלה במיטת קומתיים. זה לא אני עכשיו. אנחנו בתוך סרט. זה עזר לי להרגיע את הפחד, זה עזר לי לא לתת לפחד לשתק אותי. ואז ברגעים האלה, שהייתה שנייה לנוח אחרי שכבר עשיתי לנו מסתור, התחלתי פתאום לקלוט איפה אני. אני מתתי לצעוק לשמיים אבל הייתי חייבת שלא ישמעו אותנו. מתתי לצרוח. הרגשתי כלואה בתוך הגוף, וצרחתי צעקה אילמת בלי להשמיע קול.

מבחוץ שמעתי כל הזמן פיצוצים וצעקות של מחבלים. הם היו שמחים כאלה. אני שמעתי שאמרו עליהם שהם היו מסוממים, אבל אני לא הרגשתי שהם מסוממים. לא. הם לא היו אאוט. הם רדפו אחריי ואחרי תינוקת בת חודש כשהם צוהלים ושמחים. הם ירו בי ובשייה מתוך בחירה. אני שמעתי אותם. הם בחרו בזה.

ואחרי כמה זמן במחסן שייה התחילה לבכות. היה לה קשה במחסן כשהפסקתי לזוז כי היא רגילה להירדם בנענוע. הכנסתי לה אצבע בפה, וקיוויתי שהיא תירגע. לכמה רגעים זה הצליח, אבל היא התעוררה רעבה. היא לא אכלה מארבע בבוקר. הבכי שלה התגבר. ומבחוץ שמעתי צעקות, הרגשתי שהם שמחים שהם מצאו אותי. והבנתי שאם אני נשארת כאן אני גמורה. אני חייבת לצאת החוצה.

.7

מחוץ למחסן שהייתי בו היה דשא גדול, דשא ענקי, ואני הבנתי שאם אני רוצה להגיע לשורה הבאה של הבתים בשכונה, אני חייבת לחצות אותו. ניסיתי לדפוק על עוד איזו דלת, ושוב לא פתחו לי. ואז הבנתי שאין מה לעשות, אני חייבת לעבור את הדשא. ראיתי מתוך השיחים בעבר השני של הדשא, חדר כביסה של בית שהדלת שלו הייתה פתוחה. והחלטתי שאני רצה לשם. יצאתי מהשיחים והתחלתי לחצות את הרחבה של הדשא, והתחלתי לרוץ, רצתי רצתי, הכי מהר שיכולתי, לא להסתכל אחורה, לא להסתכל אחורה, לרוץ לרוץ. והגעתי לחדר הכביסה. וכשאני מגיעה לשם אני שומעת מתוך חלון, מישהו לוחש לי, "בואי בואי, כנסי!".

זה היה הקול של זולי וזה היה הבית של זולי ולירון, המלאכים השומרים שלי. הם משפחה עם שלושה ילדים. הבית היה מוגף, וזולי שמר בכניסה, עם אקדח, וכשנכנסתי, הבן שלו נבהל ממני. הוא ראה אותי, גדולה כזאת עם פטיש ביד, והתחיל לצעוק, כי כנראה חשב שאני מחבל. ואני אמרתי להם, "סליחה, סליחה! לא ידעתי לאיפה לבוא". ראיתי את שלושת הילדים שלהם, ואמרתי ללירון, "סליחה, סליחה שהבאתי אותה, סליחה שהבאתי אותה לכאן", כי ידעתי שתינוקת, בסיטואציה הנוכחית, כשכולם צריכים להתחבא ולהיות בשקט, תינוקת בוכה זאת ממש פצצה מתקתקת, וממש חשבתי לעצמי, שאני עכשיו, אני הולכת לגרום להם למות. כל כך התנצלתי. אמרתי ללירון "הם היו בחדר שינה שלנו הם נכנסו מהחלון, הם הרגו את יהב, הם רצחו אותו, לא ידעתי לאיפה לבוא!", ולירון אמרה לי, "הכול בסדר, את עשית בדיוק את מה שהיית צריכה לעשות. הם הרגו גם את אחותי".

לירון שמורה לי בטלפון עד היום כ"לירון מלאך שומר". אני בחיים לא אשכח להם את מה שהם עשו עבורי. את זה שהם הכניסו את שייה ואותי

פנימה, בידיעה של כל מה שיכול היה לקרות להם בגללנו. הרי לירון כבר ידעה שאחותה ובעלה לא בחיים, והילדה שלהם נחטפה, והיא הבינה בדיוק מה זה אומר להכניס אותנו לממ"ד שלהם.

במשך עשרים ושבע שעות הייתי שם איתה, ועם זולי, ועם שלושת הילדים שלהם, בממ"ד. עשרים ושבע שעות, עם תינוקת רעבה. אני לא מיניקה. לא הצלחתי להניק. ובכל פעם שהיא בכתה, אני התנצלתי, ולירון כל הזמן אמרה לי, "את לא צריכה להתנצל".

עשרים ושבע שעות בממ"ד. נהפכנו למין משפחה קטנה. אני והילדים היו לנו משחקים כאלה סביב שייה. כאילו פתחנו גן קטן. לירון הייתה עם הטלפון, וכל הזמן ניסתה לשלוח הודעות כדי לחלץ אותנו. זולי היה מחוץ לממ"ד הרבה, הוא פטרל בבית עם אקדח. הילדים הקטנים עזרו לי עם התינוקת. הם ליטפו אותה, והחזיקו אותה, ודאגו לנייר טואלט, שיהיה לה, כדי שהיא תהיה נקייה, כי לא היו לי חיתולים. הם באמת היו מדהימים.

ובשלב מסוים, אני לא זוכרת מתי, כל השעות האלה, הכול מבולגן לי, בשלב מסוים זולי נכנס לממ"ד, הוא כיבה את האור, ואמר, "טוב חברים, צריך ללכת לישון, יש לנו יום יום ארוך, לדעתי הצבא לא יגיע עד מחר בבוקר", הוא אמר לנו לצאת לשירותים, לא להוריד את המים, וכולנו הלכנו בתורות, אחר כך חזרנו לחדר, זולי לקח קרש כזה, של מיטת ילדים, חסם את הידית של הדלת, התכסה בשמיכה ואמר, "יאללה חבר'ה! לילה טוב!". הוא השרה עלינו הרבה ביטחון. ואני ראיתי אותו ואמרתי, "אה, טוב, אוקיי, הולכים לישון". בדיעבד זולי סיפר לי שהוא ראה בחוץ עשרות מחבלים, מסתובבים עם אר-פי-ג'י, הוא הבין שהאקדח לא יעזור לו, והחליט פשוט להיכנס ולהרדים אותנו. שלפחות נהיה שקטים.

8.

ובשלב מסוים, בזמן שישנו, נכנסו לבית אנשים, הם נכנסו וצעקו, "צה"ל! צה"ל! באנו להציל אתכם!", וזולי סימן לנו להישאר בשקט. היה לנו מזל ששייה איכשהו לא בכתה דווקא בשלב הזה. אני ולירון ניסינו להבין אם הם מדברים בעברית או בערבית. הם הסתובבו בבית, היו להם נעליים כבדות כאלה. ואיכשהו הם פספסו את הדלת שלנו, של הממ"ד שלנו. והם פשוט יצאו מהבית. אני ולירון לא הבנו אם זה צה"ל למה הם לא באים

לחלץ אותנו. רק כמה ימים אחרי החילוץ זולי סיפר לי שהם בוודאות היו מחבלים.

השעות עברו ועברו ועברו ועברו, ואני כל הזמן חושבת על יהב. הוא חי, מה איתו, הייתה שמועה שהוא פצוע וחולץ, אבל אני לא הצלחתי להירגע. כל הזמן הוא היה בתוך הראש שלי, וביקשתי ממנו שלא ימות. אמרתי לו בלב, "מאמי מאמי, אתה לא עושה לי את זה, אתה לא עושה לי את זה!" אבל כל מה שראו מבחוץ זו אישה שמנענעת תינוקת.

שייה כבר הלכה ונחלשה, הלכה ונהיתה אפאטית. היא שאפה הרבה עשן, כי הבית שהיה צמוד אלינו נשרף. אני זוכרת שהסתכלתי עליה, וראיתי שהיא פחות מגיבה. זה היה רגע מאוד מפחיד, שאתה מרגיש שהילד שלך לא מגיב אליך. לירון במקביל הצליחה לקדם את החילוץ שלנו, היא שלחה הודעות למי לא, לצבא, לשב"כ, למשפחות שלנו, לחברים, לכולם.

ופתאום הגיע בוקר. אני זוכרת שפתאום שמעתי מחוץ לממ"ד ציפורים. ציפורים! זה היה הדבר הכי מוזר בעולם, אני לא אשכח את זה בחיים. בתוך כל היריות, והפיצוצים, פתאום ציפורים. וכמה שעות אחר כך הגיעו לחלץ אותנו. חיילים, אני לא יודעת מאיזו יחידה, הם דיברו עם לירון בטלפון ואמרו לה שהם בחוץ, אז פתחנו את הממ"ד ויצאנו החוצה, לתוך רכבים צבאיים כאלה, ממוגנים. אני זוכרת שמכל העשרים ושבע שעות האלה, החלק הכי קשה עבורי היה דווקא לצאת מהממ"ד. התחלתי לבכות. הילדים ניסו להרגיע אותי ואמרו לי, "תראי שי־לי יש פה צבא. אין מה לפחד יותר", והם לא הבינו שבכיתי בגלל שאני נפרדת מהם. בגלל שידעתי עמוק בלב שהם היו הפעם האחרונה בחיים שלי שאני ארגיש שיש לי משפחה.

כשיצאתי מהבית ראיתי מסביב בתים שרופים, וגופות של מחבלים, ואמרתי לעצמי, אל תסתכלי. ובאמת הפסקתי להסתכל. עד שיצאנו מהקיבוץ פשוט עצמתי עיניים, וחיבקתי את שייה, והתפללתי לאלוהים. בתחנת הדלק מחוץ לכפר עזה כבר היה רופא צבאי, שבדק אותה. היא הייתה במצב לא טוב, היו לה שקיות אדומות מתחת לעיניים, והיא בקושי הגיבה. היינו חייבים לפנות את שייה לבית החולים.

.9

מכפר עזה נסענו לנתיבות, ברכב צבאי. ומנתיבות לקחו אותנו באמבולנס

לסורוקה, לבית חולים. ורק אז, רק בנסיעות האלה, כשאני רואה בחלון מכוניות הפוכות, מכוניות שרופות, וגופות ועוד גופות, רק אז אני קולטת את האירוע. רק אז אני מבינה את כמות המחבלים שנכנסו, ואת כמות ההרוגים. אני הייתי בלי פלאפון כל היום הזה. וגם בבוקר, כשיהב כבר הבין מה קורה, מכל ההודעות ששלחו בקבוצה של הקיבוץ, הוא לא סיפר לי שום דבר. הוא הסתיר את זה ממני כדי שאני לא אלחץ עוד יותר. כשהגענו לסורוקה עשרות רופאים קפצו על הילדה. בדו"ח הרפואי שלה היה כתוב שהיא בוכה ללא דמעות מרוב שהיא מיובשת. היא הייתה יומיים עם חמצן כדי לנקות את הריאות שלה מכל העשן שהיא שאפה.

הקרבות בכפר עזה נמשכו שלושה ימים. רק אחרי שלושה ימים הצליחו לחלץ את הגופה של יהב. עד אז היו כל מיני שמועות שהוא פצוע או נעדר, או שהיו בבית ואין גופה, או שאולי הוא חטוף. אני חיפשתי אותו בכל מקום אפשרי. אני הרגשתי שאני משתגעת כי הרי ראיתי את הגוף שלו נאבק פיזית במחבל. ראיתי את האגן הצר שלו נאבק. אם הם ירו בי ובתינוקת אז מה הם עשו לו, למה שלא יירו גם עליו.

אבל אז הגיעה הידיעה. וברגע שהבנתי שזהו, הוא מת, צרחתי, ולא הצלחתי לקום מהרצפה. אמרו לי "שי-לי בואי לסלון. בואי. בואי שבי איתנו בסלון", ולא רציתי לקום. הייתי שבר כלי. לא יכולתי לזוז מהרצפה. סמרטוט. אבל אז שייה בכתה, ובלי לחשוב פשוט קמתי אליה, לקחתי אותה לשידת ההחתלה והחלפתי לה חיתול. אחר כך עשיתי לה אוכל, ובלי לשים לב ישבתי בסלון כמו שכולם ביקשו.

ושאלתי שם את אימא של יהב, "מיכל, את חושבת שאני יכולה לשאוב זרע מבן אדם שהוא אזרח ולא חייל", כי ידעתי שאפשר לשאוב זרע מחיילים, אבל לא ידעתי אם אפשר מאזרחים. ומסתבר שכן. אבל בשביל לשאוב זרע מאזרח, צריך צו משפטי, ויש פרוטוקול ופרוצדורה שלמה. הבעיה היא שלא היה לי זמן לפרוטוקול. יש חלון הזדמנויות קצר מאוד מרגע הפטירה עד שהזרע נעשה לא שמיש. והגופה של יהב גם ככה שכבה יותר מדי זמן עד שמצאו אותה. אבל לא עזב אותי הויז'ן שלו על הילד המתוק עם הטוסיק החשוף שירוץ בדשא עם המים של הממטרות. אני הייתי חייבת לנסות להמשיך את המשפחה שלנו, וכבר ראיתי מה שייה הצליחה לעשות לי כשלא הצלחתי לקום מהרצפה. היא היחידה שהצליחה להרים אותי.

אז התחלתי לצרוח בתקשורת, שיקצרו לי את הבירוקרטיה, שישנו את הפרוטוקול, שרק יחתמו לי, וייתנו לי את הצו, עשיתי בלגן ורעש, כמה שיכולתי, אבל במקרה של יהב זה היה מאוחר מדי. הרופא המקסים מאסף הרופא שעשה את השאיבה, אמר לי בלב כבד "הזרע לא שמיש. אבל עשית מה שיכולת". יהב שכב שלושה ימים בדירה בוערת מחום של הבית שנשרף. כבר לא היה מה להציל. וזה הלך איתי מה שהוא אמר, שעשיתי מה שיכולתי. ורק אז, רק כשהבנתי שאין לי זרע ממנו, רק כשהבנתי שאין לי עוד משימות, שייה בסדר, אני יודעת איפה יהב, הזרע לא שמיש, רק כשנגמרו לי המשימות, התחלתי להתאבל.

מהניתוח של הזירה הבנתי שיהב נלחם במחבלים עד הרגע האחרון. כשהוא החזיק כנגדם את מסילת הברזל של החלון, הם זרקו מטענים ורימונים אל תוך חדר השינה שלנו, ושרפו את הבית שלנו, כשהוא בפנים. יהב, בניגוד לאינסטינקט הטבעי של בן אדם שהיה רץ החוצה, נצר את עצמו בבית וניסה למנוע מהם להיכנס. החייל שמצא את יהב סיפר לי שהם מצאו את הגופה שלו ליד העגלה של שייה. הוא השתמש בעגלה כדי לחסום את הדלת שמובילה לחדר השינה. זה נוגע לי בלב לחשוב על זה שככה הוא מת, ליד עגלה של תינוקת. כאילו, איזה אופטימי זה, לחשוב שעגלה תצליח לחסום את השבעים מחבלים שהיו לנו מחוץ לחלון.

.10

יהב הקריב את החיים שלו כדי ששייה ואני נציל את עצמנו. הוא ניגש לחלון ונלחם במחבלים, כדי שאנחנו נוכל לרוץ. אני חושבת הרבה על הרגע הזה, שבו הוא בוחר לגשת לחלון. זה עוזר לי במצבים האלה שאני חושבת לעצמי, למה לא אמרתי לו, "מה אתה גיבור עכשיו! תברח איתי!", ומצד שני אני יודעת עמוק בלב שהוא היה עושה את זה שוב. כי זה יהב. הוא ייתן הכול בשביל מי שהוא אוהב. והוא כל כך רצה להיות אבא. נדמה לי שזה כל מה שהוא רצה בחיים האלה. וזו עובדה שגם אני וגם שייה עכשיו בחיים. בזכותו אנחנו בחיים.

אני חושבת שהוא הבין שאני נכה ברגליים שלי, ושאני לא יודעת לרוץ מהר, אז הוא ניסה לעכב אותם. וגם אחר כך, אחרי שכבר יצאנו, הוא היה יכול לברוח החוצה. אני השארתי לו את כל הדלתות פתוחות. אבל הוא בחר

להישאר בבית. ולהילחם. כאילו שהוא אמר לעצמו, "זה או אני, או הילדה שלי". הוא כל כך אהב אותי ואת שייה, הוא אהב אותנו יותר מדי.

שייה הבת שלי היא הדבר היחיד שמעניין אותי כרגע. היא הדבר היחיד שעושה לי טוב. היא מביאה לי אור לחיים. בכל פעם שאני נשברת, בכל פעם שאני קורסת, היא מזכירה לי שהיא כאן. החיתול שלה הוא מה שמקרקע אותי. הבקבוק שלה הוא מה שמאפס אותי. והיא גם לא שיפוטית, היא לא מבינה את הדמעות. היא יכולה לראות אותי בוכה, ופתאום לחייך. והחיוך הזה, החיוך התלוש הזה, משאיר אותי עם חיוך על הפנים.

היה לנו הסכם, לי וליהב. היה לנו הסכם, שם בחדר, כשהמחבלים נכנסו – "אתה מחזיק את הדלת, אני עם הילדה". זה היה ההסכם שלנו. כל אחד מאיתנו קיבל תפקיד. וזה המצב גם כרגע. הוא עדיין מחזיק את הדלת. הוא יחזיק את הדלת הזאת כל החיים. ואני עדיין כאן עם הילדה. וכל זמן שאני כאן עם הילדה, אני לא אתן לאור שלי להיכבות. עם כל הטראומות שעברתי. אני חייבת, אני חייבת למצוא את האופטימיות שלי, ולמצוא סיבות לחיות. אני ראיתי אותו מקריב את החיים שלו בשבילי. ועשיתי איתו הסכם. "אתה מחזיק את הדלת, אני עם הילדה". אז אני עומדת בהסכם הזה. אני עם הילדה. וההסכם הזה שלנו משאיר אותי בחיים.

חבר טוב שלי שאל אותי לפני כמה ימים, "תגידי שי־לי, אם את היית יכולה להיות מישהי אחרת, שלא היו קורים לה כל הדברים האלה, אם היית יכולה לחיות חיים אחרים, היית עושה את זה, היית מתחלפת איתה", וחשבתי על זה שנייה, אבל אז אמרתי לו, "לא. הייתי מעדיפה לחוות את הכאב הזה עוד שישים אלף פעמים".

כי אם הייתי מישהי אחרת לא הייתי פוגשת את יהב, ולא הייתי חווה איתו שלוש עשרה שנים כאלה מדהימות, גדולות מהחיים. אם הייתי מישהי אחרת לא הייתי זוכה לסיפור אהבה כזה. הייתי יכולה להעביר חיים שלמים בלי להרגיש כזאת אהבה. לא משנה כמה נורא מה שעברתי, אני עדיין מודה שחוויתי את זה. אני עדיין בהכרת תודה. אני בהודיה על זה שראיתי אותו, עומד שם, עם הפנס הצהוב הזה, כזה מוכשר ויפה תואר, אני בהודיה על זה שפגשתי את הנשמה שלו, כששיחקנו את רומיאו ויוליה בניסן נתיב. שזיהיתי שם בתוך העיניים שלו בית. הייתה לי אהבה גדולה. גדולה מהחיים. יש לי ילדה וקוראים לה שייה. זה הסיפור שלי בעולם הזה.

נס פך הווזלין

סיפורם של האחים שרעבי

דניאל שרעבי, נריה שרעבי

מספר – דניאל שרעבי

פסטיבל נובה

.1

אני עברתי הרבה מצבים בחיים שלי. הרבה מצבים. גדלתי במשפחה חרדית, אבא שלי חזר בתשובה. נריה אחי ואני למדנו בבית ספר חרדי, אבל בכיתה ח׳ אני התחלתי להבין שזהו, שזה לא אני, זה לא הכיוון שלי בחיים. כל המחויבות הזאת, בעולם הישיבות, שכולם מכריחים אחד את השני, לא יודע, זה לא הסגנון שאני רוצה לעצמי בחיים שלי. ואז אחרי כמה מקרים שהיו, פשוט העיפו אותי מהישיבה, מכמה מסגרות. בסדר, זה המסע שלי. וואלה, אני מאמין שלכל אחד יש את הדרך שלו עם אלוהים. גם אם זה אומר ליטול ידיים, ולעשות קידוש, ולאכול ארוחה של חג, ואז לצאת למסיבת טראנס עד הבוקר.

בסצנה של הטרנס יש מלא דתל״שים. מלא. זה ידוע. אולי זה קשור לזה שהאווירה היא כזאת חופשית, בלי מעצורים, סוף סוף בלי מעצורים! כשאתה ברחבה רוקד אתה לא מרגיש שמסתכלים עליך בשיפוטיות, כולם מחייכים, כולם אוהבים, כולם באו ליהנות. אז פעם ב יוצא לי לצאת למסיבה, להשתחרר קצת, לפרוק, להשתולל בלי שליטה, איך שבא לי, כמה שבא לי, לעשות מה שאני רוצה, ואולי לחזור להיות קצת ילד. בכל בן אדם יש איזה ילד שיוצא ממנו ברגעים המאושרים שיש לו בחיים.

אז אני כבר הרבה זמן בסצנה הזאת של הטרנסים והמסיבות טבע, ולטרנס אני אף פעם לא בא לבד. לפסטיבל נובה אנחנו הגענו ביחד חמישה חבר׳ה – אני, נריה אח שלי שצעיר ממני בשנה וקצת, שָׁלֵו בן דוד שלנו, יוסף

וקארין. יוסף הוא החבר הכי טוב שלי בעולם, היינו יחד בפנימייה, התגייסנו לגבעתי ביחד. וקארין היא חברה ממש טובה של יוסף, וגם שלי. חברה כמו אחות. היא הייתה עם גבס במסיבה, שברה את הרגל בדיוק לפני האירוע, אבל במסיבה הזאת היא רקדה כמו גדולה! עם הגבס היא רקדה חחחח.

ווּאלה אני לא יכול לצאת בלי החבר'ה שלי. אני חייב אותם איתי ברגעים האלה! כי ברגע שאנחנו יחד, ברגע שאנחנו חבורה כזאת של אנשים שכיף לי איתם, שטוב לי איתם, כשאנחנו משתוללים יחד, אחי, בן דוד שלי, ברחבה, אז אני פשוט מאושר. בכללי, כשאתה רוקד עם מישהו שאתה אוהב אותו ביחד, אתה פשוט נהיה בן אדם יותר טוב.

.2

הפסטיבל של הנובה זה פסטיבל מדהים, זה משהו מטורף, לא ראיתי משהו כזה בארץ. כמעט ארבע וחצי אלף איש היו שם. בכמה מתחמים כאלה, מסודרים. הפסטיבל זה משישי בלילה עד היום שלמחרת, אז הרבה חבר'ה נשארים לישון שם במתחם של הקמפינג, כדי לרקוד עם הזריחה. להביא את השמש.

שבת בבוקר, אנחנו באזור של הקמפינג, השמש מתחילה לעלות ואנחנו יוצאים מהאוהלים. הייתה זריחה מטורפת, אני לא אשכח את זה בחיים. טוב, אנחנו נכנסים לרחבה, רוקדים, שמחים, ופתאום המוזיקה נעצרת. אנחנו לא מבינים כל כך מה קורה, ואז מישהו מרים את הראש ואומר לנו, "יש טילים". ואנחנו רואים, ממש רואים איך כל השמיים נהיים אפורים, לבנים, עשן, פיצוצים ממש, ואני מתחיל לראות את הטילים עולים, ואני רואה את כל השמיים מתמלאים בפסים, בכמויות.

ואז נפתחו כל יציאות החירום של האירוע. ואני בחיים שלי לא ראיתי יציאות חירום נפתחות. התחלנו להתקדם ליציאת חירום, אני, נריה, שָׁלֵו, יוסף, וקארין, והבומים לא מפסיקים, לא מפסיקים, וההליכה הופכת להליכה מהירה, וההליכה המהירה הופכת לריצה. וכולם מסביבנו בריצות מטורפות, אנשים חותכים מהצד, חותכים מפה, חותכים משם, והיה רגע כזה, שנעצרנו ליד האזור של האבטחה, ואני שומע בקשר של המאבטחים, "ירו בבן של חסן, ירו בבן של חסן", שזה אחד המאבטחים. ואז הבנתי שיש יריות. שנכנסו מחבלים.

אז אנחנו מתחילים לרוץ שם בין כולם, ולצעוק "היו ירויות, היה ירי! תברחו, יש מחבלים!", ואנחנו ממשיכים לרוץ, ואז אני שומע חבר שלי טוב מהבית, חבר טוב, פתאום הוא קורא לי, "דניאל בוא בוא בוא לפה, צריך חובש, מישהי נורתה!". הוא יודע שאני חובש קרבי. אז אנחנו רצים איתו, והוא מוביל אותי לבחורה פצועה שלידה יש שני חבר'ה שעוזרים לה, בן ואיתי. הבחורה הפצועה הייתה ממש מתחת לאיזה אוטו. ובן ואיתי יושבים איתה, ומנסים ככה להרגיע אותה, אז אני מגיע ואומר להם "אני חובש, באתי לעזור!" ואני רואה שיש לה שלושה כדורים, אחד בירך ושניים בגב, משהו מטורף.

עשיתי לה שם טיפול ראשוני של חובש, חוסם עורקים, ואז אמרנו שנפנה אותה, ראינו אמבולנס במרחק שבע מאות מטר מאיתנו. מישהו הביא לנו אלונקה, ואז הרמנו אותה, והתחלנו לרוץ עם האלונקה, אני, יוסף, בן, איתי, נריה ושלו, אנחנו רצים כמו מטורפים, ירויות בכל מקום, ואנחנו רצים לכיוון של האמבולנס וכל הזמן הזה הבחורה בהכרה, מסכנה, יש קפיצות באלונקה כי רצנו בקצב לא מתואם, ואנחנו אומרים לה, "תכף מגיעים לאמבולנס!", והינה אנחנו רואים את האמבולנס, ובאים אליו, והאמבולנס סגור. אין בו אף אחד, הוא נעול.

ואז אמרנו אוקיי, ניקח אותה לחפ"ק! היה שם במסיבה חפ"ק רפואי כזה, עם רופא וציוד והכול, אבל איך ניקח אותה לשם על האלונקה אין לנו סיכוי, ופתאום מגיע בר. בר הוא אחד המאבטחים שם, אז הוא מביא את הגולף־קאר שלו ואנחנו מעלים אותה, ונוסעים איתו ביחד, מורידים אותה בחפ"ק. רצינו לחזור מייד פנימה לאיפה שהמסיבה, להביא עוד פצועים, אבל פתאום אחד השוטרים צועק עלינו "מחבלים, מחבלים!" ואנחנו רואים טנדר עם מחבלים! והם מתחילים לדפוק עלינו צרורות, חמש מאות כדורים בדקה, ואין לנו איפה להסתתר אז אנחנו מתחילים לרוץ.

אז אנחנו רצים, מדלגים בין רכבים, ופתאום רואים רכב, קיה פיקנטו, ומסתתרים מאחוריו. אבל הם ראו אותנו, הם קלטו אותנו, אז הם יורים גם על הקיה, ואנחנו חייבים לברוח. אז אני ונריה קמים ורצים משם ואני מסתכל שנייה אחורה, ורואה את יוסף, עומד שם מאחורי הקיה, ויוסף כזה מסתכל ימינה, שמאלה, מתלבט מה לעשות, ואני צועק לו "יוסף תברח! יוסף תברח!", ואז הוא מוריד את הראש מאחורי הקיה, ובום! הקיה סופג אר־פי־ג'י.

נריה אומר שזו הפעם הראשונה שהוא ראה אותי מבועת. שנינו היינו על הקרקע מקופלים מההדף של הארפי־ג׳י, והוא ראה אותי מתרומם, מסתובב, והוא קולט שאני בא לרוץ לשם, בא לרוץ ליוסף, והוא ישר תופס אותי, משכיב אותי על הרצפה, ואומר לי, ״דניאל תקשיב! יוסף מת. אתה לא הולך לשם! אין מצב שאני חוזר הביתה בלעדיך. ואתה אין מצב שאתה חוזר הביתה בלעדיי. אני מבין אחי שאתה רוצה לחזור ליוסף, אבל אין מה לחזור ליוסף. אם אתה חוזר אחורה, אתה מת במקום, ואז גם אני אמות, כי אני לא אחזור בלעדיך״. ככה הוא אמר.

.3

משם התחלנו לדפוק ספרינט של החיים, ופתאום אנחנו רואים בשולי הדרך טנק. בשלב הזה החבורה שלנו התפצלה, וזה רק אני ונריה אחי. וכשראינו את הטנק, החלטנו שנינו שאנחנו הולכים להיכנס לתוך הטנק הזה. שזה מה שאנחנו צריכים לעשות. אז אנחנו נכנסים שנינו לתוך הטנק, ושם בפנים אנחנו רואים חייל אחד הרוג. זה אריאל אליהו, השם ייקום דמו. אחר כך, בסוף כל האירוע, גילינו שזה בעצם היה הטנק של עידו סומך, נהג הטנק שהציל מלא מלא אנשים באירוע הזה, אבל הוא כבר יצא משם לפני שנכנסנו. אז היינו שם לבד.

בשלב הזה אני רוצה להתחיל להזיז את הטנק, אבל וואלה בחיים שלי לא נהגתי בטנק! ואני מנסה לשחק שם עם המכשירים, והטנק לא זז, לא זז. אז אני מנסה את מכשיר הקשר של הטנק, ואני מבין שלא שומעים אותי בקשר, אז אני מתקשר לכל מיני אנשים שאני מכיר, ואף אחד לא יודע לומר לי איך מפעילים טנק, ופתאום אני אומר לעצמי, אני אתקשר לסבא שלי! הוא יודע!

ואז אני מתקשר אליו, אני אומר לו ״הלו, סבא, בוקר טוב, איך מפעילים טנק?״ חחחחחח והוא בדיוק קם משינה כאילו, אז הוא אומר לי ״בוקר טוב דניאל!״ ואז אני מבין שהוא בן שבעים וארבע, אני לא הולך עכשיו להלחיץ אותו, אפילו לא טיפה, אני אומר לו ״בוקר טוב סבא! אני אוהב אותך! שיהיה לך חג שמח!״ ואני מנתק.

.4

קיצר הטנק לא זז ואנחנו עוברים לחפש נשק. חייב להיות פה נשק, חייב

להיות! אבל אנחנו פותחים הכול, ובמקום נשק אנחנו רואים רק סידורים, חומשים. אין שום נשק. ונריה מבקש סליחה מהחייל ההרוג, ומחפש עליו נשק, ולא מוצא כלום. בדיעבד אחר כך הבנו שלא הייתה להם תחמושת כי הם גמרו את הכול על המחבלים. ובינתיים אנחנו מתחילים לקבל פתאום ארטילריה כבדה על הטנק. מטחים רציניים. אז אנחנו לא יכולים לצאת ממנו, אבל גם לא יכולים להשיב אש, כי אין לנו כלום, שום תחמושת. כלום.

ואז נריה ככה עוצר הכול, ואני שומע אותו אומר, הוא מדבר עם אלוהים, והוא אומר לו, "אלוהים, אני לא יודע למה עשית את כל מה שעשית! אני לא מתעסק בחשבונות שמיים! אני לא מתעסק בדברים שאני לא מבין! אבל אני כן יודע שיש פה חייל שנרצח בשבילך, בשביל העם שלך, ואני עשיתי את ההשתדלות שלי, אלוהים, אני נכנסתי לתוך הטנק, ועכשיו אתה?!", והוא מתחיל כזה לצעוק, "עכשיו אתה! מביא לי נשק! לא מעניין אותי איך אלוהים! אתה מביא לי נשק!".

ואיך שהוא מסיים את המשפט, בחיי שזה קרה בשנייה שהוא סיים את המשפט, הוא מסתכל על החייל ההרוג שהיה שם איתנו, והוא רואה שם, ליד הנעל שלו, הוא רואה שם רצועה של נשק. זה מה שהיה, בחיי אלוהים זה מה שהיה.

5.

נריה לא היה במצב לצאת עם הנשק עליו מתוך הטנק, כי עפו שם מלא צרורות מעל הצריח. אז אמרנו שאני אצא ראשון, ואז הוא יזרוק לי את הרובה, ואחר כך הוא יצא. וככה עשינו, אבל בזמן שהוא יצא מהטנק אני כבר הייתי בחוץ וגיליתי שני דברים. אחד, מתחת לזחל של הטנק מתחבאים איזה שלושים איש! אם היינו מצליחים להזיז אותו, חס וחלילה, אני לא רוצה לחשוב על זה אפילו. והדבר השני שגיליתי, זה שהרובה הזה, יש לו מעצור. הוא לא פועל.

אז נריה יוצא מהטנק, פותח את המכלול של הרובה, ואנחנו רואים שהכול בפנים חול, ומה שאנחנו צריכים זה שמן. אבל מאיפה נשיג עכשיו שמן, אין מצב להיכנס חזרה לתוך הטנק, הכול שם צרורות, מאיפה נשיג עכשיו שמן. ואז אני רואה את כל הבנות שמתחבאות מאחורי הטנק, ואני נזכר שבנות, כשהן מגיעות למסיבות טבע, בגלל הרוח שיש שם, לפעמים הן

מביאות איתן וזלין כזה לשפתיים. אז אני צועק "למישהי יש וזלין!", ובאה מישהי, מוציאה מהכיס שלה קופסה כזאת קטנה, אני בכלל לא חשבתי שהיא תספיק. אבל זה היה נס פך השמן שלנו, נס פך הווזלין!

אז הנשק עובד, ואנחנו מתחילים להשיב אש! בשלב הזה, התקשרתי לכל הצבא להזעיק עזרה, אני הקפצתי את גבעתי, את כל הגדוד שלי, אבל הצבא הגיע אלינו רק ממש ממש מאוחר, אנחנו היינו שם לבד המון שעות.

מתישהו הצלחתי להעלות את הקצין שלי במילואים על הקו, יוני, הסמ"פ שלי בפלוגה. אני מתאר לו את הסיטואציה והוא מסביר לי מה לעשות, והוא אומר לי לירות לתוך השיחים, שלא יפתיעו אותנו מהשיחים, ואחר כך הוא אומר לי, כל שישים שניות לתת כדור! שידעו שיש שם מישהו עם נשק. הוא היה בתל אביב כשהתקשרתי אליו, ותוך כדי שהוא מדבר איתי, הוא אוסף כמה חבר'ה במזדה שלו והם פשוט נוסעים אלינו, ומגיעים רק אחרי חמש שעות. חמש שעות הוא היה איתי על הקו, יוני. חמש שעות.

תוך כמה זמן הצלחנו להתארגן גם על מאג, שזה נשק רציני כבר. בחור אחד, דניאל בן גוזי טיפס על הטנק, והוריד משם מאג. אז הוא היה על המאג, נריה עם האם־שש עשרה, אני על הקו עם יוני, מנהל את הקרב, ואנחנו מאחורי הטנק, נלחמים עם תורת הלחימה של הצבא, אבל בצורה של פלנגה, בצורת לחימה של שרעבי, חחחחח.

6.

בשעה תשע וארבעים אנחנו מתחילים לקבל מכות אש אכזריות מאוד. אנחנו מרגישים שזה נהיה כבר קשוח מאוד, הם קרובים, והם מלא, והם רוצים להוריד אותנו, לגמור עלינו. ואז התפוצץ עלינו אר־פי־ג'י. הם ירו אותו על מכונית שהייתה צמודה לטנק. וכולם שם חטפו רסיסים. כולם, גם אנחנו. שָׁלֵו בן דוד שלי קיבל רסיסים במצח ובידיים, אני יש לי שני רסיסים ביד, נריה נפגע מרסיסים ביד, ואני רואה שהוא גם איבד חתיכה מהאצבע שלו.

ומתחילות שם, בשלב הזה, מלא צרחות, צרחות ובלגן וכאוס, פאניקה, ועוד יותר פאניקה, וכל השלושים איש שמתחבאים מאחורי הטנק, כולם שם בוכים, וכולם פצועים, וכולם צועקים, ואז פתאום אני שומע את עצמי צורח עליהם "שקט! כולם! שקט!!!" ונהיה שקט. ואז אמרתי להם, "תקשיבו! יש פה חבר'ה שפצועים, ויש פה חבר'ה שנלחמים. כל השאר – מתפללים!".

ואנשים עשו את זה. הם התחילו להתפלל, להגיד שמע ישראל, שיר למעלות, אני לא אשכח את זה בחיים שלי. והיו שם איתנו גם שני ערבים, בדואים, גם הם התפללו איתנו. וגם אני התפללתי. אני לא אשכח את זה בחיים.

ונריה כולו מדמם מהאצבע, אז אני עושה לו חוסם עורקים, ואנחנו חוזרים להילחם, אבל המאג נתקע לנו. שוב טיפול וזלין, והמאג חוזר לעבוד. וככה אנחנו מחסלים את החוליה הזאת שבאה עלינו. גומרים אותם. וככה זה ממשיך, כל חצי שעה מגיעה חוליה אחרת של מחבלים, ואנחנו מורידים אותם. עם מאג אחד, ואם־שש עשרה אחד, מחסלים חוליה אחרי חוליה. אחר כך גם לקחנו מהם את הקלאצ׳ים, וחלק מהמחבלים שהיו שם פצועים, גם תפסנו אותם ולכדנו אותם בחיים.

ובשלב הזה, היו שם מאחורי הטנק שלושים אנשים פצועים, כולם שם היו פצועים, ואני החובש היחיד. ואני בלי ציוד, אז התחלתי לאלתר שם. לקחתי חולצות, עשיתי מהן חוסם עורקים, קיבעתי אותם עם מחסנית ריקה, עם איזה ענף של עץ, אנא עארף. שרעבי אלתורים. והיה שם איתנו בחור אחד שפגעו לו ביד, נשאר לו רק עצם ווריד, כל היד שלו פתוחה, אז שמתי לו חוסם עורקים איזה שש פעמים, וכל פעם החוסם עורקים נופל כי אין לו במה לתפוס. וואלה, היום הוא חי ושלם הבחור הזה, והיד שלו בריאה. זה לא להאמין.

והביאו לי לשם גם חייל עם פצעי ירי בגב, ואני מכיר מקורס חובשים שפצע ירי בגב זה חשד לעמוד שדרה, ובדיוק ראיתי מישהו שם מפנה מקום ברכב שלו, ומוציא מהבגאז׳ חלקים כאלה של ארון להרכבה של איקאה. אז לקחתי מדף אחד, זה לוח עץ מטר וחצי, והשכבתי את החייל הזה על האדמה, בלי אלונקה, וקיבעתי אותו שם, עם המדף הזה של איקאה. וברוך השם, היום החייל הזה חי ובריא ושלם.

.7

נריה ואני זכינו לצאת מהסיפור הזה בחיים. וואלה, אני לא יודע למה דווקא אנחנו. כל כך הרבה אנשים לא שרדו שם. קארין ז׳ורנו, חברה שלנו שרקדה איתנו עם הגבס, זה היה הריקוד האחרון שלה. היא לא חזרה מהמסיבה הזאת. בן, ואיתי, והבחורה הפצועה שפינינו לחפ״ק, אנחנו גילינו אחר כך שכולם נרצחו שם. בר קופרשטיין, המאבטח, שעזר לנו לפנות את הבחורה

בגולף־קאר שלו, הוא חטוף עכשיו בעזה. יוסף חיים אוחנה, החבר הכי טוב שלי בחיים, שחשבנו שהוא מת, גילינו אחר כך שגם הוא חטוף בעזה. זה פשוט לא להאמין.

אני זוכר, אחרי שכבר הגיעו כוחות והכול, אחרי שכבר הרגשנו בטוחים, אני זוכר שעמדתי שם ליד המחבלים האלה שתפסנו. ואני מסתכל עליהם יושבים שם, ואני אומר לעצמי, אני יודע בדיוק מה הם עשו לנו, ואני רואה על הפנים שלהם את החברים שלי שנרצחו לי מול העיניים, אנשים שהם פירקו, אנשים שהם שרפו, ואז אני פשוט בועט באחד המחבלים האלה שישב שם, בום, בעיטה חזקה כזאת, והוא כזה עף על הרצפה. וברגע הזה אני הבנתי משהו, אני הבנתי משהו עמוק על החיים.

כאילו, אני הרגשתי כל כך חסר אונים עם הבעיטה הזאת. בעטתי בו, והרגשתי כל כך עלוב. הבעיטה הזאת לא עושה לו כלום, לא משנה כלום, לא מזיזה כלום. אני נותן לו בעיטה וזה לא מחזיר על רבע ממה שספגנו, זה אפילו לא מדגדג אותו. ואז אני מבין. אני מבין שהדבר היחיד שאני יכול לעשות עכשיו, הדבר היחיד שאני יכול לעשות נגד הרוע שלהם – זה לעשות טוב. שאנחנו נעשה טוב. טוב באותה רמה של כאב ועוצמה. טוב באותה רמה של הרוע שלהם. נעשה טוב. ורק זה יכול לנקום בהם. זה הניצחון, זאת הנקמה הכי חזקה. וההבנה הזאת, באמת, זאת אחת התובנות הכי גדולות שהיו לי בחיים.

חודש אחרי האירוע, טסנו נריה ואני לארצות הברית, ועשינו שם מסע הסברה, פתחנו עמותה וקראנו לה "לניצולים ולפצועים", והתחלנו לגייס כספים, והתחלנו כבר לממן טיפולים לנפגעי הנובה, לעזור להם בכל מיני דרכים. וזה משהו שאנחנו ממשיכים לעשות אותו גם עכשיו. זה סוג של שליחות כזאת, שנכנסנו אליה. כי בעצם באותו רגע שעמדתי שם מול המחבל הזה, באותו רגע אני הבנתי, אני החלטתי, להיות אור. להאיר סביבי אור קטן, בכל מקום שאני מגיע אליו. לא משנה מה נמצא סביבי, לא משנה מי נמצא סביבי, אני אהיה אור. זה מה שהבטחתי לעצמי. להיות אור. ואת ההבטחה הזאת אני משתדל יום יום לקיים.

אולי צריך לחזק כאן את הכוח האימהי

סיפורה של טלי חדר

אופקים

1.

אני, המקצוע שלי הוא גננת, עשרים ושתיים שנה הייתי גננת, ברוך השם, פתחתי גן דתי, עשיתי תואר שני, אבל זהו, מיציתי. היום אני כבר שלוש שנים בתהליך פרישה, אני בבית, יש לי לחץ דם, כולסטרול, בעיות ברכיים, אז אני לא עושה הרבה, לא עושה כלום בעצם. מחפשת את עצמי, מחפשת לעשות דברים. תמיד קינאתי באנשים שאוהבים מה שהם עושים. אני עוד לא מצאתי מי אני, מה אני, מי את טלי.

האבא של הילדים הוא שקט, נחבא אל הכלים. אנחנו נשואים, כן, אבל אני אנטיתזה שלו, אני מתנהלת לבד בחיים. אני אוהבת את הלבד שלי. אנחנו שותפים נהדרים, יש לנו ילדים מדהימים, מקטן ועד גדול, בית שמתפקד ברמה גבוהה, אין שותפים טובים מאיתנו. העסק פה עובד.

קרו לי גם המון דברים בשנה האחרונה, דברים רוחניים, שביני לבין עצמי, נתתי ליקום, למציאות, שתנהל אותי, גם בלילה, במיטה, הרגשתי, מישהו מדבר אליי, אני יודעת שמדברים אליי, לא יודעת מה רוצים ממני. אבל מדברים אליי. ככה הרגשתי כבר כמה זמן. ואז קרה מה שקרה.

2.

שבת בשש וחצי בבוקר, אזעקה. איתמר והחברה שלו שהיו בקומה למעלה יורדים לממ"ד. אני לא אוהבת ממ"ד אבל בסוף אני הולכת. איתמר מתכתב עם המפקד שלו, הוא בדיוק סיים קורס קצינים, היה בשבוע האחרון של

הקורס, ומההתכתבות אנחנו מבינים שזה ביטחוני, שיש מחבלים. אנחנו כולנו קמים לסלון, איתמר לוקח את הנשק, ואני פותחת לו את הדלת, ואומרת לו – "לך נשמה, לך כפרה, תעשה את התפקיד שלך, אתה מפקד, תרוץ, תלך, זה הזמן שלך!".

והוא יוצא החוצה, והחברה שלו בוכה, ומסתכלת עליו, ואני מרגיעה אותה, "זה התפקיד שלו, לזה הוא התכונן!", ואז אני מחליטה, אני לא יודעת מה יש לי, אני שמה נעלי ספורט, ומחליטה לרוץ אחריו, אחרי איתמר, אני רצה מהר, לא על הכביש הראשי, דרך סמטאות, ואני מגיעה לגן שעשועים המרכזי פה בשכונה, ושמה אני קולטת איזה שבעה מחבלים, עם אפודים, אקדחים, נשקים כבדים, הולכים לכיוון הבניינים עם נשקים למעלה, ובמקום אחר, לא איפה שהם, אני שומעת קרב יריות, ואני יודעת, אני מרגישה, שבקרב הזה איתמר נמצא.

אז אני נותנת עוד ריצה, וקשה לי לרוץ, ומגיעה כבר למקום אחר, ושם הקרב, הוא כבר לא פשוט, מחול שדים, יריות וצעקות, משטרה, וחבלנים, ואזרחים עם נשקים, ואני מהמקום שלי מתחילה לצעוק להם, "אתם חזקים! אל תפחדו! תהרגו אותם!", להרים את המורל כזה, את הרוח. לא כולם נלחמו שם. ממש לא. היו כאלה שפחדו. פחדו ועמדו במקום. ואני יודעת שאיתמר שלי שם אבל לא יודעת איפה, ואני האזרחית היחידה ברחוב, חוץ משני חרדים שהגיעו, לא הבינו בכלל איפה הם נמצאים, גם עליהם צעקתי, "תעופו מפה, תעופו, יש פה מחבלים!", ואני עם נעליים ופיג'מה, כולי מבולגנת. עוד לא התעוררתי בכלל.

.3

ואחרי כמה זמן, לא יודעת כמה, אני שומעת צעקות, שיש פצועים, יש הרוגים, ועובר זמן, ואיפה האמבולנס, איפה הפינוי, מה קורה פה. ומישהו אמר שם שהאמבולנס שהגיע, ירו בהם, ולא שולחים יותר אמבולנסים, ואני קולטת שאין פינוי, כי האמבולנס היחיד של אופקים גם הלך, ואין מצב לפינוי, אין מצב, ועובר זמן, ואף אחד לא מגיע. בלגן.

היה שם אחד עם נשק, אני הייתי בשוק, הוא עם נשק והוא אומר שהוא רופא והוא לא עושה כלום, אז אמרתי לו "תשמע, גבר, אתה לא עושה כלום עם הנשק שלך, אולי תיתן אותו למישהו פה, אולי תילחם", והוא כזה, "לא,

אני קוראים לי עכשיו מסורוקה", ואני אמרתי לו, "לך, לך, יא פחדן" ככה אמרתי לו, אני לא אשכח את זה. והוא לקח את האוטו, התניע את האוטו, לקח איזה מישהי פצועה שהייתה שם, ונסע. זה שיגע אותי, שהיה לו נשק, ובמקום להילחם שם, הוא נסע.

ואז אני החלטתי. אמרתי לאיזה בן אדם שם, שהיה לנו חיבור קארמתי שם בשטח, אמרתי לו "תשמע, אני הולכת להביא את הרכב לפנות פצועים" אז הוא מהנהן, ואומר לי, "תלכי, גיבורת ישראל!", ואז התחלתי לרוץ, חציתי את כל הכיכר, את הגן שעשועים, הגעתי הביתה, והבת שלי שהייתה בבית, ושמעה אותי צועקת, יצאה מהר, הביאה לי את המפתחות, ואני כולי מתנשמת, נכנסתי לאוטו, והתחלתי לנסוע לאיפה שהפצועים, ופתאום אני רואה את איתמר, על הכביש, אני רואה את איתמר פצוע.

אני מסתכלת עליו, הוא מסתכל עליי, "אימא מה את עושה פה!" ואני אומרת, "באתי לקחת אתכם", וזהו, האנשים שהיו שם העלו את איתמר, ועוד פצועים, ואני קולטת שהוא פגוע בבטן, והוא מאבד שם דם, ואני צריכה להציל אותו. אני יוצאת משם לכיוון מד"א, בכניסה לעיר, ואני שמה אותו שם, ואת הפצועים שהיו איתנו, אנחנו הראשונים שהגענו.

4.

בקיצור אני הולכת לרופא שמה ואומרת לו, "זה פצוע בטן, פינוי מהיר, עכשיו להוציא לבית חולים" ואני לוקחת מאיתמר את הנשק, ואומרת לו "איתמר אני לא הולכת איתך. טפל בעצמך. אתה גיבור. אימא תגיע אחר כך, עכשיו אני הולכת להביא עוד פצועים", ואז הוא עשה לי עם הראש, ככה, הנהן בראש, כאילו "בסדר".

ואני חוזרת לאוטו, כדי להביא עוד פצועים, ואני על מאה עשרים כל הדרך, ויש יריות, ויש באמפרים, האוטו עף, קופץ, עד היום יש לי נזק באוטו מהנסיעות האלה, ואני מביאה עוד פצועים וחוזרת, מביאה עוד פצועים, וחוזרת, ככה שלוש פעמים, פיניתי שנים עשר אנשים בסך הכול, כולל הבן שלי. הרבה מהאנשים שפיניתי הם דוברי השפה הרוסית, אנשים שלא יודעים עברית, כי זה באמת שכונה של עולים חדשים. וזהו, כשאני מגיעה פעם רביעית כבר אין פצועים יותר, אז אני עומדת, משאירה את האוטו מונע, שאם יהיה צורך נוכל לפנות.

והבאתי שם את הנשק לאיזה חייל שהיה שם, בהתחלה לא רציתי להביא, זה הנשק של הילד שלי והוא יישאר עליי, אבל אז הוא אמר לי, "אני חייל בסיירת, תני לי את הנשק, אני חייל בסיירת דובדבן", ואני האמנתי לו והבאתי לו את הנשק, והוא רץ ונעלם, ואני ממשיכה לעמוד שם, לימים נודע שהוא נרצח, היה לו מעצור, הבנתי, היה לו מעצור בנשק של איתמר.

וזהו אחרי זה הגיע הליקופטר של המשטרה, וכבר הבנתי שאני פה סיימתי. אין לי מה לעשות פה. אני פשוט נכנסתי לאוטו, נסעתי הביתה, הסברתי, סיפרתי לילדים, למי שהיה בבית ולבעלי, מה קרה, ולקחנו את הדברים ונסענו לאיתמר לבית החולים.

.5

אני לא פחדתי. לא על עצמי ולא על איתמר. לא חשבתי על זה. הייתי נורא בטוב. הייתי בטוב. לא במחשבות רעות. הבת שלי שמה בתקופה האחרונה בפלאפון שמתקשרים אליה, אז יש שיר חדש "מחשבות טובות, מחשבות טובות" שיר כזה, חוזר על עצמו, ובדיוק ככה הייתי. מחשבות טובות. כל הזמן חשבתי ופעלתי בטוב. הבן שלי לא נהרג, הבן שלי הולך לניתוח ויהיה בסדר. היה לי ביטחון בעולם, בבורא עולם, הווייב שהייתי בו היה טוב. לא יודעת, עבדתי בטוב. חשבתי בטוב. שלחתי את איתמר בטוב. עשיתי ופניתי בטוב. כל הזמן אמרתי לעצמי, אני לא איפגע, אני בטוב, כל הזמן בטוב. לא יהיה פה רע. לא יהיה רע.

אני אספר גם עוד משהו, אני לא יודעת, לא רציתי לספר את זה, שלא יחשבו שאני איזה משיחית או משהו כזה, היה גם סיטואציה, כשאיתמר היה בקרב, ביריות, היה רגע שם, עמדתי ברחוב, הרמתי את שתי הידיים שלי למעלה, כאילו בגבורה, אמרתי, אני לא אוריד את הידיים, הרגשתי שכשאני מרימה את הידיים, הילד שלי מנצח, הרגשתי שאני עושה את זה בשבילו, ואני לא כזו דתייה בכלל, האמונה שלי באלוהים היא פשוטה ורגילה, אבל הרגשתי שאני בגלגול, שמשהו השתלט עליי, מישהו שלט בי, עשיתי דברים לא טבעיים. איזה מין אימא אומרת לבן שלה – "קח את הנשק ולך למלחמה".

.6

איתמר בסדר, ברוך השם, יצא מהבית חולים. והרבה אנשים ניצלו. אבל יש

במלחמה הזאת גם הרבה סיפורים קשים. דברים נוראיים. ואני בתור אדם מאמין, תמיד אני תוהה בתור אדם מאמין, איך אני תופסת את הדבר הזה. אני חושבת, לאורך ההיסטוריה אנחנו רואים שתמיד יש מי ששילם מחיר. אין מה לעשות. תמיד יש מי ששילם מחיר, אם זה בסיפור יציאת מצרים, ואם זה בפורים גזירות המן, ואם זה חנוכה, שחלק ניצלו, חלק נהרגו. אין ערובה שאלוהים יגן וישמור על כולם. מישהו שילם את המחיר. וגם בשואה. בכל מקום יש מחיר. יש מחיר.

והמחיר הזה זה הכאב שלנו, ובזה אנחנו נמדדים. כולם נפגעו, דתיים, חילונים, עשירים, עניים, אבל השאלה היא, כשהדם זועק, איך אנחנו קמים. בסופו של דבר אנחנו במבחן עכשיו, מבחן כמה אנחנו אחים. וזה מדהים לראות איך כולם עכשיו מגויסים ומתגייסים ביחד. אנחנו אחים.

.7

ויכול להיות גם, יכול להיות שבאמת הגבורה הנשית, כל האימהות, והחוסן הזה, אולי זה טוב לעם שלנו, אני זוכרת את המדהימה ההיא ממצפה רמון, ויקי כנפו, שנלחמה על המצב שלה, היא באה להעביר איזשהו מסר של כוח נשי, שאנחנו חזקות. אומרים "בזכות נשים צדקניות נגאלו ישראל ובזכותן עתידים להיגאל", יש המון, המון בהיסטוריה על נשים ואני חלק מההיסטוריה. אולי צריך גם לחזק כאן את הכוח האימהי, לאו דווקא הנשי, האימהי.

וכל אישה יש בה כוחות, ובכל בית, האימא היא זו שמתווה את הדרך, אימא היא זו שנותנת את הכוחות בבית, כתוב, כתוב, זה לא אני ממציאה. כן, אימא היא עקרת הבית, עיקר הבית, כאילו אנחנו כוח שצריך להבין כמה הוא חזק, והינה, גם בשדה הקרב אנחנו שם, היינו שם. גם שם היינו. ואני אישה פשוטה, מה אני. מה אני. גננת. אני אישה פשוטה. אני שלוש שנים עקרת בית, אני לא במסגרת, אני לא סרן בצבא, אני לא מפקדת, אני לא כלום. ואם אני עשיתי את מה שעשיתי, אז שכל אישה תבין שיש בה כוחות.

בדיוק הפוך מכל סיפורי הגבורה האלה שיש

סיפורו של שלמה רון

מספרת – עירית, אחיינית של שלמה

נחל עוז

1.

אני קרובת משפחה של שלמה, דרך אשתו חנה'לה. שלמה וחנה'לה נפגשו בקיבוץ, הם ממש הקימו אותו, חנה'לה הגיעה לשם מקבוצת כנרת, בגיל עשרים ושתיים היא עברה לשם, ושלמה, הוא הגיע עוד לפניה, הוא הגיע מתל אביב בכלל, להקים את הקיבוץ ביחד עם גרעין נח"ל, וזהו, הם נפגשו, והתחתנו, וחיו שם, וגידלו שלושה ילדים על הגבול.

אם אנחנו מדברים על גבורה, אני חושבת שזאת הגבורה, עוד מלפני מה שקרה בשבעה באוקטובר, כי ת־מ־י־ד היה מסוכן שם, תמיד נכנסו, פעם קראו לזה "פדאיון", פעם קראו לזה "מסתננים", זה תמיד היה, והם אף פעם לא התפנו! אפילו עכשיו, בשנים האחרונות, כשהתחילו הטילים האלה והפצמ"רים וכל הדברים והסבבים, כל מיני משפחות עם ילדים קטנים התפנו, והם לא התפנו! אף פעם, ובכלל שמעתי שרוב הוותיקים של הקיבוץ לא התפנו, הם נשארו, והרגישו מאוד בטוחים שם, מאוד מאוד בטוחים.

אנחנו בספר של גיבורים אבל שלמה וחנה'לה לא היו אנשי גבורה מחוספסים כאלה, אנשי מלחמה, לא! הם היו אנשים באמת ממש עדינים ורכים, אנשי תרבות ואומנות, חנה'לה הייתה גננת כמה שנים בנחל עוז. תמיד ראו אותה, מתוקה כזאת הולכת בראש קבוצה של ילדים קטנים, קיבוצניקים קטנים, ושלמה היה איש מתעניין כזה, הוא התעניין בהכול, היה כיף לספר

לו דברים, הוא היה שואל שאלות כאלה, ומספר גם סיפורים. הוא היה איש עמוק כזה, שיחות איתו זה לא היה סתם אינפורמציה או צחוקים, או כאלה דברים. זה היה שיחות על דברים עמוקים.

והוא היה שחקן בכלל, שלמה, הוא היה שחקן. בכל ההצגות בקיבוץ, תמיד הוא היה מקבל תפקידים ראשיים. הוא אהב לשחק, ובשנים האחרונות הוא התחיל גם לצייר, הם באמת היו אנשים הכי, אנשי רוח כאלה, בדיוק הפוך מכל הסיפורי גבורה האלה שיש, ועם זאת, עם כל זאת, הם באמת חיו חיים מאוד מאוד אמיצים.

.2

ואז הגיעה אותה שבת. מה שהיה זה כזה דבר לשלמה וחנה׳לה יש שלושה ילדים, ובאותה שבת, זה היה חג גם, באו אליהם שתי הבנות לביקור. בת אחת הגיעה מהצפון, מראש פינה, והבת השנייה הגיעה מאוקספורד, והבנות וגם הנכד ישנו בלילה כולם בדירה קטנה קטנה, צמודה לדירה של שלמה וחנה׳לה, זאת דירה ריקה כזאת, שרק בשבתות כאלה, כשמארחים, יש שם אנשים. רוב הזמן היא ריקה.

עכשיו, מה שקורה באותו הבוקר, את הכול אנחנו יודעים לפי מה שהמטפלת של חנה׳לה סיפרה, מריסה קוראים לה, והיא משהו לא רגיל, באמת, מה שקרה זה שהתחילו אזעקות בקיבוץ. שלמה וחנה׳לה בדיוק אכלו ארוחת בוקר עם מריסה, והבנות שלהם עוד ישנו, בדירה הצמודה, ומתחילות אזעקות והם כולם רגילים לזה כבר, בסדר, כשיש אזעקה נכנסים לממ״ד. אבל אז, אחרי כמה דקות, הם התחילו לשמוע יריות בקיבוץ, וברמקולים התחילו להגיד שיש חדירה, זה גם דבר שכבר היה שם בקיבוץ, ושלמה, זה הרגע שהוא כנראה החליט, הוא אמר לחנה׳לה ולמריסה המטפלת, ״תיכנסו, אני נשאר, אני לא נכנס לממ״ד״. ככה הוא אמר.

הכול קרה בדקות, בשניות, והיריות היו ממש קרובות, ממש ממש קרובות. מריסה סיפרה, שכשהם סגרו שם את הדלת, היא כבר ראתה את האיש שירה אחר כך בשלמה, הוא היה ממש שם בכניסה! יש להם במרפסת חלון גדול, ויטרינה כזאת שאפשר לראות, והיא ראתה את המחבל, מריסה, ושלמה ראה אותו גם, וכשהם רצו לממ״ד, הם ניסו לקרוא לו שיבוא, אבל הוא לא הסכים להיכנס. במקום לרוץ איתן, הוא הלך והתיישב בכורסה. הוא

אמר למריסה, "קחי את חנה'לה לממ"ד ותסגרי את הדלת, אני פה, אני לא נכנס", ולחנה'לה הוא אמר, "תכף הצבא יבוא ויהיה בסדר", הוא אמר לה את זה כדי שהיא לא תפחד.

ומריסה לקחה את חנה'לה, והן נכנסו, ונעלו את הדלת. הכול היה ממש ברגע אחרון, ממש בשנייה האחרונה, היא כמעט לא הספיקה להיכנס, והמחבלים נכנסו, וירו בו, וזהו, חשבו שהוא כנראה לבד שם, וכל זה קורה כשבדירה ליד, ממש צמוד אליו, כל המשפחה שלו נמצאת, בתוך ממ"ד ישן כזה שלא ננעל בכלל, הם פשוט ישבו שם בפחד נוראי, החשיכו את הכול, וישבו למטה על הרצפה, במקום שלא רואים, ופשוט אף אחד לא נכנס לשם כל הזמן. כנראה עבדו עם איזושהי תוכנית, היה להם מודיעין, לחמאס, והם ידעו ששם זאת דירה שהיא כל הזמן ריקה. אז לא נכנסו.

.3

עכשיו קשה לדעת, אף אחד לא באמת יודע מה עבר לו בראש באותו הרגע, אבל שלמה ידע, הוא ידע שהבנות שלו והנכד שלו שם בממ"ד בדירה ליד, הוא ידע שאשתו ומריסה בממ"ד מאחורה, והוא שחקן, הוא שחקן בנשמה שלו, והוא בטח אמר – "אני יושב פה. אני מקבל אותם פה על הכורסה שלי, ברוגע, שיירו בי כאילו". ככה אני מבינה את הדבר הזה.

הכורסה זה הדבר הכי בולט שם בחדר. והוא פשוט ישב עליה, הוא לא ניסה להסתתר או להסתוות או להיכנס לאיזה ארון, או לסגור חלון, שום דבר! להפך, הוא כאילו משך אליו את כל תשומת הלב... כמו שחקן שיושב במרכז של הבמה. הוא יושב לו בכורסה – "הינה אני פה, אני לא מסתתר" ואם הוא לא מסתתר זה גורם לכל המחבלים שבאו, לחשוב שאין שם עוד אנשים אחרים. איש זקן, בודד, ערירי, יושב לו בכורסה. אז הם הורגים אותו וממשיכים הלאה, לבית הבא.

וזה לא שלא הגיעו לשם אנשים אחר כך. מריסה סיפרה שבמשך היום, הרי חילצו אותם רק בשש וחצי בערב, אז במהלך היום נכנסו לשם כמה פעמים, עשרות אנשים, גם בשביל לבזוז הם נכנסו, ופתחו ארונות, חיפשו תכשיטים או משהו כזה, ולא עלה על דעתם בכלל, לחפש או לחשוב שיש שם עוד אנשים בפנים, זאת הייתה תצוגת משחק כל כך משכנעת, הבדידות

הזאת שלו, שהוא יושב לו שם, לבדו בכורסה. וככה חנה'לה אשתו, ומריסה, והבנות שלו והנכד שלו ניצלו. זהו.

.4

אני חושבת על זה הרבה שהגבורה של שלמה, איך שהוא מת, זו גבורה רכה כזאת, שיש בה שני קצוות, מצד אחד גבורה, ומצד שני רכות, וזה הכי הפוך מכל הסיפורים האלה ששומעים. הוא היה איש תרבות, ואיש ספר, הוא קרא המון, ואהב לשוחח. איש משפחה כזה, לא היה לו נשק בבית, כלום. הוא היה אדם רך, וגם חנה'לה כל כך עדינה, היא הדבר הכי רך שיש, ובכל זאת היה לו את האומץ הזה, לוותר שם על עצמו למען אחרים. ברכות הזאת שלו, הוא הצליח להציל חיים.

ואני חושבת על איך שהוא יושב שם על הכורסה שלו, בגיל שמונים וחמש, ושומר על המשפחה שלו, בדרך היחידה שהייתה לו, זה מאפיין בדיוק את החיים שלו. המוות שלו מאפיין את החיים שלו. זה מוות של אנשים צנועים, של גיבורים. באמת שהם גיבורים, הוא וחנה'לה, תמיד הם דיברו על זה שהם השומרים על המדינה, חיים על הגדר, בלי לוותר, בלי לזוז, הם אף פעם לא עזבו את הקיבוץ, גם במלחמות הכי קשות שהיו. בכלל, כל האנשים שגרו שם בקיבוצים. הם כבר שנים שומרים עלינו, ואף אחד לא מתייחס. וזה כמובן קשור לכל מה שקורה כאן בשנים האחרונות, כל השנאה הזאת שהייתה כאן לקיבוצים. אלה דברים כואבים בצורה לא רגילה.

.5

ורציתי להגיד עוד משהו בקשר לנושא הזה, של האחדות. בעיניי כל מה שקרה בשבעה באוקטובר, השיעור כאילו, שאנחנו צריכים ללמוד מזה, זה שאנחנו חייבים להתאחד. חייבים להתאחד. אני כותבת על זה בפייסבוק, ונורא כועסים עליי חלק מהחברים, כותבים לי דברים, מה, איך את חושבת שאפשר להתאחד איתם, עם הדתיים, עם המתנחלים, הם לוקחים תקציבים, והם זה, והם זה, ואני אומרת, זה לא קל להתאחד, אבל זה מה שאנחנו צריכים! חייבים להתאחד! זה המסר, ואם אנחנו לא נקלוט את זה, אז זה יקרה לנו עוד פעם. זה ככה פשוט.

זה דור של גיבורים
סיפורו של מתן אברג'יל
📍 ניר עם

מספר – אריק, אבא של מתן

1.
אנחנו משפחה עם ארבעה ילדים, מתן הוא הקטן ביניהם. אני התרגלתי שכששואלים אותי "כמה ילדים יש לך", בהתחלה אני נתקע, כי אני יודע שיש לי ארבעה ילדים, אחד נהרג. אז מה אני עונה. אבל למדתי להגיד שיש לי ארבעה ילדים עדיין, כאילו, אני לא אומר שיש לי שלושה ילדים ואחד נהרג. לא! אני אומר, "יש לי ארבעה ילדים, אחד לא איתנו", זו התשובה שאני נותן. אני מרגיש ככה הכי נוח, לדבר על מתן בצורה הזאת.

מתן נולד בחג מתן תורה, בשבועות, בגלל זה קראנו לו מתן. והוא נהרג בשמחת תורה. זה דברים שנופל לך האסימון רק אחר כך, לא מייד, זה דברים שרק אחר כך אתה רואה שככה מתחברים. וביום שהוא נהרג, גם הבן דוד שלו, אברהם, נהרג, במסיבה של הנובה. שני נכדים לסבתא אחת נהרגו באותו יום. הם נקברו בהפרש של שעתיים. אברהם נקבר בירושלים, בהר הרצל. והבן שלי נקבר בחדרה. זאת הייתה מכה למשפחה שלנו. מכה רצינית.

כשמתן היה קטן, האחים הגדולים שלו, שהם גדולים ממנו בהרבה, היו מכסחים אותו מכות, אבל כבר אז אני ראיתי עליו שהוא משהו אחר. קודם כול הוא לא פחד מהם, הוא היה נלחם עם שניהם ביחד. בלי לפחד! והם קופצים עליו, בועטים בו, חונקים אותו, מעקמים לו את הידיים, מעקמים לו את הרגליים ואני לא מתערב. אני ככה משחרר, מסתכל מהצד. ואני רואה שהוא נלחם איתם. והם צועקים לו, "תיכנע!", והוא, "לא נכנע!", ואני רואה אותו, ואני אומר לעצמי, כאילו, מה עכשיו, עזוב אותך, אבל הוא לא נכנע! כולו קבור למטה, מתחת לאחים שלו, כולו אדום, והוא לא נכנע להם! ובסוף

הם היו עוזבים אותו. והוא היה קופץ עליהם, מנסה לפרק אותם. הכול ברוח טובה כאילו. זה משחקים של ילדים, של אחים. זה לא מכות מכות, זה בסדר, אלה דברים שמגבשים את המשפחה.

2.

היה לו אופי נעים כזה. אתה יושב איתו, ורואה מולך בן אדם שקט. הוא לא היה מהילדים האלה הרועשים, מהילדים שעושים הרבה רעש, לא. הוא היה ילד שקט, אבל זה לא שקט של ביישן, הוא פשוט היה מסתכל ככה על הסיטואציה. קשה להסביר את זה. היה לו מבט של ילד חנון כזה, חזות של ילד חנון, פנים עגולים, משקפיים, אבל זה היה אנטיתזה למה שהוא היה באמת.

בתור תלמיד הוא לא היה הכי טוב מבחינה לימודית, בוא נגיד ככה, לא הכי חרוץ. גם אני וואלה לא הייתי התלמיד הכי חרוץ. בלשון המעטה! נו בסדר, אבל מבחינת התנהגות, הוא היה פיקס. מבחינת התנהגות, הוא היה מכבד את המורים שלו. הם כולם אהבו אותו. היה ילד מנומס. מה שמבקשים ממנו הוא עושה. היו מבקשים מתנדב הוא היה הראשון שקופץ לעזור.

היה לו אופי כזה, הוא היה הולך לסבתא שלו, סתם לדוגמה, ורואה שהדשא שלה קצת גבוה, אז הוא היה אומר, אני אגזום לך את הדשא, והולך, מפעיל את המכונה, בלי שהיא תבקש ממנו בכלל. וגם בצבא הוא היה ככה. בכל מקום שהוא היה, הוא היה מנסה לעזור לאנשים.

בסביבות גיל שש עשרה, משהו כזה, הוא התחיל להתאמן בהשקעות של כספים בבורסה, וכל מיני כאלה דברים, קריפטו, כל מיני דברים שאני לא מבין בהם. התחיל להיכנס לזה, הלך ולמד באינטרנט, שמע ככה הרצאות של השקעות, והתחיל לשחק עם כסף, הוא היה עובד בפיצה, ומשקיע כספים, קונה פה, קונה שם, הולך, משקיע, מפסיד, מרוויח, לא מעניין אותו. לא פחד! כן, היה לו אומץ, לפעמים הוא בא אליי, אומר לי, "אבא כמה הפסדתי, זרוק כמה הפסדתי היום", אני אומר לו, "מאתיים דולר", הוא אומר לי "תעלה, תעלה, שמונה מאות דולר הפסדתי, אבל אל תדאג, אני ארוויח אותם". היה לו אומץ. ובצבא, המפקדים שלו היו באים אליו, אומרים לו, "קח עשרים אלף שקל, תשקיע לי, תרוויח לי כסף", והוא לא לקח מהם, הוא היה אומר תמיד "אני מוכן להסתכן עם הכסף שלי, לא עם כסף של אחרים".

ואני זוכר, בטירונות, היה לו חייל במחלקה שלו, שהוא ככה, קצת התקשה בדברים, ומתן ממש עזר לו, בכל מיני דברים, שיפצורים של דיסקית, דברים כאלה. החייל הזה לא הסתדר הכי טוב עם כל הסיטואציה של הטירונות, וכל היום היה מקבל עונשים. בכל שבת שהם היו יוצאים, הוא היה מקבל איזה שלוש ארבע שעות ביציאה. ומתן ריחם עליו, וניסה לעזור לו, כמה שהוא יכול. הוא היה קושר לו את הנעליים בהקפצות, עוזר לו לשים חגורה, הוא היה משפצר לו את כל האפוד, הכול בשביל לעזור לו, שיהיה לו יותר קל. הוא היה באמת ילד טוב. ילד זהב טהור הוא היה.

.3

מתן היה בעוטף באותו היום, הוא והחבר'ה שלו היו בצוות כוננות, שנמצא שם בבוקר בגזרה. זה כוח שאמור לתת מענה, למקרה שקורה משהו. כוננות עם שחר זה נקרא. הם היו שם כמה גולנצ'יקים עם נמר, שזה נגמ"ש כזה, ועוד צוות של שריון, טנק. וכולם כמובן עם ציוד מלא, ובכוננות, שש בבוקר, יושבים, צוחקים, שותים קפה, לא משהו מיוחד.

ואז פתאום התחיל הירי של הקסאמים, התחילו אזעקות, והם מקבלים קריאה בקשר על התראה שיש חדירה בגדר, באזור ניר עם. אז הם ישר קפצו כמובן, והתחילו לנסוע לכיוון הפירצה כביכול. הם עדיין לא הבינו את גודל האירוע, כמובן, ואף אחד לא הסביר להם שמדובר באיזה חלק מאירוע גדול שקורה, או משהו כזה. לא. מבחינתם יש חדירה של איזה שניים שלושה מחבלים, אז הם נוסעים לשם לחסל אותם, ונגמר הסיפור. בקטנה.

אז הם מתחילים לנסוע לשם, אבל כבר בדרך הם רואים מולם ים של מחבלים, עם אופנועים, וברגל, ועם טנדרים, וכבר כשהם בדרך הם מתחילים להילחם איתם, לירות עליהם, כאילו, זהו, האירוע התחיל. והמ"מ שלו בנמר למעלה מתחיל לנהל אש מול המחבלים, הם יורים עליהם, תוך כדי שהם מתקדמים.

ואחר כך הם הגיעו לקיבוץ ניר עם, ושם היה קרב, באזור של המדגרה, מחוץ ליישוב, היו שם מחבלים בפנים, אז הם פרקו מהנמר, המ"מ, מתן, ועוד שני חיילים, והם נכנסו לשם, לתוך השטח הזה. מתן גם היה הקשר של המ"מ שם, והוא סיפר לנו, המ"מ שלו, שלמתן היה עודף מוטיבציה שם, כלומר, הוא רץ קדימה, רץ ראשון, בועט בדלת, נכנס, יורה. כאילו, הוא אמר שהוא

לא פחד שם מכלום. והמ"מ אמר לו, מתן, תירגע, תחזור אחורה טיפה, אל תתלהב יותר מדי. הוא ממש חתר שם למגע, בלי לחשוב פעמיים. כבר שם הוא היה גיבור.

.4

אחרי שהם סיימו לטהר שם את המתחם, המ"מ קיבל בקשר פקודה מהמ"פ שלו, לחבור אליו לאיזה נקודה עם שני לוחמים. והמ"מ החליט להשאיר את מתן בנמר, כי לא היה שם אף מפקד, והוא סמך עליו, הוא החזיק ממנו ראש גדול יחסית. הוא נתן להם פקודה לשכב שם, באיזו תלולית ולשמור על הנמר מבחוץ. ובזמן שהם שם, שוכבים שם, התחילו פתאום להגיע אליהם עוד מחבלים, עשרות מחבלים, והחבר'ה שם, בלי מפקד, בשטח פתוח, החליטו פשוט להיכנס חזרה לתוך הנמר ולהילחם, הם רצו פנימה, והמחבלים התחילו להתקדם אליהם. היו שם שלושים ארבעים מחבלים, משהו כזה. והם מקיפים את הנמר, ויורים עליהם טילים, וזורקים עליהם מטענים. ואחרי כמה דקות שם, הם כבר דפקו להם לגמרי את הנמר. שיבשו לו את הנסיעה, הוא לא היה יכול לזוז, שיבשו לו את הקשר. זה אירוע אירוע, בסדר גודל אחר.

אז הם שמה, מוקפים במחבלים, והם צריכים לנהל קרב על החיים שלהם, לא הייתה להם ברירה, והנמר חוטף טילים נגד טנקים, פיצוצים רציניים. ובשלב מסוים, ככה החיילים שהיו שם סיפרו לנו, מתן עלה למעלה, למדף העליון של הנמר, והתחיל לנהל איתם אש, עם המחבלים. הוא הוציא את הראש שלו ואת הנשק שלו החוצה, והתחיל לירות בהם.

אני בהתחלה לא האמנתי לסיפור הזה. ורציתי לדעת מה קרה, לבנות את הסיפור האמיתי. אז דיברתי עם כמה אנשים שהיו שם, וכולם אומרים אותו דבר. היה שם חייל ותיק, בחור רציני. וכשהוא ראה את מתן עולה למעלה, ומתחיל לירות, הוא אמר לעצמו, מה, הילד הזה עולה למעלה ויורה בהם, אז מי אני שאני לא אעלה! וזה שכנע אותו להילחם. הוא הרגיש בושה לא להילחם, כשהוא ראה את האומץ של מתן. אז הוא עלה למעלה, עם נשק, והתחיל לירות גם כן.

ואחרי כמה דקות כאלה, מתן נפצע ביד שלו, באצבע, הוא נכנס בחזרה לנמר, והתחיל תוך כדי שהוא פצוע, להחליף מחסנית. ובינתיים הבחור השני, הוותיק, שהיה שם וירה, קיבל כדור בכתף, אז הוא נפל פנימה, וכשהוא

ירד פנימה, נוצר מצב בעצם, שכולם למטה, והמדפים של הנמר פתוחים. והמחבלים שהיו שם ניצלו את זה, הם ניצלו את המצב, וזרקו להם פנימה, לתוך הנמר, הם זרקו להם שני רימונים.

5.

הרימון הראשון שנזרק פנימה היה רימון גז. או שזה היה רימון רגיל, שלא התפוצץ טוב. זה לא ברור. אבל החיילים בפנים התחילו להשתעל שם, ולהקיא, ולא יודע מה. והרימון השני שנזרק פנימה, זה היה רימון שמתן כבר זיהה אותו. וברגע שהוא ראה אותו, הוא צעק, "רימון!", והוא התכופף למטה, כדי לתפוס אותו, הוא ניסה למשוך אותו כזה, והסתבך שם, זה הכול עניין של שתי שניות, שלוש שניות. אני מניח שהוא התכוון לזרוק אותו חזרה החוצה או משהו. אבל הוא כנראה הבין שאין לו הרבה זמן.

אז הוא לקח את הרימון ביד ימין. הצמיד אותו כאן לחזה. הפנה את הגב אליהם, לכל שאר החברים שלו. ואז הרימון התפוצץ. ומהפיצוץ הזה הוא נפצע אנוש, הוא לא נהרג במקום. והיד שלו נקטעה. הוא ממש עף על החברים שלו. והחובש שהיה שם התחיל לטפל בו, אבל הפציעה שלו הייתה קשה. הם סיפרו לי החבר'ה, שהוא גסס שם משהו כמו שבע דקות, שמונה דקות, ובין המילים האחרונות שהוא הצליח להוציא, הוא אמר להם, "עשיתי כל מה שאני יכול למען המדינה ולמען החברים". זה מה שהוא אמר.

הם היו שם בלי קשר, החיילים, ואחד מהם התקשר לחבר שלו שהיה בכלל בבית, והסביר לו את המצב שלהם, והסביר לו שיש להם פצועים קשה. ואז שלחו לשם צוות של מג"ב לחלץ אותם, כי הנמר שלהם היה תקוע. הגיע לשם עוד נמר, והם העבירו את החיילים ואת הפצועים, מנמר לנמר. יש סרטון ביוטיוב של החילוץ הזה. והיה חייל שם, של הימ"מ של המחלצים, שנהרג שם בניסיון חילוץ הזה. רומן גנדל קראו לו. וגם הוא היה גיבור. תכתבו את זה שגם הוא גיבור.

6.

במשך שלושה ימים לא ידענו מה קורה עם הבן שלנו. לא הצלחנו להשיג אותו, ולא הצלחנו לברר מה איתו. כלום. אני בזמן הזה כבר רצו לי כל

הסרטים בראש. חשבתי, אולי חטפו אותו, אולי הוא פצוע או משהו. לא ידענו כלום. וביום שלישי בלילה, מאוחר, הגיע קצין לבשר לנו את הבשורה. איך שהוא נכנס בדלת אני כבר אמרתי לו, ״הלך הילד אה״. ככה. אני כבר הכנתי את עצמי לגרוע מכול. אין מה לעשות. ואז שאלתי אותו אם יש זיהוי ודאי, ״אתה בטוח שזה הוא״, הוא אמר, ״כן, יש זיהוי ודאי״. אז אמרתי לו, ״אתה יודע איך הוא נהרג״, הוא אמר לי, ״אני לא יודע להגיד לך, אין לי מושג, אין לי מידע על זה, אני לא יכול להגיד לך כלום״.

ואז פתאום, ביום רביעי, בשעות הבוקר, שכן שלי שולח לי הודעה עם איזה פוסט של אחד החיילים שהיה עם מתן בנמר, באירוע, והוא אומר לי, ״אריק תסתכל מה כתוב״. אני פותח, אני רואה אותו שהוא פרסם שם איזה הודעה כזאת, שתמצית שלה זה שהוא מודה לאלוהים ששלח לו את מתן, ושהוא הציל לו את החיים, ושהוא קפץ על רימון, ושהוא הציל לכולם את החיים, משהו כזה. לא נשכח אותך לעולם וזה.

ואני קורא את זה, ואני לא מאמין. אני בא לילדים שלי, אני אומר להם ״תסתכלו, קפץ על רימון הבן אדם!״, אנחנו היינו בהלם, אמרתי להם, תשיגו לי את הבן אדם הזה, שכתב את הפוסט! תנסו להשיג, דרך הפייסבוק, לא יודע מה. והם עשו את זה, ואני דיברתי איתו בטלפון, וביקשתי ממנו לספר לי את הסיפור. וככה הבנו מה קרה.

אחרי שמתן נהרג, בערך חודש וחצי אחרי, המג״ד שלו, תומר גרינברג, גם הוא נהרג בעזה, ואני הלכתי להלוויה שלו בירושלים, ואחרי ההלוויה אני יוצא חזרה, ופתאום בא אליי איזה בחור, ככה, לבוש אזרחי, ואומר לי, ״אתה אבא של מתן אברג׳יל, נכון״, אמרתי לו ״כן, מי אתה״, אז הוא אומר לי, ״אני הייתי הסמל שלו בטירונות״. אמרתי לו ״יפה, ואתה היית באירוע״, הוא אומר לי, ״לא, אבל אני רוצה לספר לך משהו שאולי לא שמעת מאף אחד״, אמרתי לו ״מה, תספר״, זה היה מסקרן כזה.

אז הוא אומר לי, ״תשמע, פעם עשינו להם איזה תרגיל, הם ישבו כל המחלקה בכיתת לימוד, אתה יודע, יושבים, שולחנות, כיסאות, לומדים משהו, משהו עיוני, ואני נכנסתי לכיתה עם רימון, לא אמיתי, רימון דמה, ונעמדתי באמצע הכיתה, וזרקתי את הרימון באמצע הכיתה. סתם בשביל התרגיל. וכולם ברחו כשזרקתי את הרימון, כולם ברחו, אבל מתן קפץ עליו.

הוא ידע שזה לא רימון אמיתי, הוא עשה את זה, חצי בצחוק, בהומור, חצי באוטומט, לא יודע איך לקרוא לזה כבר, אתה מבין", הוא אמר לי הבחור, "כולם נעלמו, והוא קפץ על הרימון. זה אומר משהו על בן אדם".

.7

החברים שלו, שהיו שם בנמר, הם כולם נפצעו מהפיצוץ הזה, ברמה כזאת או אחרת. אנחנו מאוד אוהבים אותם, את כל החברים, הלוחמים הגיבורים מהנמר. הם כמו הילדים שלנו. אנחנו כל כך שמחים לראות אותם משתקמים, חוזרים לעצמם. אחד היה על קביים, אחד בכיסא גלגלים, אבל הם כולם כבר בסדר. הם הולכים, הם בשיקום, עברו ניתוחים, הוציאו להם רסיסים, פה, שם, הם גם בטיפול פסיכולוגי, זה לא דבר פשוט, הם עברו פה דבר לא פשוט. אבל הם יהיו בסדר. ובזכות מתן הם בחיים.

אני גם חושב שאני מתמודד עם זה יחסית בסדר. גם הפסיכולוגית של משרד הביטחון, שבאה אלינו כבר כמה פעמים, היא אמרה לי שזה נראה לה שאני בסדר עם זה, לא יודע, הצורה שאני מדבר, או איך שאני מנהל את הסיפור הזה, זו הדרך הנכונה. וגם אשתי פחות או יותר. אשתי היה לה קצת יותר קשה ממני אולי.

אבל אני כן מרגיש שהקשר בין הילדים שלי בבית נהיה קצת יותר הדוק. זאת אומרת, הם מתעניינים בינם לבין עצמם קצת יותר ממה שהיה בעבר. זה גורם להם לדאוג אחד לשני יותר. קרה להם משהו מאוד טראומתי, קשה, והם קיבלו ככה, איזה פרספקטיבה אחרת על החיים, הם מעריכים יותר את מה שיש להם. וזה גם משהו שמתן השאיר להם לפי דעתי.

ראיתי איזה כתבה בטלוויזיה, ואחד החיילים אמר שם שהם, כאילו החיילים של היום, גדלו על סיפורי הגבורה של דור תש"ח. והוא אמר שלדעתו עוד ארבעים חמישים שנה, ידברו על הדור הזה, של אלפיים עשרים ושלוש, כמו שאנחנו מדברים על דור תש"ח. וזה באמת מגיע להם, אין פה אפס בכלל. החבר'ה האלה הצילו את המדינה, חד־משמעית. הם הצילו את המדינה שלנו. הם עדיין מצילים. נלחמים בשבילנו יום יום. בלי ימין, שמאל, ערבים, דתיים, כלום! ואני גם חושב ככה, אני חושב שלא רק מתן, כל החבר'ה הצעירים האלה, הם כולם, זה דור של גיבורים.

ניסיתי לעזור כמה שאני יכולה

סיפורה של גלי אילון

בת 15

כפר עזה

.1

אני זוכרת שפעם אחת נפל עפיפון בחצר שלנו, והדליק שריפה גדולה. החמאס היו עושים את זה פעם, מעיפים בלונים ועפיפונים, ומציתים שריפות בעוטף. ואני הייתי אז בבית רק עם האחים שלי ועם הבייביסיטר, ופחדתי נורא. ומאותו היום התחילו לי פחדים, ממש ממש פחדתי משריפות. ממש פחדתי. ואבא שלי ראה את הפחד שלי, הוא ניסה לעזור לי. הוא לקח אותי לדבר עם אנשים. אבל פחד זה דבר שקשה להוציא מבן אדם. ואחרי כמה ימים, הוא לקח אותי ביחד עם דני ניצן ושחר אביאני הרבש"צ, לעמדת כיבוי האש של הקיבוץ, וביחד כולנו יצאנו עם משאית כיבוי האש, יצאנו לכבות שריפות.

וזה מה שעשינו, פשוט הסתובבנו באזור וכיבינו שריפות. ובכל פעם שראינו בלון שנופל, ומצית שריפה קטנה, היינו מכבים אותה עוד לפני שהיא מצליחה בכלל להתפשט. היינו שופכים עליה מים, או שאם זאת הייתה שריפה גדולה יותר, היינו לוקחים את הצינור של הכבאית, ומכבים אותה מרחוק. הוא לקח אותי לסיטואציה של התמודדות עם הפחד שלי. הוא נתן לי את ההבנה שזה ממש בידיים שלנו. וככה התגברתי על הפחד הזה.

ואם הוא סתם היה אומר לי, "לא, גלי, זה בכלל לא מסוכן", אם הוא היה משקר, הפחד לא היה עובר לי. אבל אני למדתי שכן, האש מסוכנת, אבל יש מה לעשות איתה, אפשר לשלוט בה, אם יוצאים בזמן, אם מגיבים

בזמן – אפשר למנוע ממנה להתפשט. אפשר להתמודד עם אש. אפשר להתמודד עם פחד. זה מה שאבא שלי לימד אותי, כל החיים.

וגם היום ההוא, השבעה באוקטובר, היה יום כזה, שבו כל מי שהיה יכול, עשה משהו כדי למנוע מהאש להתפשט. כל מי שהיה אצלנו בכפר עזה, התמודד עם הפחד שלו, ועשה משהו. מה היה קורה אם אבא שלי היה מפחד, ולא יוצא להילחם עם המחבלים באותו היום. מה היה קורה אם החיילים שלנו היו מפחדים, ולא באים להילחם באותו היום. מה היה קורה אם אני הייתי נותנת לפחד לנהל אותי.

2.

אני מאז שאני זוכרת את עצמי לימדו אותי שיש לי שמונה שניות לרוץ לממ"ד. מאז שאני זוכרת את עצמי, למדתי לרוץ לממ"ד כשאני שומעת קריאה של צבע אדום. לפני כמה שבועות הייתי בארצות הברית, נסענו לשליחות, לדבר עם קהילות של יהודים, והתחלתי לספר שם, "כן, קמנו ביום שבת לצבע אדום", והנציגה שהייתה איתי, מהסוכנות היהודית, אומרת לי, "גלי, הם בכלל לא יודעים מה זה צבע אדום, את צריכה להסביר את זה", ואני אמרתי לה, "מה זאת אומרת", והיא ענתה לי, <mark>"הם לא רגילים שנופלים עליהם טילים על הבית. אין להם דבר כזה ממ"ד, אין להם עניין להתחבא כי יורים עליהם טילים פעם בשבוע".</mark>

ורק אז אני הבנתי, רק אז נפל לי האסימון, שזה לא דבר נורמלי. לא צריך לנרמל את זה. קודם כול ולפני הכול, עוד לפני הסיפור של השבעה באוקטובר, זה לא בסדר שיש בכלל ממ"ד, זה לא בסדר שאנחנו צריכים לרוץ בכל פעם שיורים עלינו טיל. זאת לא שגרה שצריך להשלים איתה בחיים.

3.

החיים בכפר עזה היו טובים. הייתי חוזרת מבית הספר לבית הילדים, שם היינו משחקים כל החבר'ה, עד ארבע בצוהריים, אחר כך בדרך כלל היו באים אליי הביתה חברים. היינו בית מארח. אני כל כך אוהבת לארח. וגם היום חברות שלי אומרות לי שהן מתגעגעות לבית שלי, ולתחושה הביתית שהוא נתן. תמיד היינו הולכים לבית שלי. תמיד.

ובשבתות הבית שלנו היה מפוצץ באנשים, כולם היו באים לאכול את הג׳חנון של סבתא יעל. אנחנו שלושה אחים, וכל אחד מאיתנו היה מביא אלינו הביתה את החברים שלו, בשבת בבוקר. וככה היינו מעבירים את היום ביחד. לא יודעת, קשה לי לדבר על זה, קשה לי לחשוב על החיים בכפר עזה לפני. זה משהו שנראה לי כל כך רחוק. אני בקושי יודעת מה להגיד.

לפני כמה זמן שלחו לנו תמונה של הוואדי הקטן של הקיבוץ. זה נחל שעובר בקיבוץ רק בחורף, וכל פעם שהוא היה מתמלא, היינו הולכים לשחק שם, והיינו נרטבים, ובונים סירות נייר, ומשיטים בוואדי. חברים שלחו תמונה מפעם, ועוד תמונה אחת, תמונה של הוואדי היום. ובתמונה אחת הוואדי מלא בילדים ומלא בחיים ובאושר. ובתמונה השנייה ואדי בקיבוץ ריק, עם בתים שרופים והרוסים. מה אפשר להגיד.

.4

בלילה שלפני השבת ההיא, ישנתי בבית של סבתא שלי ליאורה, שגם גרה בקיבוץ. ובשעה שש וחצי בבוקר בערך התעוררנו כולנו לצבע אדום, וישר נכנסנו לממ״ד, בלי לקחת יותר מדי דברים. לא הצטיידנו, לא לקחנו בקבוקי מים, או אוכל או מטענים. פשוט באנו כמו שאנחנו, עם הפיג׳מה וזהו. חשבנו שזה ייגמר מהר, כמו תמיד, מחכים כמה דקות וזהו. אבל הפעם זה לא היה ככה. האזעקות פשוט לא נגמרו.

ואחרי כמה דקות אני מקבלת פתאום הודעה מרועי אח שלי שיש התרעת מחבלים ביישוב, ושהקפיצו את אבא, ושאבא מוסר שלא נדאג. ״פשוט תישארו בממ״ד, ותחכו שיצילו אתכם״. ככה הוא אמר. אבא שלי הוא המפקד של כיתת הכוננות של הקיבוץ. וממה שאני יודעת, הוא רץ על הבוקר לנשקייה, הוא היה מהראשונים שהגיעו לשם, וביחד עם אורי רוסו חבר שלו הם יצאו להילחם במחבלים. הוא לא ידע אז עם איזו כמות של מחבלים הם הולכים להתמודד, הוא תיאר לעצמו שזו חוליה קטנה. הוא בחיים לא חשב שזה מאות מחבלים שפורצים לתוך הקיבוץ שלנו בבת אחת.

מהנשקייה הם ניסו להגיע אל הבית של סמדר ורועי עידן. משם ראו את המחבלים נכנסים עם מצנחי הרחיפה שנחתו בקיבוץ. ואבא עדכן כל הזמן את החברים בכיתת הכוננות לגבי מצבו ולגבי המשימות שלהם. וגם כשהוא נפצע הוא המשיך לנהל את האירוע בטלפון. הוא המשיך להיות

המפקד שלהם. להדריך את כולם. והוא התקשר גם לחבר שלו מקיבוץ סעד, ועדכן אותו במה שקורה, תוך כדי לחימה. אני הבנתי שזה ממש עזר להם שם, להיות מוכנים למחבלים. והוא גם אמר לחברים שלו, בזמן שהוא פצוע, שלא יבואו להציל אותו, ולחלץ אותו. הוא אמר להם, "תחתרו למגע". ככה הוא אמר. והוא המשיך להילחם עד שהוא נהרג.

.5

ובשלב הזה אני בממ"ד של סבתא שלי, ואני מתחילה לקבל הודעות מחברים שכותבים לי שנכנסים אליהם מחבלים הביתה, פותחים להם את הדלת, צועקים בערבית, ואני לא יודעת מה לעשות עם זה, כאילו, החברים הכי טובים שלי בסכנת חיים, זועקים לעזרה, ואני חסרת אונים. ואני רואה באינסטגרם תמונה של ראש המועצה שלנו, אופיר ליבשטיין, שפרסמו שהוא נהרג, הוא אבא של חבר טוב שלי, זה היה הרגע שבו הבנתי "רגע, מה, זה אמיתי, אנשים שאני מכירה באמת נרצחים, מה, אני באמת לא אראה יותר את אופיר, אני באמת לא אראה יותר אנשים שאני מכירה ואוהבת". לא הבנתי איך זה הגיוני שאני יושבת בממ"ד בלי אפשרות לעשות משהו עם כל מה שקורה בחוץ. זאת ממש הייתה תחושה איומה, של חוסר אונים.

ואז שמענו זכוכית מתנפצת, זכוכית נשברת, בתוך הבית שלנו. דוד שלי ודודה שלי החזיקו את הידית של הממ"ד. ואנחנו שומעים מעבר לדלת קולות של אנשים נכנסים, צעקות בערבית, צעדים כבדים, ויריות, יריות בתוך הבית שלנו. ואני פשוט נכנסת מתחת למיטה, ביחד עם מיקה בת דודה שלי. אני מתחבאת מתחת למיטה, בתקווה שאולי הם לא יראו אותי כשהם יפרצו לממ"ד. ואני רועדת מפחד.

ואחרי כמה דקות כאלה, אנחנו שומעים מבחוץ קולות של קרב יריות, צעקות, ממש קרב, והירי הולך ומתחזק. עד שהוא נרגע. ואז אנחנו שומעים קולות בעברית, של חיילים. והחיילים דפקו על הדלת, ואמרו לנו, "זה צה"ל, זה יחידת דובדבן!" ואני הרגשתי פתאום שאני מצליחה לנשום. אנחנו לא לבד. יש פה חיילים.

.6

וכשהדלת נפתחה, היה מלא רעש וצעקות בקשר של החיילים, ואני קלטתי

שהם לא הבינו איפה יש קרבות, איפה יש פצועים, איפה יש מחבלים, והבנתי בשלב הזה, שזה לא יעזור להישאר מתחת למיטה. אז יצאתי מהממ"ד ובאתי אליהם, לחיילים, ואמרתי להם, "אני יכולה לעזור לכם".

אני הייתי היחידה עם קליטה שם, בין כל המשפחה. והלוחמים זרמו איתי. אז כתבתי בקבוצה של הקיבוץ בווטסאפ, כתבתי, כל מי שיש אצלו מחבלים, וכל מי שיש אצלו פצועים שישלח מיקום! ושלחנו להם גם הקלטות, שלי ושל החיילים שהיו אצלנו. החייל הציג את עצמו, ואמר שהם יכולים לסמוך עליו, ושהוא יכול לעזור לנו, ושישלחו דיווחים.

ואז אנשים התחילו לשלוח לי עדכונים, על עוד ועוד פצועים, ועוד ועוד מחבלים, ואני התחלתי לרכז את המידע. שלחתי לחיילים מפות של הקיבוץ, והראיתי להם על המפות איפה כל דבר קורה, איפה יש היתקלות, איפה יש מחבלים, איפה יש פצועים, והחיילים העבירו את המידע לחבר'ה שלהם, והם שלחו כוחות לכל מקום שהיו שם פצועים.

והיו שם הודעות קשות. אנשים כתבו, "יורים בי", "שורפים לי את הבית". היו המון פצועים. שלחתי המון מיקומים שלהם. ניסיתי לשלוח את החיילים למי שצריך. הם כאילו ניהלו את המלחמה בקיבוץ מתוך הבית של סבתא שלי. ואני ישבתי שם איתם איזה שעתיים נראה לי. ניסיתי לעזור כמה שאני יכולה. בכתבה שהייתה על הסיפור הם אמרו שהייתי שם כמו קצינת מבצעים.

.7

ובשלב מסוים החיילים אמרו לנו שהם צריכים לזוז ולהתקדם למקום אחר בקיבוץ, ואני ממש פחדתי, ממש פחדתי שנישאר לבד, וממש רצינו שהם לא ילכו, אבל זה לא באמת דבר שהיה אפשר לבקש. הם אמרו שהם חייבים להתקפל. אז חזרנו לממ"ד, וסגרנו את הדלת, והחזקנו אותה חזק וקיווינו לטוב. ובשלב הזה כבר הייתה הפסקת חשמל בקיבוץ. אז היה חושך, ולא היה אוויר. בת דודה שלי כמעט התעלפה. ואני כל הזמן ממשיכה לשלוח הודעות לחיילים, עם מיקומים ועדכונים.

ובינתיים השעות עוברות, עוד שעה, ועוד שעה, והלילה יורד, ואף אחד לא בא, ואני רואה בווטסאפ שחברים שלי חולצו, ואנחנו עדיין כאן. ואני מתלבטת לרגע אם לכתוב לחיילים שיבואו אלינו לחלץ אותנו. אבל

אז ראיתי שיש קרבות בשכונה שנקראת "דור צעיר", אז שלחנו אותם לשם. זאת הייתה החלטה קשה. אבל עשינו את מה שצריך.

ובשלב מסוים אנחנו שומעים פתאום פיצוצים, הולכים ומתקרבים, ואנחנו שומעים מחבלים נכנסים, ואנחנו שומעים שהם מנסים לפתוח את הדלת, ואנחנו שומעים אותם צועקים, "אללה אכבר", ואני כבר בלי סוללה, אני על אחוז אחד, ואני כותבת לחייל שהיה אצלנו, אני כותבת לו שהמחבלים בדלת ושישלח כוחות, שהם מנסים להיכנס ואנחנו מפחדים. ופתאום היה פיצוץ מטורף בחוץ, הבית פשוט רעד, והייתי בטוחה שזהו, אני הולכת למות. וכתבתי הודעה לאימא שלי שאני אוהבת אותה. ועצמתי עיניים וחיכיתי שזה ייגמר.

.8

ובשלב הזה אימא שלי הייתה בתחנת דלק מחוץ לקיבוץ. לשם פינו את כל הניצולים. אימא שלי סיפרה שכל האנשים שם היו בהלם, הם לא נראו כמו עצמם בכלל. והיו שם חיילים גם איתם, בתחנה, והם שמעו שאימא שלי מדברת על זה שהיא חייבת להשיג את גלי, ושהיא לא מוצאת את גלי, והם באים אליה ושואלים, "איזו גלי?", והיא מסבירה להם שגלי זאת הבת שלה, שנמצאת בבית עם סבתא, והחייל קפץ ואמר לה "זאת גלי שלנו!" והראה לה תמונה שלי בווטסאפ. והיא אומרת לו שכן, זאת אני.

ואז הוא אומר לה שם, "מה, עוד לא חילצו אותה?!", ואימא שלי אמרה, "לא", וכולם שם קפצו. איך לא חילצו את גלי. אז הם שלחו אלינו כוח חילוץ, דחוף. פתאום שמענו מלא יריות, מלא פיצוצים. צעקות בעברית. ואז החיילים מגבעתי פותחים לנו את הדלת. הם אמרו לנו שיש מחבלים בדירה, ושצריך לפנות אותנו זריז כדי לחסל אותם. והם עשו לנו מין חומה כזאת של חיילים, מין שביל כזה בטוח לעבור, והעבירו אותנו מחייל לחייל, ואני יוצאת החוצה מהבית, ואני לא מזהה את הקיבוץ כבר, לא זיהיתי איפה אני הולכת, כי כל הבתים היו הרוסים.

היינו יותר משלושים ושלוש שעות בממ"ד בסך הכול. וכשיצאנו משם לקחו אותנו גם לתחנת הדלק. ושם בתחנה, פגשתי את אימא שלי, ואת האחים שלי. והתחבקנו והתרגשנו. אבל בווטסאפ היו עוד המון דיווחים של אנשים. אז באתי שם לאיזה חייל ואמרתי לו, "אני יכולה לעזור לך, יש עוד

המון אנשים בקיבוץ, תביא את המספר שלך אני אשלח לך מיקומים", וגם משם שלחתי לו עוד מקומות של עוד אנשים.

בשלב הזה הייתי בטוחה שאבא שלי פצוע, או חטוף, או משהו כזה. הייתי בטוחה שעוד מעט הוא יחזור ויספר לנו בחיוך מה היה, ואיך הוא נלחם. רק אחרי שלושה ימים סיפרו לנו שזיהו אותו בין ההרוגים. ורק שבוע אחרי זה היה לנו ממש זיהוי רשמי.

.9

אני לא גיבורה. אני ניצולה, הצילו אותי. גיבור זה תואר עם משמעות גדולה, ואני חושבת שאבא שלי היה גיבור. אין גיבורים כמוהו, באמת. איך הוא נלחם שם, מול מאה מחבלים. אבא שלי, והרבש"צ, וכל חברי כיתת הכוננות. הם הגיבורים שלי. הם היו האור שלנו, כשהיינו בחושך של הממ"ד. ונטע אפשטיין מהקיבוץ שלי, שהציל את החברה שלו, שקפץ על רימון בשבילה. הוא גיבור. הם גיבורים. אני לא מרגישה שאני גיבורה. לא.

אימא שלי היא הכי חזקה. הכי חזקה בעולם, והיא מחזיקה את כולנו. להיות חזק זה לא אומר להסתיר את הרגשות שלך. אנשים חושבים שלהיות חזק זה אומר שאסור לבכות, או שאסור להראות חולשה. אבל אני לא מסכימה עם זה. אני חושבת שלהיות חזק זה להבין את הכאב. ולקבל את הכאב. ולא להתמודד איתו לבד, אלא גם לעזור לאחרים להתמודד איתו. בן אדם שבכאב שלו יודע להסתכל גם על הכאב של אחרים, זה בן אדם עם עוצמות מטורפות. וזאת אימא שלי.

היא פתחה קבוצה כזאת, בווטסאפ, לכל נשות כיתת הכוננות, לכל האלמנות שאיבדו את בן הזוג שלהן בשבת ההיא. ובקבוצה הזאת הן תומכות זו בזו, ומרימות אחת את השנייה. וזה שהיא החליטה לעשות את זה, זאת השראה בעיניי. אימא שלי גיבורה.

יש לנו אנשים כל כך טובים בקיבוץ. אפילו ביום ההוא, בזמן האירוע, כשביקשתי מיקומים, אנשים היו שולחים מיקומים של חברים שלהם. כל אחד דאג לחבר שלו. זה היה מדהים לראות את זה בווטסאפ, איך כולם דואגים לכולם. וגם כשכתבתי שעומדת להיגמר לנו הסוללה, אז מישהי שפעם הייתה מדריכה שלי בצופים, ראתה את ההודעה וכתבה לי, "גלי, תשלחי לי את המיקום שאני אדע להילחם בשבילך!".

וגם היום, אחרי האירוע, יש מין רגישות כזאת בקיבוץ, כולם מרגישים את כולם. ==אם נניח אני רואה מישהו במדרכות והוא קולט עליי שאני צריכה חיבוק, אז הוא פשוט יעצור וייתן לי את החיבוק הזה.== לא צריך לדבר על כלום. עם הקהילה של כפר עזה אני מרגישה שאני לא צריכה לדבר. אנשים פשוט מבינים אותי. כולם מבינים את כולם.

10.

קשה לי לספר את הסיפור הזה. קשה לי לספר. נמאס לי. כולם אומרים לי כל הזמן כמה חשוב לספר את זה ולדבר על זה, ובגלל זה אני מספרת. אבל האמת שנמאס לי לעשות משהו בגלל שזה "חשוב". אני רוצה את השקט שלי.

מאז השבעה באוקטובר אני כבר לא מאחלת לעצמי כלום. בכל פעם שנופל לי ריס, בכל פעם שאני רואה כוכב נופל, אני לא מבקשת לעצמי כלום. אני רק מתפללת שאף אחד לא ירגיש יותר את מה שאני מרגישה. אף פעם. ואני מתפללת שהחטופים שלנו, אנשים שגדלתי איתם, יחזרו הביתה בשלום, שכל החיילים שלנו יחזרו בריאים ושלמים.

אני יודעת שאני רוצה לחזור לקיבוץ. אני רוצה לחזור לבית שלי. אבל אני רוצה להרגיש שם ביטחון. אני רוצה להפסיק לקפוץ מכל בום. אני לא מבינה איך הגענו למצב הזה, שאני צריכה לבקש חיים רגועים, עם שלווה וביטחון, בבית שבו אני גרה. זה צריך להיות מובן מאליו.

ואני חושבת הרבה על אבא שלי. הוא תמיד היה גאה בי. ותמיד חינך אותי לעשות את הכי טוב שרק אפשר. אני מקווה שהוא גאה בי גם עכשיו. אני מקווה שהוא יודע שכל דבר שאני עושה אני חושבת עליו. ואני מבטיחה לו, שאנחנו לאט לאט נבנה את הקיבוץ שעליו הוא נלחם, אנחנו נבנה אותו ביחד, ונקים אותו מחדש.

אם אני נוסע בשבת
אני נוסע בשביל להציל חיים

סיפורו של אמבולנס חמישים וארבע

עמנואל סקעת, אבי ג׳יאן, אבי יודקאווסקי

מספר – עמנואל סקעת

יכיני, כפר עזה, שדרות

.1

אני עמנואל סקעת, מתנדב ב"איחוד הצלה", נשוי לתהילה, אבא לארבעה ילדים חמודים. אנחנו מהחברה החרדית, אבל לא חרדים הארד קור. אני עשיתי צבא, אחר כך התברברתי קצת, רק בגיל עשרים וחמש התחתנתי. את אשתי תהילה אני מכיר מאז שהיא בת שתים עשרה. היה לי חבר מהתלמוד תורה, קראו לו יוסי, ובכל שנה הוא ואבא שלו היו הולכים לבנות את הסוכה לאבא של תהילה, כי אבא של תהילה הוא נכה. ואני הייתי הרבה פעמים מצטרף אליהם. ובכל פעם שבאתי, הייתי רואה אותה שם, את תהילה, ילדה עם שתי צמות, חיוך כובש וגומה בלחי, גומה כזאת ייחודית, אי אפשר שלא להתאהב בה, לא היה לי סיכוי לצאת מזה בלי להתאהב בה. אבל לא עשיתי שום צעד. אחר כך גדלנו, התבגרנו, ואיזה יום אחד, אבא של יוסי בא אליי ואומר לי, "תגיד, אולי אתה רוצה לדבר איתי על משהו", ואני בהתחלה, אני לא מבין מה הוא רוצה, ואז הוא אומר לי, "אם אתה רוצה שיהיה לך משהו רציני, חביבי, אז אולי תצא איתה לדייט!". אז יצאנו לדייט. והיה מדהים. ואחרי שמונה חודשים בשעה טובה התחתנו. אישה זהב ברוך השם.

שבת בבית עם המשפחה זאת האהבה הכי גדולה שלי בחיים. בהכנות לשבת כולם שותפים אצלנו, ולכל ילד יש את המטלה שלו. כל אחד עושה משהו. הבן עושה סדר בסלון ומסדר נרות, הילדה שוטפת את המרפסת, הקטנה שמה את הנייר טואלט החתוך, כל אחד עושה משהו בשביל שבת. ואחר כך בשולחן השבת אנחנו אוכלים, ושרים, ומספרים דברי תורה, והילדים מספרים סיפורים, ואחרי זה תמיד אנחנו מביאים מגש פירות לשולחן, ויושבים עם פיצוחים, מדברים, משחקים, ככה כל היום. זה הרגעים הכי כיפיים, אין טלפון, אין כלום, חוץ מהמכשיר קשר שלי, שאני מדי פעם לוקח אליי, כשאני בכוננות. וגם באותה שבת הייתי בכוננות. וככה יצא שקיבלתי את הקריאה של הנהג של האמבולנס שלנו, אבי ג׳יאן.

.2

אבי ג׳יאן, נשוי עם שישה ילדים, הוא חבר טוב שלי מ״איחוד הצלה״. הוא בן אדם זהב, זהב טהור! זה מישהו שהמסירות שלו לאנשים, זה משהו שלא מהעולם הזה. יום אחד, תוך כדי שהוא במשמרת, הוא נכנס במקרה לאיזה בית של משפחה מרובת ילדים, והוא רואה שם, שהמצב שם של הבית פשוט קטסטרופה. הוא ראה את זה במקרה.

אז אחרי שהוא פינה את מי שהיה צריך לבית החולים, הוא הלך, אבי, על דעת עצמו, רתם כמה אנשים, השיג כסף, פינה קצת זמן, וביחד, בעבודת כפיים, הם הביאו את הבית ממצב של חירבה, לבית משופץ, חדש, עם ציוד חדש, הכול חדש חדש חדש. אבי הוא גם הנהג אמבולנס הכי מהיר בעולם. אנחנו תמיד צוחקים עליו שהוא קודם כול מגיע למקום, ורק אז קורה האירוע.

בצוות שלנו באותו יום היה עוד אבי אחד, אבי יודקאווסקי, בחור בן עשרים ושתיים. במקצוע שלו הוא די־ג׳יי. אבי יודקאווסקי הוא בן אדם שאם הייתי צריך למצוא מילה אחת שתגדיר אותו, הייתי משתמש במילה ״נדיבות״. הוא כולו לב, כולו רוחב לב. הוא כל יום רביעי מרים שיעור תורה, מוציא ים כסף, מהחסכונות שלו, הולך, מביא בשרים, עושה על האש, מגיעים חבר׳ה, אחר כך מגיע לשם איזה רב, מעביר להם שיעור, הוא מארגן שם הכול, ואת הכול הוא עושה בצניעות כזאת שאופיינית לו. הוא פשוט בן אדם כזה, ששמח כשאתה שמח. אבי, כשהוא מטפל בפצועים, הוא תמיד מצחיק אותם. אבי יודקאווסקי הוא החובש שאתה רוצה לפגוש כשאתה פצוע.

.3

בשבת שמחת תורה על הבוקר אבי ג'יאן מתקשר אליי ואומר לי, "תשמע, יש אירוע פה בדרום. טילים בדרום מהבוקר". אני אומר לו, "אבי, מה טילים בדרום, בשביל זה אתה מתקשר אליי", כי באמת, כשמתחיל סבב של הסלמה בדרום, הרבה כוחות יורדים לתגבר שם, אבל אני מעולם לא ירדתי לסבב כזה, אז אמרתי לו, "אבי, אתה התבלבלת בכתובת כאילו, אני אף פעם לא ירדתי לדרום, זה לא התפקיד שלי ברגיל", ואבי אומר לי, "עמנואל, אנחנו לא מדברים פה על הרגיל. זה משהו חריג".

איך שמסתיימת השיחה, בום, אזעקה בירושלים. הבנתי שזה כבר משהו לא נורמלי. ממתי יש אזעקה בירושלים באמצע החיים. אני מתארגן, עובר במחסן, לוקח את הקרמי, את הקסדה, את האפוד, שם עליי את האקדח, לוקח איתי שתי מחסניות, שיהיה, לוקח שני טישרטים שחורים, שלא נבוא עם בגדי שבת על מלא. בינתיים אבי הגיע אליי, ביחד עם אבי השני, עליתי על האמבולנס, והתחלנו לנסוע דרומה. אבי, ואבי, ואני.

בדרך אני אומר לג'יאן, "אבי, מה קורה, דבר איתי, מה אנחנו יודעים", הוא אומר לי, "לא יודעים כלום, אהרון התקשר אליי, אמר לי שאולי יש מחבלים בשדרות". אהרון זה מנהל המבצעים של איחוד הצלה, הוא זה שמחליט מי מקבל איזו קריאה, וגם הוא ירד באותו הבוקר לדרום.

אז אנחנו נוסעים, וכשאנחנו מגיעים כבר יותר לאזור הדרום, אנחנו רואים בדרך עשרות כלי רכב נוסעים איתנו, דוהרים קדימה לאותו כיוון שלנו, חלקם עם נשק בחלון, עם מדים, בלי מדים, אבל כולם דוהרים דוהרים דוהרים דרומה. ואנחנו אמבולנס, אז אנחנו מפעילים מערכת כריזה, ובכל זאת אנשים עוקפים אותנו. אנחנו מגיעים לרמזור אדום, מנסים לעבור בזהירות, אבל כולם עוברים באדום! אף אחד לא עוצר. ובקשר הגל של האמבולנסים שקט. שום אמבולנס עוד לא הגיע לגזרה. ואנחנו מבינים שיש אירוע חריג, אבל אין לנו שמץ של מושג מה קורה. את הרדיו לא הדלקנו בשום שלב. שבת.

בצומת חלץ הציבו בינתיים נקודת כינוס מרכזית מאוד שנפתחה שם לפינוי פצועים לבתי חולים, כולל מנחת מסוקים. בעיקרון אמבולנסים לא אמורים לעבור את הנקודה הזאת. הם אמורים לעצור שם, להתמקם ולחכות לפצועים שיגיעו. רק אם אתה אמבולנס ממוגן אתה יכול להמשיך. למד"א יש

כמה אמבולנסים ממוגנים, אבל הם היו מעטים מדי לאירוע כזה. והאמבולנס שלנו לא היה ממוגן כמובן.

כשהגענו לצומת חלץ, מסמנים לנו לא להמשיך, ובכל זאת אנחנו ממשיכים. אבי החליט שממשיכים לנסוע. הוא אמר לי, "אם אני נוסע בשבת אני נוסע בשביל להציל חיים! אני לא נוסע לעמוד בצומת חלץ!", חצי דקה אחר כך, אמבולנס שנסע מאחורינו מודיע למוקד שיש פה אמבולנס שעובר את נקודת הכינוס, והמוקד מתחיל לצרוח עלינו בקשר "הלו! תעצרו! תסתובבו ברגע זה ואל תמשיכו!", אז אנחנו עוצרים רגע, מתמגנים, שמים עלינו את האפודים והקסדות, וממשיכים. והמוקד שוב עולה, "אמבולנס חמישים וארבע! ביקשתי ממך לא לעבור את צומת חלץ! לאיפה אתה חושב שאתה נוסע!", אז אבי ג'יאן אומר לו "אנחנו בדרך לפצוע, יש איתי פה צוות ימ"מ, הוא מחפה עליי, הוא מכוון אותי". אבי השני ואני מסתכלים אחד על השני, לא צוות ימ"מ ולא נעליים, אבל המוקדן קנה את זה לכמה שניות. אחרי דקה הוא שוב עולה ואומר לנו, "קיבלתי שאתם לא רוצים לחזור בחיים, יום טוב שיהיה לכם חברים!".

.4

אני מאוד אוהב את אבי הנהג שלנו. אבי חבר טוב שלי, בחור צדיק. ואני מבין שאנחנו עושים עכשיו משהו שמסכן אותנו, ואני אומר לעצמי, "וואלה, אבי ואלוקים בסדר. הוא לא ייתן לו למות. הכול יהיה בסדר". אז אנחנו נוסעים ופתאום, איזה שני קילומטר ממושב יכיני, נעצר לידינו רכב ממוגן ירי, מסמן לנו לעצור. ומהרכב יוצאים ארבעה אנשים, כולם עם קסדות, אפודים, נשקים, והם צועקים לנו, "יש לנו ילד ירוי באיזה בית!", והם אומרים גם שהשטח עדיין לא מאה אחוז בטוח, אז אנחנו מחליטים שאבי ואבי יישארו בינתיים באמבולנס, ושאני ארד, ואסע לשם, עם הרכב הממוגן שלהם, עם כל הציוד.

והחבר'ה ברכב הם מצוות כיתת כוננות של מושב יכיני, חבר'ה בסביבות גיל חמישים, ובדרך, בנסיעה, הם פשוט בוכים. בוכים. "איך עשו לנו את זה, איך הצליחו, איך לא היינו מוכנים". ואני שואל אותם, "מה זה, מה קרה" אבל הם לא עונים. אנחנו מגיעים לבית בקצה המושב, הם אומרים לי "זה הבית, אנחנו שנייה מחפים עליך, אתה יורד, רץ לתוך הדלת". ואני כזה, "מה מחפים עליי, על מה אתם מדברים!" לא הבנתי את האירוע.

אז הם מחפים, ואני פותח את הדלת. רצתי לתוך הבית, אני נכנס לבית, בית של משפחה תימנית. אני גם בא ממשפחה תימנית. היה שם ריח של אוכל על הפלטה. הזכיר לי את הבית של סבתא שלי, ריח מדהים! השתגעתי שם! אני שואל את האנשים שם, איפה הוא, והם מעלים אותי חצי קומה, ומכניסים אותי לחדר, ושם בחדר יש כבר ריח של מוות, ואני רואה שם על הרצפה, נער בן שמונה עשרה בתוך שלולית של דם, ולידו שני מבוגרים, מנסים לעשות לו החייאה.

ואני כבר בשלב הזה קולט שהגענו מאוחר מדי. אין לי הרבה לעשות עם הילד. ומצד שני אני גם לא מסוגל נפשית להגיד למשפחה שהילד מת. זה לא מתפקידי, זה לא בסמכותי. בחיים שלי לא עשיתי את זה. אז אני מתחיל החייאה, אני מתקשר לרופא, ואומר לו "תשמע, הילד לא מגיב, הוא כבר בלי הכרה מלא זמן", הוא אומר לי "אני יודע, אני יודע, אבל תנסה, זה חשוב".

ואחרי כמה זמן אבי ג'יאן נכנס, הוא רואה את המצב, מסתכל עליי ואומר לי, "יש עשרים גופות מחוץ למושב, בוא נזוז", ואני כזה "מה!!!", אבל אבי לא מסביר כלום, הוא פונה אל האימא, אומר לה בעדינות שזה נגמר. אין יותר מה לעשות. בחוץ יש תופת, צריך את האמבולנס, ואנחנו חייבים ללכת. והאימא מתפרקת שם בבכי. אבל היא מבינה. אנחנו מכסים את הילד ויוצאים. אחרי כמה ימים התברר לנו שהטבח במושב יכיני גבה שמונה הרוגים. אחד מהם זה יהונתן חג'בי, ילד יפה בן שמונה עשרה. ילד קדוש.

.5

בדרך החוצה מהמושב, פתאום עוצר אותנו איזה אזרח, ואומר לנו "חבר'ה, יש מישהו פצוע, ירוי ברגליים במכללת ספיר, תעשו טובה תיקחו אותו!", אנחנו מתקשרים לבחור הזה, מדברים איתו, זה צעיר שנמלט מהמסיבה, הוא שולח לנו מיקום למכללת ספיר. אז אנחנו יוצאים מהמושב. העיניים שלי, אני לא יכול לתאר את הזעזוע, לאורך כל הכביש יש מכוניות שעומדות, עם גופות מחוץ למכוניות, משהו נורא. ואני אומר לאבי "תאט רגע, נעבור, אולי מישהו פה חי, אולי נוכל להציל מישהו", ואנחנו נוסעים שם, בנסיעה איטית, עוברים בין הגופות, אבל אין, כלום, כולם שם היו מתים.

ואנחנו נוסעים, ממשיכים, והעין שלי קולטת חייל יושב ברכב, הרוג. והלב שלי נצבט. זו פעם ראשונה שאני רואה חייל הרוג. ממשיכים, מגיעים למכללת ספיר, בטלפון עם הפצוע, "איפה אתה, אנחנו פה!" אז אנחנו נוסעים לשער האחורי של המכללה, ופתאום הוא צועק לנו בטלפון "הינה אמבולנס! הינה אמבולנס! הינה אתם!" וכולו שמח! ומסביבו מלא המולה כזאת של אנשים. ואנחנו מגיעים אליו, אבל השער נעול. יא אללה. השער נעול.

אנחנו מנסים לשבור את השער, לא מצליחים. והבחור עומד בצד השני של השער, הוא עם פציעת ירי ברגל, אבל הוא לא מוותר, הוא אומר שהוא יזחל מתחת לשער. פתאום אנחנו שומעים חריקה, ג'יפ צבאי עוצר לידינו, פורק מתוכו חייל, צועק לנו, "יש לי חייל ירוי פה בראש! אני חייב שתטפלו בו!". אנחנו מעלים את הבחור על אלונקה, אני מכניס אותו לאמבולנס, הוא עדיין טיפה מגיב לכאב, אני מוריד לו את התחבושת ששמו לו ואני מגלה פגיעת ראש קשה מאוד. קשה מאוד מאוד.

במקביל אבי עוד מנסה לפתוח את השער, להוציא את הבחור, ואני צועק לו, "אבי עזוב בשנייה הכול! בוא, אנחנו מטיסים אותו, הוא פצוע קשה! אם לא נעיף אותו הסיכוי שלו אפסי!". אבי פונה לבחור ההוא מאחורי השער, "תקשיב, אנחנו נחזור, אני מבטיח לך, אני מוריד אותו, אני בא לקחת אותך". הפרצוף של הבחור הזה באותו שנייה, פניו נפלו ממש. אבל תוך רגע הוא מתעשת, תופס את הרגליים שלו ורץ חזרה למבנה.

אנחנו דוהרים עם החייל הפצוע לצומת חלץ, לנקודת הפינוי. אני עם החייל בתוך האמבולנס, מתחיל לתת לו סיוע נשימתי. תוך כדי הוא רב איתי, זאת תגובה טבעית, אי שקט של בן אדם פגוע בראש, חוסר חמצן. הוא רב איתי. אני מצמיד לו את המסכה, הוא מעיף אותה, אני מנסה להנשים אותו, הוא שובר לי את המפוח הנשמה. אני שולף את השני מהתיק ואומר לו, "אל תדאג!" מנסה לדבר איתו, מדובב אותו, איך קוראים לך, וזה, אבל הוא לא איתנו, משתולל, בום, שובר גם את המפוח השני. אני רואה שיש לנו איזה שמונה דקות נסיעה, ואני אומר לאבי, "אבי תשמע, אין לי איך לטפל בו, הדבר היחיד זה להטיס אותו לבית חולים כמה שיותר מהר, אל תלחץ על הדוושה של הברקס, שים גז עד הסוף!".

ואללה, אבי מטיס את האמבולנס, אנחנו עפים בדרך, הוא מדווח בקשר שאנו עם פצוע ראש קשה, שתחכה לנו ניידת טיפול נמרץ בצומת חלץ, ובאמת מגיעים אחרי מספר דקות לצומת חלץ, מורידים את הפצוע, צוות של נט״ן מחכה לנו שם כבר, והפצוע הזה עובר לידיים שלהם, והם מרדימים אותו ומנשימים אותו במקום.

.6

אחרי שהורדנו את החייל בצומת חלץ, חזרנו למכללת ספיר לקיים את ההבטחה שלנו. הפעם אבי ג׳יאן כבר יורד ופורץ את השער בכוח. הוא שובר את השער, נכנס עם האמבולנס לתוך המכללה. והבחור הפצוע הזה מגיע אלינו, ביחד עם עוד שמונה חבר׳ה צעירים שהצליחו לברוח מהמסיבה בנובה, כולם בסדר חוץ מההוא שנפגע ברגליים, אבל כולם שם בהלם, בשוק, בוכים. העלינו את כולם לאמבולנס, פינינו גם אותם לצומת חלץ.

אחרי שהבאנו אותם, אבי ג׳יאן נוהג חזרה דרומה. אנחנו מגיעים לצומת שער הנגב, ושוב פעם אותו סרט. רכב עוצר לידינו בחריקה, מוריד לנו בחורה ירויה בכתף. אנחנו מעמיסים אותה על המיטה, ויוצאים חזרה לצומת חלץ. בדרך רכב אחר עוקף אותנו, מסמן לנו לעצור, ומביא לנו פצועה ירויה ברגליים. אני מטפל בפצועה הראשונה, אבי יודקאווסקי מטפל בפצועה השנייה, ואבי ג׳יאן מסתובב ומסיע גם אותן לצומת חלץ.

וככה אנחנו כל פעם עוברים, נוסעים וחוזרים, וכל פעם אנשים מעבירים לנו פצועים, ושוב אנחנו מסיעים אותם, ומסתובבים, וחוזרים. אחרי עוד פינוי שסיימנו, אני אומר לאבי, ״זוכר את החייל ההרוג שראינו בהתחלה, בתוך רכב. אני יודע שהוא מת, אבל בוא נלך לקחת אותו״. חשבתי על זה שכל מי שעובר שם בכביש, רואה חייל הרוג, אוי, מה זה עושה לו בלב! זה פוצע את הלב לראות חייל הרוג, זה מוריד את המורל. וכל מי שנמצא עכשיו בכביש הזה, זה נטו אנשים בתפקיד, אסור שהם יראו דבר כזה.

אז אנחנו מגיעים לרכב עם החייל, ואני יורד מהאמבולנס, מסתכל עליו, ואני רואה חייל צעיר, כיפה, טבעת נישואין על היד שלו. משהו נורא. אנחנו מורידים מיטה, לוקחים את הנשק שלו, משכיבים אותו על המיטה.

אמרנו, בוא נבדוק איך קוראים לו, נחפש לו בכיסים, נדווח עליו. ואנחנו רואים שהבחור רב טוראי, התגייס לא מזמן, ואנחנו רואים שהוא נשוי, ואנחנו מוצאים איזה מכתב אהבה שיש לו שם בכיס. וזה היה, אנחנו ממש נקרעים שם כאילו, ברמה אחרת. הלב שלנו מתפחלץ. ואנחנו לא קוראים את המכתב הזה. מקפלים, מעמיסים, ונוסעים איתו לאיפה שפינו את כל ההרוגים.

אחר כך הבנו שזה היה עמית גואטה, לוחם מגלן, גיבור ישראל. הוא הספיק להיות נשוי חודשיים, וזהו. קראתי מה חברים שלו מספרים עליו. איזה בן אדם הוא היה. הוא היה איש צנוע, ובאותה מידה הוא גם היה אריה. הוא היה גאון כאילו, הכי שפיץ, לומד תורה ברבאק. אשתו אומרת עליו שהוא היה צדיק. איך, איך ה׳ לוקח אליו את כל הצדיקים.

.7

כשהגענו עוד פעם לשער הנגב, כבר היה ברור לנו שזאת מלחמה לכל דבר. היו לנו שם כמה רגעים של שקט, בלי שהביאו לנו פצועים, ואז ג׳יאן התחיל לחשוב ככה בקול, ״מאיפה הם מוציאים לנו את הפצועים, הרי אנחנו פה עושים הלוך חזור, וכל פעם מגיע רכב או ג׳יפ עם פצועים. מאיפה כל הפצועים האלה, מאיפה מוציאים לנו אותם, מאיפה הם באים״, והוא עונה לעצמו, בלי לחשוב פעמיים ״טוב, כל הרכבים הגיעו מהכיוון ההוא, אוקיי, בשביל זה אנחנו פה!״, ואנחנו מתחילים לנסוע לכיוון הקיבוצים.

עכשיו אנחנו כבר על כביש שתיים שלוש שתיים, הכביש שמחבר בין כל יישובי העוטף. ואנחנו מתחילים לנסוע בכביש הזה, ואנחנו קולטים שכל מה שראינו עד עכשיו, זה הכול היה הקדמה. מה שראינו שם, אני לא אשכח את זה בחיים שלי. מכוניות שרופות, אנשים שרופים, סלקלים של תינוקות, תוהו ובוהו. התמונה שהכי זכורה לי, זה היה שם שטח ענק, שדה גדול כזה, ואנשים פשוט שוכבים שם עם הפנים באדמה, מתים. הם ברחו ביחד, והמחבלים ירו בהם. הרגשתי באמת בתוך סרט שואה.

אז אנחנו מתקדמים, ופתאום מגיעים למחסום של חיילים חמורי סבר כאלה, עם נשקים שלופים, והחיילים צועקים עלינו, ״מי אתם! מה אתם עושים פה!״ וג׳יאן אומר להם, ״אנחנו צוות אמבולנס!״, אז החייל פותח לנו את האמבולנס מאחורה, סורק, מסתכל, הוא לא מאמין שאנו נכנסים פנימה, והוא אומר לנו, ״חברה, כל הכבוד לכם! באמת, כל הכבוד לכם!״, וכשהוא

אומר את זה אני קולט שהוא מתרגש, החייל, והוא סוגר את הדלתות של האמבולנס, ואנחנו ממשיכים.

8.

אנחנו מגיעים לכניסה לכפר עזה. נעמדים שם. מרגישים מלחמה. שומעים בומים מטורפים. מרגישים בתוך שדה קרב אמיתי. מסביב אנחנו רואים מלא חיילים, רצים עם קנים שלופים, נכנסים לתוך כפר עזה. לא עוברת חצי דקה, יוצא משם רכב, במהירות מטורפת. כל הרכב מפוצץ, בלי דלת, הכול רסיסים. והרכב עוצר לידנו, יורד משם מפקד אחד, מוציא חיילים, "זה לכסות, זה לכסות, זה לאמבולנס, זה תטפלו", ככה עושה סינון ראשוני, מי מת, מי צריך טיפול, מי יכול ללכת. ואנחנו אמבולנס יחיד שם, אין איך לפנות משם, אין רכבים, אין כלום.

אז אנחנו מעמיסים את כל החיילים הפצועים לאמבולנס, ומגיעים איתם לצומת חלץ. השעה כבר ארבע בצוהריים. ג'יאן רואה שם את אהרון, מנהל המבצעים של איחוד הצלה, הוא פיקד שם על כל הכוחות. אז הוא ניגש אליו ואומר לו "אהרון, אני חייב עוד אמבולנסים בכניסה לכפר עזה, יש לי שם מלא פצועים, אני חייב עוד אמבולנסים!". וכולם מבינים שבכפר עזה בשלב הזה יש ממש לוחמה מבית לבית. ואהרון אמר לו, "אין סיכוי אבי, אתה המשוגע היחיד שנכנס לשם! אני לא לוקח עליך אחריות, אם תקרה למישהו שריטה אני לא אסלח לעצמי, אף אחד לא נכנס!", ואני קולט שאבי אומר לו "בוא בוא רגע", והוא הולך איתו הצידה שתי דקות, ואחר כך הם חוזרים ואהרון אומר לכל הנהגים שם, "חבר'ה, כל האמבולנסים לנסוע אחרי אבי! עכשיו!".

אחר כך שאלנו את אבי ג'יאן מה הוא אמר לו. והוא סיפר לנו שהוא בא אליו ואמר, "אהרון, בשביל מה אנחנו פה. אנחנו פה בשביל להציל חיים. אתה רוצה להגיד לי שבשביל הסיכוי שאולי ניפגע אנחנו לא מוכנים להציל חיים של אנשים. אני אומר לך, יש אנשים שצריכים אותנו, ואני אומר לך שבשביל הסיכוי שנציל אותם, כל המתנדבים פה מוכנים גם להיפגע אם צריך". זה שכנע אותו כנראה לשחרר לנו את הנהגים.

אז אנחנו נוסעים ראשונים, אחרינו ארבעה אמבולנסים. ואיך שאנחנו מגיעים לכניסה לכפר עזה, יוצא אלינו טנק בנסיעה מטורפת. על הדרך הוא

מגרד שם כמה רכבי צבא. והוא מוציא לנו מבפנים כמות של פצועים. וכל האמבולנסים שהבאנו מעמיסים פצועים, ואנחנו לוקחים אותם לבית חולים ברזילי.

וכשאנחנו מגיעים לברזילי, קופץ עלינו חייל, ניגש לאבי יודקאווסקי ואומר לו, "נכנס לי רסיס ביד לפני כמה שעות, טיפלו בי, אני חייב לחזור לצוות שלי דחוף! יש מצב להצטרף אליכם ותקדמו אותי!", אמרנו "למה לא". בדרך גילינו שהוא גם מסיירת מטכ"ל. אז נסענו דרומה, ופתאום החייל מקבל טלפון, הוא מדבר כמה שניות ואז אומר לנו, "יש חילופי אש בתחנת המשטרה בשדרות". הוא מבקש שנפרסס וניקח אותו לשם, ואנחנו נוסעים איתו לשדרות.

הגענו לשדרות, כבר חושך. השבת יצאה. ואנחנו מבינים שבתחנת המשטרה מתבצרת חוליה גדולה של מחבלים, ושכוח גדול של ימ"מ מתכנן להעלות לשם סולם כבאים ולפרוץ לשם. מבצע רציני. ושמענו שיש גם פצועים. כשנכנסו שם לחניה, החייל אמר לנו, "תכבו אורות! תתחבאו מאחורי האמבולנס!". והחיילים שם נותנים מכת אש לתוך המבנה, ומסמנים לאבי יודקאווסקי לבוא עם המיטה. הם שמים לו על המיטה שוטר פצוע, ומסמנים לו לרוץ חזרה לאמבולנס. ובאמת העמסנו את השוטר לאמבולנס וטסנו משם לבית החולים.

המשכנו לעבוד שם, להסיע פצועים, ומהרגע שהשבת יצאה, בכל הנסיעות הארוכות שלנו, ג'יאן שם לנו באמבולנס את השיר של מוטי וייס, "על אבא לא שואלים שאלות", שיר יפה, והוא הריץ את השיר הזה, עוד פעם ועוד פעם ועוד פעם, ובשלב מסוים אנחנו אומרים לו, "אבי, בחייאת! כמה אפשר עם השיר הזה", אבל ג'יאן אמר לנו, "זה נותן לי כוח!". אז אמרנו לו "אם זה נותן לך כוח תשאיר, כשאתה חזק אנחנו חזקים".

סיימנו באחת בלילה. וכל הדרך חזרה אנחנו שוקעים במחשבות, כל אחד שקוע במחשבות שלו, כל אחד נזכר בתמונות שהוא ראה, כל אחד מכונס בעצמו, מנסה לעכל. שתקנו כל הדרך. פתאום כשכבר כמעט הגענו, אבא שלי מתקשר, אומר לי, "מה שמעתי! נסעת לדרום! אתה נורמלי! מה אתה נוסע להסתכן שם!", ואני כבר מיואש, שבור לרסיסים, אמרתי לו, "וואלה אבא, אל תדאג! לא נכנסנו לשום מקום מסוכן!", ואנחנו שלושתנו נקרעים

==מצחוק, זה היה כזה צחוק שפשוט שחרר את כל היום הזה.== זה היה הצחוק הכי עצוב שצחקתי בחיים.

9.

חודש אחר כך התפרסמה עלינו כתבה ב"עובדה", ובין השאר סיפרנו שם על החייל עם פציעת הראש, החייל הזה שהרביץ לי, ששבר לי את כל המפוחים. בעקבות הכתבה הזאת, שלוש משפחות שונות פנו אלינו, ואמרו שמדובר בבן שלהם. הם רצו לומר לנו תודה, וסיפרו לנו שלמרבה הצער הוא לא שרד. ואני חשבתי שזה באמת הגיוני.

אבל אז, שלושה שבועות אחרי הכתבה, פתאום אנחנו מקבלים טלפון, "ראיתי את הכתבה, זה הבן שלי, הוא חי!", ואיך שאני שומע את זה, אני ישר מתקשר אליה, "תתארי לי מי זה הבן שלך?!", היא אומרת לי, "הבן שלי מתאר לי אתכם! הוא מדבר עליכם כל הזמן ופתאום הוא זיהה אתכם מהסרט! הוא זוכר הכול, הוא חשב שאתם חוטפים אותו, בגלל זה הוא רב איתכם. המצב שלו בסדר!". והיא שולחת לנו את הסרטון שלו, ואנחנו רואים אותו שם, ואני מזהה אותו! והלב שלי מתפרק, מתפרק! אני רואה בן אדם שעד לפני רגע חשבתי שהוא מת, ופתאום אני רואה שהוא חי, לא היה מאושר ממני באותו יום.

10.

שישים פצועים פינינו באותה שבת שחורה, וכולם שרדו. כל מי שעלה על האמבולנס שלנו בחיים, היום הוא חי. אני מאוד שמח שהייתי חלק מהדבר הזה. זה דבר היסטורי ואני שמח שהיה לי את הזכות להיות חלק קטן בסיפור הזה ולספר את זה הלאה. לעולם אני לא אשכח את היום הזה. את מה שקרה לנו באותה שבת שחורה, אסור לנו לשכוח לעולם.

אנשים אומרים לי שאני גיבור, אבל אני אומר להם שלא יסתכלו עליי, ==מה שאני עשיתי זה קטן לעומת מה שאנשים עשו שם.== אנשים שם גילו אומץ, גילו תושייה. גם אלה שנפצעו, אנחנו דיברנו איתם באמבולנס ואנחנו שמענו את הסיפורים שלהם, איך הם התחבאו שעות, איך הם שרדו. הם הגיבורים.

היו לנו שם באירוע הזה, לפי דעתי, היו לנו שלושה ניסים. בראש ובראשונה הבורא שמר עלינו, הבורא היה איתנו. שתיים, השבת שמרה עלינו. אם היינו פותחים רדיו, זה היה מוריד לנו את המורל, זה היה שובר אותנו. והדבר השלישי זה שהנבלות האלה לא האמינו שכל אזרח עם נשק יקום ויצא. והיו מלא אנשים כאלה. בדרך הלוך, כולם דהרו פנימה. הם לא האמינו שכל אזרח עם נשק יבוא אליהם, הם חשבו שכולם יפחדו. אבל עם ישראל, עם ישראל לוחם. כולם באו ונכנסו באם־אימא שלהם. זה הנס השלישי.

תמיד בשעות משבר אנחנו בתור עם, אנחנו הכי מגובשים, אבל הינה כבר עכשיו מתחילים פה שוב סדקים. ואני חולם, באמת, שהתחושה הזאת של האחדות תישאר כל הזמן. אני מאוד מקווה שאנחנו נתעורר. אנחנו חייבים להיות חכמים, להבין שאנחנו צריכים להיות מאוחדים גם בטוב. כי בינתיים אנחנו מבינים את זה רק כשאנחנו חוטפים.

היא החליטה להיות לוחמת

סיפורה של עדן אלון לוי

מספרת – ענבר, אימא של עדן

בסיס זיקים

.1

עדן הייתה תינוקת כזאת, שלא מפסיקה לחייך. בחרנו לה את השם אחרי שהיא נולדה, ראינו את האור הזה בעיניים שלה, היא הייתה פשוט שוכבת ומחייכת, שוכבת וצוחקת, מבסוטה מהדברים הקטנים של החיים, ואנחנו ידענו – עדן. גם כשהיא גדלה, גם אז היא הייתה כזאת, תמיד היינו צוחקים עליה שבאמצע הלילה היא הייתה מתחילה לאבד את זה, כי היו לה התקפות צחוק כאלה, כל דבר קטן היה מצחיק אותה, מצב כפית זה נקרא, וזה היה פשוט, זה היה מדבק, היינו אומרים לה, עדן די! רוצים לישון! אבל לא היה לנו סיכוי.

היא הייתה ילדה מאוד מאוד נוחה, אולי אפילו נוחה מדי, והיה פער כזה, היה פער בתוכה, בין הכישרון שלה, והאנרגיות שלה, והיופי שלה, לבין הצניעות שלה, היה לה מין כזה חוסר רצון להתבלט. היא כל כך לא אהבה שיש עליה איזה זרקור, שיש עליה איזו תשומת לב מיותרת, זה מאוד הביך אותה. עדן רקדה המון שנים וגם למדה פיתוח קול, היא שרה נורא נורא יפה, אבל היא לא הסכימה אף פעם לשיר מול אנשים, היא שרה רק מול המורה, ולא הסכימה להקליט שום דבר, זאת הייתה הדרך שלה. אני זוכרת, לפעמים היא הייתה מתקלחת, שמה מוזיקה בפול ווליום, מפעילה את המים, ומתחילה לשיר במקלחת, היא שרה כל כך יפה, ואני הייתי עומדת מחוץ לדלת ומקשיבה.

.2

אחר כך כשהיא התגייסה לצבא, היא החליטה להיות לוחמת. זה לא משהו שאנחנו דחפנו אליו, זאת בחירה לגמרי שלה, ולאורך כל הדרך היא לא הייתה בטוחה בעצמה, היא אף פעם לא אמרה, "כן, אני מעולה! אני אלך! אני אעשה!", לפני הגיוס היא התחילה מיונים לקורס טיס, וכל פעם שהיא הייתה עוברת איזה שלב, אז היא הייתה מופתעת – "אני לא מבינה איך העבירו אותי. אני לא מבינה איך העבירו אותי!", זה כל פעם היה הפתעה עבורה, היא עברה עוד שלב, ועוד שלב, ועוד אחד, ואז כבר הגיע תאריך הגיוס שלה, והיא אמרה, "אני מתגייסת, אני לא מחכה. אני אתחיל ונראה מה יהיה", ותוך כדי המסלול היא המשיכה את המיונים, וסיימה הכול, היא הייתה אמורה ללכת לגיבוש ממש אחרי השבעה באוקטובר.

וגם בתפקיד שלה, איפה שהיא הייתה, היא תמיד הייתה מסומנת, המפקדים שלה בטירונות ישר סימנו אותה לפיקוד, ובסוף הקורס מ"כים, היא קיבלה שיבוץ לטירונים, שגם, זה לא כל אחד מקבל. זה מה שהיא רצתה לעשות, וזה מה שהם חשבו שמתאים לה, בגלל האנושיות הזאת שלה, ובגלל המקצועיות שלה, וגם שם בתפקיד, רצו כבר להוציא אותה לקצונה, בלי לעשות עוד תפקיד. כל מי שפגש אותה הבין כמה היא מדהימה, רק היא לא הבינה.

.3

ביום שבת בבוקר, בסביבות שבע בבוקר הבנו שיש בלגן בדרום, עדן כתבה בקבוצה של המשפחה – "מפגיזים אותנו". בהתחלה חשבנו שזה רקטות, שזה מטחים, צבע אדום, אמרנו לה, "תשמרי על עצמך", ואז ראינו שהתחילו להיכנס מחבלים, כל הידיעות הנוראיות האלה, ובטלוויזיה התחילו להראות מה קורה שם. ניסיתי להתקשר אליה, לדבר איתה, ורק בשמונה היא ענתה לי, ממש לשנייה, ואמרה לי, "אימא יורים עליי!", וניתקה, השיחה התנתקה, ובשמונה ועשרה היא כתבה לנו – "אני אוהבת אתכם".

עדן עלתה לשמירה בשש בבוקר, זאת הייתה המשמרת שלה, הם תמיד שמרו שם בבסיס ביחד עם מישהו מהסגל, כי זה בסיס טירונים, והטירונים עדיין חדשים, ממש כמה שבועות בצבא, וכשכל הבלגן התחיל, עדן שלחה את הטירון אחורה, והם עיבו את העמדות עם אנשי סגל בלבד. כל הטירונים

נכנסו למיגוניות, והסגל עיבה את העמדות של הבסיס. ועדן הייתה בעמדה שנקראת ש״ג מטווחים. זאת עמדה שממש נמצאת בצד שהכי קרוב לגדר. הכי קרובה לעזה.

היו שם כמה מחבלים שתקפו את העמדה, עשרות מחבלים, עם כוח אש מאוד חזק, והיה שם צלף כנראה שעשה שם נזקים מאוד גדולים. הוא פגע במ״פ שלהם, אדיר עבודי ז״ל, באור מוזיס ז״ל, בנועה זאבי, שנפגעה בראש והצליחה לשרוד, ובעוד כמה חיילים. והתנהל שם קרב, ממש, עדן ועוד כמה אנשי סגל, מול המחבלים.

אז הם הצליחו, באמת הצליחו, לנהל שם קרב של חמישים ושתיים דקות, עם מעט מאוד תחמושת, ומעט מאוד אנשים, קרב גבורה, המחבלים ירו עליהם מרגמות, ואר־פי־ג׳י, וזרקו רימונים, והם המשיכו להילחם בהם, לירות עליהם, וכל הזמן רואים את ההתכתבויות שלהם בקבוצה, שהם מבקשים תחמושת, ומבקשים תגבורת, ואחרי שעה היה מחבל אחד שהצליח לחדור לבסיס, הוא נהרג בתוך הבסיס, הוא הספיק לפגוע בטירון שהיה שם, נריה, אבל חוץ ממנו, כל מי שהיה בבסיס ניצל, לא היה שם טבח, לא היו שם מעשי זוועות כמו שאנחנו שומעים ורואים במקומות אחרים, וזה בזכותם. זה בזכות הגיבורים האלה שנלחמו. זה בזכות עדן הבת שלי.

עדן נהרגה בש״ג מטווחים, בעמדה שלה, כשיחד איתה נהרגים שם אדר בן סימון, שהייתה הקצינה שלה, ועומרי פיירשטיין, וינאי קמינקא, שגם הם היו אנשי סגל. ממה שאנחנו יודעים רק בתשע בבוקר הגיעו כוחות לבסיס, והם לאט לאט נטרלו את המחבלים, ופינו משם את הפצועים ואת ההרוגים. אבל עד תשע הם היו שם לבד. גיבורים.

.4

כמה דקות לפני שהכול הסתיים, לפני שהיא מתה, היה לה חשוב להגיד לנו שהיא אוהבת אותנו. אני שמחה שהיא ראתה ושמעה שגם אנחנו אוהבים אותה, ושאנחנו דואגים לה. אנחנו כמובן לא הבנו את זה באותו הזמן, המשכנו לנסות לתפוס אותה ולא הצלחנו, ומתישהו לקראת הצוהריים, אחת החברות שלה התקשרה לבעלי ואמרה לו שהיא רואה את השם שלה ברשימות של החיילים שפונו לבית חולים ברזילי.

אז בעלי ישר נסע לברזילי, התחיל לחפש אותה, והם לא הצליחו למצוא אותה שם, אז נסענו לבתי חולים אחרים, כי הבנו שפיזרו את הפצועים לכל מיני בתי חולים, כל הזמן קיווינו שנמצא אותה פצועה איפשהו, ושאין קשר כי היא פשוט לא יכולה לדבר, אבל אחרי לא מעט שעות שם בבית חולים, הבנו שהיא נמצאת שם, בברזילי, היא נמצאת בחדר המתים.

ביום ראשון הייתה הלוויה, הלוויה יפה שמגיעה לעדן. דברים מאוד יפים שחברים כתבו. אחים שלה ואחיות שלה, אפילו תמיר אחיה הצעיר, שבדרך כלל קשה להוציא ממנו אפילו ברכה ליום הולדת, עמד ודיבר. והיו שם שירים יפים שהיא אהבה לשיר, או שהתחברו לנו אליה, ואני חשבתי לעצמי שהיא לפחות נהנתה מהחיים, מאיך שהיא חיה. היו לה חיים טובים, היא חיה בצורה עוצמתית, ומתה בצורה הירואית. זה מה שחשבתי.

היה מישהו מהסגל, שהיה שם ואסף את הגופות. הוא אמר לנו שזה היה נראה שהם פשוט נרדמו לרגע, פשוט שכבו שם, אחרי קרב מטורף, בלי תחמושת, מול אר־פי־ג׳י ורימונים. היא פשוט שכבה לנוח רגע. עם חיוך על הפנים.

.5

גם אנחנו כמו כולם שואלים את השאלות, איפה כולם היו, איפה הכוחות היו, למה היא הייתה צריכה להילחם במשך שעתיים לבד, למה הכוחות לא הגיעו, ולמה המפקדים לא הגיעו, ולמה לא הייתה תחמושת. לא יודעת, מיליון שאלות, אבל זה לא רלוונטי, זה לא רלוונטי כי הם עשו את הכי טוב שלהם, והכי טוב שלהם היה מספיק, הכי טוב שלהם היה מדהים.

כשישבנו שבעה, האבא של הטירון ששמר עם עדן בעמדה, הגיע אלינו, ואמר לנו שהבן שלו שלח אותו, הוא לא יכול היה לבוא, אז הוא שלח את אבא שלו כדי להגיד לנו תודה. תודה לעדן שהצילה לו את החיים. אחר כך שמעתי את זה מעוד הרבה אנשים אחרים. לא ידענו את זה מהתחלה, רק אחר כך קלטנו שהיו שם משהו כמו תשעים טירונים! ועוד כל מיני אנשי מנהלה, וגם אזרחים, היו בבסיס אזרחים שברחו מהחוף וניצלו, והקרב שם של עדן והחברים שלה, זה מה שהכריע בעצם את זה שהם לא נכנסו, המחבלים.

עדן היה לה חלום לעשות קעקוע של חתול ים, מנטה, זה דג כזה, עם המון תנועה, דג יפה. היא נורא אהבה את הדג הזה, אני לא יודעת למה. אני

זוכרת שבסוף אוגוסט עשינו חופשה משפחתית כולנו ביחד באילת, זה כבר נדיר לקבץ אותם כי כולם גדולים, וכל אחד בצבא ובעניינים שלו, אבל כן, היינו כולנו יחד שם, סופשבוע כזה באילת, ואז היא ראתה שם, במצפה התת ימי באקווריום, את הדגים הגדולים האלה, את המנטה, החתול ים הזה שהיא אוהבת. היא פשוט הייתה מוקסמת ממנו, ונורא רצתה לעשות קעקוע כזה, וכל הזמן אמרנו לה, "תחשבי עוד קצת, את עוד צעירה, זה עוד מוקדם מדי", אז היא לא עשתה אותו, היא לא הספיקה, אז עכשיו גם אני, וגם האחיות שלה, וגם אח שלה הצעיר, עשינו את הקעקוע הזה. לזכרה.

אנחנו דיברנו על זה במשפחה, שעדן דור שלישי לעזה, כי אבא שלי היה לוחם במאה ואחת, הוא נפצע אנושות בעזה, חטף צרור בבטן, לפני שבעים שנה, יש אנדרטת חץ שחור בדרום, זה סיפור של אבא שלי והחברים שלו. ובעלי שירת בצבא ביחידה מסווגת, הם היו בעזה, הוא סיכן שם את החיים שלו על בסיס יום יומי. ועדן, דור שלישי לקרבות בעזה. כל אחד מהם היה בטוח שמה שהוא עושה אולי יספיק כדי שהדור הבא לא יצטרך להיות שם יותר. נקווה שהפעם זה יספיק. עדן שלנו, מלאכית יפה, קורנת ואמיצה, במותה ציוותה לנו, ולרבים אחרים, את החיים.

יש לי חבר'ה שמחכים לי במסיבה
סיפורו של יוסף אלזיאדנה
פסטיבל נובה

1.
בדרך כלל יום כיפור שייך רק ליהודים, אבל אני לפי דעתי, השבעה באוקטובר, השבת השחורה הזאתי, צריך לעשות אותו מעכשיו יום כמו כיפור. יום כיפור ישראלי. וזה לא רק ליהודים! זה לכל מי שחי ונושם במדינת ישראל, אם זה ערבי, בדואי, נוצרי, דרוזי, או יהודי, זה עבר על כולם מה שהיה. זה סיפור של כולם. וזה יהיה יום קשה, היום הזה שנעשה. כמו שאסור לנסוע בכיפור, כמו שאסור לאכול גם, אז צריך לעשות את היום הזה ממש אותו דבר. אני לפי דעתי, אנחנו צריכים לעשות את זה. לעשות יום כיפור חדש באוקטובר. יום כיפור לכולנו, יעני, לא רק ליהודים.

2.
אני השם שלי זה יוסף, אני בן ארבעים ושבע, גר בפזורה הבדואית ליד רהט. אני נשוי, עם שבעה ילדים, ושני נכדים, תינוקת ותינוק. אני איך שרואים אותי, איך שאני נראה, וואלה לא מנחשים עליי שאני סבא חחחחח, במקור אני עבדתי בתור איש אחזקה, אבל לפני עשרים שנה גיליתי שאני אוהב את הכבישים, אוהב לנהוג, אז התחברתי לעולם של ההסעות. התחלתי להסיע כל מיני, הסעות של ילדים מיישובים פה בדרום, עובדים שצריכים להגיע לעבודה שלהם בקיבוצים. כאלה מין דברים.

אני ערבי, בדואי, מוסלמי, ישראלי. ואני גאה שאני ישראלי! הבן שלי, אני רציתי שהוא ילך לצבא, הוא הלך ועשה בדיקות, והם דוחים לו, ודוחים לו, ודוחים לו, עד שהוא כבר הגיע לגיל עשרים וחמש, ובסוף לא אישרו לו

להתגייס, אבל אני רציתי, לחצתי עליו שהוא ילך. יש לנו הרבה במשפחה ששירתו במשטרה, יש לנו חוקרים, יש לנו בבילוש, יש לנו במשרד החינוך, יש לנו רופאים, יש לנו חקלאים. אנחנו בדואים מוסלמים. וגם ישראלים. גם ישראלים.

הבת שלי הגדולה היא כבר בשלב סיום אחות מוסמכת, כן! השקעתי בה, וגם הילדה השנייה, גם אותה נתתי לה ללמוד, אבל ראיתי שהיא פחות רצינית, זאתי, לא רוצה ללמוד, אמרתי לה, ״זאת החלטה שלך״. אני לא מהדור הישן ישן, אצלי בנות למדו מתוך החופשיות שלהן. עשיתי להן רישיון גם. אישה שלי גם נוהגת. אבל הן יודעות את הגבולות, יש להן גבולות. זה הרוח של החמולה של המשפחה שלנו.

החמולה שלי, רוב הצעירים אצלנו עובדים בקיבוצים בעוטף. אם זה היה נופל ביום רביעי, לא בשבת, החמאס החזירים האלה, הם היו הולכים והורגים את המשפחה שלי. אבל גם ככה הם הצליחו, הם הרגו, החזירים האלה, הרגו את הבן דוד שלי, הרגו את חבר שלי, חטפו אנשים מהמשפחה שלי. את זה אני כמובן לא ידעתי באותו יום שעשיתי את מה שעשיתי. אני רק אחר כך גיליתי מה הם עשו לנו אלה.

.3

הסיפור שלי בשבת השחורה לא מתחיל בבוקר, אלא בערב לפני. באחת עשרה בלילה קיבלתי שיחת טלפון מחבר׳ה צעירים, הם מכירים אותי, התקשרו אליי ״יוסי, אנחנו רוצים לצאת למסיבה. תוכל להקפיץ אותנו לנובה ברעים״, אמרתי, ״בטח למה לא״. באתי, בהתחלה לקחתי כמה צעירים מיישוב עומר, ואחר כך אספתי עוד כמה צעירות מהיישוב גבעות בר, ליד רהט, וכשהבנות האלה עלו, ראיתי אותן ואמרתי, וואלה אני לא מאמין! אני מכיר את הבנות האלה! אני הייתי נהג שלהן כשהן היו בכיתה א׳ בבית ספר, ילדות מקסימות, היום הן כבר סיימו בית ספר, סיימו צבא, ועכשיו הן הולכות למסיבה, בשביל הכיף שלהן, אמרתי, ״וואלה יופי״.

הגענו לנובה שם, הורדתי אותם, ואני רואה שיש שם המון, המון צעירים, אלפים, זה מסיבה גדולה מאוד. ופתאום אני רואה לידי את חבר שלי, עאבד אל־רחמאן אלנסאסרה קוראים לו. הוא שם עם הרכב שלו, גם הוא נהג הסעות, וגם הוא הביא חבר׳ה מבאר שבע. ועאבד אומר לי, ״מה דעתך,

מה עושים", כבר רבע לאחת בלילה היה, התלבטנו אם צריך שנישאר, בסוף אמרנו, "ניסע עכשיו לבית שלנו, ניפגש פה מחר באחת בצוהריים, באותה נקודה, ונחזיר את החבר'ה האלה לבתים".

.4

בבוקר בשעה שש ומשהו, אשתי אומרת לי שהפלאפון משתגע, הודעות, שיחות, בלי סוף, בלגן, אמרתי לה, "תעזבי, אין עבודה, זה שבת, רק באחת בצוהריים יש לי משהו", אבל אני רואה שהטלפון לא מפסיק, אני אומר, אולי נבדוק מה זה, אני מחזיק את הטלפון, ואני רואה על המסך "עמית הדר". עמית הדר זה הבחור מהיישוב עומר, שתיאם איתי את ההסעה למסיבה, שלקחתי אותם.

אני עונה "כן, עמית", והוא צועק לי, "יוסי, תציל אותנו!", אמרתי לו, "מה קרה, מה קרה?!", הוא אומר לי "אזעקות, טילים, יש שמועה שגם יש מחבלים!", לא חשבתי פעמיים, קמתי מהמיטה, מכנס קצר, השערות שלי עומדות חחחח, ואני הטבע שלי לא לצאת בלי כוס קפה, ויתרתי על הכוס קפה! לא שטפתי פנים אפילו, שמתי כפכפים, אפילו לא נעליים, וטסתי לאוטו שלי, ואני נוסע, ואני יודע שמהבית שלי אליהם זה עשרים וחמש דקות אם הכבישים פנויים.

אני נוסע דרך המושבים, מגיע לנתיבות, ואני רואה טילים, בשמיים טילים, ואני מרגיש, וואלה, שיש פה משהו מוזר, זה כמויות, ואני ממשיך. אני הטבע שלי זה שאני ממשיך מאה אחוז, לא עוצר. הגעתי עד קיבוץ סעד, ובכיכר של קיבוץ סעד, אני פונה שמאלה, לכביש שתיים שלוש שתיים, וכשאני פונה אני רואה מולי המון רכבים באים משם, מכיוון נובה, נוסעים במהירות, אחד עוקף את השני, נוסעים בשוליים וזה, וכולם מסמנים לי בידיים, באורות, ככה, "תעשה פרסה, תחזור!", אמרתי, "יש פה משהו לא רגיל", והמשכתי לנסוע, המשכתי קדימה, עד שהגעתי לבארי.

וכשהגעתי לבארי, צעיר אחד, יהודי, חסם אותי, הוא קפץ מאוטו שלו, עם שתי צעירות, ונעמד לי מול הרכב, ואני פתחתי את החלונות, והוא אומר לי "אחי, מחבלים!", ואני שומע ככה תוך כדי, את הירי מכיוון בארי. והיריות עלינו, על הכיוון שלנו, רעש גדול וואלה, זה פעם ראשונה בחיים שפחדתי על החיים שלי. ישר קפצתי מהאוטו ונכנסתי לתעלה שם, בין הגדר לכביש,

ביחד עם החברים. נשכבנו על הבטן, אני והבחור ושתי הבנות. ומעל הראש שלנו ירי, ירי מכל הכיוונים, ואני מרים את הראש, ומרגיש שזה ככה, ישר מעליי, והבחור אומר לי, "אחי אל תרים את הראש, יהרגו אותך!", ובינתיים החבר'ה שלי בקשר טלפוני איתי, הם אומרים לי, "בוא תיקח אותנו מפה יוסי! בבקשה יוסי! בוא עכשיו!", ואני בא לצאת, ושוב הצעיר אומר לי, "תקשיב, אל תתרומם, מה נראה לך, אתה יוצא מכאן אתה חוטף כדור!".

אמרתי לו, "אחי, החיים אצל הקדוש ברוך הוא, מי ששם את הנשימה זה הוא, רק הוא יכול לקחת, יש לי חבר'ה שמחכים לי במסיבה, ואני חייב להגיע אליהם, ואני אציל את החיים שלהם". קמתי מהתעלה, ועמדתי תחת אש, ורצתי למיניבוס שלי, והתחלתי שוב לנסוע. אני רוב חברים שלי היהודים קוראים לי, "יוסף הצדיק", אמרתי שאולי באותו יום נעשה וואלה מעשה צדיק.

.5

אז אני נוסע בדרך שמה, מגיע לאזור שם של המסיבה, ואני מרים את הראש למעלה, ואני רואה משהו שאני נשבע, אני לא אשכח אותו בחיים שלי! מעל המסיבה, אני רואה רחפן רוח כזה, עם מישהו יושב בו, מלמעלה הברזל של הרחפן בצבע צהוב לימון, והוא עושה שמיניות באוויר, נוסע שם הלוך וחזור, ויורה על כולם מלמעלה.

אמרתי לעצמי "זה היום האחרון בחיים שלי". ואז אמרתי בקול, "אַן לַא אִלָהַה אִלַּא אללָּה, מֻחַמַּד רַסוּלֻ אללָּה, אין אלוהים מלבד אללה ומוחמד הוא הנביא", זה מה שמוסלמים אומרים כשהם מבינים שהם עוד רגע הולכים למות. כי אני ידעתי, אני החלטתי, זה או שאני יוצא משם עם הילדים האלה, או שאני, הלכו לי החיים.

הגעתי עד לשם, לכניסה של המסיבה, וכשאני מגיע, הירי כבר ממש חם, אני שומע יריות עפות, וואלה, כמעט לתוך האוטו, ואני בטלפון עם עמית, והוא אומר לי, "אני בדרך! אני בא!" ואז אני רואה אותם, אני רואה את החבר'ה שלי. והם טסים לתוך האוטו ואומרים לי, "יאללה סע!!!", אבל אז אני מסתכל, ואני רואה שמה מרחוק איזה מישהו, נראה לי הוא היה פצוע ברגל שלו או משהו, ואמרתי להם, "תכניסו אותו, בואו נכניס כמה שיותר לרכב". הרכב שלי ארבע עשרה מקומות. דחפתי לשם שלושים איש.

אני מכיר את האזור שם טוב, כי אני מביא עובדים מרהט לקיבוץ רעים. ידעתי, אם אני אסע דרך הכביש, יתפסו אותנו המחבלים. הכי טוב, אני בורח דרך השדות. ישר לקחתי שמאלה, השמאלה שלי, ואני נוסע שם בשדות, ואני רואה שם, ילדים רצים, מבוהלים, לא יודעים לאן ללכת, רצים לכל הכיוונים, ויש צרחות שם, צעקות, ואני המשכתי לנסוע, המשכתי והמשכתי והמשכתי, ובמראה אני רואה המון רכבים נוסעים אחריי, נוסעים בעקבותיי, כי בעצם מה שקרה שם, זה שאני פתחתי להם ציר.

אני את הדלת של המיניבוס, השארתי אותה פתוחה, חצי פתוחה, שיהיה לנו מילוט אם צריך, ובדרך כשאני נוסע, אני פתאום רואה בחורה אחת, על הרצפה, החבר שלה מנסה להרים אותה, והיא חיה, אבל היא לא הולכת, היא פצועה ברגל שלה, ברגל ימין, הם ירו בה. ואני לא היה לי מקום להכניס סיכה כבר במיניבוס שלי. אבל עצרתי את המיניבוס, שמה תחת אש, וצעקתי, "חבר'ה, תרימו אותה! תעזרו לה, תרימו אותה!", אז הרמנו אותה, לקחנו אותה, תחת אש, והיא התחילה שם לצרוח וזה, אולי צרחה כי חשבה שחוטפים אותה, ואנחנו אמרנו לה, "אין לך מה לדאוג! אנחנו נצא מפה! אנחנו כבר בתוך הרכב! בתוך השדות! אנחנו נצא מפה, אל תדאגי!".

.6

ואחר כך אני נוסע, ואני רואה שם, אני רואה טנדר עמוס כולו במחבלים, וליד הטנדר יש ניידת משטרה, והם שם נלחמים, הוצאנו חולצה לבנה, מהדלת, וצעקנו לשוטרים שאנחנו ישראלים, פחדנו שיטעו בזיהוי, ויירו בנו. הם הבינו, הם נתנו לנו להמשיך. יצאנו משם. נסעתי מהר, על שביל עפר, על מאה עשרים.

משם כבר נסענו והגענו לצומת אורים, ובצומת, פתאום עוצר אותי שוטר, ואני צועק לו, "אני אזרח ישראלי! יש לי פה פצועים, אני חייב להמשיך לנסוע!", והוא אומר לי, "המחבלים כבר בתוך אופקים, אי אפשר, הכביש חסום, הכי קרוב אליך זה קיבוץ צאלים". אני מכיר את האזור, ממשיך לצאלים, נכנס לקיבוץ צאלים, ובש"ג היה שם שומר, אז באתי אליו, אמרתי לו, "יש לי פה שני פצועים, אני חייב לקחת אותם למרפאה, איפה המרפאה", והוא הסביר לי, הבאנו אותם למרפאה, ומשם לקחו אותם לסורוקה באמבולנסים, מדרך אחרת, דרך כביש שלא היו בו מחבלים.

כל הכבוד להם בצאלים, כל הכבוד להם, היו להם שם בקיבוץ איזה ארבע מאות איש שברחו מהמסיבה, והם בקיבוץ כיבדו אותנו באוכל, והביאו לנו להטעין את הפלאפונים שלנו, והציעו למי שרוצה לעשות מקלחת, מכל האבק, ואנשים שם עשו מקלחות, וקיבלו מזרונים, אפילו סיגריות הביאו לנו, הכול, ומה עוד עשו אלה, הם הביאו את המחשב שלהם, פתחו את המחשב ונתנו לכל אחד לרשום את השם שלו, את הטלפון שלו, ושלחו את זה לפייסבוק, שהמשפחות יראו שהאנשים האלה בחיים. ושהם נמצאים במקום מוגן, בקיבוץ צאלים.

ועמית הדר אומר לי שם, הוא אומר לי, "יוסף, בוא, תקשיב, אני לא רוצה שתעזוב אותי שנייה אחת! אני ואתה רגל על רגל הולכים, אנחנו צמודים, הבנת אותי! כמו שיש ערבים דפוקים, בטח יש פה איזה יהודי דפוק. מישהו ישמע אותך מדבר בערבית, מישהו ישמע אותך, את המבטא שלך, הוא יחשוב שאתה מחבל, הוא יהרוג אותך! אתה לא עוזב אותי בחיים". אמרתי לו, "אין בעיה, אני מבין".

פתאום באה אליי איזה בחורה אחת, נחמדה, גם כן מהקיבוץ, היא באה ואומרת לי, "אני מחפשת את הנהג של המיניבוס, הבדואי, שכל המדינה מדברת אליו, אני בטוחה שזה אתה!", אמרתי לה, "לא יודע, אולי זה אני, בטח שזה אני, כי אני ערבי בדואי היחידי שנמצא פה, כולם פה יהודים". והיא אומרת לי, "יודע מה, בוא אליי הביתה פה בקיבוץ, תשב בסלון, יש לך טלוויזיה, מקלחת, אוכל, קפה, תהיה אצלי, עד שפיקוד העורף יבוא וישחרר פה את כולם". ואני הבנתי, היא לא רוצה להגיד לי שהיא פוחדת עליי בגלל שאני ערבי. אמרתי לה, "תקשיבי, אני הבנתי מה הכוונה שלך, אבל אני לא עוזב את החבר'ה שלי פה. אני לקחתי אותם מהבתים שלהם שלמים, ואני אחזיר אותם להורים שלהם שלמים".

בשלוש בצוהריים בא פיקוד העורף, פתח לנו ציר דרך בסיס צאלים, צומת הנגב, אז נסעתי עם כל החבר'ה שלי. הגעתי לעומר, הורדתי את החבר'ה, את האמת לא שמתי לב בכלל שעמית צילם אותי, והעלה את זה לפייסבוק. הוא רשם שם, "בזכות הבן אדם הזה, יוסף, אנחנו בחיים!", ולמטה הוא רשם את המספר שלי. כשהגעתי הביתה אני פותח טלוויזיה, ואני רואה את המקרה, אני רואה כל מה שקרה, את כל הבלגן, את השריפות, ילדים הרוגים, אמרתי "יאללה, קורה פה משהו בעולם, ואני הייתי שם ויצאתי מזה חי, איך! איך יצאתי מזה בחיים!".

.7

החמאס זה לא היה מעניין אותם, כן יהודי, לא יהודי. הם הרגו גם מוסלמים. יש איזה אחד מתל שבע שאמר להם שהוא מוסלמי כמוהם, והם אמרו "לא! אתה בשבילנו יותר גרוע מיהודי!" והם הרגו אותו החזירים! ויש אחת, בחורה צעירה מוסלמית, שהייתה נוהגת עם כיסוי ראש שלה, והבעל שלה ישב לידה, והם ראו, הם ראו אותה עם כיסוי ראש, ראו שהיא דתייה, והרגו אותה! מסכנה, השאירה שבעה או שמונה ילדים. הכי גדול שלה ילד בגיל שבע.

ויש לי בן דוד, עבדול, היה בחוף זיקים עם אשתו, גם אותם הם רצחו אלה. לפי הדת שלנו של האסלאם, במצב של מלחמה מותר רק חייל מול חייל. הדת אומר לא זקנים, ולא ילדים, ולא נשים! אבל הם לא יצאו למלחמה עם חיילים, הם יצאו, ורצחו, ואנסו, הרגו כל דבר זז, אם זה יהודי או ערבי או תאילנדי, זה לא היה מעניין אותם. זה משהו לא יאומן. זה מעשה של חיות. זה לא מעשה של מוסלמים.

והם רודפים אותי עדיין, החמאס. אני אחרי כמה ימים מקבל שיחת טלפון, אני רואה הקידומת אפס חמש שש, קידומת של הפלסטינים. אז אני עונה, והוא אומר לי בערבית "אתה יוסף אלזיאדנה" אני אומר לו, "כן", והוא אומר, "אתה חושב בגלל שהצלת חיים של שלושים יהודים, אנחנו לא נגיע אליך", אמרתי לו "סליחה, מי זה", והוא אומר לי "מעזה".

לא נעים לי וואלה להגיד איזה מילים אמרתי לו שם, מילים לא יפים, אבל אמרתי לו "תקשיב, אני קודם כול אזרח ישראלי! דבר שני, אני בן אדם, וגם הם בני אדם, האנשים שהצלתי, הם בני אדם, וכמו כל בני אדם שיש בעולם הזה, זה טוב שהם בחיים!". המשטרה אחר כך חסמו את המספר שלהם, אמרו לי לדווח להם על כל שיחה כזאת. ואני עד היום אני לא יכול לנסוע בכל מקום שאני רוצה, יש מקומות שאני יודע שיכולים לעשות לי משהו. יש אנשים שלא אוהבים את מה שאני עשיתי, אני. אנשים רעים.

.8

כמה ימים אחרי כל הסיפור אני גיליתי שגם אנשים מהמשפחה שלי נחטפו. אחד מהמשפחה שלי קוראים לו גם כן יוסף אלזיאדנה, והוא והבת שלו עאישה, ושני הבנים שלו חמזה ובילאל, הם כולם היו עובדים בקיבוץ חולית,

ליד עזה. הם דיברו איתם בערבית, החמאס, הם ראו שהיא עם כיסוי ראש, הם ראו שהם מוסלמים, ועדיין הם חטפו את כולם. הם אלה, אין להם אלוהים.

עאישה ואח שלה בילאל שוחררו, אבל אבא שלהם ואח שלהם עדיין שם, עד עכשיו. יוסף הוא בן חמישים וחמש, חולה סוכרת, והוא צריך לקבל אינסולין. חמזה, הוא בן עשרים ואחת, והוא סובל ממיגרנות מאז הילדות, וגם מקבל עבור זה תרופה. אני לא יודע איך הם שורדים עם התנאים שיש להם שם, זה אי אפשר לחשוב על זה, נשרף מבפנים הלב. הלב נשרף מבפנים.

.9

ואסור לשכוח את החבר שלי עאבד אל־רחמאן אלנסאסרה! אסור לשכוח אותו. אני הייתי צריך לפגוש אותו בצוהריים, הייתי צריך להחזיר איתו ביחד את החבר'ה, והוא היה גיבור שם, עאבד, הוא גם בא לשם עם המכונית שלו להציל ילדים, אבל הוא בא דרך הכביש, ולא דרך השדות, והם רצחו אותו החזירים האלה. הם רצחו אותו, והוא גיבור היה, עאבד. תכתבו את זה גם בספר שלכם. תכתבו את השם שלו, שיזכרו אותו וואלה, הוא בן אדם קדוש היה. אסור לשכוח אותו בחיים.

ויש הרבה בדואים, הרבה הרבה בדואים שעשו מעשים כאלה ככה. הבעיה שישראלים מכירים את הבדואים מהחדשות, אבל אסור לשפוט בן אדם על משהו בלי שאתה תבוא ותיכנס ותראה. כשאתה הולך לסופר ולשוק ובא לך לקנות כמה תפוחי אדמה, או עגבניות, אז אתה רואה שניים למעלה, קצת מקולקלים, קצת לא בסדר, ואתה חושב שהכול מקולקל, אבל לא! גם אצל היהודים וגם אצל הבדואים, יש ויש! צריך להיכנס ולראות. להרים את התפוח אדמה המגעיל, ולראות מה קורה למטה. יעני, מה הסיפור האמיתי.

אני אישית, אני בחיים שלי לא הבדלתי בין ערבי, ליהודי, לנוצרי. בשבילי אנחנו כולנו בני אדם. בשבילי אנחנו כולנו עם אחד, וחיים במדינה אחת, ואנחנו, אין לנו ארץ אחרת. לכולנו. זה שלנו, בטוב וברע. בדואים ויהודים, אנחנו אחים. מי אבא שלנו, אבא שלנו אברהם! ואם אנשים באים וחושבים כמו שאני חושב, אם אנשים יבינו כמו שאני מבין, אז לא יהיה לנו בלגן בכלל במדינה שלנו. וואלה יהיה פה גן עדן. ככה זאת דעתי.

עד הפלסטר האחרון

סיפורה של עמית מן

מספרת – מרי, אחות של עמית

בארי

.1

אנחנו לא הופתענו מעמית. לא הופתענו. לפני שנתיים בערך היה פיגוע בבאר שבע, במתחם של הביג, היה שם מחבל שהסתובב עם סכין, הסתובב שם ודקר תושבים. ועמית הוזעקה ראשונה לזירה, היא הגיעה לשם, והשוטרים לא נתנו לה לצאת מהאמבולנס. הם אמרו לה "המחבל לא נתפס עדיין, הוא עדיין מסתובב פה בביג, את לא יכולה לצאת לטפל בפצועים", והיא פשוט העיפה את כולם ממנה, ואמרה "זה לא מעניין אותי שהמחבל פה, יש פה מישהי מדממת, הוא דקר אותה, אני הולכת לעזור לה", והיא פשוט יצאה החוצה ורצה לעזור לה. ואחרי זה היה לה בירור משמעתי, וסיפור שלם בגלל זה. אז כששמענו איך הילדה הזאת, איך היא סיימה את החיים שלה, לא הופתענו. זאת הייתה המשימה שלה בחיים.

.2

אני השם שלי זה מרי, גדלתי עם ארבע האחיות שלי בנתיבות. עמית היא הקטנה בבית, יש בינינו פער של חמש עשרה שנה, אבל הייתי מאוד מאוד קרובה אליה. אנחנו גדלנו בבית של אהבה, בבית של שותפות. אנחנו מאוד מגובשות, מאוד ביחד. גדלנו להיות ביחד. הבסיס שלי בחיים זה האחיות שלי, ואימא שלי היא הדבק שמדביק את כולנו אחת לשנייה. אבא שלנו נפטר לפני שמונה שנים. הוא חלה במחלה הנוראית, בסרטן. ואחרי באמת ארבע שנים מאוד מייסרות וקשות, הוא נפטר.

לעמית היה קשר מאוד מאוד חזק עם אבא שלנו. אבא שלנו היה אבא מדהים, משהו לא מהעולם הזה, ועמית בת זקונים, בת אחרונה. היה להם קשר חזק. וכשאבא שלי התחיל לחלות, אני חושבת שעמית הייתה בת עשר בערך, ממש קטנה. ככה שכבר מילדות היא התחילה לראות איך אבא שלה לאט לאט גוסס. הוא היה אבא כל כך גדול וחזק וחסון וכל יכול, ולאט לאט הוא נבל, מול העיניים שלה. ובתקופה הזאת אנחנו, האחיות הגדולות, כבר מתחתנות, עוזבות את הבית, אז הקשר בין אבא שלי לעמית עוד יותר מתהדק, כי עמית ממש לא עוזבת אותו לרגע. וגם כשהוא נהיה סיעודי, ולא יצא מהמיטה, גם אז היא לא עזבה אותו. כל הזמן היא הייתה יושבת לידו ושרה לו.

השירה הייתה הדבר שהכי אפיין אותה, מאז שאני זוכרת אותה. מאז שהיא הייתה תינוקת בערך. היא תמיד הייתה שרה. בבית, במקלחת, בכל מקום. היא שרה לכל מי שהיה מוכן לשמוע אותה. יש לנו מלא סרטונים של עמית שוכבת ככה במיטה ליד אבא שלי, כשהוא כבר ממש ממש חולה, ושרה לו. יש איזה סרטון שהיא שרה לו "הייתי בגן עדן", של שרית חדד, והוא ככה משתיק את כולם מסביב כי הוא רוצה לשמוע רק אותה. זאת הייתה הנחמה שלו.

.3

ובתקופה הזאת, בשנים האלה, שבהן אבא היה חולה, כל הזמן היו מגיעים אלינו הביתה רופאים ואחיות, ועמית לא הייתה זזה מהמיטה שלו, היא פשוט ראתה את הכול. גם ברגעים שאימא שלי הייתה אומרת לה, "תצאי, זה לא בשבילך", היא הייתה אומרת "לא, לא אימא, אני רוצה לראות מה עושים לו, אני רוצה לוודא שזה בסדר, שהוא מרגיש טוב אחרי הטיפול". ואפשר להגיד שהתשוקה שלה לרפואה התחילה שם בעצם. כשהיא ראתה את המלאכים בלבן, ככה היא קראה להם, שמגיעים הביתה ועוזרים לאבא שלה, לחיות עוד יום, לשרוד עוד יום, כשהיא ראתה אותם, כל כך מקרוב, היא החליטה שזה מה שהיא תעשה בחיים.

וככה, ילדה בת שתים עשרה, הולכת וקוראת ולומדת על המחלה, על רפואה, ומגיעה הביתה מבית הספר, ולוקחת טושים ומציירת על החלון בחדר של אבא שלי. מציירת לו את הלב, ואת גוף האדם, מציירת כל מיני

דברים שהיא הייתה לומדת. היא באמת חלמה להיות רופאה, היא ביררה על זה ובדקה, ותכננה להתחיל ללמוד רפואה. זה היה החלום שלה. להיות רופאה, ולהציל חיים של אנשים.

בגיל עשרים עמית נהייתה פרמדיקית, ובגיל עשרים ושתיים היא כבר הייתה מדריכת קורס הפרמדיקים הכי צעירה במד״א בארץ, וניהלה קורס פרמדיקים במחוז דרום. צריך להבין איזו רמה של הישג מטורף זה. רק בשבעה כשישבנו, רק אז הבנו עד כמה זה בלתי אפשרי מה שהיא עשתה במד״א. רק אז הבנו מה היא הספיקה לעשות בחיים שלה, הילדונת הקטנטונת הזאת.

.4

בשבת בבוקר אנחנו קמים בשש ועשרים לצלילי האזעקות. אנחנו מתכתבות קצת בקבוצת ווטסאפ של האחיות, ושואלות אם כולן בסדר, ועמית כותבת לנו שגם היא בממ״ד, בבית שלה בבארי ביחד עם אופיר. אופיר זה בן הזוג שלה, הוא פרמדיק בתחנת מד״א בנתיבות. אז כשהתחילו האזעקות בקיבוץ אופיר אומר לה ״עמית, תתארגני מהר, אנחנו נוסעים לנתיבות!״, אז היא אומרת לו ״מה פתאום, איזה נוסעים לנתיבות, אני פרמדיקית כוננית! אני חייבת להישאר פה״. אז הוא אומר לה ״תגידי, את נורמלית? תראי כאילו מה הולך, תשמעי את האזעקות, תשמעי את הבומים, אתם הכי קרובים פה לגבול. בואי איתי, בואי ניסע לנתיבות!״, והיא אומרת לו ״לא, לא, לא, לא, אין סיכוי. אם משהו יקרה, אני חייבת להישאר פה״. הוא הבין שאין לו עם מי לדבר כי הוא מכיר את עמית, אז הוא אומר לה ״תבטיחי לי שאת נשארת בממ״ד בדירה!״. אז היא אומרת לו ״אני מבטיחה״, והוא סוגר לה את הדלת של הממ״ד, ונוסע משם, ובדרך נס מצליח להגיע לנתיבות, לתחנה של מד״א פה בעיר. והם באמת, אחר כך נודע לנו, הם באמת עשו שם חתיכת דבר גדול החבר׳ה של מד״א בנתיבות, הם הצילו שם המון אנשים בשבת ההיא. אז אופיר, הוא מבחינתו רגוע, כי עמית בממ״ד בדירה שלה. הוא לא היה לו מושג שהיא יצאה מהדירה שלה, ורצה למרפאת שיניים של הקיבוץ, לטפל באנשים.

ברבע לשבע עמית כותבת לנו בקבוצה שיש חשש לחדירת מחבלים בקיבוץ, היא הייתה בטוחה שיש שם מחבל אחד או שניים. ככה היא כתבה. וכשהיא שמעה שיש ירויות, היא הבינה שיש פצועים, אז היא פשוט הקפיצה

את עצמה למרפאת השיניים בקיבוץ, כדי לקבל אותם ולטפל בהם. ויחד איתה שם נמצאת גם נירית, שהיא האחות של הקיבוץ. ובהמשך, אחרי שעה שעתיים, הם הזעיקו לשם את ד"ר דניאל לוי, שהוא רופא שגר בקיבוץ. וד"ר דניאל המדהים לא חשב פעמיים, הוא פשוט רץ בקיבוץ באמצע קרב יריות, באמצע כל הטירוף, הוא רץ למרפאת השיניים, ושלושתם מצאו את עצמם שם לבד, עם ציוד רפואי דל, מטפלים בפצועים בדרגות מאוד קשות. מנסים להציל חיים.

.5

ובזמן הזה עמית גם עולה בקשר מול מד"א. קיבלנו אחרי זה את השיחות של עמית עם המוקד של מד"א, ואפשר לשמוע שם איך היא מתחננת, "תביאו לפה אמבולנסים! יש לי פה פצועים שמתים לי מול העיניים!" והיא מתארת להם את הפציעות של האנשים, והיא מתארת להם מה היא עושה, ואיך היא חובשת. והם עונים לה, זה עצוב לשמוע איך הם אומרים לה, ממש בישירות, "עמית אהובה, זה את לבד איתם שם. אין אף כוחות ביטחון שעונים לנו, ואין שום סיוע רפואי שיכול להגיע אליכם. לא אמבולנס, לא מסוק. את לבד איתם שם, תראי מה את יכולה לעשות".

ואני חושבת שממש אפשר לשמוע בשיחה הזאת, בהקלטה, איך הקול שלה משתנה, ואיך הטון של הדיבור שלה, זז כאילו ממצב של סימני קריאה, של 'צריך פה!' ו'צריך שם!', למצב אחר, של שקט, של הבנה, ושל קבלה, שזהו, היא שם לבד, היא לא הולכת לקבל שום עזרה, ושום סיוע, ומה שיהיה יהיה.

.6

היא טיפלה שם בפצועים במשך שעות, מהבוקר. ובשלב מסוים אנשים בקיבוץ מתחילים לשלוח לה הודעות בווטסאפ, מתייעצים איתה, "עמית, ירו לאבא שלי בכתף, מה לעשות", והיא עונה לו "תעשה ככה, אל תעשה ככה", או, "עמית, אני חושב לצאת מהדירה ולברוח!", והיא עונה, "ממש לא! תיקח את הארון, תצמיד אותו לממ"ד, תנעל את הידית". היא כאילו, בזמן שהיא מותשת וגמורה ומלאה בדם, עוד עונה לאנשים, נותנת טיפים, ומתעקשת לשמור על כל אחד ואחד בקיבוץ.

והזמן עובר, ועובר, ועמית כבר רואה איך חלק מהפצועים שלה מתים לה. הם מתים מפציעות ירי מאוד קשות. היא לא מצליחה לטפל בהם. היא מנסה והיא לא מצליחה. ואנחנו כל הזמן, מהבוקר, כל הזמן שולחות לה הודעות, ומבקשות שהיא תעדכן אותנו מה קורה. מתישהו כתבנו לה "עמית, תשלחי לנו תמונת מצב שלך, אנחנו רוצות לראות אותך!", והיא שולחת לנו תמונת סלפי שהיא עושה, שממש רואים שם את השקיות השחורות מתחת לעיניים שלה. והיא כזה עם חצי חיוך שהיא מנסה לחייך בכוח, לנו, למשפחה, בעיקר לאימא. ובתמונה שהיא שלחה, מאחורה, אפשר לראות שובל של דם, ומסדרון עם מלא פצועים ששוכבים. נורא. אחר כך גילינו שבאותו הזמן ממש, היא שלחה תמונה לחברה הכי טובה שלה, לליטל. ובתמונה שליטל קיבלה, עמית בוכה, היא בוכה וכותבת לה, "אני פוחדת, אלוהים".

.7

לאורך כל אותן שעות של תופת, שני חברים מכיתת הכוננות של הקיבוץ, שחר ואיתן, עומדים בדלת של המרפאה, עם תחמושת מדודה וספורה, ומורידים מחבלים. ועמית כל הזמן כותבת לנו "אלוהים, איזה מזל ששחר ואיתן נמצאים כאן! איזה מזל שהם שומרים עלינו!" ואחר כך מקליטה לנו, "רגע, רגע, רגע, אני שומעת פה עוד מחבל מתקרב אלינו, זהו, נראה לי שזה הסוף", ודקה אחר כך, "וואי תודה אלוהים, שחר הצליח להוריד גם אותו!". שחר ואיתן, מבחינתה, ממש נתפסו כמגן ששומר עליה בחיים בשעות האלה. היא מטפלת בפצועים, ושחר ואיתן שומרים עליה ועל הפצועים בחיים.

חיים בעלי דיבר עם עמית בטלפון כמה פעמים. ובכל פעם שהם דיברו הוא אומר לה, "עמית, תסתכלי סביבך, תבדקי אם את רואה שם דרך מילוט. אולי יש חלון איפה שאת נמצאת, אולי יש ממ"ד, או שיח, שאת יכולה להגיע לשיח הזה ולהתחבא", הוא כל הזמן מנסה למצוא דרכים להציל אותה. ובמקביל גם אנחנו, כל הזמן מנסות לשכנע אותה לברוח, להסתתר, להתחזות למתה או משהו, אבל אנחנו מבינות דבר אחד מאוד פשוט. <mark>עמית לא נוטשת את הפצועים שלה. היא אומרת לנו את זה שוב ושוב. היא לא משאירה את הפצועים לבד במרפאה, ולא משנה מה. ואנחנו מבינות שהיא לא תברח משם בחיים.</mark>

.8

בחמישה לשתיים היא שולחת לנו בווטסאפ של האחיות הקלטה מטורפת שהיא באמת איכשהו הצליחה להקליט, ובהקלטה שומעים ממש יריות, שומעים את עמית צועקת, "שחר! שחר לא! אלוהים בבקשה שזה יפסיק כבר, בבקשה שזה יפסיק!", ושחר צועק למחבלים "אני לא האויב שלכם, איים נוט יור אנמי!", אבל זה לא עזר לו. הם הורגים אותו המחבלים.

מה שקרה זה שהתחמושת של כיתת הכוננות פשוט אזלה להם, והמחבלים הצליחו לגבור עליהם. ובשלב הזה עמית כותבת לי "זהו, הם פה, הם המון, הם פה, אני לא יוצאת מפה". והמחבלים מתחילים לזרוק מלא רימונים לתוך המרפאה, ואז עמית כותבת לנו, "הם הרגו את כולם, נשארתי אחרונה". ד"ר דניאל לוי, ואיתן חדד, ושחר צמח, כולם נרצחו. היחידה שהצליחה לשרוד בנס זו נירית, האחות. את זה גילינו רק בסוף, עמית לא ידעה שנירית שרדה.

ואנחנו כבר מבינות שזה הסוף. אנחנו מבינות שהמחבלים השתלטו על המרפאה. ואני ואימא שלי מתקשרות אליה, ובטוחות שהיא כבר לא תענה, אבל איכשהו היא עונה לנו! היא עונה לנו לשיחה. ואנחנו שמות אותה על רמקול, ואימא שלי צורחת לה "עמית, עמית, מה קורה איתך! עמית". אז היא אומרת לנו, "אימא, ירו לי ברגל, ירו לי ברגל, אני לא יוצאת מפה, אני אוהבת אתכן!". היא ממש ענתה לנו כדי להיפרד מאיתנו.

ואנחנו לא מבינות את הסיטואציה, ולא מבינות מה קורה, ואנחנו עונות לה "מה זאת אומרת ירו לך ברגל! אבל איפה את נמצאת! תנסי להסתתר, תשכבי מתחת לגופות, תמרחי על עצמך דם". והיא פשוט יודעת שהיא לא יוצאת משם. היא אומרת "אני לא יוצאת מכאן בחיים", ואז היא מתחילה לבקש סליחה מאימא שלי. אם ישאלו אותי למה, אין לי מושג. היא פשוט חוזרה על זה לדעתי איזה שלוש או ארבע פעמים, "אימא, תסלחי לי על הכול, אימא תסלחי לי על הכול, אני אוהבת אותך אימא, בבקשה תסלחי לי על הכול".

.9

הם מצאו את הגופה שלה רק אחרי יומיים. והאנשים שמצאו אותה ראו שהתיק שלה, של העזרה ראשונה היה ריק ברמה שלא נשאר שם פלסטר.

לא נשאר לה כלום בתיק. במשך שעות היא פשוט טיפלה וטיפלה באנשים, היא טיפלה בהם עד הפלסטר האחרון.

בדיעבד הבנו גם שהיא עוד הספיקה לעשות לעצמה חוסם עורקים ברגל, כי את הגופה שלה מצאו עם חוסם עורקים. אחד הפצועים שעמית הצילה הצליח להסתתר באיזושהי ארונית שם במטבחון, והוא ראה את הכול. הוא גם ראה שבאיזשהו שלב עמית הרימה ידיים, וניסתה לצאת למחבלים, והם ירו בה ברגל, ואחר כך, אחרי שהיא טיפלה בעצמה עם חוסם עורקים, הם נכנסו וירו בה שוב ושוב. לא השאירו לה סיכוי.

היו לה בעצם שתי אפשרויות להציל את עצמה. שתי אפשרויות מוכחות, שאנחנו יודעות עליהן בדיעבד. אפשרות ראשונה זה לנסוע על הבוקר עם אופיר ולברוח, מה שכל בן אדם נורמלי היה עושה. אבל היא אמרה לו שהיא נשארת לטפל בפצועים. אפשרות שנייה, אם כבר נשארת, תסגרי את עצמך בממ"ד. את יודעת שיש מחבלים, את שומעת אזעקות ובומים וטילים מטורפים. על פי הנהלים במד"א, פרמדיק שנמצא בסכנת חיים מחויב להישאר בממ"ד. אבל היא החליטה באמת, בניגוד לכל האינסטינקטים האנושיים, פשוט לרוץ, לרוץ לירויות, לרוץ לתופת, לרוץ לזה, למה! אנחנו מנסות לשאול את עצמנו הרבה, למה היא עשתה את הבחירה הזאת כשהיא ידעה שזה יכול לעלות לה בחיים שלה. ואני מבינה שמבחינתה לא הייתה אפשרות אחרת.

כי אם עמית הייתה מתחבאת וסוגרת את עצמה בממ"ד, בזמן שיש פצועים בקיבוץ, בזמן שהיא פרמדיקית כוננית, שאחראית על הפצועים, היא פשוט לא הייתה סולחת לעצמה בחיים. וכל החיים שלה, כל האהבה שלה לרפואה, להצלת האדם, כל השעות שהיא בילתה במד"א בהצלת חיים, בספרייה, בקריאת ספרי רפואה, הכול התנקז ליום הזה, לרגע הזה.

היא פשוט הבינה שיש כרגע אנשים שזקוקים לה. הם זקוקים שמישהו יציל אותם. ומבחינתה, אם היא תציל אדם אחד או שניים או שלושה, היא עשתה את שלה בעולם הזה. זאת עמית.

.10

פצוע אחד ששרד, סיפר לנו משהו. הוא היה חבר בכיתת הכוננות, והוא נפצע שם בקרבות, נפצע קשה מאוד, והחברים שלו פינו אותו למרפאה.

ועמית טיפלה בו שם, במרפאה, במשך כל אותן שעות. כשהוא הגיע לבית החולים, הוא היה מחוסר הכרה, וכשהוא התעורר, אחרי שלושה ימים, הוא אמר לאנשים שם, "אני לא נושם לפני שאני מדבר עם המשפחה של עמית! תביאו לי את המשפחה של עמית לטלפון".

והוא התקשר אלינו מבית החולים, ממש ברגע שהוא חזר להכרה. והוא אמר לאימא שלי, הוא אמר לה, "תקשיבי, הבת שלך הצילה לי את החיים. בלי הבת שלך, לא הייתי נשאר בחיים. היא טיפלה בי, בזכותה אני חי". והוא ממש תיאר לנו, בפרטי פרטים את כל מה שקרה. הוא סיפר לנו, "גם כשנגמר לה הציוד, גם כשכבר לא היה לה יותר איך לטפל בי פיזית, היא הניחה לי מתחת לראש סדין, כדי שלא יכאב לי, היא ליטפה אותי, היא דיברה אליי ברוגע, היא הייתה גן העדן שלי", הוא השתמש במילים האלה, "בתוך הגיהינום הזה עמית הייתה פיסת הגן עדן שלי ובזכותה אני חי היום, בזכותה אני חי".

עמית הייתה פרח שנקטף בתחילת החיים. היו לה כל כך הרבה חלומות. אחד מהם, המאוד גדול, זה להיות רופאה. והיא רצתה גם להתפרסם, ליצור, בשירה, במשחק. היא חלמה להיות אימא, היא חלמה להתחתן, היא חלמה, אלוהים, היו לה הרבה חלומות. ועכשיו כל מה שנשאר מכל החלומות האלה זה הסיפור שלה. והסיפור שלה נשאר כאן בעולם, והוא ילך, ככה אני מאמינה, הוא ילך עוד הרבה דורות קדימה. כי איכשהו, היא הפכה להיות סמל. במלחמה הזאת, בטירוף הזה, היא הפכה להיות סמל, סמל של הצלת חיים, ושל עזרה לזולת, סמל של טוב לב, סמל של שירה, ושל אור. סמל של אהבת אדם. זאת עמית.

למות כאנשים חופשיים
סיפורו של יותם חיים

מספרת – איריס, אימא של יותם

כפר עזה

1.

יותם נולד עם מום במעיים. כשהוא הגיע לעולם, ממש בדקה שהוא נולד, הוא כבר הגיע עם איזשהו קושי לשחרר את הפסולת מהגוף. ובשנה הראשונה שלו בחיים, היינו צריכים לעזור לו, עם כל מיני התערבויות, וטיפולים, טיפולים קשים, לא פשוטים, כמעט מדי יום. והוא לא היה מסוגל להגיב. הוא לא היה מסוגל להתנגד. ככה התחילו החיים שלו. העולם היה מאוד אלים כלפיו, כבר מהתחלה.

היום כשאני בגילי, אני כבר עושה את החיבורים והמשמעויות של זה, אבל אז לא הבנתי, הייתי אימא בת עשרים ושמונה, ולא הבנתי, למה כל כך קשה לו לפלטר את העולם. אני זוכרת שכבר בגיל ארבע הוא היה מדבר על זה שעוד מעט העולם יתפוצץ ולא יהיה לנו בית, ואנחנו היינו אומרים לו, "יותמי, מה זה, מאיפה זה בא". הוא באמת, העולם היה לו מאוד קשה, הוא תמיד אמר שכולם רעים, כל דבר הכי קטן שקרה ערער אותו. הוא לא הבין את העולם.

הוא היה ילד מאוד חכם ואינטליגנט, באופן יוצא דופן, אבל הוא לא הסתדר במסגרות. בבית הספר היסודי הוא ממש היה בחרדות. כל ילד שהיה מסתכל עליו, הוא היה חושב שהוא רוצה להרביץ לו, שהוא חושב עליו דברים רעים. אז הוא היה מרביץ להם בחזרה. היו לו בעיות קשות של אלימות. הביאו לו מלווה. פעם אחר פעם קראו לי מבית הספר לבוא לאסוף אותו בגלל עוד

תקרית כזו, ואני לא הבנתי את ההתמודדות הזאת שנפלה עליי, פשוט לא הבנתי איך זה יכול להיות, שהילד הזה, שכולו נשמה טהורה, מתנהג ככה.

בכיתה ז׳ הוא עבר לבית ספר לחינוך מיוחד, במרכז הארץ, בית אקשטיין. הוא היה נוסע כל יום שעה וחצי הלוך חזור במונית. בדרך חזרה הנהג היה קונה להם שניצלים. זה היה בית ספר לילדים עם הפרעות מאוד קשות, והוא באמת התאפס שם. הם חיזקו אותו במקומות החזקים שלו, ועזרו לו להתמודד. ואחרי שנה שהוא היה שם, הוא חזר לבית הספר פה בעוטף, והפעם הוא כבר השתלב מאוד יפה, הסתדר, ובאמת הייתה לנו קצת נחת, עד גיל שבע עשרה, שאז התחילו לו הפרעות אכילה.

.2

זה התחיל עם כל מיני תופעות רפואיות, לא חמורות. חקרנו ובדקנו ובירינו, אני הרי אחות במקצועי, אז הכול נגיש לי, ולא מצאנו שום בעיה פיזית. ואז הבנו שזה כנראה משהו נפשי. ויותם בשלב הזה התחיל לעשות המון המון ספורט, והוא התחיל לרדת במשקל, זה היה נורא, הייתה תקופה מאוד מאוד קשה. אשפוזים, שחרורים, אם היה לי אי פעם רגע של ייאוש בחיים, זה היה אז, בתקופה של האנורקסיה. אני ממש דאגתי לו, ממש חששתי לחייו.

ובאותה תקופה מי שהרים אותו היה בחור אחד, ניר שוחט, בחור מדהים, עם רגישות מאוד גבוהה למתמודדים. הייתה לו סושייה בשדרות, ״סושימוטו״, והוא ראה את יותם, והציע לו להשתלב אצלו, מצא לו איזה תפקיד. הוא לימד אותו לקפל גיוזות, ונתן ליותם פינה במסעדה, ושם הוא עבד שנתיים, ככה הוא הגיע לכפר עזה, הוא גר שם, במגורי הצעירים, עבד בסושי בשדרות, ולאט לאט השתפר והחלים.

יותם, הייתה לו תכונה כזאת שהוא ממש עלה ועלה, השתפר והתאפס ונרגע, ואז, בום! קרס בבת אחת. בקריסה טוטאלית. ככה הוא היה כל החיים, במין גלים כאלה. בשנה האחרונה הוא עבד בחקלאות, עם בעלי רביב, והוא גם התחבר שוב ללהקה שלו, להקת הבי מטאל, שנקראת ״פרספור״. הוא היה המתופף שלהם. פֶּרסָפור זו הגרסה הגברית של פרספונה, דמות מהמיתולוגיה היוונית, אשתו של אל השאול, שנחטפה מהוריה, ונלקחה אל מתחת האדמה.

היו לו המון בנות זוג, המון בחורות. מאז שהוא נהרג, כל שני וחמישי מישהי כותבת לי, "אני הייתי בת זוג שלו". היה לו איזה קטע עם בנות, הוא חיפש קשר עמוק, ולא ממש הצליח. לפעמים הוא היה בוחר נשים שהן כמוהו, עם הרבה בעיות, ואז הוא היה צריך לתמוך בהן וזה היה לו קשה מדי. ולפעמים הוא היה יוצא עם בנות יותר רגילות, והן לא הצליחו לעכל את יותם. היה קושי. היה קושי. וכל פעם שהוא היה בזוגיות, הוא היה נורא נורא מאושר. וכל פעם שזה נגמר, הוא היה נוחת לייאוש כזה, בום לפרצוף.

לפני שהוא נחטף, ממש יומיים שלושה לפני, הוא היה במצוקה נפשית כל כך גדולה. הוא לא הפסיק לדבר על המוות, לא הפסיק לכתוב לי, "טוב אולי עדיף לגמור עם זה כבר", וכבר ניסינו הכול בתקופה ההיא, בדיקות, תרופות, טיפולים, ויותם לא האמין בכלום, הוא כבר אמר לי, "אימא, שום דבר לא יעזור לי, תפסיקי, אף אחד לא יעזור לי", ואני החלטתי, ביחד איתו, החלטנו שהתפקיד שלי בתקופה הזאת זה לראות את הטוב שבו, לראות את האור שביותם, לראות את הצדדים החזקים שבו, את הצדדים הטובים שלו, לא להתאכזב ממנו ולהתייאש ממנו, אלא להפך, להיות גאה בו, ובכוחות הגדולים שיש בו. זה היה החוזה שלנו, שעשינו בינינו, ממש כמה ימים לפני שהוא נחטף.

.3

לקבוצה שלנו בווטסאפ, שלי ושל בעלי, עם יותם, קוראים "מצליחים". זה היה הרעיון של הקבוצה. לעודד אותו, להראות לו שהוא מצליח. ובשבעה באוקטובר, בשש וארבעים בבוקר, אנחנו מתחילים להתכתב איתו בקבוצה הזאת. אנחנו היינו בממ"ד שלנו, תחת הפגזות לא נורמליות, וגם יותם היה בממ"ד שלו, בדירה הקטנה שלו בקיבוץ.

באותו היום בצוהריים יותם היה אמור לנגן עם הלהקה שלו, עם "פֶּרסְֶפור", בתל אביב, אבל מהר מאוד, על הבוקר, ההופעה בוטלה, ויותם, זה ממש עצבן אותו. הוא ממש כעס שביטלו לו את ההופעה. זה מה שהעסיק אותו בהתחלה. אבל אחר כך הוא התחיל לשלוח לנו הקלטות יותר קשוחות, הוא אמר לנו, "יש יריות פה, אני מכין את סכיני הסושי", ואני כזה צוחקת, "אם צריך יש לי תרסיס אקונומיקה", והוא כותב לי, "יאללה הולך". אחר

כך הוא העלה סרטון שלו, מנגן בתופים, הוא העלה את זה לסטורי שלו באינסטגרם וכתב, מחבלים בתוך הקיבוץ, ואני מתופף! בהתחלה לא היינו מחוברים.

אבל לאט לאט ההודעות שלו נהיו יותר ויותר לחוצות. הוא שלח לנו הקלטה, "יורים לי על הדלת, שורפים לי את הבית, בוזזים לי את הבית, לא יודע מה קורה, אני שומע אנשים", הוא שלח לנו הודעות שהוא נחנק, כתבנו לו "תפתח חלון קצת!", והוא אומר, "לא, אם אני אפתח הם יירו עליי מבחוץ, הם פה בחוץ בין הבתים", ואנחנו כאילו בהלם! היינו ממש בהלם, אנחנו לא הבנו כלום, לא הבנו מה קורה. זה היה פחד אלוהים.

ואז ברבע לאחת עשרה הקשר איתו ניתק. הוא כתב הודעה שהוא מפחד לצאת, ושהכול נשרף. וזאת הייתה ההודעה האחרונה שלו אלינו. ובעצם באותו רגע אנחנו מנסים להבין מה קורה איתו. ניסינו להתקשר לבתי חולים. שלחתי הודעות בווטסאפ של כפר עזה. ניסיתי להגיע ללוחמים שנמצאים בקיבוץ. ניסיתי לבדוק מה הם יודעים. וכל הזמן הזה אני מכניסה לעצמי בראש, שהוא בטח פשוט בממ"ד, ואם הוא בממ"ד יהיה בסדר, כי יותם חזק, הוא ישרוד שם כמה זמן שצריך. עשרים שעות, חמישים שעות, הוא ישרוד כמה שצריך.

.4

אחרי שבוע של חיפושים, ולחץ, וחרדות ופחדים, קיבלנו הודעה מהצבא שאיכנו לו את הטלפון בעזה. חדווה, הבחורה שליוותה אותנו, אמרה לי לא להתרגש יותר מדי, זה רק הטלפון, וכבר היו מקרים של אנשים שאיכנו להם את הנייד, ואז מצאו גופה. זאת הייתה תקופה של מתח נוראי. אני פחדתי שיגלו שהוא מת. קיוויתי שהוא יהיה שבוי. העדפתי שהוא יישאר בחיים. שבועיים אחר כך קיבלנו אסמכתה רשמית לכך שהוא באמת חטוף. באו אנשים מהצבא ועדכנו אותנו. הם לא הסבירו לנו איך הם יודעים. פשוט אמרו "אנחנו יודעים".

בשלב הזה אנחנו החלטנו שאנחנו קמים מהסיפור הזה, החלטנו לא לשקוע. מה, פשוט נשב ונחכה, בוא נתחיל לעשות דברים. אז בעלי חזר לעבודה פחות או יותר, אימצנו כלב, אני התחלתי להתראיין, נסענו לחו"ל להסברה, השתדלנו להיות יותר פעילים, לצאת מהשוק הזה, הראשוני.

ולאט לאט הפאזל של איפה הוא ומה קרה לו התחיל להתחבר. בשלב מסוים הגיע סרטון של החטיפה שלו. סרטון של מצלמת האבטחה של הקיבוץ, ובסרטון רואים אותו יוצא, הולך על הרגליים, רואים איך מכניסים אותו לרכב, והוא נראה בסדר, הוא נראה בריא, וחזק. בלי חולצה. זה סרטון ששימח אותי. לראות שהוא לא פצוע, לראות שהוא חזק. אחר כך קיבלנו עוד מידע מתאילנדי ששוחרר בעסקת החטופים. הוא ישב עם יותם חמישים ימים בשבי, והוא סיפר לנו שיש לו מצב רוח טוב, ושהחמאס נותנים לו תרופות לכאבים, ושהוא ביחד עם אלון שמריז, ושהם שומרים על מורל גבוה, ושיותם כל הזמן מתופף לעצמו על הגוף, ושהוא ואלון שרים. וואו, זה באמת היה וואו לשמוע את זה.

החמאס הוציא גם סרטון אחר כך, אף אחד לא ראה אותו כמעט, זה סרטון תעמולה כזה, שהחטופים צועקים על ביבי, אנחנו לא צפינו בו עדיין, אבל חברים שצפו בו סיפרו לנו שיותם פונה שם למשפחה, ואומר לנו, "אימא ואבא, אל תדאגו, אני חזק!" וממה שהבנתי הוא נראה בסרטון הזה מאוד מאוד מואר, מאוד עוצמתי. וזה לא מפתיע אותי. כי אני ידעתי, אני תמיד ידעתי שיש לי ילד חזק. כך שבחוויה שלי, באותה תקופה, זה היה לי ברור שהוא יהיה בסדר, ושהוא יצא מזה בחיים.

.5

באחד הימים של חנוכה, קיבלתי טלפון מתום, בן הזוג של תובל, הבן הגדול שלנו. הוא בן אדם רוחני כזה. והוא אומר לי שהוא קיבל מסר. הוא אומר, "אני מתישהו ראיתי בחלום את המספר חמש עשרה בדצמבר", ואני שומעת אותו וחושבת לעצמי, מה אתה קשור, בחמש עשרה בדצמבר זה היה יום שישי בכלל, לא הייתה שום עסקה באופק, זה היה נשמע לי תלוש לגמרי, זה לא היה נשמע רציני.

אבל כמה ימים אחר כך, בחמישה עשר בדצמבר, בשש בערב, רגע אחרי כניסת שבת, הגיעה פתאום פמליה גדולה של אנשים, קצינים, ושוטרת, ועובדת סוציאלית, ורופאה, וחדווה הולכת מאחורה, הולכת ובוכה, ואני הבנתי שמשהו לא טוב קרה, והם באים אליי ואומרים לי את המשפט שאי אפשר לקלוט אותו, "יותם נהרג, מכוחותינו, ביחד עם עוד שני חטופים, בטעות זיהו אותם כמחבלים", ואנחנו שמענו את זה, וממש השתגענו בבית,

זה היה נורא, אני בחיים שלי לא בכיתי כמו שבכיתי שם, אני לא האמנתי, לא האמנתי, לא האמנתי שזה באמת קרה.

ממה שהבנתי, ממה שסיפרו לנו, היה קרב בין חיילי גולני, לבין השומרים שלהם, הם במקרה גילו אותם, הם חשבו שהם מחבלים, הם לא ידעו שיש שם חטופים. אז הם הרגו את השומרים שלהם והלכו, ויותם, ביחד עם אלון שמריז ועם סאמר אל טלאלקה, יצאו החוצה, וחיפשו את החיילים. הם הסתובבו בשג׳אעייה חמישה ימים, בלי נשק, בלי אוכל, בלי מים, בלי שום דבר! ואיכשהו הסתדרו. מטורף.

הסיפור הזה היה, אוי, זה שִבַר, לא רק אותי, זה שבר את כל מדינת ישראל, הפער בין מה שציפינו וקיווינו ורצינו, לבין מה שקרה, והתחושה הזאת של הכמעט, זה יכול היה להיות כזה הֶפִּי אֶנד, אוי, אני קראתי ליותם "משה", כי כמו משה רבנו גם הוא כמעט הגיע לארץ ובסוף, הוא רק ראה אותה מבחוץ, ונשאר למות על הגבול. אנשים הגיעו לשבעה שלנו בוכים, וסיפרו לנו, שהם שמעו על יותם בארוחת הערב שלהם, האוכל נפל להם מהפה, הם פשוט לא הפסיקו לבכות. כל המדינה נשברה מהסיפור הזה. לא רק אנחנו. כולם נשברו.

.6

יום אחד, במהלך השבעה, ניגשה אליי אישה אחת, היא באה אליי ואמרה לי, "איריס, אני אשתו של המג"ד, והחיילים כאן פשוט הרוסים, אף אחד לא מתפקד, כולם רוצים רק למות", אמרתי לה, "לא, אני חייבת לדבר איתם, עכשיו!", והיא אמרה לי, "אבל הם בעזה!", אז החלטתי להקליט להם. לקחתי את הטלפון ושלחתי להם הודעה, הודעה ספונטנית, לא ישבתי, לא חשבתי, לא כתבתי, פשוט הקלטתי את מה שיצא לי מהפה, וזה מה שאמרתי להם –

"שלום, מדברת איריס חיים, אימא של יותם, רציתי להגיד לכם, שאנחנו אוהבים אתכם, אנחנו מאוד אוהבים אתכם, ואנחנו לא כועסים, ואנחנו לא שופטים, ומה שעשיתם, עם כל הכאב והצער, מה שעשיתם זה כנראה היה הדבר הכי נכון באותו הרגע, ואני מבקשת, אני מבקשת מכם לא לחשוב פעמיים כשאתם רואים מחבל, אתם צריכים להרוג אותו, ולא לחשוב שהרגתם חטוף, וברגע שאתם יכולים, בבקשה תבואו אלינו לכאן, אנחנו מאוד רוצים לראות אתכם, להסתכל לכם בעיניים, ולחבק אתכם".

והם באו החיילים, הם באו ברגע שהם יצאו מעזה. הם הגיעו, חמודים כאלה, שפופים עם הראש למטה, והם ישבו אצלנו, ואנחנו חיבקנו אותם, ואמרנו להם שאנחנו לא כועסים, אנחנו לא היינו שם, אנחנו לא יודעים מה קרה, שמענו על כל מיני פעולות הסחה ומשיכה של החמאס בעזה, שהם היו עושים, מתחזים לחטופים, ומדברים בעברית, ואז תוקפים. אנחנו לא כעסנו עליהם. פשוט חיבקנו אותם, ובכינו ביחד, וסיפרנו להם על יותם שלנו המדהים.

אני לא כעסתי. משום מה לא היה בי כעס. גם על השבעה באוקטובר, לא הרגשתי כעס על המדינה, ולא השתמשתי במילים "הפקירו אותנו" או "הושפלנו", אני ממש לא אוהבת את המילים האלה. אני אולי התאכזבתי. הצבא ירה בו, אז זו באמת הייתה אכזבה מאוד גדולה. אבל לא היה בי כעס. אני רואה את זה כטעות, ועל טעויות אני לא כועסת. אני עושה טעויות, הילדים שלי עושים טעויות, כולנו עושים טעויות, אז באמת לא כעסתי. היה לי מאוד עצוב. עצוב לי מאוד גם כרגע, שהוא איננו. אבל עם כל הכאב והצער, אני לא כועסת על מה שקרה ליותם.

.7

יותם זה סיפור מאוד מיוחד. הוא לא היה בן אדם רגיל. כל החיים שלו היו בטורים גבוהים, עם רגש חזק, וסבל חזק מאוד. זה סיפור על ילד שסגר את המעגל של החיים שלו. הוא מת כמו שהוא חי. הוא שיחק עם המוות שלו כל החיים. ונכון, זה אולי נשמע כמו קלישאה, אבל אני מרגישה שהעובדה שהסיפור שלי התפרסם עכשיו, העובדה שאני מדברת על המסע של יותם ושלי בחיים, לא יודעת, אני מקווה שאני אוכל לעזור למתמודדי נפש, ולאימהות, שעוברות דרך כמוני, של התמודדות עם ילד מאתגר, שונה, שהמערכת לא מבינה אותו, ילד שחווה הרבה סבל בחיים.

הקצין שהודיע לנו על יותם, אמר לי ביום של ההודעה, "אני לא יודע כמה את יכולה כרגע לתפוס מה שאני הולך להגיד לך, אבל הבן שלך גיבור, ומה שהיה שם זה גבורה!". אז עוד לא הבנתי מה הוא רוצה מהחיים שלי, אבל היום אני מרגישה, שבאמת יש בסיפור הזה כמה וכמה דרגות של גבורה.

קודם כול, עוד לפני כל הסיפור, לפני השבי, הייתה כאן גבורה של בחור שמתמודד יום יום עם קושי, יום יום, מגיל אפס! שנים של כאבים, של

מחלות, של התמכרויות, של מחשבות טורדניות. זאת הגבורה הראשונה של יותם, שלא הפסיק להתמודד, מהיום הראשון שלו בחיים.

אחר כך, אני חושבת, השעות שהוא העביר בממ"ד, זאת גבורה, והסרטון של החטיפה שלו, זה גם, הוא יצא משם, ממש בקור רוח, עומד זקוף, עם הראש למעלה, בלי חולצה. כאילו, יצאו ממנו איזה כוחות ברגע הזה. וכל הימים שהוא העביר בשבי, שבעים ימים, בלי להישבר, בלי להתמוטט, במצב רוח טוב. אני מדמיינת אותו שם, במנהרות, בשאול, שר שירים, ומתופף על עצמו. וזה יותם, שרק מדבר על מוות כל החיים.

ומעל הכול, אני חושבת על הבחירה שלהם, שלו ושל אלון ושל סאמר, לצאת החוצה, ולקחת צ'אנס. להסתובב בתוך שג'אעייה, חמישה ימים, לכתוב שלט עם תבלינים על סדין, ולתלות אותו, כאילו, מה זה! וואו! הם לא אמרו, "אנחנו נשב ונחכה שמישהו יציל אותנו", לא, הם החליטו להילחם, לקחת את הסיכון, ולמות כאנשים חופשיים.

בהלוויה של יותם קראתי לו "פרטיזן". קראתי לו פרטיזן, כי זה בעצם המהות של הפרטיזנים. הם יצאו מהגטו, ולקחו את גורלם בידיהם. לא היה להם נשק, לא היה להם כלום, אבל הם לא הסכימו לשבת בשקט ולהמתין. ואני חושבת שהאקט הזה של יותם, האקט האחרון שלו בחיים, היה מין מסר כזה, הוא כאילו הבהיר לנו, לכולנו, אחת ולתמיד – "אני חזק, אני מסוגל! אני בחרתי למות כאדם חופשי, ולא מתוך הכלא, לא מתוך השבי! אני לקחתי סיכון, נלחמתי על החיים שלי, זה הקרב הכי גדול שהיה לי בחיים, ואני ניצחתי אותו, ניצחתי אותו בענק".

הוא נהרג על האדמה שהוא אהב
סיפורו של אוריאל אברהם

מספרת – הודיה, אשתו של אוריאל

רעים

1.

אוריאל, התכונה שהכי אפיינה אותו זו הענווה, הוא ממש היה בן אדם צנוע, ממש צנוע, גם בעבודה, הוא היה הרבה פעמים בתפקידים שבהם הוא פיקד על אנשים, ולאף אחד הוא לא נתן את התחושה שהוא מעל, להפך, תמיד המבט שלו היה למטה. בכלל, כשהוא היה מדבר עם אנשים, הוא תמיד נתן את התחושה, לא יודעת, קשה לי לנסח את זה, הוא אף פעם לא הרים את הקול, תמיד הוא דיבר בנחת, ואף פעם לא היה בו כעס, כלפי אף אחד, הוא היה בן אדם כזה שנכנס למעלית ואומר "בוקר טוב" עם העיניים למטה, באוטובוס הוא יגיד "תודה", בסופר "תודה", הייתה בו מין שלווה כזאת, שהלכה איתו לכל מקום שהוא הלך.

בצבא הוא היה לוחם בימ"ס, ביחידת המסתערבים של מג"ב, והוא עשה שם מלא קורסים, רק בן עשרים ושבע והספיק לעשות מלא קורסים, קורס מדריכי לוט"ר, קורס זה, קורס זה, ואת כל הקורסים הוא סיים מצטיין. והיה לו קטע שהוא היה הולך לבד לטקסים האלה, הוא אפילו לא היה מספר לי את זה, הוא פשוט היה הולך לאיזה טקס, מקבל את התעודה, וחוזר, זה מבחינתו היה משהו מביך כזה, שמישהו ידע שהוא הולך לקבל את התעודות האלה.

והיה לו כבוד לאבא שלו, להורים שלו, היה לו כבוד אליהם. אבא שלו הוא רב קהילה, הוא היה הולך אליו, מתכופף אליו, מנשק לו את היד, ממש כאילו כמו פעם, הוא היה ניגש אליו בכבוד, בהערצה כזאת, כל הורה

היה רוצה לזכות בבן כזה. וגם ההורים שלו העריצו אותו בחזרה, הוא היה בשבילם ממש גאווה, כתר כזה, למרות שהוא היה האשכנזי של המשפחה, אפילו אינג׳רה הוא לא אהב חחחחח, אבל הם ממש התגאו שהוא הבן שלהם. וגם אני התגאיתי, שהוא שלי, שהוא בעלי.

.2

הכרנו דרך אחותו, בזכות אחותו. אני והיא הכרנו במפגש של בנות שירות לאומי, שירתתי באגף של משפחות שכולות של משרד הביטחון, זה פשוט מטורף, זה פשוט הזוי שאני עכשיו משפחה שכולה, הכול הזוי, אני מכירה את כל הצוות שם, את הכול, בקיצור עבדתי שם, והיא הכירה אותי, אז היא רצתה לסדר בינינו, וככה היה. ואני בחיים לא חשבתי שאני אתחתן עם אתיופי, חחחחח, אבל האמת היא שתמיד ידעתי שאני רוצה להתחתן עם מישהו שחום.

בהתחלה כשהתחלנו לצאת נפגשנו פעם בשבועיים, הוא היה בצבא, אז היינו בעיקר מדברים בטלפון והוא היה כל כך ביישן! הכול היה עדין עדין, בקטנה, מאוד מאוד שקט כזה, אני אדם מאוד שונה, אני ההפך ממנו, אני הכי לא קרת רוח, הכי חסרת פרופורציות, אז הוא ממש איזן אותי, הרוגע והביטחון שהוא נתן לי, היציבות והגב שהוא נתן לי בחיים, איזנו אותי ממש, ואני קצת, קצת עזרתי לו להיפתח, קצת גרמתי לו להשתחרר. היינו ממש כאילו זוג כזה, כל אחד נתן לשני את מה שהוא צריך.

והיו לו עיניים כאלה, היה בהן משהו מלאכי מאוד, זה משהו שלא פוגשים, הן טהורות, הן משדרות משהו שלא רואים אצל כל אדם, אני זוכרת, זה הדבר הראשון שכל הזמן אמרתי, "יש לו עיניים כל כך טובות, עיניים כל כך טובות", ואני בכלל לא מבינה בעיניים, אבל אי אפשר כאילו לפספס את זה מהעיניים שלו בכלל.

הוא הציע לי נישואים ליד המצפור בערד. הוא מערד במקור. שם הוא הציע, בשקט, בשלווה של המדבר, הכול היה כל כך פשוט ומרגש, אחר כך עשינו ארוחה קטנה עם חברים, חגגנו בבית שלהם, זה היה מאוד מרגש, אני ידעתי מהתחלה שאני רוצה להתחתן איתו, לא התלבטתי כאילו, ממש ממש ידעתי, וכל הזמן אמרתי, "אני רוצה שהוא יהיה אבא של הילדים שלי", בטוח כאילו, בטוח בטוח בטוח.

זכינו שיש לנו שני ילדים, בת ובן, הללי, בת שלוש וחצי, ומרום רפאל, שהוא עכשיו בן תשעה חודשים. האבהות שלו עם התינוק שלנו הייתה מאוד קצרה, אבל עם הבת שלי, הללי, הם ממש היו זוג יונים. הוא היה אוסף אותה מהגן, ולוקח אותה לסיבוב קטן, הם היו קונים גלידה והולכים לחורשה ליד הבית, ויושבים, וחוזרים שניהם, והיא מלוכלכת כולה מגלידה, הייתה צועקת, "אימא! אני ואבא היינו בחורשה, אכלנו גלידה!", וכשהוא היה נכנס לבית, בכל פעם היא הייתה רצה אליו, כאילו הוא חזר מטיסה לחו"ל, ממש! רצה רצה "אבאאא!" וקופצת עליו כאילו, זאת הייתה אהבה עצומה באמת, הם היו מתכרבלים יחד ונרדמים, כשהפרצוף אחד על השני, הם היו ממש אוהבים. נכון תמיד אומרים, "בנות זה של האבא", אז אצלנו זאת הדוגמה הכי טובה.

.3

שש וחצי בבוקר, אזעקות בנתיבות, אוריאל לא היה אמור להיות במשמרת, אבל הוא הוקפץ ביחד עם הצוות שלו. הם היו צריכים לקחת ציוד מהתחנה בבאר שבע, נשק ארוך, אפוד, וללכת, הם לא הבינו שמדובר במלחמה, הם לא הבינו את זה. בדרך, הם מתחילים לקבל הודעות מהחבר'ה באופקים – "תקשיבו יורים עלינו, יש פה מחבלים", אז אוריאל אמר לחבר שלו שהיה איתו, "עזוב, אנחנו לא עוברים בבאר שבע, זה יעכב אותנו, בוא ניכנס לאופקים" והם היו רק עם אקדחים.

הוא גם התקשר אליי מהדרך, ואמר לי, "תקשיבי הודיה, יש מחבלים! אל תצאו מהבית!", ואני אמרתי – טוב, בטח מחבל, שניים, כמו שיש תמיד ביהודה ושומרון, וברגע אחד יחסלו אותם, מי חשב שזה בכלל אפשרי, שכמות כזאת של מחבלים תיכנס מעזה. מטורף.

כשהם הגיעו לאופקים הם הגיעו לזירת מלחמה, היו שם בשכונות הישנות היתקלויות עם מחבלים, המון המון מחבלים, היו שם כבר כמה שוטרים שנפלו, אזרחים, היו גופות של מחבלים גם, משהו קשוח, והם התחילו להילחם, הוא והחבר שלו ביחד עם כל מי שהיה שם, ובשלב מסוים היה שם כאוס, היו שם המון שוטרים, ממלא יחידות, ואוריאל כאילו ניהל אותם, הוא כזה אמר להם, "רגע בואו נעצור רגע, נבין מה אנחנו עושים", והוא התחיל לנהל אותם, אתם לשם, אנחנו לפה, היה לו קור רוח והוא ניסה לסדר את כל הכוחות.

והיה שם בקרבות מפקד בכיר מבאר שבע, ממש בתפקיד רציני, הוא מאוד אוהב את אוריאל, מאז ומתמיד הוא אהב אותו, הוא תמיד אמר לו "אתה היהלום שבכתר", והוא סיפר לי, הוא אמר לי, "תקשיבי, הודיה, כשראיתי שאוריאל הגיע לקרב שלנו באופקים, אין, אני הרגשתי תחושת ביטחון, תחושת מקצועיות כזו, שכאילו ירדה לי האבן מהלב. אני לא מתבייש להגיד, אני שנים במערכת אבל כשראיתי שאוריאל שם, הרגשתי אחרת!", ככה הוא אמר לי.

אחר כך, אחרי שעה בערך, התחיל שם באופקים הסיפור של הבני ערובה, זה סיפור מפורסם שהיה בבית של רחל, רחל מאופקים, והם הבינו שם השוטרים שזה כבר לא קרב, זה משא ומתן, ואז הגיע הצוות של המשא ומתן, ובמקביל, הגיע חבר מהיחידה שלהם, עם כל הציוד, האפודים, והנשקים הארוכים, הוא הגיע לשם, ממש לכיכר ליד הבית של רחל. וכשהוא הגיע, אוריאל בדיוק שמע בקשר, שיש קרבות ברעים, בקיבוץ רעים, שיש שם כמות של מחבלים, אז אוריאל ישר אמר "נוסעים לרעים, נוסעים לרעים. יש שם חברים, נוסעים לרעים!". לא התלבט לרגע.

.4

הם נסעו לרעים, חמישה שוטרים ברכב, וכל הדרך לשם, זאת נסיעה ארוכה, הם רואים רכבים וגופות בצד הכביש, ממש זוועות, ממש זוועות הם ראו, וכשהם הגיעו לרעים הם החנו את הרכב רחוק משם, והתחילו להתקדם ברגל, כי היו שם מלא יריות, והם לא רצו להיות חשופים, הייתה שם כמות מטורפת של מחבלים בפתח של היישוב, היה שם ליד השער מין שטח ענקי כזה, שזה דרך אגב אזור כזה שאוריאל ואני ממש אהבנו, זה כל האזור של דרום אדום, זה המקום שבו הוא הכי אהב לעשות לנו שקשוקה וקפה, ושם הוא נהרג בסוף, באדמה שהוא אהב, ממש מטורף.

מה שהיה זה שהתחיל שם קרב, והשוטרים התפצלו, והתחילו להתקדם לשער של הקיבוץ, והיו שם המון פצועים, המון שוטרים שנפגעו, ואוריאל התקדם שם, תפס נקודות נכונות להילחם מהן, ובזמן שהוא נלחם, הוא ראה שם את אחד הלוחמים שהיה פצוע בשתי הרגליים שלו, ואוריאל אמר לו, אני הולך לרכב להביא רימוני עשן, אנחנו חשופים כאן, והפצוע אמר לו, "לא אל תלך", אז הוא באמת נשאר שם, המשיך להילחם.

ובשלב מסוים, ממה שאני מבינה, הוא נפגע בשכמות. וכשהוא נפגע, הוא התחיל לזחול על הבטן לאיזה מקום מסתור שהיה שם, ליד איזה שיח, ליד איזה עץ, וגם משם הוא המשיך לירות. היה שם חבר לידו, אריק, והוא סיפר לי, "הודיה, הוא מדמם והוא עדיין יורה! הוא עדיין יורה! עדיין מנהל לחימה בנשימות אחרונות!", ואחרי כמה דקות כאלה, הוא הבין שהוא הולך למות, ואז הוא אמר לאריק, לחבר הזה שהיה לידו, הוא אמר לו, "אחי, תמסור לאשתי ולילדים שלי, ולמשפחה שלי, שאני אוהב אותם, ושאני אשמור עליהם למעלה", ואז הוא אמר "שמע ישראל", כשהוא על הבטן, וזהו. ככה הוא החזיר את הנשמה הטהורה שלו לבורא.

והחברים שלו, שהיו שם, שראו אותו מוריד את הראש, התחילו לצרוח שם, כי אוריאל בשבילם היה האור שלהם. הם ישר ניסו לפנות אותו, הרימו אותו איזה שישה חבר'ה, והתחילו לרוץ איתו, בין הכדורים, הביאו אותו לאיזה חובש, עשו עליו עיסויים, אבל אין, זהו, הוא כבר לא היה, הוא כבר היה למעלה בשמיים, וכשהוא הגיע לתחנה של מד"א באורים, לא היה מה לעשות כבר, פשוט כיסו אותו בסדין. עצוב.

.5

אוריאל זה שם של מלאך. יש מלאך, אוריאל, והוא לפי המסורת, ממוקם מלפנים, מלפני האדם, ואני ככה כל החיים הרגשתי, שהוא הולך לפניי, שהוא מוליך אותי למקום טוב יותר, וגם עכשיו אני מרגישה ככה. שהוא איתי, שהוא הולך איתי. לא מזמן אמרתי לפסיכולוגית שלי, שאני מרגישה שאני כל יום מתאהבת בו יותר, וזה קשה, זה קשה לאהוב לבד, זה קשה לאהוב בלי לחבק, בלי לחיות יחד, בלי שהוא פיזית כאן. אני יודעת שזכיתי איתו לחיים כל כך טובים, היה לנו כל כך טוב, אני מסיימת תואר שני, אוריאל מסיים קורסים, מתקדם במשטרה, יש לנו בת ובן, ברוך השם, יש לנו בית, כאילו, איזה ניסים יש לנו, מה עשינו שזכינו לחיים כאלה.

אני חושבת הרבה לאחרונה על תחיית המתים, מדמיינת אותו שוב איתי. אני לא פסיכית, אני בת אדם פשוטה ומאמינה מאוד. אני מאמינה בגאולה, אני מאוד מאמינה. וכולם אומרים לי כל הזמן, "את צעירה, והכול יהיה בסדר", אבל אני רוצה אותו, אני רוצה אותו! אני יודעת שאוריאל עכשיו במקום טוב בשמיים, בא לי אותו! מה לעשות. אני עדיין כאן למטה, אני עדיין אימא פה

לילדים, ואני כן רוצה את הבעל שהוא, האדם שהוא, האבא שהוא. ואני כל כך מתגעגעת. גם בחיים שלנו ביחד התגעגעתי אליו כל הזמן, כי הוא לא היה בבית הרבה, אבל עכשיו הגעגוע הוא אחר, וארוך.

הילדים עוזרים לי, הם מצילים אותי. אני שואבת מהם כוחות, והם שואבים ממני. זה מאוד הדדי, וזה מאוד מחזק, כי איתם אני לא משחקת את עצמי שמחה. אני באמת שמחה. והחיוך שהם מביאים לי, והדגדוג הזה בלב, הוא אמיתי, הוא לא מזויף. הילדים הם המתנה הטובה ביותר שאוריאל שלי העניק לי. והם יישארו איתי. כל החיים.

הבן אדם הכי לא בינוני בעולם
סיפורו של גיא שמחי

מספרת – אורית, אימא של גיא

רעים

.1

גיא שלי היה חתיך כזה, כל הבנות רצו להיות איתו, בכל מקום שהוא היה, לאן שהוא הלך, בנות רצו אותו, הוא כל הזמן היה מוקף בבנות! במסיבות, כשהוא היה רוקד, ככה סיפרו לי, כל המבטים היו עליו, שמחי שמחי, חתיך ומרשים, פשוט היה לו את זה עם בנות. הוא היה גבר גבר כזה, חזק כזה, קשוח, היה בו משהו חייתי כזה, כריזמטי, הוא לא היה מדבר יותר מדי, הוא לא היה ליצן, והיה בו משהו עוצמתי, מאוד מאוד עוצמתי. הוא תמיד היה עוצמתי.

אני זוכרת, למשל, איך בקיבוץ, כשהוא היה ילד קטן, ומשהו היה קורה, מישהו היה פוגע בו נניח, הוא לא היה בוכה. לא. הוא היה הולך הביתה, מחכה לראות אותי, וגם אז, הוא היה מבקש שאני אכנס איתו לאיזה חדר שקט, ורק שם, רק אז, לידי, הוא היה מרשה לעצמו לבכות. היה לו חוסן כזה. ממש מגיל קטן.

בתיכון הוא היה מלך השכבה. איך אומרים, "הבנות רצו אותו והבנים רצו להיות כמוהו". בכיתה י"ב כבר הייתה לו חברה, אבל לנשף הסיום הוא דווקא לא הלך עם בת הזוג שלו, אלא עם מישהי אחרת. ידידה שלו. בזמנו לא הבנו למה הוא הלך עם הידידה הזאת, ורק אחרי שהוא נהרג, גילינו למה. מסתבר שבכיתה ט' היה ילד אחד בשכבה שעשו עליו חרם. והידידה שלו, היא בעצם הגנה על הילד הזה. ומאז המצב החברתי שלה היה מורכב. גיא ראה שזה מה שקורה והוא אמר לה "אל תדאגי, אני אכניס אותך לחבר'ה, אני מבטיח לך, בכיתה י"ב אני אהיה איתך בנשף".

והוא קיים את ההבטחה שלו! הוא לקח אותה לנשף, והם רקדו, והם אפילו זכו במלך הנשף ומלכת הנשף. וזה גיא. זה גיא. מצד אחד הוא היה הכי חזק, והכי מקובל, והכי חתיך, והכי בריון, ומצד שני, הייתה לו רגישות כזאת לאנשים אחרים. ואני חושבת שהסיפור של המוות שלו, של איך שהוא מת, הוא גם סיפור כזה, שיש בו את הכפילות הזאת. עוצמה גדולה, ורגישות גדולה, בעת ובעונה אחת.

.2

ואני זוכרת שפעם אחת, בתקופה שדדי אבא שלו היה נציב הכבאות, היו לנו פה הפגנות מחוץ לבית, הפגנות של הסתדרות העובדים, הם היו מפגינים כאן ביום שישי בבוקר, וגיא, שהיה אז עדיין בבית ספר, היה עושה להם קטע, למפגינים, הוא היה חותך אבטיח, ויוצא אליהם החוצה, ביחד עם החברים שלו, ומחלק להם, זה היה קיץ, היה חם, והוא מחלק להם אבטיח, אחד אחד. אנשים מוחים נגד אבא שלו, והוא מחלק להם אבטיח! הם לא הבינו מאיפה זה בא להם. פתאום לא היה להם נעים. אני לא אשכח את זה בחיים.

היה לו קטע, לגיא, הוא כל הזמן היה בתנועה, כל הזמן שמח, כל הזמן עשה דברים, נפגש עם חברים. הוא כל הזמן היה בתנועה, הוא באמת היה חי את החיים, עד הסוף, בצורה דומיננטית כזאת, מאוד מאוד מאוד. וכשהוא היה יושב לאכול, הוא היה שם כמויות של אוכל בצלחת, כמויות מטורפות, הוא היה טורף את האוכל, כמו איזה חיה, לא משאיר פירור.

הוא היה ווינר כזה. את מה שהוא היה רוצה, הוא היה משיג. בהתחלה הוא דיבר על סיירת מטכ"ל, היה נעול על סיירת מטכ"ל, וכל הזמן התאמן והתאמן והתאמן, אבא שלו דדי היה מאמן אותו שעות, הוא היה עושה כמויות של מתח, עולה על המוט ולא מפסיק. הוא עשה גיבוש שייטת, וסיים אותו, ועבר אותו, ובריאיון בסוף שאלו אותו אם הוא נעול על השייטת, והוא אמר להם "לא, אני רוצה למטכ"ל", אז אמרו לו "אוקיי, להתראות". בסוף הוא עשה גיבוש והתקבל לסיירת צנחנים.

היה לנו צחוקים, לי ולו. אני כל הזמן הייתי יורדת עליו שהוא "בינוני", והוא היה משתגע ממני, כי הוא הבן אדם הכי לא בינוני בעולם, הוא הכי לא בינוני, הכול הוא עושה עד הסוף, אבל אני הייתי מציקה לו, אתה בינוני, אתה בינוני! חחחח. חיפשתי עכשיו בשבעה תמונה יפה שלנו, וכמעט לא

מצאתי! בכל התמונות זה או שאני מוציאה לשון, או שהוא מוציא, תמיד אנחנו עם פרצופים, כאילו, אין לנו תמונות רגילות. הוא היה ילד מאוד שמח. מאוד.

3.

גיא לא נח דקה. דקה הוא לא נח! כל הזמן היה לו משהו. ביום שישי, לפני המסיבה, הוא גלש בבוקר בים, אחר כך הוא יצא למסיבה אחת, מסיבת צוהריים כזאת, משם הוא חזר הביתה לארוחת ערב, ואז הוא והחברים שלו יצאו לעוד מסיבה! כאילו שתי מסיבות ביום. הוא והחברים שלו מגדרה יצאו עם שני רכבים. רקדו ונהנו כל הלילה. אני חושבת על זה הרבה, שביום האחרון שלו בחיים הוא כל כך נהנה. זה מרגיע אותי לחשוב על זה.

וזהו, ככה הכול התחיל. גיא רקד עם החברים שלו כל הלילה, והם רקדו ביחד, נהנו השתוללו, ואז הגיעו הטילים. רואים בסרטונים, הם כיבו שם את המוזיקה, וכולם נשכבו על האדמה, התחילו שם אזעקות, צבע אדום, היה בלגן. וכשהתחילו האזעקות, גיא לקח איתו קבוצה של חברים, הוא לקח אותם אחריו לקיבוץ רעים.

גיא נולד בקיבוץ רעים וגדל שם עד גיל שש, אז הוא הכיר שם את כל האיזור, והוא ידע מאיפה לנסוע, הוא הכיר שם את כל השטח, את כל שבילי העפר. אז במקום לנסוע בדרך איפה שכולם נסעו, איפה שכולם נתקעו עם המחבלים, הוא ניווט דרך השדות, והגיע לקיבוץ. הוא נסע ראשון ברכב שלו, ואחריו נסעו עוד כמה מכוניות, דרך שטחים חקלאיים, הוא הסביר לכולם איך לנסוע. ואת כולם הוא הוביל לבית של חבר טוב שלו שגר בקיבוץ. וכולם ניצלו. כל מי שהוא הביא איתו. כולם ניצלו.

4.

בהתחלה הם חשבו שזה רק טילים, אזעקות. בסדר, אנחנו רגילים לזה. הם נכנסו לממ"ד שם בבית של החבר מהקיבוץ, כל החבר'ה נכנסו לממ"ד, וחיכו שהאזעקות ייגמרו. אבל אז הם שמעו פתאום יריות בחוץ, יריות בקיבוץ. אז גיא והחבר יצאו החוצה, כדי להבין מה קורה. הם התחילו להסתובב שם באזור, ככה, בלי נשק בלי כלום! כדי לחקור את המצב, כדי להבין מה קורה.

זה לוחמים. הם לא היו על מדים, ולא היו בצבא, ולא היה עליהם נשק, אבל הם לוחמים, והם רצו להבין אם יש חדירה.

ואחרי כמה דקות הם הבינו, הם קלטו שזה לא מחבל או שניים, הם ראו שם עשרות, עשרות מחבלים, אז הם חזרו לממ״ד איפה שכל החבר׳ה. היו שם שנים עשר אנשים, והם אמרו להם להיכנס לממ״ד, לנעול את הדלת. ואחר כך גיא יצא שוב, הוא יצא שוב מהבית של החבר שלו, עם מכנסיים קצרים ונעלי לואה, בלי נשק בלי כלום, כדי לאסוף חבר׳ה ממיגוניות. היו שם מלא חבר׳ה שברחו מהמסיבה, והתחבאו במיגוניות, יש ברעים מלא מלא מיגוניות מפוזרות, מיגוניות לטילים, והוא פשוט מצא אותם, ואמר לאנשים שהיו שם, ״שלום, אני שמחי, בואו אחריי!״, והם היו בשוק. כל הילדים שהיו שם היו בשוק, הם גם לא היו מאה אחוז, הם היו במסיבה, ושתו, ועשו דברים, הם היו ממש בהיסטריה, וגיא פשוט הגיע אליהם, והוציא אותם מהמצב הזה שלהם. ולקח עליהם אחריות.

הם אמרו לי אחר כך, הם הגיעו אלינו לשבעה, והם אמרו לי, ״הוא נתן לנו כזאת תחושת ביטחון, שפשוט הלכנו אחריו! אף אחד לא התלבט בכלל, כולם הלכו אחריו״, והוא הוביל את האנשים מהמיגוניות, לממ״דים בקיבוץ. הוא הציל שם ביום הזה איזה שלושים אנשים.

.5

ואחר כך הם חזרו לדירה, איפה שכל החבר׳ה. הם היו שם כמה דקות, ושמעו את המחבלים מתקרבים, המחבלים עברו שם בית בית, והם שמעו אותם מתקרבים. והחבר של גיא מהילדות בקיבוץ, הביא את הנשק שלו, והתכונן לקראת המחבלים. הוא אמר לגיא, ״גיא תיכנס לממ״ד אתה בלי נשק!״, וגיא אמר לו, ״נראה לך שאני אשאיר אותך לבד!״ ואז הם יצאו ביחד לסלון של הבית. והתכוננו למחבלים.

וכשהם הגיעו, המחבלים, כשהם ניסו להיכנס פנימה, גיא פשוט קפץ על המחבל, עם הידיים וחנק אותו, והחבר שלו ירה בו והרג אותו. אחר כך נכנס עוד מחבל, גיא קפץ גם עליו והחבר שלו ירה בו. הצליחו להפתיע אותו. אבל אז, המחבלים הבינו שמי שנכנס לבית הזה לא יוצא, אז הם התחילו לזרוק עליהם לתוך החדר רימונים. וגיא כנראה נפצע מהרימונים האלה. החבר שלו

הצליח לברוח מהחלון של השירותים. וגיא גם יצא מהחלון הזה, אבל הוא כבר היה פצוע. הרימונים פצעו אותו. וזהו. שם הוא נהרג. זהו.

.6

בהתחלה כשהתחילו האזעקות, עוד היינו איתו בקשר. אני התקשרתי אליו לשאול מה קורה, והוא אמר לי, "הכול בסדר, אנחנו בממ"ד", ואני מכירה את הקונצים שלו, אמרתי לו, "אוקיי, תראה לי שאתה בממ"ד", אז הוא שלח לי תמונה שלו משם. זאת התמונה האחרונה שיש לנו. אחר כך בהמשך, הוא דיבר עם דדי, ואמר לו, "אבא, יש פה מחבלים", ודדי אמר לו, "תיכנס לממ"ד, תסגור את הדלת, ותחכו לצבא. הם יגיעו ויהרגו את כולם". וגיא אמר לו "בסדר", אבל אנחנו ידענו שאין מצב שהוא יישאר שם, בלי להילחם, בלי כלום.

ובשלב מסוים, אחרי כמה שעות, גיא הפסיק לענות לנו לשיחות, ולהודעות, ואנחנו התחלנו להבין שכנראה קרה לו משהו. ניסינו להתקשר לאנשים מהקיבוץ, לשאול אותם מה קורה. אני דיברתי גם עם המרפאה של הקיבוץ, והם אמרו לי שהוא לא שם. במשך שעות חיפשנו וניסינו להבין מה איתו, מה קורה איתו. זה היה היום הכי קשה שהיה לי בחיים.

דדי יצא לחפש את גיא בבתי החולים, עבר אחד אחד ולא מצא אותו, אז הוא חזר הביתה. בערב הגיעו אלינו חברים שהיו עם גיא שם בתופת, חבר'ה שהיו בתוך הממ"ד, והם בעצם סיפרו לנו שגיא נהרג. ובשתים עשרה בלילה דדי עלה על מדים, לקח נשק ונסע לקיבוץ רעים כדי להוציא משם את גיא. ובכניסה לרעים אמרו לו, "תקשיב, אנחנו כאן עדיין תחת אש, אתה לא יכול להיכנס", אז הוא אמר להם "או שאתם מביאים לי אותו עכשיו, או שאני נכנס". אז הם הביאו לו את גיא. והוא חיבק אותו, ונישק אותו, והיה איתו שם איזה ארבעים דקות, עד שלקחו אותו. אני יודעת שיש הרבה סיפורים על אנשים שלא ידעו איפה הילדים שלהם, לא ידעו אם הם חטופים, או אם הגופות שלהם נשרפו, יש אנשים שלקח להם ימים שלמים להבין בכלל מה קורה. אז אני אומרת, לפחות עם גיא ידענו מה באמת קרה.

להלוויה שלו הגיעו אלפי אנשים. אלפים. כל כביש ארבעים בכניסה לגדרה היה פקוק. ועברנו בשבעה שלו שבוע מטורף. זה היה השבוע הראשון של המלחמה, וכל המדינה הייתה בהלם. ממש שבוע מטורף.

אני חושבת הרבה על המעשים שהוא עשה שם. על ההחלטה שלו, להסתובב בקיבוץ בלי נשק, להציל אנשים ממיגוניות. על ההחלטה שלו לקפוץ על מחבל ככה בידיים חשופות. ואני חושבת שגיא פשוט היה לוחם. הוא היה לוחם בראש. הוא היה איש מאוד מאוד חזק. הוא כל הזמן היה אומר, "אני פסיכופט, אני פסיכופט". אני יודעת שאם היה לו נשק, כל הסיפור היה נגמר אחרת. אבל לא היה לו נשק. הוא עשה את מה שהוא היה יכול לעשות. הוא נלחם עם מה שיש לו. היה לו ראש של לוחם.

.7

גיא שלי נהרג, ואני מנסה לחזור לעצמי. אני מנסה. אני מנסה להוביל את האנרגיות, לעשות טוב, לעזור לאנשים אחרים. עם המוות של גיא אין לי מה לעשות כבר. אז אני מנסה לעשות טוב. אני רוצה שיזכרו את גיא, אני רוצה שיזכרו את הילד השמח, שעשה חיים, שהתעקש לנצל את החיים, לחגוג את החיים, ולא לבזבז אותם. ככה הוא חי את חייו. מהיום שהוא נולד ועד נשימתו האחרונה.

מאז שגיא נהרג אנחנו משתדלים לדבר אחדות. גיא הציל אנשים שהוא לא מכיר, הוא הקריב את חייו בשביל אחים שלו מעם ישראל. אז אנחנו מדברים אחדות. דדי עובד בזה שעות, כל יום. אנחנו פשוט מבינים שמה שקורה פה, במדינה הזאת, זה שהגענו לשפל המדרגה, ומפה אנחנו צריכים להתרומם. הגענו לשפל באחדות בינינו, ובעקבות השפל הזה באחדות הגיע גם השפל של כל מה שקרה לצבא שלנו, ולמדינה שלנו, בשבעה באוקטובר.

אז אנחנו נלחמים על האחדות הזאת בינינו. עושים פעילות עם תנועות נוער. מדברים באולפנים. אנחנו עושים מה שאפשר. אנחנו נלחמים יום יום, למען מדינה שתהיה ראויה לכל אותם קורבנות, לכל החיילים והילדים והאזרחים והנשים והתינוקות שנרצחו כאן. שנהיה ראויים לגיא. זה באמת מטורף מה שקרה לנו. זה כאילו שהם עשו בשבעה באוקטובר קטיף, ולקחו את הילדים הכי טובים שיש במדינה הזאת. ואם אנחנו רוצים שהמדינה שלנו תהיה ראויה למוות הנורא הזה שלהם. אנחנו צריכים ללמוד לדבר בינינו אחדות. אם כל אחד מאיתנו יחשוב, ידבר ויעשה אחדות, אנחנו נהיה מאוחדים. אנחנו חייבים להיות מאוחדים.

בכיתי כי הרגשתי שגם אנחנו שייכים

סיפורה של קמיל ג׳סלבה

ניר״ם

.1

אני עובדת בישראל, משהו כמו חמש שנים אולי, אני בת שלושים ואחת, פיליפינית, אם חד־הורית, יש לי ילד קטן בפיליפינים, ואני עובדת פה עם ניצה, ארבע שנים וקצת, משהו כזה. לפניה עבדתי עם אנשים חצי שנה, והם היו כל כך חולים, כל כך חולים, בתוך חצי שנה הם מתו לי. ולפני זה עבדתי בדובאי. האנשים הערבים שם היו קשים קצת, אבל גם איתם הסתדרתי, הם כיבדו אותי. אני אוהבת אנשים, אני אוהבת לעבוד עם אנשים. את כל מי שעבדתי איתו אהבתי, וגם את ניצה אני אוהבת.

ניצה היא בת תשעים וחמש, והיא כל כך מיוחדת. זאת אישה שהיו לה בחיים שלה דברים מאוד מאוד מיוחדים. היא הייתה פה בישראל מהתחלה, והיא הייתה חיילת במלחמה של העצמאות של ישראל, אני יודעת, היא סיפרה לי, היא הייתה בגדוד מספר שלוש עשרה, בגולני. בצבא היא גם הכירה את בעלה, והם היו יחד בקיבוץ נירים, הרבה הרבה שנים. ניצה חיה בנירים יותר משבעים שנה! הבעל של ניצה נפטר לפני המון זמן, אני לא הכרתי אותו, אבל יש להם כבר עשרה נכדים ושלושה עשר נינים, משפחה יפה יפה. ניצה יודעת לצייר, היא יודעת לסרוג, בהתחלה שבאתי היא לימדה גם אותי לסרוג! אבל היום ניצה כבר לא כל כך בריאה, והיא גם לא שומעת טוב.

ניצה ואני, אנחנו גרות באותו בית. יש לנו שני חדרים, בית גדול, שני שירותים, ואז סלון, ומרפסת, ויש לנו גינה גדולה. וקיבוץ נירים זה מקום שאני אוהבת, אני כל כך אוהבת, יש שם כל כך הרבה עצים יפים, זה כמו גן עדן, ובשבילי יש לי שם הכול, יש לנו בריכת שחייה, ויש לנו חדר אוכל,

ויש לנו כלבו, ויש לנו אנשים טובים, כולם אומרים לכולם שלום בשבילים, כל מי שאני רואה מחייך אליי, "היי, שלום, צוהריים טובים". זה בשבילי כמו הבית שלי, נירים, אני מרגישה שם אהובה, ורצויה, זה הבית שלי בישראל.

.2

בשישה באוקטובר, יום שישי בצוהריים, הייתה מסיבה גדולה, יום הולדת שבעים ושבע לקיבוץ. היה כל כך נחמד, אמרתי לניצה, "זאת המסיבה הכי יפה שראיתי", היו שם ריקודים, ואני קמתי לרקוד! פעם ראשונה שאני רוקדת מול כולם. אני בלי טיקטוק, אין לי טיקטוק אני לא עושה סרטונים, אבל רקדתי, ואחר כך, במועדון, הם הכינו מין תמונה כזאת ענקית, מההמון תמונות קטנות של הקיבוץ, פרחים, אנשים, פעילויות. הייתה שם תמונה של ניצה, והייתה שם גם תמונה שלנו, של הבנות מהפיליפינים! וכשראיתי את זה, אני התחלתי לבכות, אלוהים, אני בכיתי כי הרגשתי שגם אנחנו שייכים.

ובדרך הביתה מהמסיבה אני וניצה דיברנו, ואני אמרתי לה, "ניצה היה כל כך כיף, היה כל כך כיף", וידעתי, הרגשתי, שכשקורה דבר כזה שמח, תמיד מגיע משהו רע, כן, כן, גם בבית בפיליפינים הייתי אומרת למשפחה שלי, שבכל פעם שקורה משהו כזה שמח, צריך לספור כמה שעות, כמה ימים, ומשהו רע קורה, לכן אני מפחדת להיות מאושרת.

.3

בשבעה באוקטובר בשש וחצי התחיל צבע אדום, וניצה, תמיד כשיש אזעקות היא קודם הולכת לשירותים, ורק אחר כך לחדר, אז אנחנו נכנסות לממ"ד, ואני בטוחה שזה צבע אדום רגיל, כמו תמיד, אבל זה ממשיך, וממשיך, האזעקות, חמש דקות, שלושים דקות, ארבעים דקות של צבע אדום, ברצף, אז אמרתי, "לא, זה לא נורמלי". ובינתיים אנחנו בחדר, אני וניצה, ואני עושה את העבודה שלי, היא מבקשת ממני הרבה דברים, היא רעבה, היא רוצה לשתות, לאכול, עוגיות, היא מבולבלת, ואני רצה החוצה בשבילה, ארבע, חמש פעמים ככה, כדי להביא לה דברים. ואז שולחים בטלפון, שולחים תמונות והודעות, בקבוצה של נירים, שולחים שיש מחבלים בנירים, בתוך נירים, וכולם כותבים, "תישארו בתוך הממ"ד, תישארו בתוך הממ"ד", ופתאום מתחילות יריות, בכל הקיבוץ שומעים יריות, אני שמעתי, אבל ניצה לא שמעה, בגלל האוזניים.

ואני בהתחלה כששמעתי יריות חשבתי שזה צבא, הצבא של ישראל, שבא להציל אותנו. אז אמרתי לה "ניצה, הכול בסדר, הצבא פה". אבל אחרי כמה דקות, אני הבנתי, אני שומעת שזה מאוד חזק, הירי שהם יורים, מאוד באלימות, ואני שומעת שהם צועקים וצורחים בערבית, אז אני הבנתי שזה חמאס.

וניצה, היא מבקשת ממני סיפאפ, זה צינור חמצן שעוזר לנשום, ואני אמרתי לה, "מיס ניצה, אני התבלבלתי, זה לא צבא בחוץ. זה מחבלים, אי אפשר לצאת מהממ"ד" לקח לה זמן להבין, לניצה, אישה זקנה, היא בת תשעים וחמש, היא נרדמה, והתעוררה, ונרדמה שוב, ובינתיים אנשים עוברים בבתים, והורגים את השכנים שלנו, וניצה מבולבלת, ומבקשת שוב סיפאפ, ואני אומרת לה, "פליז, לא עכשיו סיפאפ, פליז, לא עכשיו", אני שמעתי כבר את היריות, והיא לא שמעה, והיא כעסה עליי, ובסוף יצאתי, כי פחדתי שישמעו אותה ויבואו.

יצאתי לסלון, וחיפשתי את המכשיר, ובחלון אני רואה אותם רצים, את חמאס, ליד הבית! זה רק זכוכית בינינו, וראיתי בתים שרופים, ושמעתי יריות, צ'אק צ'אק צ'אק, הרבה יריות. רצתי לממ"ד, סגרתי את הדלת, וניצה אומרת לי, "קמיל את יכולה להביא לי קרם לחות, שימי לי קרם לחות", ואני אומרת לה, "נו מיס ניצה, אי אפשר לצאת", ואני שמה לה את הסיפאפ על האף, ובדיוק אז נופל החשמל, הם פגעו בחשמל, לא היה חשמל, וצריך חשמל בשביל הסיפאפ, ויש חושך, ניצה אמרה לי, "אין אורות, אין אור!".

והבן של ניצה, נמרוד, כותב, ומתקשר, היה בלגן כזה, ביג מֶס, ביג ביג מֶס, וניצה אומרת לי, "שימי לי קרם לחות", ואני אמרתי, "פליז נו, לא עכשיו", והיא אמרה לי, "עכשיו, עכשיו!", ושוב יצאתי לבית, וחיפשתי קרם לחות, ומגבונים, וקצת תרופות, וחזרתי ושמתי לה קרם, ונמרוד, הוא אמר לי, "קמיל, הולד ד'ה דור", אז רצתי לדלת והחזקתי אותה, ומה זה היד שלי, זה שום דבר, אם היו רוצים, בקלות הם היו פותחים, החזקתי את הדלת, ואז שמעתי אותם, בבית, שמעתי טאק טאק טאק, שמעתי יריות, בסלון, יריות! שמעתי אותם נכנסים.

4.

ניצה ישנה בשלב הזה, היא נרדמה, האוזניים שלה לא טובות, ואני רועדת, ובוכה, בוכה מאחורי הדלת, ביד אחת אני מחזיקה את הידית, וביד השנייה אני שולחת הודעות למשפחה שלי ״אני הולכת למות עכשיו, תשלחו לי את התמונה של הבן שלי, נואה, תשלחו לי תמונה של נואה״, אני מתפללת לאלוהים ״אני נותנת לך את החיים שלי אבל נואה עדיין קטן, בבקשה תשמור עליו״.

מחוץ לדלת יריות, יריות, צ׳אק, צ׳אק, גרנייד, פיצוצים, אני ידעתי, אני הולכת למות, ופתאום ניצה התעוררה, היא פשוט התעוררה, היא שמעה בומבינג, בומבינג, והתחילה לצעוק, ואני קפצתי עליה, וכיסיתי לה את הפה, ואמרתי לה, ״שששששש, מיס ניצה, שששששש״, והיא מזיזה לי את היד וצועקת ״מה!״ והיא רואה אותי בוכה, ורועדת, היא רואה את הדמעות, והיא מבינה מהפנים שלי, היא רואה על הפנים שלי שאנחנו בסכנה, ורק אז, פיינלי אז, היא מבינה שמשהו לא בסדר עכשיו, ורק אז היא שתקה, רק אז היא שתקה.

ואז הם הלכו. הקבוצה הראשונה. פשוט יצאו מהבית. והיה שקט. כזה שקט, הכי שקט. ואני מתפללת מתפללת, שאני לא אמות, שהם לא יבואו שוב, וניצה מבקשת לדבר עם המשפחה, אנחנו מתקשרים, והטלפון שלה, הוא טלפון ישן, כל מקש עושה רעש, כל כך רועש, ואני מפחדת שהם שוב יבואו, וניצה לא שומעת כלום, צועקת, ואני אמרתי לה, ״פליז, זה לא זמן לשיחה, ניצה״, והיא לא מקשיבה לי, אז אני לוקחת את הטלפון, ואומרת לבת שלה, ״פליז דונט קול, לא להתקשר, אין צבא פה, אין אף אחד, צריך שקט, אני לא יודעת מה הם שומעים״, אני סוגרת את הטלפון, ושמה אותו בצד. וניצה מבינה אותי, דיס טיים היא מבינה.

אחר כך באה עוד קבוצה של אנשים, ועוד קבוצה אחת, הכול שמעתי מהדלת, ואני מחזיקה את הידית, מתפללת, מנשקת תמונה של הבן שלי, ובפעם הרביעית שהם הגיעו, הם כבר נכנסו אלינו לממ״ד, כן, החמאס אצלנו בממ״ד, בשעה עשר וחצי בערך, ואני מרגישה את הדלת זזה, ואני שומעת את הדפיקות שלהם, בום בום בום, ואני יודעת שהם יפתחו אותה, אז אני

נעמדת, וקמה, ופתאום אני לא יודעת למה, אני מאוד רגועה, אני מרימה את הידיים ואני אומרת לאיש שהיה שם בדלת, "שלום אדוני".

5.

וניצה ששמעה אותו, את הקול שלו, שוב התעוררה, והידיים שלי רעדו, ככה, הם רעדו ככה, ואני מסתכלת על האיש, יש לו רובה גדול גדול, אני לא מסתכלת על שום דבר, רק מסתכלת לו בעיניים, אני יודעת מדובאי שעם ערבים, צריך להסתכל בעיניים, וניצה שואלת אותי, מולו ממש, "קמיל למה לא סגרת את הדלת", והיא שואלת אותו, את הערבי, היא שואלת, "למה אתה כאן, תעזוב אותנו בשקט פשוט, למה אתה כאן", ולי היא אומרת, "קמיל, למה את לא סוגרת את הדלת", היא אומרת את זה בכעס, ואני רואה שהמחבל בפנים שלו הוא כועס.

ואני חשבתי, אלוהים אדירים, אלוהים אדירים, פחדתי שהוא יהרוג אותנו, בכיתי כל הזמן, ואמרתי, "בבקשה ניצה, שקט, בבקשה ניצה", וניצה שמעה בקול שלי, שהוא רועד, רק אז היא שתקה, ואני הסתכלתי על האיש, ואמרתי, "פליז מיסטר, היא מבוגרת, וורי אולד, פליז מיסטר, היא לא מבינה, פליז, היא מבוגרת", ידעתי לדבר בערבית, אבל חשבתי שזה לא טוב לערבב, אמרתי לו, "אדוני, בבקשה, היא מבוגרת, היא לא מבינה כלום. בבקשה, אדוני יכול לקחת הכול, אבל לא את החיים שלנו, הנה, מאני, מאני, כסף, תיקח".

הוצאתי את הארנק, והראיתי לו את כל הכסף שלי, והאיש אומר לי, "מאני מאני", ואני מביאה לו הכול, את הארנק, ואת הטלפון שלי, ואני מסמנת לו, לקחת הכול, לקחת הכול, "בבקשה", והאיש שאל אם יש עוד, אז הלכתי לחדר, והבאתי עוד כסף שידעתי שיש, מהמגירה, רק את הדרכון שלי לא הבאתי לו, ואת הכרטיס שלי, היה לי כרטיס טיסה הביתה, לתשעה באוקטובר, יומיים אחר כך, והאיש ראה את הדרכון, ואני אמרתי לו, "דיס איז נוט, דיס אני חייבת ללכת הביתה". וכל כך רציתי הביתה, הביתה, לראות את הבן שלי. והאיש לקח הכול, את כל הכסף, והלך לחלק השני של החדר, הסתכל על דברים קצת, נגע בדברים, ובסוף הוא יצא מהבית, ואני אמרתי לו כשהוא הלך, אמרתי לו, "הכול בסדר אדוני, אני עכשיו סוגרת את הדלת, תודה, תודה רבה אדוני", וסגרתי את הדלת.

ואחרי שהוא הלך, התחלתי לבכות, כל כך לבכות, ישר קפצתי לניצה למיטה, וחיבקתי אותה, כל כך חזק, והרגשתי שהיא דואגת לי, כמו תינוק, שעתיים הייתי שם איתה, מחובקת, ואני רועדת, רועדת בלי הפסקה, ואז הסתכלתי עליה, וראיתי את הפנים שלה, ופתאום היא נראתה לי כל כך יפה, באמת, כל כך חמודה, היא נראתה כמו מלאך, ואמרתי לה, אמרתי לה, ״את כל כך יפה! אני אוהבת אותך!״, וניצה גם בכתה, היא ליטפה אותי ותפסה לי את היד, כדי שאני אפסיק לרעוד. וככה היינו שעתיים וחצי, מחובקות. ניצה, היא הרגיעה אותי, היא גרמה לי להרגיש שאני בטוחה.

.6

ואז, אחרי שעתיים וחצי, בשתיים בערך, אחרי שבע וחצי שעות שהיינו לבד, בשתיים הצבא הגיע. פתאום שמעתי צעקות, ״יש מישהו פה! יש מישהו!״, זה היה כל כך מפחיד, ובגלל האדרנלין קפצתי, ״אני פה, אנחנו פה!״, ואז הם באו, אישה, אישה צבאית, וגבר, הם ראו אותנו, והם היו פשוט בשוק. שאנחנו בחיים. הם עזרו לניצה לקום, כי היא לא יכולה ללכת, ולקחו אותנו החוצה, בין הבתים, ומסביבנו אני רואה מכוניות פתוחות, בוערות, דולקות, ובתים שרופים, וצינור מים שהתפוצץ שם, וראיתי חיילים מתחבאים, לא הבנתי, למה הצבא מתחבא בבתים, ואז שמעתי כדורים, היו כדורים סביבנו, הם הצילו אותנו, אבל עדיין נלחמו שם, הצבא והחמאס. כל הדרך היו מסביבנו כדורים, ובדרך גם נפלנו כמה פעמים, נפלנו בבוץ, ומסביב היו יריות כשנפלנו, ואני ראיתי שניצה פוחדת, ראיתי על הפנים שלה, ניצה המתוקה, כל כך פחדתי עליה, אבל הצלחנו, החיילים הוציאו אותנו משם, וניצלנו.

ואז אחרי זה הביאו אותנו למועדון, שם היינו כל הלילה, היו שם הרבה אנשים, הרבה זקנים, ובלילה שם, ניצה, היא הייתה מקסימה כל כך, היא עזרה לי, לא צעקה, לא כעסה, היא הבינה שיש לנו מזל, שאנחנו בחיים. וראיתי שם גם, במועדון, את התמונה הגדולה שהייתה במסיבה, התמונה עם כל האנשים.

ואחר כך בבוקר, לקחו אותנו באוטואים של הצבא, לקחו אותנו החוצה, וכל הדרך פחדתי, לא ידעתי אם הם חוטפים אותנו, האנשים, לא ידעתי מה הם עושים, ורק כשהגענו רחוק, והסתכלתי בחלון, וראיתי את ההרים של ירושלים, רק אז הרגשתי שאני בטוחה, ושאני בסדר, ושאני אהיה בחיים.

הביאו אותנו ליד השמונה, זה מקום שקט, תנ"כי, האנשים כל כך דתיים, הם מדברים על ישו, ולומדים, ושוב פעם הרגשתי שהגעתי לגן עדן, מאז שאני כאן אני בוכה כל הזמן, ואומרת תודה לאלוהים, איך הוא הוציא אותי מגיא צלמוות, מהמקום הכי אפל וחשוך של הממ"ד, מקום של יריות, ושל אש, ושל חמאס, הוא הוציא אותי והביא אותי לכאן, זאת חלקת אלוהים. זה המקום הכי טוב לנו. יש לנו כאן חיים חדשים.

7.

באותו היום שהגענו ליד השמונה, אשל, הבן של ניצה התקשר אליי, הוא כל כך נחמד, כולם נחמדים בצורה מיוחדת, הוא אמר לי, "קמיל מה נשמע, מה התוכניות שלך", ואני שאלתי, "איזה תוכניות", והוא אמר, "אני יודע שיש לך כרטיס, אנחנו ניקח אותך לשדה התעופה, ונמצא לניצה מישהו שיעבוד איתה, אני יכול לקחת אותך לשדה התעופה עכשיו".

ואני אמרתי לו, "לא, אשל, אני כבר ביטלתי את הטיסה שלי", ואשל אמר, "מה, למה, קמיל, מה פתאום, את לא צריכה לבטל", ואני אמרתי לו, "מה פתאום, איך אני אעזוב את ניצה, איך היא תסתדר, אם אני עוזבת אותה אולי היא תמות", ככה זה היה, בכל פעם שנסעתי לביקור בבית, היא נהייתה חולה ניצה, והרופאים, הם לא מבינים אותה אם אני לא איתה שם. היא צריכה אותי. ואשל אמר לי, "אבל מה עם הבן שלך, והמשפחה", ואני אמרתי לו, "אני אהיה בסדר, אני נשארת עם ניצה, אל תדאג".

היא התינוקת שלי, ניצה, ואני לא אעזוב אותה, בטח לא עכשיו, כשהיא בתקופה מפוחדת, כשהמשפחה מפוחדת, והמדינה מפוחדת, אני לא אעזוב אותה, אני גם הבטחתי לה, הבטחתי לניצה, לא בגלל המלחמה, עוד לפני המלחמה, הבטחתי לניצה, אמרתי לה – "אני לא אעזוב אותך עד נשימתך האחרונה".

כמו אנרכיסט טוב
סיפורו של ענר שפירא

מספרת – שירה, אימא של ענר

פסטיבל נובה

1.

כשענר היה בבית ספר יסודי הוא החליט פתאום לגדל פאות, פאות ארוכות כאלה, הרבה מתחת לאוזניים. הוא היה היחיד בכיתה שלו שהיה עם פאות. וכולם כזה צחקו עליו, על הפאות האלה שלו. אז אמרתי לו, "ענר, אתה בטוח שמתאים לך כל הדבר הזה, אתה יודע, כולם צוחקים וזה, אתה ממש לא חייב", ואז הוא אמר לי "מה פתאום אימא! אז מה אם צוחקים עליי, שיצחקו!". ועכשיו כשאני מסתכלת בתמונות שלו, באלבומים, אני רואה אותו מחייך שם, ילד בן עשר עם פאות מוגזמות, בלונדיניות, ילד שאומר לכל העולם, גם להורים שלו, "לא יעזור כלום, אני המפקד של עצמי".

וככה הוא היה. הוא היה המפקד של עצמו. כל החיים. ויותר מהכול, הוא לא סבל, ממש לא סבל חוסר צדק. אם הוא היה רואה שמתרחש מולו עוול, הוא פשוט לא היה מסוגל לשתוק. כבר בבית הספר היסודי, אם היו צוחקים על מישהו "יא הומו!" או משהו כזה, אז הוא היה מתנפל עליהם שלא, הומו זה לא קללה, ולא מדברים ככה. ונניח אם הילדים היו מתנכלים למישהו בכיתה שלו, אז הוא היה בא אליהם ואומר להם, "מי שמתעסק איתו, צריך להתעסק גם איתי". היו לו סיפורים כאלה כל הזמן.

כשהוא היה בתיכון, למשל, הם היו יוצאים בחמישי בלילה לבלות בשוק מחנה יהודה, ושם הרבה פעמים הוא היה רואה את המשטרה נטפלת דווקא לאתיופים, או לסודנים, או לעובדים זרים, וכל פעם שזה היה קורה, הוא היה ניגש לשוטרים, "מה, למה אתה נטפל דווקא אליו", פונה אליהם

בצורה הכי ישירה, "אבל למה דווקא הוא, מה, זה כי הוא שחור, מה הוא עשה לך", ולא היה מזיז לו שזה שוטרים, ולא היה אכפת לו, שאולי הוא יסתבך בגלל זה. זה לא עניין אותו. הוא היה ממש לוחם צדק כזה. ממש. צדק ושוויון, זה מה שהעסיק אותו. כל החיים. וכל פעם שהוא היה רואה מולו מקרה של פגיעה בחלש, ואפליה, וגזענות, והומופוביה, וכל סוג של חוסר צדק הוא ממש היה יוצא נגד זה.

הייתה לו תפיסת עולם מאוד ייחודית. אנרכיסטית אפילו. זה לא אנרכיזם של "יאללה בלגן", אלא אנרכיזם פילוסופי, מדיני, שקול. אנרכיזם של מישהו שמנסה להבין את העולם. הוא למד את הנושא הזה. הוא קרא על זה ספרים וניהל שיחות ארוכות עם סבא שלו על תפיסת העולם הזאת. ענר האמין שיצר לב האדם טוב מנעוריו. שהנטייה הטבעית של אדם שחי בתוך קהילה של אנשים, היא לעשות טוב. ואם בבסיס, אם החומר שממנו האדם מורכב, הוא טוב, אז אתה לא צריך לשים עליו מסגרות, ומשטרה וצבא ובית סוהר, וכל מיני מערכות שבאות ומגבילות אותו. המערכות האלה בעצם רוצות להגן על הקהילה מפני רוע. אבל מה שקורה בפועל, הרבה פעמים זה שהן מייצרות רוע. וכשרוצים שהטוב יצמח, אסור להפריע לו. צריך לתת לו חופש. זאת הייתה האמונה שלו. בזה הוא האמין.

.2

אני הייתי בטוחה, האמת, שכשהוא יגיע לצבא, המסגרת תעורר את המרדנות שבו. הייתי בטוחה שהוא יתווכח עם המפקדים שלו, שהוא לא יבין את המערכת, שהוא יתמרד. כאילו, איזה סיכוי יש לילד כזה אנטי מסגרתי ואנטי מערכתי, ילד כזה של חופש, איזה סיכוי יש לו להשתלב במקום שכל כולו היררכיה ופקודות. אבל עובדה שהוא השתלב. מה זה השתלב. מה שקרה בסוף זה שהוא היה חייל מצטיין. בכל תחנה בשירות שלו, שהיה אפשר לקבל עליה חייל מצטיין – הוא היה מצטיין.

בסוף הטירונות שלו הוא היה מצטיין, ומשכו אותו, אחד מתוך חמש מאות חיילים, פשוט משכו אותו לסיירת. ובסוף המסלול של הסיירת, הוא קיבל מצטיין, והלך לקורס מ"כים. וגם בסוף הקורס מ"כים הוא היה מצטיין. וכל החיילים שלו, וכל המפקדים שלו וכל החברים שלו, כולם אמרו עליו את אותו הדבר, כולם סיפרו שהוא פשוט היה ליגה אחרת מבחינת חיילות. הוא

היה הכי חזק, הכי מהיר, הכי ספורטאי, הכי חרוץ, הכי מקצועי, תמיד הוא היה הכי. בכל התרגילים שהיו הוא שם על עצמו את האפוד הקרמי, למרות שלא צריך לשים אפוד קרמי באימונים. אבל הוא היה מתעקש לשים. הוא היה אומר שאם תפרוץ מלחמה, כולם יצאו לשדה הקרב עם אפוד קרמי, אז צריך להתאמן עם הקרמי הזה, כדי להתכונן למלחמה כמו שצריך.

לפני הגיוס הוא עבד קשה מאוד כדי לתת לצבא את המקסימום, כדי להגיע הכי רחוק שאפשר. בגיבוש לסיירת מטכ״ל הוא נפצע בברך. אבל הוא לא ויתר, הוא שיקם את עצמו, חיכה כמה חודשים, הלך שוב לאותו הגיבוש, והפעם פרק את הכתף. וכל פעם אחרי פציעה כזאת הפרופיל שלו יורד. והוא מתעקש, ומשתקם, ועושה כושר בטירוף, ומעלה פרופיל.

והוא לא עשה את זה ממקום מילטנטי כזה. זה לא היה הסיפור. הוא היה טיפוס מורכב. מצד אחד היו לו תפיסות עולם אנרכיסטיות, אנטי מערכתיות, שמתנגדות לצבא ומתנגדות לכל סוג של היררכיה. אבל מצד שני, הייתה לו הבנה ותפיסה שכל עוד שזה קיים, כל עוד מדינת ישראל צריכה להגן על עצמה, כל עוד חיים של אנשים תלויים בזה, הוא ייתן את המקסימום עבור המשימה הזאת, ויתמסר למערכת הצבאית. זה ענר, זו המורכבות שלו. ובתוך האישיות שלו כל המורכבות הזו הסתדרה.

.3

ענר היו לו שתי אהבות גדולות בחיים. האחת, זו בת הזוג שלו, בשלוש השנים האחרונות של חייו. קוראים לה שלי. מהדקה שהם הכירו הם התאהבו, ומהרגע שהם התאהבו, הלב שלהם פעם באותו הקצב. הם עשו הכול ביחד, הם תכננו ביחד את העתיד שלהם, הייתה להם אהבה אמיצה כזאת. אהבה גדולה מהחיים. שלי היא האהבה הראשונה של ענר.

והאהבה השנייה שלו זו המוזיקה. ענר ניגן על פסנתר מגיל שבע ועד יום מותו. אנשים שמכירים אותו היו אומרים לי, ״איך הבחור הזה, הספורטאי הזה, שיש לו שרירים מפה ועד אמריקה, איך הוא יושב ומנגן מוזיקה קלאסית בכזאת עדינות!״.

בשלב מסוים בתיכון הוא התחיל גם לכתוב שירים, שירים מאוד חצופים, מורכבים, אמיתיים, שפיציים, בלי שום יפיופים. הכי אמת וצדק. ובאיזשהו שלב, הוא התחיל גם להלחין אותם. הוא עבר מאלקטרוני להיפ הופ,

ומהיפ הופ לראפ, הוא בחר במוזיקה הזאת כי זו מוזיקה מתריסה, מפוכחת. מוזיקה שנוקטת עמדה.

וכל האחים שלו הסתובבו סביב האהבה הזאת שלו למוזיקה. בכל פעם שהוא היה עובד על משהו, הוא היה קורא לאחותו השלישית, ואומר לה, "אילה בואי שנייה, בואי תשמעי משהו", והם היו יושבים, סוגרים את הדלת עם המוזיקה שלהם כי היא גם מנגנת בפסנתר. היא הייתה הראשונה שהוא היה משמיע לה את החומרים שלו, ומתייעץ איתה. וכשאחותו תמרה חגגה בת מצווה, הוא כתב איתה שיר. היא כתבה את המילים, והוא הלחין, וביחד הם יצרו שיר. וגם הילה, אחותו הקטנה, לפני שנה, כשהיא הייתה בכיתה ב׳, היא סתם ככה כתבה איזה שיר, כתבה כמה שורות והלחינה את זה לעצמה. הוא שמע אותה שרה את זה לעצמה בבית, וישר שאל אותה, "את רוצה שאני אקליט אותך", והם נכנסו לחדר שלו שהפך עם השנים למין אולפן כזה שהוא בנה לעצמו, ופשוט התחילו להקליט! היא שרה, והוא עשה לה קול שני וניגן איתה. ועוד מעט, ביום ההולדת שלו, אנחנו הולכים להוציא אלבום לזכרו. והשיר הזה שלהם יהיה שם.

ענר היה אח בכור לשבעה אחים. הוא היה האח הגדול שלהם, אבל אני הרגשתי שהוא עזר לי לגדל אותם. זאת אומרת, אני ממש הרגשתי שהוא היה חלק מהגידול שלהם. הייתי מתייעצת איתו על כל דבר. כמובן שהתייעצתי גם עם משה בעלי, אבל אני מאוד מאוד אוהבת ככה לחפור, לדבר, לחשוב, ומשה לא תמיד היה פנוי לזה, אז הייתי מתייעצת המון עם ענר. ומשה היה שומע אותנו ואומר "וואי, כמה אתם חופרים!".

4.

הוא כמעט לא היה יוצא הביתה לחגים, אבל השנה הוא יצא גם ליום כיפור וגם לשמחת תורה. ביום כיפור הוא בא לאכול איתנו סעודה מפסקת לפני הצום, ואז נסע ליער, להתבודד שם במשך כל הצום. הוא היה ביער כל יום כיפור, וחזר במוצאי החג. ואז כשהוא חזר, הוא אמר לי שבשמחת תורה הוא לא יהיה איתנו, כי הוא נוסע לאיזה משהו גדול בדרום, לאיזה פסטיבל. אנחנו תמיד היינו מדברים על הכול. אני ידעתי שהוא לא שמר שבת בשלב הזה בחיים שלו. ידעתי מתי הוא כן שומר שבת, וידעתי מתי הוא לא שומר שבת. היינו מדברים על הכול.

כל העניין הדתי אצלו, זה גם היה מורכב. הוא עשה מסע בתוך זה. מהתיכון הוא בירר את עצמו בנקודה הזאת. זה אף פעם לא היה מכיוון של אנטי לדת. הוא פשוט היה בן אדם שחיפש איזו אמת. הוא בחיים לא היה מזייף. אם משהו הרגיש לו לא מדויק, הוא פשוט לא עשה את זה. הוא לא עיגל פינות. הייתה לו יושרה. אבל אם הוא החליט שכן, אז לגמרי כן, ושלוש תפילות ביום, וכיפה גדולה ופאות וזקן. הוא היה נאמן לאמת שלו, זה קודם כול. הוא היה איש של אמת.

אז בשבת הזאת של שמחת תורה, הוא אמר לי מראש שהוא לא יהיה בבית, וזה כמובן ציער אותי, כי הוא לא היה כמעט בבית. אבל אמרתי לעצמי, "בסדר, עוד חודש הוא משתחרר. חכי עוד קצת, והוא יהיה בבית כמה שתרצי". אבל אז התברר שכל האחים הולכים להיות בחג בבית, וענר אמר שאם ככה, אז הוא נשאר לארוחת החג בערב, ואחרי הארוחה הוא ייסע למסיבה. וזאת הייתה ארוחה מטורפת. מטורפת. איזה כיף היה. כולם היו ביחד, מבסוטים, אווירה מדהימה. אני בחיים לא אשכח את הארוחה הזאת. וזהו, אחרי הארוחה הזאת הוא נסע. הוא נסע בלי הנשק שלו, זו הייתה אמורה להיות מסיבה שם, זה מה שזה היה אמור להיות.

.5

בשש ועשרים בבוקר, כשהתחילו שם במסיבה כל ההפגזות, המ"מ שלו מתקשר אליו ואומר לו שהוא צריך לחזור לבסיס, ושיקפיץ דחוף את החיילים שלו. וענר אמר לו, "אין בעיה, אני פה קרוב, תכף מגיע". הוא התקשר לכמה חיילים כדי להקפיץ אותם, ואז יצא מהמסיבה, כדי להגיע לבסיס.

הוא עלה על טרמפ ביחד עם חבר שלו, הירש, ועוד שתי בנות. וכבר היו שם את הפקקים של כביש המוות, ביציאה מהמסיבה שם, איפה שכולם נטבחו. אז כל המכוניות שהיו שם פירססו ונסעו לצד השני. ובשלב הזה, כנראה בגלל היירוטים, או בגלל שהמחבלים כבר ירו על הכביש, בשלב הזה הם עצרו את האוטו שלהם ונכנסו לתוך המיגונית.

הם הגיעו ארבעתם למיגונית בצומת רעים, והם רואים שיש במיגונית הזאת כבר איזה עשרים וחמישה אנשים. הם היו האחרונים שהגיעו למיגונית. והמיגונית הזאת, זה מרחב קטן, פיצי, זה לא להאמין עד כמה זה קטן, זה כמו תחנת אוטובוס. ממש ממש צפוף. והיו שם המון אנשים, וכולם

היו מתוחים, ומזיעים, ולחץ ופאניקה, ואף אחד לא יודע מה קורה בכלל. כולם היו שם בהלם מוחלט.

והאירוע הזה במיגונית, יש סרטונים שלמים ממנו, אנשים צילמו. ויש לנו סרטון, מהרגע הזה, מההתחלה של האירוע, שממש רואים שם את ענר, רואים בעיניים שלו, רואים איך הוא נכנס לשם, וישר מתחיל לעבד נתונים. אני ממש רואה שהוא כזה עומד שם, ולומד את האירוע, מסתכל לפה, מסתכל לשם, מבין מה הולך. ואז הוא בעצם תופס פיקוד, ולוקח אחריות על המצב.

.6

ומה שהוא אומר להם שם, זה מה שהתברר לנו אחר כך מאנשים שהיו שם, שכמה שניות אחרי שהוא נכנס למיגונית, הוא אומר לחבר'ה שם, "אהלן, אני ענר שפירא, אני לוחם בסיירת נחל. אל תדאגו, הכול יהיה בסדר, דיברתי עם הצבא, הם נמצאים קרוב, הכול יהיה בסדר!". ואחת הבחורות שם מאחורה במיגונית אמרה לו, "וואי, ענר איזה כיף שבאת, איך אתה מרגיע אותנו", וככה זה נמשך כמה דקות, כשכל פעם יש בום, וכולם מתכופפים, וענר מרגיע אותם, וככה זה נמשך. ואז הם התחילו לשמוע מבחוץ יריות. יריות של מחבלים.

וענר שומע יריות שמתקרבות יותר ויותר, והוא מבין שהמחבלים רוצים בעצם לכבוש את המיגונית הזאת, אז הוא לוקח בקבוק בירה ושובר אותו לחצי, ומחזיק אותו ביד. במיגונית יש מין מסדרון צר כזה בפתח, ומאחוריו יש את החלל של המיגונית עצמה. אז כולם מתחבאים בפנים, ומתכופפים שם אחד על השני בחלל הזה, וענר הולך קדימה, ונעמד בעצם בפתח המיגונית, במסדרון הזה. הוא עומד שם בפינה, מאחורי הפתח עם בקבוק שבור ביד, והוא מסביר לאנשים בפנים, שהוא יתקוף כל מחבל שינסה להיכנס. הוא מרגיע אותם, שכל עוד שהמחבלים לא יכולים לעבור את המסדרון הזה, הם לא יכולים לפגוע בהם, והוא מסביר לחבר'ה שם, הוא אומר להם, "אם אני לא מצליח, אם אני נפגע, שמישהו אחריי ינסה לעשות את אותו הדבר".

אבל אז המחבלים, במקום להיכנס, מתחילים לזרוק לתוך המיגונית רימונים. וענר בכניסה. אז הם זורקים רימון, והוא תופס אותו לפני שהוא מתפוצץ, וזורק אותו החוצה. ובשלב הזה, אחד מהצעירים שהתחבאו שם

במיגונית בורח החוצה, והם יורים בו למוות. רואים את זה בסרטון שהתפרסם. והמחבלים מתקרבים למיגונית, מכניסים את הרובה שלהם ויורים פנימה, אבל הם לא מצליחים להיכנס. כנראה פוחדים ממי שבפנים. אז הם משליכים רימון שני, וגם את הרימון הזה ענר זורק החוצה.

ועוברות עוד כמה דקות, והמחבלים זורקים פנימה רימון שלישי. ממש מתקרבים עד הכניסה למסדרון, וזורקים את הרימון. וענר משליך גם אותו החוצה. וכל פעם כזאת, המחבלים בורחים הצידה, כי הם לא רוצים לחטוף את הרימון. ואחר כך הם שוב חוזרים, וזורקים רימון פעם רביעית, וגם אותו ענר מחזיר להם.

והם לא מצליחים, וזה משגע אותם, אז הם שוב יורים פנימה בכניסה של המיגונית. ועוד מחבל זורק פנימה רימון, זה הרימון החמישי כבר, וענר הודף גם אותו וזורק אותו החוצה. ושוב, רימון מספר שש, וגם אותו ענר מחזיר. והם לא מוותרים. הם יורים שוב לתוך המקלט, ובמקביל זורקים רימון שביעי, אבל ענר זורק גם אותו החוצה, והרימון הזה כבר מתפוצץ ליד המחבלים. שבעה רימונים הוא הצליח להעיף. ואת הרימון השמיני שהם זרקו, הם כבר זורקים על ענר ישירות. זורקים אותו ככה ממש שנייה לפני שהוא אמור להתפוצץ. וזהו, ככה ענר נהרג.

אחרי שהרימון השמיני התפוצץ, המיגונית התמלאה בעשן, והמחבלים פשוט נכנסו פנימה, כי כבר לא היה מי שיתנגד אליהם, הם נכנסו פנימה, הוציאו ארבעה אנשים החוצה, ואז נכנסו שוב וירו בכולם. את הארבעה שהם הוציאו הם חטפו לעזה. בשלב הזה הירש גולדברג־פולין, חבר של ענר, כבר היה בלי יד. הרימון הוריד לו יד. והם חטפו את הירש, חטפו אותו ככה, כשהוא קטוע יד, והם צילמו את זה, המפלצות האלה, הם צילמו את זה בלי שום צנזורה, בלי שום בושה. והם הפיצו את הסרטון הזה.

ובגלל שענר ככה עיכב אותם, התיש אותם, המחבלים לא עשו וידוא הריגה בכולם. הם נכנסו, ירו, ריססו והלכו, וככה, חוץ מהארבעה שנחטפו לעזה, שרדו במיגונית הזו עוד שמונה אנשים. הם היו שם איזה חמש או שש שעות, מתחת לגופות של אלה שנרצחו, עד שהצבא הגיע לחלץ אותם. וכשהגיעו סוף סוף לחלץ אותם משם, בשתיים וחצי בצוהריים, הדבר הראשון שהם אמרו זה – "יש בחור אחד, ענר שפירא, הוא ניהל את האירוע פה, ובזכותו אנחנו בחיים".

7.

ענר היה לוחם צדק, לוחם חופש, איש של אמת. וגם במלחמה האחרונה של חייו אף אחד לא אמר לו מה לעשות. הוא לא היה על מדים, ולא היה לו נשק. כמו אנרכיסט טוב, הוא היה המפקד של עצמו.

לא מזמן חשבתי על זה שאת רוב האנשים שהיו איתו במיגונית הוא בכלל לא הכיר. אבל מבחינתו הם היו בני אדם. וענר, מאז שאני זוכרת אותו, הייתה לו רגישות עמוקה, ואחריות בסיסית לבני אדם. לכל בני האדם.

אם ענר היה שומע את כל מה שמדברים עליו עכשיו, הוא היה פשוט מתחרפן. אני בטוחה במאה אחוז, שאם הוא היה שומע איך כולם מתרגשים מהסיפור הזה שלו, זה היה משגע אותו. הוא מבחינתו עשה פשוט את מה שהיה צריך לעשות, וזהו. הוא לא חשב שהחיים שלו שווים יותר משל כל אדם אחר. הוא לא היה מרשה לאף אחד לקרוא לו "גיבור". שום גיבור. הוא היה איש של אמת. והייתה לו אחריות לזולת. מאז שהוא היה ילד קטן, היה לו צו פנימי עמוק, של אמת, ושל אחריות לזולת. ולצו הפנימי הזה הוא היה נאמן, עד הרגע האחרון. זה ענר.

אני הולך להציל את הבנים שלי

סיפורו של אייל אהרון

רעים

.1

כשהייתי צעיר אבא שלי ראה שאני לא בכיוון שלו, מבחינת דת. הוא היה חזן, אבא שלי. כל היום היה בבית הכנסת, ואני לא הייתי בעניין, ואבא שלי אמר לי – "תקשיב. אין לי בעיה עם ההחלטות שלך. בסוף, זה הכול בינך לבין אלוהים. אני מבקש ממך בקשה אחת – ואהבת לרעך כמוך. תהיה מי שאתה, ותאהב אנשים. זה מה שאני רוצה ממך".

וכשהתגייסתי למשטרה, הוא אמר לי אותו דבר, הוא אמר לי – "תקשיב, החלטה שלך משנה חיים של אדם. אתה יכול לשנות את החיים של אדם מקצה לקצה, לחיוב או לשלילה ואני מבקש תשפוט כל אדם לכף זכות. תהיה בן אדם". כשהייתי בן עשרים וחמש הוא נפטר לי. ממש מוקדם. זה היה בשבילי משבר של עולם. ומאז אני מאמין שהוא הולך איתי. מלווה אותי. גם ביום ההוא, שהיו שם המון המון ניסים, המון ניסים, דברים לא הגיוניים, ואנשים שראו אותי מהצד אמרו שזה לא הגיוני, הם שאלו אותי, איזו גלימה יש לי, איזו גלימה עוטפת אותי, ואני בטוח שזה הוא היה שם איתי, אבא שלי היה הגלימה שלי במלחמה שהייתה ברעים.

.2

בשבת בבוקר אני נמצא בבית שלי, בקיבוץ בית קמה. שבת כיפית, מזג אוויר טוב, הכול טוב, שני הבנים שלי נסעו למסיבת טבע, מטר וחצי מהגבול. יש לי שני בנים, שקד בן עשרים ושלוש, גבע בן עשרים, הם חובבי מסיבות ידועים, והמסיבה הייתה מאורגנת, מאושרת, משטרה אישרה אותה,

מדינה אישרה אותה, כמו שצריך. עד שבשנייה וחצי כל השבת הפכה לגיהינום.

שבע בבוקר, גבע מתקשר לאשתי, "אימא, הפסיקו את המסיבה, הקפיצו אותי לצבא, תכיני לי תיק לשבוע. אני ושקד בדרך לקיבוץ רעים". זה מה שהיה, הם יצאו מהמסיבה, ועלו על הכביש, היה ימינה או שמאלה, מי שפנה שמאלה לכיוון בארי מת, כמעט כולם מתו, והם לקחו ימינה. בכניסה לרעים יש את המיגונית, הם התלבטו אם להיכנס אליה, ובסוף החליטו שלא. גם שם, כל אלה שהיו במיגונית נרצחו. אז הם נסעו לתוך הקיבוץ, ובקיבוץ היה איזה בחור אחד, שמחי, בחור גיבור, גיבור! הסתובב שם בלי נשק, הציל אנשים, ושמחי אמר להם, "בואו בואו! יש מחבלים!", הוא רץ איתם והכניס אותם לאיזה ממ"ד שם, ואחר כך שמעתי שהוא בעצמו נהרג.

.3

אני איך שהשיחה נגמרה, עליתי על מדים, ויצאתי עם הניידת. התחלתי לנסוע במהירות מטורפת, ובדרך, שיחת טלפון, הבן שלי לוחש – "אבא, יש מחבלים בקיבוץ, תזמין משטרה, ברחנו לאחד הבתים, תבוא להציל אותנו". אני לא מאחל לאף אחד שיחת טלפון כזאת. זו הייתה אחת השיחות המפחידות שקיבלתי בחיים שלי. אני שומע אותו, לוחץ על הגז, ואומר לו "גבע אל תתקשר יותר, מעכשיו, מסתמסים, אין טלפון אחד, שלא ישמעו את הקול שלך, תסתתר". את זה אני אומר לו בטלפון, באותה שיחה, ואז ההודעות מתחילות להגיע.

ההודעה הראשונה – "ירו לשקד ברגל, אל תבוא". הוא אומר לי לא לבוא כדי לא לסכן את עצמי. מה שקרה זה שהם נכנסו לאחד הבתים, יחד עם עוד איזה שש עשרה חבר'ה מהמסיבה, וגבע, ועוד חייל מגלן שהיה שם, לקחו סכין מטבח, ובקבוק בירה, הם חשבו שהם יצליחו להשתלט על המחבל, אבל אז הם קלטו שזה לא מחבל, שיש שם עשרות, עשרות מחבלים, אז הם נכנסו לממ"ד, עם כולם, וכמה שניות אחרי שהם סגרו את הדלת, התחילו יריות בתוך הבית, רימונים. והם בממ"ד, שש עשרה ילדים מהמסיבה, ושקד וגבע גם, גבע תופס את הידית של הדלת, עם עוד אחד שעזר לו, והמחבל מגיע לדלת, מנסה לפתוח, אבל גבע בחור חזק, הוא החזיק את הידית כל

כך חזק, שהוא לא הצליח להזיז, אם הוא היה מזיז, המחבל היה מבין שיש מישהו בפנים.

ואז כתסכול, שהוא לא מצליח לפתוח, המחבל שם פשוט מצמיד את הקנה מבחוץ לדלת, ויורה שני כדורים של קלצ'ניקוב, כדורים חודרי שריון. הם עוברים את הדלת ופוגעים בשקד, בבן הגדול שלי, שני כדורים ברגל. ושקד לא צעק, לא כלום. הם ירו, והוא הבין שהוא חייב להיות בשקט, הוא חטף שני כדורים, הוא הרגיש שמתפוצצת לו הרגל, אבל הבין שאסור לו לצעוק, אסור לו להשמיע שום קול, שלא ידעו שיש שם מישהו.

המחבלים היו בטוחים שיש בעיה בדלת, שיש שם משהו תקוע, הם התחילו להסתובב בבית, ובינתיים גבע לוקח את החגורה של שקד, ועושה לו חוסם עורקים, ומדי פעם המחבלים באים, מנסים לפתוח שוב את הדלת, ולא מצליחים.

.4

אני מבחינתי בשלב הזה, אין לי מושג מה גודל האירוע, חשבתי שיש שלושה ארבעה מחבלים בקיבוץ רעים וזהו, לא הבנתי מה הולך. בדרך, חשבתי לקפוץ לבסיס של גבע באורים, כדי לשים את התיק שלו בש"ג, כדי שיהיה לי יותר מקום ברכב לחלץ יותר אנשים, אבל כשהגעתי לשם לא היה אף אחד בש"ג. בדיעבד היה לי שם נס, כי בזמן שהייתי שם, רואים את זה במצלמות אבטחה, בזמן שאני שם, המחבלים היו כבר בתוך הבסיס ופשוט רצחו את כל מי שהיה שם. היה שם טבח המוני, ואני עמדתי בש"ג, חיכיתי כמה דקות, ראיתי שאף אחד לא מגיע, ועשיתי פרסה.

משם נסעתי למשטרה באופקים, הייתי עם אקדח, אמרתי אני אקח משם רובה, ואבקש מעוד שוטר שיבוא איתי, נתמודד עם המחבלים, זה לא צריך להיות סיפור. בדרך, אני רואה מכוניות שעומדות בצד, מבחינתי הן פשוט חנו בשוליים, לא ראיתי מחבלים, ולא הרוגים, ולא כלום. זהו, אני נכנס לתחנה באופקים, אני רואה דם בכניסה, אני רואה שוטר פצוע בראש, אני אומר לו – "מה קרה", הוא אומר לי – "מה עובר עליך, אתה לא שומע חדשות, יש מחבלים באופקים. יש קרבות בתוך אופקים, ובאורים, ובבארי, ובשדרות". פתאום אני מבין את העוצמה של האירוע. היו לנו במשטרה

תרחישים כאלה, של מחבלים שנכנסים ליישובים, של מחבלים שתופסים את הצמתים כדי למנוע הגעה של כוחות. ברגע הזה השמיים משחירים.

אמרתי לחבר'ה שם, "חברה, יש לי ילדים בקיבוץ רעים, אני הולך להציל אותם, יש מצב שמישהו בא איתי", אז אמרו לי – "כן, יש מצב שנבוא איתך, אבל בוא קודם נראה מה קורה באופקים", אז אמרתי למישהו שם, "טוב, תביאו לי נשק", הוא אומר לי, "אוקיי, קח נשק אבל אין לי כדורים, אין כדורים ואין מחסניות, לקחו הכול, השוטרים האחרים שנלחמים באופקים לקחו את כל מה שיש לנו. אתה רוצה, תחכה, יש אחראי על הציוד, יגיע עוד מעט". אמרתי לו, "אין לי זמן לחכות".

עכשיו אני, אני נחשב לקצין שמבחינת השוטרים אני די שרוט, אני תמיד עם קסדה באוטו, תמיד עם מחסניות מלאות, מוכן. תמיד אמרו לי, למה אתה סוחב את זה, והינה. כשיצאתי מאופקים, ראיתי בדרך רכב של המשטרה, היה שם את ניצב משנה דוידוב, מפקד תחנת רהט, חבר טוב שלי, הוא שאל אותי, "מה אתה עושה פה", אמרתי לו "אני הולך להציל את הבנים שלי, הם בקיבוץ רעים" ואני רואה במבט שלו שהוא לא יכול לבוא איתי, יש לו מלא בלגן פה, מחבלים בכל מקום, אז אמרתי לו, "לך תגיע לאנשים שלך. בהצלחה!" והבנתי שזהו, אני לבד בסיפור. אף אחד לא יעזור לי. אני יוצא לבד לקיבוץ רעים.

5.

ובדרך אני רואה, זה היה נורא, אני נוסע באותו ציר שהייתי בו קודם, רק שהפעם אני רואה את המכוניות מקדימה, ואני רואה, את כל הגופות, את הדם, ואני מתחיל לנסוע לאט, עם כדור בקנה, מחכה למחבל שיפתיע אותי. זה היה כמו באיזה סרט אימה, מחזה אפוקליפטי לגמרי, חלק מהגופות היו של אנשים שניסו לברוח, וחלק היו שרופות, ואני נוסע בין הגופות, ובינתיים הילדים מתכתבים איתי, שולחים לי תמונות של הפציעה של שקד, שואלים אותי מתי אני בא.

בתשע בבוקר בערך הגעתי לרעים, לכניסה האחורית של הקיבוץ, ובצומת אני רואה שוטר שמסמן לי לא להתקרב, וברגע שאני רואה אותו, אני קולט שיורים עליי מחבלים, מכל הכיוונים, עוד לפני שעצרתי, אז העמדתי את האוטו בצד, ופתחתי את הדלת, והתחלתי לירות בחזרה, בלי שראיתי

אותם בכלל, ואז ירו עליי שני טילים של אר־פי־ג׳י, זה טיל נגד טנקים, טיל אחד פוגע חמישה מטר ממני, מתפוצץ, אחר כך עוד אחד, שבע מטר ממני, ואני מבין שבטיל השלישי אני כבר אחטוף, אז אני נועל את הניידת ויוצא בריצה לכיוון הקיבוץ. והם יורים בי. כדורים פוגעים בין הרגליים, מעל הראש, אני שומע שריקות ליד האוזניים, האדמה מתרוממת מהפגיעות אבל אני רץ. עכשיו, כל עוגייה שאכלתי בתקופה האחרונה קיללתי אותה. גם בן חמישים ושלוש, לא צעיר, וגם לא ממש רזה, וצריך להתקדם קדימה כמה שיותר מהר.

שם בכניסה לקיבוץ אני פוגש עוד ארבעה שוטרים, ושוטר אחד אומר לי, ״יש לך מחסנית, נגמרו לי הכדורים״, אמרתי לו ״בוא תיקח מחסנית״, ידעתי שאני הולך לילדים שלי, אבל לא יכולתי להגיד לו לא. השוטרים שם בדיוק חילצו שוטר פצוע, הם אמרו לי ״בוא תעמוד כאן״, אבל אני רציתי לתוך הקיבוץ. הם לא הבינו למה, חשבו שהתחרפנתי. אבל כמה שוטרים באו איתי. הצטרפו אליי. אגב היה איתנו שוטר אחד, שכל הישבן שלו מאחורה היה מלא בדם, אמרתי לו, ״אתה פצוע! מטפטף עליך דם!״, והוא אמר לי, ״כן נפגעתי מרימון באופקים, אבל הרגליים הולכות, העיניים רואות, והאצבע יכולה ללחוץ על ההדק, אז ממשיכים״.

.6

אנחנו הולכים בקיבוץ, הולכים לאט, בהליכה דרוכה, כי יש מחבלים, ואז אני פתאום שומע, ״לא לירות! משטרה!״, ואני רואה מולי בן אדם במדי משטרה, תכלת, עם כובע משטרה, עם סמלים, עומד מולי בלי נשק, בלי כלום, מחייך אליי, אומר לי ״תירגע, אל תירה!״. אין מבטא, אין כלום. ישראלי לחלוטין. ואני מתחיל, הראש שלי מתחיל לעבוד, איך אני מכיר אותו, אולי מאופקים, מערד, מרהט, והוא מתקרב, אני אומר לו, ״אל תתקרב!״ ואז הוא מפסיק לחייך, ואני נדרך ואני מסתכל עליו ואז הוא קולט את ארבעת השוטרים שהלכו מאחוריי, שהגיעו אליי, ופתאום החיוך שלו יורד.

אני שואל אותו, ״מאיזה תחנה אתה״, והוא עונה לי, ״מהיס״מ״, שזה לא תשובה הגיונית כי יס״מ לבושים אחרת, יש להם מדים אחרים, אבל עדיין היה לי ספק, כי היו שוטרים שעבדו במסיבה. אז אני אומר לו עוד פעם, ״מאיזו תחנה אתה״ והוא עוד פעם חוזר על אותה תשובה, אבל אז אני כבר קולט את הבנדנה הירוקה של החמאס מתחת לכובע, ואני קולט בצל מאחורה,

עוד מחבלים שלובשים מדי זית טקטיים, ואני צועק "מחבל!" ואני יורה בו. אני יורה בו ראשון ואחרי זה מצטרפים אליי כולם. רק אחרי זה הבנתי שזה היה בעצם ניסיון חטיפה.

והתחיל שם קרב יריות, מטווח קצר מאוד, ושוב, היה להם שם אר־פי־ג'י, ומקלעים, הצלחנו להרוג שם שלושה מחבלים, חלק מהם מתו, חלק ברחו, אני ברגע שהבנתי שהקרב נגמר, המשכתי להתקדם לתוך הקיבוץ, לכיוון המיקום שהבנים שלחו לי. אני הולך כל הזמן בין שיחים, כדי לא להיות חשוף. בדרך אני פוגש איזה זקן בן שמונים לדעתי, קיבוצניק, רק קיבוצניקים יכולים לדבר ככה, הוא אומר לי, "שמנדריק, זרקת לי פה שלוש גופות, מה אני עושה איתן", אמרתי לו, "אל תעשה איתם כלום! תיכנס מהר לתוך הממ"ד חזרה, יש פה מלא מחבלים".

.7

בדרך התקשרתי גם למפקד שלי, לעדכן אותו מה קורה, ובזמן שדיברתי איתו שמעתי מאחד הבתים בקיבוץ מישהו שעושה לי "שששששש". זה היה בחור צעיר, עם תינוק ביד, תינוק בן חודש בערך, קטן קטן קטן, והאיש אומר לי, "אל תעיר לי את התינוק, או שתבוא תיכנס ותהיה בשקט, או שתלך", והיד שלו על הפה של התינוק, כדי שהוא לא יבכה, ביד אחת הוא החזיק את התינוק וסגר לו את הפה, וביד השנייה היה לו אקדח. פשוט התנצלתי והמשכתי.

בדרך, קרוב למתחם שבו הילדים שלי היו, אני הולך על חצץ, בזהירות, ופתאום רואה קופסה נזרקת מתוך השיחים. אני מסתכל על הקופסה, הקופסה מסתכלת עליי, ובום, היא מתפוצצת. הבנתי שזה מטען, מישהו שמע אותי, או זיהה אותי, התחלתי ללכת אחורה. שם עצרתי, חיכיתי שמחבל יזוז, וכשהוא זז יריתי בו. מטווח ארבעה מטר בערך. זה הכול קרה מטר מאיפה שהילדים שלי היו.

לקח לי שעתיים וחצי, מהרגע שהגעתי לקיבוץ, ועד הרגע שהגעתי לבית, לממ"ד, איפה שהם היו בו. אני הולך לכיוון הבית, מגיע, מסתתר, נכנס לתוך הבית בזהירות, הלב שלי דופק, והבית ריק. חול. כדורים. דם. ממ"ד ריק. איזו תחושה זאת הייתה. הייתי בטוח שחטפו אותם, הייתי בטוח שפספסתי. התיישבתי שם על הספה, הנחתי את הנשק על הברכיים, הורדתי

את הראש, **תפסתי את הראש ואמרתי לעצמי מה עושים, מה אני עושה עכשיו, כאילו, לא ידעתי מה אני עושה. זהו, אני בגוב האריות,** והחמצתי את המועד שלי, נכשלתי, המסע שלי נכשל.

8.

אבל אחרי כמה דקות שם, פתאום אמרתי, אולי פספסתי, אני אשלח להם הודעה, אולי הם ברחו, אולי הלכו. אני שולח להם הודעה, והם עונים לי! הדלת פתוחה, אנחנו בחיים! ואז אנרגיה, כאילו נטענתי מחדש, הבנתי שאני כנראה לא במקום הנכון, המיקום שהם שלחו לי היה של הבית ליד! אני מוציא ראש מהדלת, ורואה מולי עשרה מחבלים, עשרים, שורפים איזה בית, ומנסים לפתוח ממ"ד. אני שולח לגבע תמונה של הבית ממול, והוא כותב לי, לא, אנחנו בבית אחר, הוא שולח לי הסבר ואני מבין שהם נמצאים בבית שצמוד לאיפה שאני נמצא. ממש צמוד.

אני יוצא החוצה, נצמד לשיחים גבוהים שמגינים עליי, מחכה להזדמנות להיכנס לבית בלי שיראו, ואז אני רואה אותם, את כל המחבלים, נכנסים למבנה שאליו רציתי ללכת, איפה שהילדים היו. אני רואה את המפקד שלהם מגיע עם מפה, ופורס את המפה שם בפרגולה, והמחבלים שלו נכנסים לתוך הבית, מכינים לו כוס קפה, מוציאים קפה ועוגיות ככה החוצה, לפרגולה, והוא מסביר להם, מדבר ומסביר, מדבר ומסביר ואני רואה את המפה שלו, והוא מחלק פקודות, אתה הולך לפה, אתה הולך לפה, אני רואה הכול ושומע הכול, כי אני נמצא שני מטר מהם. ואני שולח הודעה לבן שלי, "אני ממול הבית. יש עשרים מחבלים בכניסה, תהיו בשקט". הבן שלי אמר לי **שכשהוא קיבל את ההודעה הזאת הוא כמעט קיבל התקף לב.**

בינתיים שלחתי הודעה לסגן מפקד תחנה שלי, טל זרחין. שלחתי לו מיקום שלי, וכתבתי לו, יש פה התארגנות של עשרות מחבלים. תשלחו את כולם לפה. זה מה שכתבתי, הוא הבין את המסר. ואיך שסיימתי לכתוב לו, שמעתי פתאום צרור, צמוד אליי. איזה מחבל ירה באוויר בטח, סתם, והילדים שלי, שהיו בפנים, וידעו שאני שם בחוץ, שמעו את הצרור הזה, והבינו, הם היו בטוחים שאני מת. זה מה שהבן שלי אמר לי, שכשהם שמעו את הצרור הם הבינו שאבא שלהם מת, זהו, נגמר הסיפור. אז נכנסתי שוב לבית הריק,

וצילמתי את עצמי, ושלחתי להם, ==בתמונה הראשונה לא חייכתי, אז צילמתי עוד אחת, שבה אני מחייך.==

הבנתי שזאת התמונה האחרונה שלי. לא ראיתי שום סיטואציה בעיני רוחי שאצא חי משם. ראיתי את כמות המחבלים, שמעתי את הטנדרים מגיעים, והבנתי שזהו, אין צבא, אין משטרה, זה הסוף שלי. אמרתי לעצמי, כל החיים שלי חייכתי, גם הסלפי האחרון יהיה מחויך.

9.

הייתי שם בשיחים שעה בערך, עד שהגיעה יחידה מיוחדת של צה"ל, כנראה קיבלו את ההודעה של המיקום. התחלתי לשמוע אותם, את הפקודות, "קח ימינה, תחפה עליי מפה, תחפה משם", גם המחבלים שמעו אותם, והתחילו לברוח מהבית אחורה. ברחו מהפרגולה למקום אחר. כשהחיילים הגיעו אליי, לקו שלי, אמרתי להם "משטרה!", והמפקד שלהם, אל"מ רועי לוי, אומר לי, מכפכף אותי ואומר לי, "מה אתה עושה", אמרתי לו – "אני הייתי פה, אני שלחתי את המיקום". מאוד התחברתי אליו, לרועי, הוא כבר לא איתנו, בקרב הזה הוא נהרג.

רועי אמר לי "תתכופף", אמרתי לו ==״אני זקן, אני לא יכול לרדת, יש לי קרע במיניסקוס. אם אני יורד, אני לא עולה״==, הוא מתחיל לצחוק, ואומר לי "עזוב שטויות, תן לי תמונת מצב". אז אמרתי לו ככה, "תקשיב, אני פה בגלל הבנים שלי, אני מנסה לחלץ אותם, הם מצד ימין פה בבית הקיצוני. אני חייב לחלץ אותם. יש פה עשרות מחבלים, ארבעים חמישים, משהו כזה". ככה אמרתי.

רועי אומר לי, "הבנתי. תקשיב לי טוב. אתה איתי תופס את החלק הקדמי של הבית, מעסיק את המחבלים, אני שולח צוות מאחורה לחלץ את הילדים שלך". אז אמרתי לו "אוקיי, סבבה. אבל יש פה עוד בית, עם ילדים בממ"ד, ושם הם הדליקו אש, הם יכולים להיחנק". הדרך שם הייתה פנויה, כי המחבלים ברחו, אז רצתי עם עוד חבר'ה לבית השני, הבוער, והוצאנו את הילדים משם. היו שם חמישה עשר בני נוער בערך, עם פיח בפנים, פיח בנחיריים, הם נשמו מלא עשן, המצב שלהם היה על הפנים. הבאנו אותם למקום בטוח, ואז התחיל הקרב.

.10
האש התגברה לידי אבל קשה לי לשכב או לכרוע, אז פשוט נעמדתי מאחורי איזה עץ, וירִיתי. והמחבלים, כל פעם הם היו יוצאים ותוקפים ממקום אחר. היה שם בלגן בלגן, הם זרקו מלא רימונים. בשלב מסוים החייל שלידי צועק לי, "יש לך רימון על הרגל!!". אני מסתכל ורואה רימון שנשען לי על הקרסול, והוא לא התפוצץ.

בשלב מסוים התחלתי להתקדם, ואיך שאני יוצא מהמקום, אני רואה עומד מולי מחבל, עשרה מטר מולי. הוא יצא מהשיחים ונעמד מולי והתחיל לירות, הוא יורה שישה כדורים, ולא פוגע! יורה בי, מכוון עליי, אני עומד מולו, קפאתי, לא זזתי, והוא יורה. בשלב מסוים היה לו מעצור, הוא מוריד את הנשק, ואיך שהוא מוריד את הנשק שלושתנו יורים בו והוא נופל. והקצין שהיה שם איתי אמר לי, "תגיד לי גבר, יש לך איזה גלימה שמגינה עליך או מה".

בשלב הזה החבר'ה מיס"מ דפקו על החלון של הממ"ד, במקום שהילדים היו, ואחד השוטרים נכנס בדלת הקדמית, וחילץ משם את כל הילדים, ארבע עשר בני נוער, הם כולם יצאו, חוץ מהילדים שלי, והבחור ממגלן, והחובש שהיה איתם. את שקד חילצו דרך החלון. לא היה אפשר להרים אותו, אז הוציאו אותו בסדין, הרימו את הסדין והוציאו אותו עם סדין, בינתיים הגיעו עוד חיילים, הביאו אלונקה, ושמו אותו על אלונקה. מהסדין לאלונקה.

ובדיוק אז, בזמן שסידרו את האלונקה, המחבלים שזיהו את החילוץ הגיעו, והתחילו שוב לירות ולזרוק רימונים, ואני זוכר שראיתי את גבע הולך עם האלונקה של שקד, ובדיוק אז רימון נזרק לידם, ממש ליד איפה שהם היו, וגבע קפץ על שקד, וניסה להגן עליו, הוא נשכב על שקד עם הגב לרימון, והרימון פשוט מתגלגל ליד הראש שלו. אם הרימון היה מתפוצץ, שניהם היו נהרגים שם במקום. אבל זה היה נפל, הרימון לא התפוצץ.

פה כבר רועי לוי לא שכח אותי, הוא שלח את אחד הקצינים שלו לחפש אותי, באמצע קרב על החיילים שלו, על החיים שלו, הוא עדיין חשב עליי, הלכתי אליו והוא אומר לי, "תקשיב, הילדים שלך במרפאה, חילצנו אותם, בריאים ושלמים, אנחנו פה יס"מ נגב, יש פה יחידת מצדה, וסיירת מטכ"ל עכשיו הגיעה, נכנסה לקיבוץ, לך לילדים שלך".

בדרך למרפאה, בדרך לילדים, נכנסתי לאיזה בית, הייתי חייב לשתות, אחרי חמש שעות, נכנסתי לאיזה בית, הבית היה פתוח, הפוך, לא היו אנשים, לקחתי כוס מים, לקחתי לגימה אחת, ונתקעתי, לא הצלחתי לשתות, לא הצלחתי לבלוע. האנשים בבית הזה אולי נרצחו, אולי נחטפו, לא יכולתי. שפכתי את המים, שטפתי את הכוס ונגמר הסיפור.

.11

היה לי הרבה מזל באירוע הזה. בורא עולם שמר עליי. הרבה חברים שלי נהרגו, לא היה להם צ'אנס לצעוד מטר. יש לי חבר טוב, לא ירה כדור אחד, פשוט נרצח באופקים, ואני פה. זה פשוט השגחה עליונה, החלטה של בורא עולם, ואבא שלי שישב לידו ושכנע אותו, עבד בשכנוע.

אחרי חודש ומשהו עליתי לקבר של אבא שלי, הייתי חייב, חייב, להגיד לו תודה, אני באמת בטוח שבזכותו אני חי. עליתי לקבר, דיברתי איתו שם, אחר כך הלכנו עם הילדים לבית הכנסת, אמרנו ברכת הגומל. משם נסעתי לירושלים לקבר של רועי לוי. הייתי חייב להגיד גם לו תודה. הוא לא שכח אותי. יכולתי להישאר בשדה הקרב הזה עוד שעות, ואף אחד לא היה מגיע, ומכל הכאוס, בתוך הכאוס הוא זכר אותי.

כשנפגשתי עם אשתו, וסיפרתי לה מה היה, על השיח שהיה בינינו, על הצחוקים שהוא עשה, על זה שהוא זכר אותי באמצע הקרב, היא פתאום הבינה, כאילו, היא אמרה, "זה בדיוק איך שהוא מתנהג תמיד, זה הוא, זה בדיוק הוא!". זה עשה לה טוב שסיפרתי.

.12

החברים כל הזמן שואלים אותי מה היה המניע שלי, מה גרם לי להמשיך, לרוץ קדימה, ולא לאבד תקווה, גם כשהיה ברור לי שזה חסר סיכוי. ואני רוצה להגיד שהיום, בכל פעם שאני רואה את הילדים שלי, כשאני חוזר מהעבודה, אוכל איתם צוהריים, ארוחת ערב, כשאני רואה את זה אז המניע ברור. הילדים שלי בחיים עכשיו.

אני לא יודע אם זה אופטימי או לא אופטימי, אבל מאז היום ההוא, בכל הלוויה שהייתי בה, והייתי בהלוויות, אני רואה את עצמי כאילו שם, עומד בהלוויה של הבן שלי. אני רואה את המשפחות של החטופים, ואת

הסבל המטורף שהם עוברים ואני אומר, וואו, ==הייתי אמור להיות בסיטואציה הזאת. זה יכול היה להיות אני.== הסיטואציה בארץ היא עצובה עכשיו. אין פה חוכמות.

מצד שני, אני כל הזמן מזכיר לעצמי, שאני חייב להיות הכי מאושר שבעולם. הייתי שם, הצלחתי, ניצחתי, זכיתי בחיים של הילדים שלי, זכיתי בחיים שלי מחדש. זה משהו שהולך איתי כל הזמן, כל הזמן, כל הזמן. המחשבה הזו, שנפלה בחלקי זכות להצליח, ולשרוד. כל כך הרבה אנשים לא זכו, הם היו שם, ולא חזרו בחיים. אותי באופן אישי זה מוביל רק למקום אחד, למקום של להיות אסיר תודה. אסיר תודה על החיים. ההבנה היא שקיבלתי את החיים שלי ושל הילדים שלי במתנה, ואת המתנה הזאת אסור לנו לבזבז. אסור לבזבז.

אני מרגישה את אבא כל הזמן

סיפורו של דניס בלנקי

מספרת – פולינה, בתו של דניס

בת 14

שדרות

1.

אבא שלי אהב מאוד מוזיקה, ובזמן הפנוי שלו, כשהוא לא עבד במשטרה, הוא היה יושב ומנגן בגיטרה. ופעם, מתישהו, כשהייתי בת שמונה, הוא הכיר לי זמרת שהוא אוהב, זאת זמרת רוסיה, קוראים לה מונטוצ׳קה, ואני התלהבתי, ממש אהבתי את השירים שלה, וכל פעם שנסענו ברכב, אני ואבא, אז הדלקנו שירים שלה, ושרנו, ועשינו קריוקי, וכזה. ולפני שנה, נראה לי, אז הזמרת הזאת הגיעה לישראל בפעם הראשונה! וברור שקנינו כרטיסים והלכנו לשם, וזה היה ממש וואו, הייתה הופעה מדהימה, אני כזה השתגעתי מקדימה, והוא כזה הביא לי קולה, שתייה, ושמר עליי מאחורה, אבל כשהסתכלתי עליו ראיתי שגם הוא שר את כל השירים, חחחחח.

אני בת ארבע עשרה היום. כשאבא היה בערך בגיל שלי הוא הגיע לישראל. הוא ואימא שלי נפגשו דרך משחק מחשב! והיא עלתה לישראל בגללו. יש לי שני אחים, אחות גדולה שגרה בתל אביב, ואח קטן שאיתנו בבית, אז אני קצת אחות בכורה. אבא שלי כבר הרבה שנים שוטר, ועבודה של שוטרים היא ממש ממש קשה. אז הוא כזה חצי חצי בבית.

הוא היה אבא כיפי, בן אדם שמח כזה, בכל מקום הוא היה משמח, ידע איך להאיר את המקום, ידע איך לבוא ולדבר עם אנשים, והייתה לנו גינה קטנה, הוא ממש אהב לטפל שם בפרחים, בצמחים, הוא שתל שם עצים של פרי, וגם גידל איתנו תותים אפילו.

הוא גם אהב כלבים. כשהייתי בת אחת עשרה קיבלתי מאבא ואימא ליום הולדת את פפסי, כלבה קטנה מתוקה בצבע ג׳ינג׳י חום כתום. ואבא שלי, הוא היה משוגע עליה. הוא תמיד שיחק איתה, היה עושה איתה ריצות, היה לוקח אותה לווטרינר, על כל דבר קטן, והוא היה כזה מתחרפן איתה, עושה איתה שטויות.

הוא באמת היה קצת משוגע כזה, ומאוד מצחיק. תמיד כזה בחגים, כמו נובי גוד וכאלה, אז הוא היה זה שמספר בדיחות בשולחן, ומספר סיפורים. והוא תמך בי בהכול, כל הזמן. והוא תמיד היה גאה בי, על מה שאני עושה, אין מילים להסביר. באמת שזה, שאין מילים לתאר עד כמה הוא היה מדהים אבא שלי.

.2

ביום שבת בבוקר התחילו אזעקות וכל זה, אז אני ואימא שלי ואח שלי הלכנו ישר לממ״ד, ואבא שלי בדיוק היה במשמרת לילה בשדרות, הוא היה צריך לחזור הביתה בשבע בבוקר בערך. וכשהיינו בממ״ד פתחתי את הטלפון, ואני רואה בווטסאפ סרטונים של מחבלים, פה אצלנו באופקים! וראיתי סרטון של מחבלים יורים באוטו של משטרה, וממש נבהלתי שזה אבא שלי, אז התקשרנו אליו, והוא אמר שהוא יתעכב קצת וזה, ואני שמחתי שהוא בחיים.

בינתיים בזמן הזה, מהצד שלו, נפל טיל בבית בשדרות, והוא נסע עם הצוות שלו לבדוק מה קורה שם, ואז אחרי כמה דקות הוא התקשר אלינו, ואמר שיורים פה, וביקש שלא נתקשר אליו יותר. זה היה מוקדם בבוקר. וזהו, זאת הייתה השיחה האחרונה שלנו איתו.

מה שקרה זה שבזמן שהם נסעו לבדוק את הטיל, הם קיבלו דיווחים שיש מחבלים בתחנת משטרה של שדרות. ואז הוא החליט עם הצוות שלו, להסתובב ולחזור לשם. והוא החליט גם, שיותר נכון ללכת ברגל מאשר במכונית, כי מכונית זה פיתיון כזה גדול למחבלים, זה גדול, אפשר לראות את זה. אז הם התחילו להתקרב לתחנה. ושם בתחנה בשדרות היה קרב גדול, אפשר לראות בתמונות מה נשאר מהתחנה בסוף כל הקרבות שהיו שם.

ולפני שהם הגיעו לתחנה, הם ראו שיש שם מחבלים בפנים. והיה שם שוטר אחד, בלי נשק, שבא להיכנס לתחנה, כדי לחתום על נשק או משהו, ואבא שלי עצר אותו, ואמר לו לא להיכנס, כי יש מחבלים בפנים.

ובלוויה של אבא, השוטר הזה בא אליי ואמר לי שבלי אבא שלי הוא היה היום מת.

.3

ואחר כך הם נכנסו לתחנה. הם היו ארבעה שוטרים כשהם נכנסו. והמחבלים שהיו בתוך התחנה, ירו עליהם, מהלמעלה של המדרגות, ופשוט ניסו להרוג אותם כמה שיותר מהר. אבל אבא שלי לא ויתר, ולא ברח משם, הוא ירה שם, ביחד עם החברים שלו, כל הזמן הם ירו, ארבעתם לא הפסיקו לירות. ובאיזשהו שלב הוא התפצל משאר השוטרים, ואז ירו בו.

את כל הסיפור הזה שמענו משוטרים שהיו כאן לפני חודש, הם באו אלינו וסיפרו לנו את הכול. שוטרת אחת סיפרה לנו שבזכות אבא היא בחיים, כי הוא הגן עליה שרימון לא יפגע בה. הם זרקו עליהם רימונים גם. ושוטר אחר סיפר לנו, שגם אחרי שירו באבא שלי, גם כשהוא כבר היה על הרצפה שם, הוא המשיך להילחם, ולירות על המחבלים. והשוטר הזה גם אמר לאימא שלי בשבעה, הוא בא אליה ואמר לה, "אני האחרון שראה את דניס. הוא פשוט הציל אותי שם", ואימא שלי ואני היינו בשוק.

אני עדיין לא מרגישה שאני יודעת הכול, פרט פרט, ואני לא בטוחה שאני רוצה לדעת, אני לא יודעת, אולי זה רק יפגע בי יותר, אני לא יודעת. אני יודעת שאבא שלי הציל אנשים. ואני יודעת שהוא היה אמיץ, ושהוא נלחם באמת באמת, עד הרגע האחרון. ואני גאה בו על זה שהוא עשה את זה. אבל זה עצוב, זה עצוב כי הייתי רוצה שהוא גם היה מציל את עצמו.

.4

בזמן האחרון הרבה אנשים אומרים לי שאני דומה לאבא שלי. תמיד אמרו לנו שאנחנו דומים, לשנינו יש אף כזה, חחחח, אבל אנחנו דומים גם בעוד דברים, למשל, אני מרגישה שגם אני, כמו שהוא היה, אני גם יכולה כזה לבוא לכל בן אדם ולהתחבר אליו, למצוא גישה לכל בן אדם. וגם, יש לי את השמחה הזאת שהייתה לו. הוא היה בן אדם שמח. ואפילו עכשיו, כשהוא לא איתנו, אפילו עכשיו אני מרגישה שיש לי את השמחה שלו בגוף, כאילו השמחה שקיבלתי ממנו שומרת עליי.

אני נזכרת בהרבה דברים שאבא שלי ואני עשינו יחד, בכל מיני רגעים כיפיים שהיו לנו, וכשאני נזכרת בזה אני שמחה, אבל אז אני נזכרת שאין אותו יותר, ושלא יהיו לי עוד זיכרונות כאלה. למשל, אני זוכרת שפעם ניסיתי איפור חדש, ואז הראיתי לו ואמרתי, "תראה איזה מהמם", והוא כזה הביא לי עצות, "תראי, פה את צריכה לעשות יותר אדום, ופה את צריכה להוסיף יותר", והוא באמת עזר לי לשפר את האיפור שלי, וזה היה מפתיע כי כאילו, אתה אבא! מה כאילו, איך אתה מבין באיפור, חחחחח.

וזה באמת כואב. קשה לי. קשה לי מאוד, ואני מנסה להתמודד. אי אפשר באמת להתמודד עם זה. אבל אני לאט לאט אתמודד. אני יודעת שאנחנו יכולים לקבל פסיכולוגים בחינם, אני לא הולכת, כי אני לא מרגישה ממש נוח. אולי בעתיד אני אלך. יש לי חברים שהולכים. ויש לי כמה חברים שהקרובים שלהם גם נרצחו ביום הזה, אז אנחנו לוקחים כוח אחד מהשני. אנחנו מתחזקים. וגם אימא, גם לה קשה נורא, אני ואח שלי מנסים לחזק אותה ממש. כשאנחנו בבית, אנחנו מנסים להיות איתה כמה שיותר וזה.

.5

אני מרגישה את אבא כל הזמן. לפעמים בלילה אני פתאום חולמת עליו, אני חולמת שהוא מנסה לתקשר איתי, אני חולמת שהוא אומר לי שהוא גאה בי על מה שאני עושה עכשיו, שהוא גאה בי שחזרתי ללימודים, ושחזרתי לרובוטיקה, ושחזרתי לכנפיים של קרמבו, ושהצטרפתי לעוד חוגים.

בשבוע שזה קרה, אז אני חלמתי שהוא כזה בא אלינו, ומחבק אותנו, ואומר לנו שכל זה היה פשוט מבצע, ושהוא היה צריך לעשות את עצמו מת, ושהוא בעצם לא באמת מת. והוא חיבק אותנו בחלום, וזה היה ממש ממש מרגש. אני מחזיקה את החיבוק הזה איתי.

אני ממש שמחה שקיבלתי את ההצעה שיכתבו על אבא שלי בספר. זה ממש חשוב לי. זה באמת חשוב לי. אני ממש התרגשתי כשקיבלתי את ההודעה. ואני יודעת שהילדים שלי, יום אחד, הם לא יוכלו לראות את סבא בעתיד, אז הם לא יכירו אותו, אבל לפחות הם ישמעו עליו. וידעו שהוא היה איש טוב, ושמח, ומצחיק. אז תודה לכם, זה באמת חשוב לי שיזכרו אותו לדורות הבאים.

האדרנלין עוזר, וגם אבא עוזר

סיפורו של אפק לבני

פסטיבל נובה

1.
אני לא יודע אם זה קשור, אבל אני וחברה שלי נפרדנו לפני כמה חודשים, אז חזרתי קצת לעניינים, מסיבות, בלגנים, הכול. וחבר שלי, גלעד, חבר מהסוג החוגג, כמו שצריך, אמר לי "אחי אתה חייב לבוא לנובה, אתה חייב לבוא לנובה", אז אמרתי יאללה, שכנעתי את אורי חבר ילדות שלי וסגרנו כרטיס.

אני עכשיו סטודנט שנה שנייה לתואר שני במנהל עסקים בבר אילן, הלימודים עוד שנייה מתחילים, אז אנחנו כזה באים בהתרגשות, מצפים לחגוג, באים בפאן. בשתים עשרה בלילה הגענו, והבמה המרכזית נפתחת בשלוש בלילה, אז היה לנו קצת זמן להעביר. ישבנו כולנו קצת בקנטה, גלעד הגיע עם חברה שלו נועם, שבאה עם האחיות שלה ענבל ונטע, וארבעתם הצטרפו אל אורי ואליי. לידנו ישבה עוד חבורה כזאת של בנות חמודות, ויש אנרגיה טובה, ויש אווירה כזאת של אהבה, הנובה משלבת הכול, את כל סוגי האנשים, את כל הגוונים, וכולם בשמחה עילאית כזאת. קמנו לרקוד, חזרנו לשבת, ושוב לרקוד, ושוב לשבת, טרנסים ברקע, ככה זה נמשך, עד ששוגר הטיל הראשון.

2.
שמענו בום, הסתכלנו לשמיים. זה היה בום רציני. שמעו אותו יותר חזק

מהטרנסים. בום אחד, ואז עוד אחד. ועוד אחד. וכולנו ישראלים טובים, אז ישר כולם נזרקים לרצפה, ידיים על הראש. ופתאום יש מיליון טילים באוויר. עשרות. מאות. התחושה הראשונה היא כעס, "מה הם הורסים לי את המסיבה!". אחרי כמה דקות כאלה כיבו את המוזיקה, והשוטרים כזה אמרו לכולם, "זהו, מקפלים, לכו הביתה". ואז כולם התחילו להתקפל ואני אמרתי לחבר'ה שהיו איתי, "בוא נחכה שכל הראשונים שיצאו ימשיכו, שלא נעמוד סתם בפקק, זה מסוכן", בינתיים אני כזה מרגיע אנשים מהפצצות, יש לי תכונה כזאת שאני הלפר כזה, אני כזה יודע לחבק ולהרגיע ולהוריד דופק, אז כשאני יכול אני עוזר. ופתאום אנחנו שומעים ירי. יריות ממש. אני אומר לאורי "אורי, עפים מפה".

התחלנו לרוץ לאוטו, אני ואורי, אמרנו לחברים להיכנס לרכב שלהם ולצאת לכיוון המשטרה. החברה יצאו מהרכב, ואז חזרו, היה בלגן, אבל אני נשארתי באוטו, האוטו נותן לי שליטה במצב, אוטו זה מחסה, זה כלי תקיפה, זה כלי בריחה. בסוף יצאתי מהאוטו והצטרפתי אליהם ברגל, הגענו כולנו לכביש לנקודת יציאה, אחרי כמה קרבות ירי שם, איזה שוטר בא ואומר לנו "רוצו!". וואלה, ברגע ששוטר אומר לי "רוץ", הבנתי שהם איבדו שליטה. שזה לגיטימי, כי היו שם המון מחבלים. אבל ברגע שאני קולט שהם איבדו שליטה, מאותו רגע אני מקשיב לעצמי. זהו. לא מעניין אותי מה יגידו לי, אני מחליט מה אני עושה כי אני יוצא משם חי.

נתתי לאדרנלין לעלות עד הסוף כזה, לראש, אמרתי סבבה, אני צריך את האנדרנלין, אני רוצה שהוא יעזור לי. המשפט שרץ אצלי בראש זה – "ימות העולם, אני לא מת פה מאיזה חמאסניק מעפן, לא קורה. אני לא ברווז במטווח".

.3

התחלנו לרוץ כולם ביחד, אבל אז הבנתי שעל האוטו אני לא מוותר. חזרתי לבד לקחת אותו, יורים עליי בלי סוף, אבל זה לא מעניין אותי, אני חדור מטרה, לצאת חי ולהציל את החברים שלי. הגעתי לרכב והלכתי לחלץ את החברים שלי, וכל הזמן מעל הראש שלנו עפו כדורים, ואני כולי במוד משימה. אני אומר לעצמי, אם יש מחבלים אני דורס אותם, ואם יש מלא אני דופק דרייב. הגעתי לחברים שלי שהתחבאו בחורשה מאחורי רכב.

עכשיו כולנו באוטו (אורי, גלעד, ענבל, נועם, נטע ואני), ואני ממשיך לשלב הבא, החילוץ שלנו. החבר'ה שהיו איתי היו לא מחוברים עד הסוף, התחילו לצעוק וזה, ואני הייתי המרוכז, לקחתי אחריות על הסיטואציה, הרגעתי אותם כזה. בשלב הזה אני עוד מסתבך שם, במקום של המסיבה, היה בלגן מטורף, אנשים, מכוניות, פקקים, ואנחנו כזה צפופים באוטו, שניים מקדימה, ארבעה מאחורה. חצי שעה בערך הסתובבנו שם כדי להבין מה הנתיב יציאה, כי מכל כיוון היו פקקים, או יריות, והייתה הרבה היסטריה באוטו, הרבה צעקות, "תיסע מצד שני!", "מה אתה נוסע דרומה!", ואני ביני לבין עצמי במקום כזה של "תנו לי, זה שלי, בסדר, זה הסצנה שלי, זה המאני טיים שלי".

התקשרתי לאבא שלי בדיבורית. הוא מושבניק כזה, משימתי, ידעתי שהוא יעזור לי בסיטואציה הזאת. הוא השתיק קצת את החבר'ה, דאג שהם יהיו בשקט, והתחיל להכווין אותי דרך הג'י־פי־אס של הטלפון, "כנס עכשיו לשביל הזה", "תפנה פה ימינה", "מכאן עולים למושב פטיש". אחרי מלא זמן מצאנו איזו דרך, ושוב ירו עלינו, צרורות, אז ניסינו דרך אחרת, ככה כמה פעמים עד שמצאנו שביל שקט יותר, נסענו מזרחה, בדרכי עפר, שם פגשנו עוד שתי בנות, שלי וניצן, אמרנו להן לעלות, והן נכנסו וכזה ישבו על החבר'ה, היה צפוף בטירוף, ואחר כך פגשנו עוד שני חבר'ה, שהלכו בדרך, אמרתי להם לעלות לבגאז', כאילו, עצרתי את האוטו, והעפתי מהבגאז' את כל התיקים, ונתתי להם לשבת שמה, היינו עשרה אנשים בסך הכול, ביונדאי טוסון, והם כולם היו לחוצים כאילו, וניסינו להרגיע אותם, אני ואבא שלי.

תכל'ס, רוב מה שעשיתי שם זה לנהוג בזהירות, ולהרגיע. האדרנלין עוזר. בדיוק בשביל זה הוא שם, הוא עוזר לך לעשות את מה שהגוף ביום יום לא יודע ולא רוצה לעשות. הוא אומר לך "מה אתה רוצה, יאללה קיבלת! אתה רוצה להיות חזק, הינה, תהיה חזק. אתה רוצה לראות טוב, הינה, תראה טוב, לשמוע טוב, תשמע טוב".

האדרנלין עוזר. וגם אבא עוזר. הוא ידע להסביר לי איך לנסוע, הוא נתן לי ביטחון. יש לנו שפה משותפת, לי ולו. שעות של עבודה ביחד בגינה, או בשדות עם הטרקטור, טיולי אופנועים, ואופניים, או סתם עם הכלב בשדות, הולכים ביחד למגרש לזרוק כדורסל. זה דברים שבונים קשר. לכל ילד יש

עם אבא שלו ריבים, כן, וברור שאני ואבא שלי היו לנו ויכוחים, אבל הקשר עצמו בנוי על בסיס טוב. גם עם אימא שלי זה ככה.

.4

נסענו בשדות, בכבישים, עברנו רמזורים באדום, ובסוף הגענו לאופקים, עשרה אנשים באוטו. חשבנו שזהו, נרגע, ופתאום אזעקה, ועוד אזעקה, ועוד אזעקה, אנחנו זרוקים שם על הרצפה, ומעלינו מחבלים עם רחפנים כאלה, זה היה מטורף. חזרנו לאוטו כולם, המשכנו לנסוע. בדרך מלא משטרה, צבא, יס"מ, ימ"מ, בלגן מטורף. בסוף הגענו לבית קמה, יש שם מרכז מסחרי, ומלא אנשים שבאו מהמסיבה, ומלא מלא מלא חיילים, ממש כמו בסרט, אבל שרים, עם ישראל חי. משם נסעתי, כמו מטורף, למודיעין. שם הורדנו כמה מהחבר'ה, עשינו תמונה כולנו, ונפרדנו.

אני לא אוהב שאנשים אומרים לי שהיה לי מזל. לא היה שם מזל. אולי הייתה שם 'שמירה', את זה אני מוכן לקבל, אבל עבדתי מאוד קשה להוציא אותנו בחיים. לא אלתרתי, לא השתוללתי, אנשים יכלו לתת גז ולהפוך את האוטו, אני יודע לנסוע מהר בשטח כי אני נוסע שנים מהר בשטח, על ג'יפים ועל רייזרים, ואני יודע מה זה אדרנלין. יש ביהדות מושג שנקרא 'השתדלות'. אני השתדלתי כדי שתהיה לי את השמירה האלוהית הזו.

החבר'ה שהיו איתי באוטו, הם אומרים כזה בכל מקום "הוא הציל אותנו, גיבור", אני לא אוהב את המילה "גיבור". אני עשיתי מה שיכולתי. ויש משהו אחד שכואב לי, בכל הסיפור הזה שהיה. יש בשלב מסוים את הקבוצה הזו שרצה, ואת האנשים שאני עובר לידם, רואים אותם במצלמות של הרכב, ואני עברתי שם, הצעתי להם לעלות והם לא עלו. ואני עד עכשיו מתבאס על זה קצת, זו סיטואציה מורכבת והכול, אבל בשטח המסיבה, בכל הטירוף, אם אנשים היו מבקשים לעלות, הייתי דוחס אותם, אחד על השני בכוח, תופס אנשים ומעלה אותם ככה אחד על השני. כואב לי הלב על מי שלא הצלתי. כואב הלב, כואב הלב.

.5

אני, המשפט שלי בווטסאפ זה "אני לא ימני ולא שמאלני – אני פשוט ציוני אמיתי". אנשים כבר קראו לי ביביסט, קראו לי שמאלן, קראו לי ימני, אני

בכל נושא חושב אחרת, כי אני לא זה ולא זה, אני ציוני אמיתי. זו המהות שלי. המשפחה שלי ציונית בבשרה, במהותה. אני פה, והאדמה הזו היא שלי, הרבה לפני שהיא של מישהו אחר. אין לי שום בעיה גם לחלוק עם עוד אנשים אם זה מה שהם כל כך רוצים, אבל תעזבו אותי ותיתנו לחיות בשקט.

אני מאז המסיבה הזאת, מאז הסיפור הזה, חשוב לי לשמוע הרבה מוזיקה, ויותר טרנסים, ולרקוד מלא, רק לשמוח, ורק לחייך. כל כך הרבה אנשים נרצחו במסיבה הזאת. אנשים שישבו איתנו בקנטה שם, לא חזרו. הם המלאכים של הנובה. והמלאכים של הנובה רוקדים שם למעלה, והם רוצים שנרקוד פה למטה.

הרי מה זה טרור, טרור אמור להפיץ כאוס ופחד. ברגע שאני אפחד, ולא ארקוד ולא איהנה – הם ניצחו. אז הניצחון שלי זה שאני חי, ומחייך, ורוקד, ושמח. אני ממש מרגיש את זה, בא לי עכשיו מסיבת טרנס מטורפת. בא לי לרקוד בשבילם, לרקוד. לפעמים כשאני רוקד בא לי לבכות, ולצרוח, ולפרוק את כל הדבר המשוגע שקורה פה סביבנו. כל אלה שהלכו שם, זה חבר'ה שרצו לרקוד ורצו לשמוח, אז בשבילם אני רוקד ושמח, כי הם לא יכולים לעשות את זה פה על הקרקע. הם רוקדים איתי בשמיים. ואני פה בשבילם, רוקד את זה. רוקד בשבילי ובשבילם.

פחדתי שמישהו יגלה שאני לא קשור

סיפורו של ערן מסס

פטיש, נובה

.1

אני נולדתי כארן בא' בתעודת הלידה, ארן. בהתחלה זה היה נשמע לי מיוחד, אבל בכל מקום שהגעתי כולם קראו לי אורן, וגם ההורים שלי, הם לא באמת יודעים להסביר לי למה הם קראו לי ככה, אף אחד לא נתן לי תשובה! ואני מזל בתולה, אני פרפקציוניסט, אוהב לדעת הכול, אז זהו כמה ימים לפני האירוע, ממש לפני, החלפתי את השם לערן באופן רשמי וסופי, משיקולים רוחניים. ממש, הלכתי לרב והתייעצתי איתו ואמרתי לו, "הרב, בוא תעשה לי סדר בחיים! מה אני!", והרב אמר לי להיות ערן בע', וזהו, מאז אני ערן.

אני עד גיל שמונה עשרה הייתי ילד מורכב, שובב מאוד, מופרע כזה, הייתי ילד מאוד בעייתי, מאוד עצמאי, הייתי אאוטסיידר במשפחה, במסגרות אף פעם לא הסתדרתי, ולפני הגיוס ממש פחדתי, כי היו לי סיפורים, היו לי עניינים, הייתי בטוח שהצבא לא יתקרב אליי, לא ייקח אותי בכלל, אבל הייתה לי מורה אחת, מחנכת שלי, שאמרה לי, "תלך למיונים של קורס מדריכי צניחה!", זה מה שהיה בזמנו דובדבן, וסיירות, כאלה, ואני אמרתי לה, "תגידי, את עושה צחוק, יזרקו אותי מכל המדרגות", והיא אמרה לי, "תלך, יש לי כמה חברים ואני אכניס אותך בקומבינה". קומבינה זה אני! זה השם האמצעי שלי, חחחחח, ובאמת הלכתי, עשיתי גיבוש כמה ימים, נתתי שם את הנשמה שלי, ועברתי את הגיבוש הזה. כשבאתי למחנכת שלי וסיפרתי לה שהתקבלתי, היא לקחה אותי הצידה ואמרה לי, "תשמע אני חייבת להגיד לך משהו, אני לא מכירה שם אף אחד, אין לי שום קשר לצבא, את מה שעשית, עשית בזכות עצמך בלבד".

כשסיפרתי בבית שלי שהתקבלתי, אבא שלי נתן בי מן מבט כזה, אני הרגשתי במבט שלו שהוא פשוט לא מאמין שזה נכון, שהוא כאילו שואל מתי המתיחה הזאת נגמרת. אני בעצם עד אז אכזבתי את אבא שלי כל הזמן, אבל כשהוא ראה אותי לובש מדים, הולך ליחידה קרבית, לקורס מיוחד, חזר לו הניצוץ לעיניים, הוא קיבל את הילד שלו כמו שהוא ציפה וקיווה כל החיים שלו. ולראות את אבא שלי ככה גאה בי, זה נתן לי גם אמונה בעצמי, זה נתן לי תקווה.

וזהו, משם החיים שלי השתנו לגמרי. הכול השתנה. אם לא הייתי מתקבל לקורס מדריכי צניחה, סבירות מאוד גבוהה שהייתי מוצא את עצמי יום אחד בעולם הפשע. אני חייב המון לצבא. המון. אז התגייסתי לקורס מדריכי צניחה, ומשם לאגוז, ומשם קורס קצינים, עשרים וחמש שנים הייתי בצבא, בזמן הזה התחתנתי עם מיה, ונולדו לנו ארבעה ילדים, מלאכי, בניה, רומי, וארבל, ואחר כך השתחררתי, השתחררתי בדרגת סגן אלוף, הייתי ראש ענף לוגיסטיקה בבית הספר לקצינים, ואחר כך יצאתי לפנסיה. זה דבר קשה לצאת לפנסיה, לסיים שירות צבאי. ==השנה הראשונה היא קשה, זה כמו שנת אבל, שאתה צריך להבין פתאום בגיל ארבעים וחמש מי אתה, מה הסיפור שלך.== אז השתחררתי. ועברתי בכמה עבודות, והיום יש לי תפקיד בעיריית קריית אתא, אני מנהל חזות העיר של קריית אתא. זה מה שאני עושה בחיים.

2.

יום שבת, השבעה באוקטובר, אני בבית, מסיים שבוע רגיל לחלוטין. אני משוחרר כבר, לא בראש של הצבא בכלל, ופתאום אני מתחיל לקבל שיחות מאחי הגדול, שגר באילת, מתקשר אליי בשבע בבוקר, ואני עונה לו, "מה העניינים", והוא אומר לי "איפה אתה", ואני אומר לו "אני בבית, ישן", ואחי אומר לי, "==פתח טלוויזיה, הלכה המדינה==". ככה הוא אמר.

קמתי, הלכתי לסלון, פתחתי את הטלוויזיה, והתמונה הראשונה שאני רואה שם זאת התמונה של הטנדר של חמאס בשדרות, ושם אני אומר, "אין סיכוי, אין סיכוי שזה קורה!", זאת המחשבה הראשונה שלי, והמחשבה השנייה שיש לי היא "אם הם הגיעו לשם, קום, קח את האקדח, לך תעצור אותם!". זה היה הכי ילדותי, הכי טיפשי, הכי לא מחושב, פשוט אמרתי לעצמי, "ערן, קום, תעשה משהו! לך לטנדר הזה! לך לשם!". ואני בקריית אתא בכלל,

כאילו, ברור לי שעד שאני מגיע לשדרות האירוע כבר גמור. המשטרה והצבא יטפלו בהם. האירוע גמור.

בקיצור התחלתי להסתובב בבית, לחפש את המדים, הבאתי את האקדח, ואשתי באה אליי, ואומרת לי, "מה זה, מה אתה עושה", ואני אומר לה, "התקשרו אליי מהצבא. אני חייב לנסוע לצבא", וזה לא נכון, חחחחח, אף אחד לא התקשר אליי. זהו, סיימתי להתארגן, נישקתי את הילדים על הראש, ויצאתי.

.3

התחלתי לנסוע דרומה, נסעתי במהירות מטורפת, ובדרך אני שומע חדשות, אז עוד לא באמת ידעו מה הולך, הבינו שיש בלגן, אבל לא באמת הבינו כלום, לא הבינו את הגודל של האירוע, וכל הדרך ניסיתי לחשוב, לאן אני בכלל נוסע, את מי אני מכיר בנגב, למי אני מתקשר, ואז נזכרתי, קפץ לי לראש חבר שלי שהיה איתי בקורס קצינים, הוא גר במושב פטיש, ליד אופקים, אז התקשרתי אליו! בכלל לא ידעתי מה הולך שם בפטיש, פשוט התקשרתי, והוא עונה לי, ואני אומר לו, "ליאל מה העניינים", והוא אומר לי "אל תשאל איזה בלגן", ומתחיל לספר לי את הסיפור שלו, הוא קרוב משפחה של רמי דווידיאן, מהמשפחה שהצילה שמה צעירים מהמסיבה, הם נסעו ואספו אנשים שם, כל היום, אז הוא מספר לי את זה, ואני אומר לו, "עשרים דקות אני אצלך בפטיש", והוא אומר לי, "איך אבל, אתה מקריית אתא, מה אתה מדבר", ואני אמרתי לו "עשרים דקות אני אצלך", ונסעתי, בלי ווייז בלי כלום, הפעם האחרונה שהייתי אצלו בבית הייתה לפני עשרים שנה, ובכל זאת הגעתי לשם, בכלל בלי בעיות.

כשהגעתי לפטיש, הגעתי לסביבה של האולם ספורט שם, והיו שם את כל הילדים שברחו מהמסיבה, הייתה שם היסטריה מטורפת, וראיתי שם שוטרים, ראיתי אנשים מהיישוב, אז הכנסתי את עצמי כזה למוד של סמכותיות, ושמתי על עצמי את הכומתה של גולני, כדי שיחשבו שאני סדיר, ונכנסתי פנימה, אני בכלל עוד לא הבנתי מה קרה, עוד לא הבנתי את האירוע, ונכנסתי פנימה לאולם, הייתה שם פאניקה מטורפת, אז התחלתי לצעוק שם, "תקשיבו, כולם להיכנס פנימה, כולם להיכנס פנימה", תפסתי שם איזה שלושה חיילים, ועוד איזה קצין שהיה שם, ואמרתי להם, "תקשיבו

טוב טוב, אתם צריכים לנהל רשימות, אני רוצה רשימות של כולם, מספרי טלפון, כדי להתחיל לעזור להם להגיע להורים, שנדע מי כאן".

היה שם בלגן מטורף, ממש מטורף, ואני צעקתי שם כזה, "תקשיבו טוב, אנחנו בהערכת מצב, מנסים להבין מה לעשות, אנחנו בשליטה, הצבא נמצא, הצבא בדרך, אני פה כדי לעזור לכם", והייתה שם איזה עיתונאית שקפצה עליי עם מצלמה, ואמרה כזה, "יש פה נציג של פיקוד העורף!", ואני כזה, אוי ואבוי, אני לא נציג, אני אפילו לא במילואים, אני רק רוצה לעשות סדר.

ואחרי כמה זמן שהייתי שם, הבנתי שאין לי שם הרבה מה לעשות, אני לא באתי לעשות רשימות, אני צריך להיות במקום שאני משפיע, אני צריך לצאת להילחם. ומישהו שם היה לו מיקום של מישהו מהמסיבה, שצריך להציל, אז החלטתי לצאת אליו.

.4

אם ישאלו אותי ממה פחדתי, אני לא פחדתי ממחבלים, ולא פחדתי למות, אני רק פחדתי שמישהו יגלה שאני לא קשור, כאילו, שחרגתי מסמכותי. ובדרך כשהתחלתי לנסוע, הוצאתי את האקדח והכנסתי כדור בקנה, כי הבנתי שיש פה מחבלים, לא הבנתי שיש מאות ואלפי מחבלים, חשבתי מחבל שניים, לא יותר. עדיין לא הבנתי את האירוע.

ואחרי כמה זמן כשאני נוסע בשטח אני רואה מולי ג'יפ של משטרה, שעשה תאונה עם טנדר לבן, ואני קולט שיש שם גופה, מוטלת, ליד הג'יפ, ואני עדיין חושב שזאת תאונה, אבל אז אני פתאום רואה מחבל, יוצא מהטנדר! מתחיל להתקדם לכיווני, צולע כזה, ואני קולט שזה מחבל, ואני פשוט קופא בשנייה, אני אומר לעצמי, "ערן, תהרוג אותו! תהרוג אותו!", ואז הראש שלי כזה בשיקולים "מותר לי בכלל להרוג אותו, אסור לי להרוג אותו", הכול בשבריר שנייה.

ובסוף יריתי בו, והרגתי אותו. הוא נופל לאדמה. ואחריו אני רואה עוד מחבל, שקופץ אחריו, וגם בו אני יורה, סיימתי עליו מחסנית, והרגתי גם אותו. ואחר כך חזרתי לאוטו, והתחלתי לנסוע עם נשק בחוץ ממש. לכיוון המיקום שהיה לי. אני נוסע בטירוף, ובדרך, ליד הכניסה לקיבוץ רעים, אני רואה מלא רכבים שרופים, וגופות מוטלות בצד, ומחבלים מתים, הכול מהכול, ואז כבר הגעתי למקום של המסיבה, לאיפה שהייתה המסיבה, ושם,

אני רואה מולי רכבים שרופים, גופות בכל מקום, זה מחזה שאני לא אשכח, כל החיים, כל החיים.

ואחר כך יצאתי מהאוטו, פרקתי רגלית, במתחם של המסיבה, היה שם שקט כזה, ואני הוצאתי את הטלפון, כדי לצלם את זה, זה לא מתאים לי לצלם, אבל חשבתי שזהו, שאני הולך למות, והטלפון כאילו נתן לי ביטחון מסוים, ללכת, זה נתן לי תחושה שאני לא לבד שם, אז התחלתי לדבר לעצמי, והתקרבתי למתחם של המסיבה, וצעקתי, "צה"ל, משטרה! צה"ל! משטרה! מישהו צריך עזרה, מישהו!", והיה שם שקט, שקט לא מוסבר, שקט כמו גיהינום, ואני צועק, ואף אחד לא עונה לי, אף אחד לא עונה, וכל המתחם גופות, כל המתחם שם היה מלא גופות, עשרות גופות, מאות גופות, כמויות של אנשים, ורק אז, אני חושב, רק שם הבנתי את סדר הגודל של האירוע.

הסתובבתי שם מלא זמן, סרקתי את השטח, ואחרי כמה זמן ראיתי חיילים נכנסים, אז הפסקתי לצלם, כי לא רציתי שזה ייראה מטופש, כאילו, סגן אלוף יושב ומצלם, מה הלו"ז, ואמרתי לעצמי, אוקיי מה המשימה שלי עכשיו, מה אני עושה פה, בהתחלה הייתי במוד של לחימה, אבל לא היה שם אף אחד, לא היו שם מחבלים כבר, אחר כך אמרתי, אולי אני אהיה במוד של רפואה, חילוץ של פצועים, אבל כולם שם היו מתים, כולם מתו כבר, זה היה נורא. ואז חשבתי שהחמאס, הם גם גונבים גופות, וחשבתי שצריך לרכז את הגופות, לפני שהחושך יורד. הגופות היו מפוזרות שם, בכל מקום.

היה שם אוהל לבן גדול, שהיה נקודת הפינוי של המסיבה, אז אמרתי, אוקיי, זה נראה לי מספיק גדול, נביא לשם את כולם. בדיעבד האוהל לא הספיק, עם הכמות שהייתה שם. בינתיים הצטרפו אליי עוד שלושה קצינים שהיו שם, וביחד ניסינו להבין איך נאסוף את הגופות.

.5

בסוף מצאנו איזה מיול, טרקטור קטן כזה, והצלחנו להניע אותו, וחיברנו אליו עגלה גדולה, והתחלנו לעבור שם, חשבנו להתחיל מהחלק הרחוק של המסיבה, ושם היו גופות שרופות, בשיחים, היו שם גופות שרופות, ואני מבין שאני חייב לצלם, חייב לתעד את זה, שיהיה, להיסטוריה, ככה ראיתי את זה, הרגשתי שזאת השואה, ככה ראיתי את זה, ככה הרגשתי. צילמתי

כמה תמונות, ואז באתי להרים את הגופות, ופתאום פחדתי שהן יתפרקו לי, פחדתי לגעת בהן, אז המשכתי משם הלאה, לגופות יותר שלמות.

הייתה שם גופה אחת, של צעירה אחת שהרמתי, היה לה טייטס שחור וגופייה ירוקה, ואני ניסיתי להרים אותה, והיא כבדה, ואני כזה נופל, על האדמה שהייתה שם, היה לי קשה לסחוב אותה, ואני נופל איתה, ואומר לה, "סליחה, סליחה", ואני שם אותה על העגלה, בעדינות, ואני קולט שאני לא מסוגל, שאני לא אצליח לעשות את זה, ואז אני מחליט שיש פה משימה, אין מה לעשות, יש מלא גופות, אני מחליט להתנתק. וזה מה שאנחנו עושים שם, שעות, הדבר הזה נמשך עד אמצע הלילה, עד תשע בערב. הלכנו, העמסנו גופות, מהשטח, מרכבים, ממיגוניות, העמסנו, ופרקנו, העמסנו ופרקנו, ככה שעות.

והיה רגע אחד בתוך כל הסיוט הזה של הגופות, היה רגע אחד שמצאנו שלושה חבר'ה שהיו בחיים, התחבאו! זה היה הדבר הכי משמח שהיה לי, העליתי אותם לאוטו, והם נכנסו בטירוף כזה, ואני אמרתי להם, "אני איתכם, אני לוקח אתכם, הכול בסדר, אני לוקח אתכם למושב פטיש", וכל הדרך החזקתי יד לאחת הבנות שהייתה שם, והיא תופסת אותי, ממש תופסת, עם הציפורניים שלה, כאילו, אל תעזוב אותי. זה היה מטורף. הבאתי אותם לפטיש וחזרתי למתחם של המסיבה, לעזור שם עם הריכוז של הגופות.

בארבע לפנות בוקר כבר ריכזנו שם מאתיים וארבעים גופות. אני סחבתי שמונים גופות בערך. משהו כזה. ואני מתחיל להיות מותש מאוד. ואני מנסה לחשוב, מה הלאה. יש עדיין לחימה, אבל אני לא יודע את זה. אז זהו, כשהשמש זרחה נסעתי שוב לפטיש, וראיתי שם שהמצב קצת מתייצב, קשה לי להשתמש במילה הזאת, מתייצב, אבל רק שם אמרתי לעצמי "תירגע", והחלטתי לנסוע הביתה.

.6

כשחזרתי הביתה אשתי לא באמת הבינה מה עברתי שם, מה עבר עליי, היא לא הבינה את כמות המוות שראיתי ביום הזה. וזה לא שאני מבין משהו. בכלל, אני מאז שהשתחררתי, ההורות שלי והזוגיות שלי, הכול מאוד מורכב. זה כבר סיפור אחר.

אני לא באמת יודע למה עשיתי את מה שעשיתי. אני זוכר שהיה במלחמת לבנון השנייה, היה את הסיפור של הסמג"ד שקפץ על הרימון. רועי

קליין. אני לקחתי הרבה מהסיפור הזה. ואני יכול להגיד בוודאות מוחלטת, שאם לא הייתי עושה את זה, אם לא הייתי יורד דרומה, אם הייתי יושב בבית, מסתכל בחדשות, ומתקרבן, לא הייתי סולח לעצמי בחיים. בחיים! ברמה שהייתי שוקל ברצינות לעזוב את המדינה, פשוט כי לא הייתי מסוגל להראות ברחוב את הפרצוף שלי. אין סיכוי! לא הייתי יכול לחיות כאן בחיים.

אני חושב הרבה על זה, מה היה קורה אם הייתי מגיע מוקדם יותר, אפילו בחצי שעה, אולי היינו מוצאים שם במסיבה מישהו שעדיין חי, אולי אם הייתי מקדים, הייתי משתתף בלחימה האמיתית. אני ממש מדמיין את עצמי, משיג שם נשק ארוך ממישהו, לובש ווסט ויוצא למלחמה. לא יודע, זאת סתם הלקאה עצמית, אבל אני חושב על זה הרבה, אני לא נרדם בלילות בגלל המחשבות האלה שלי.

.7

בסוף בסוף אני חושב על הילדים שלי. אני רק רוצה שיהיה להם טוב. לא אכפת לי אם הם תלמידים מצוינים, לא מעניין אותי כמה הם קיבלו במבחן. אני רק רוצה שהם יהיו מאושרים, שיחייכו, שיהיה להם שמח, באמת שיהיו מאושרים, שיתמלאו, מדברים פשוטים, אני רוצה ילדים פשוטים, שיכולים להיות שמחים, לשמוח, מהדברים הפשוטים בחיים, ואני באמת באמת רק רוצה שיהיה להם פה טוב. במדינה הזאת. אני מסתכל מה קורה פה, אני מסתכל, לא יודע, על העתיד של המקום הזה, אני מסתכל על השנאה שיש, אני מסתכל על מה שקרה בשבעה באוקטובר, שהצבא לא הגיע, והמשטרה לא הגיעה, ואני מרגיש שיש פה מה לתקן, יש מה לתקן.

וואלה, אני חושב הרבה על המדינה שלנו, על העתיד של המקום הזה, העתיד של ישראל, שנים קדימה, זה מאוד מטריד אותי, במיוחד עכשיו אחרי מה שהיה, ואני לא, אני ממש לא בן אדם של פוליטיקה, אבל אני כל הזמן חושב לעצמי – מתי יקום ויבוא כבר הבן אדם הזה שינהיג אותנו, ויגיד לנו, "חבר'ה, תפסיקו לריב, אני יודע מה לעשות, הינה משהו שיוביל אותנו למקום טוב", מנהיג שידבר ככה, שייקח אותנו למקום טוב, ואני ממש לא אכפת לי אם זה יהיה דרך מלחמה או דרך שלום, זה לא משנה לי, העיקר שזה יבוא ממקום נקי, ממקום טוב, לא מאינטרסים. אני רק רוצה שנהיה במצב טוב יותר. טוב יותר מעכשיו.

הייעוד שלי בחיים זה ליילד בני אדם

סיפורה של מיכאלה קורצקי

עלומים

.1

אני מאז שאני זוכרת את עצמי, יש לי את החיידק הזה של האקשן והאדרנלין, אולי בגלל זה החלום שלי היה לעבוד במיון. כשסיימתי ללמוד סיעוד הגעתי לאחות הראשית בסורוקה והיא אמרה לי "אין כרגע אפשרות, אין תקנים במיון, תלכי למקום אחר", אז אמרתי לה "אני לא מוותרת! אני אבוא אלייך בעוד שנה ואת שמה אותי במיון!", חזרתי אחרי שנה, ואמרתי לה "הלו הבטחת לי, את זוכרת", והיא אמרה לי "אין לי מקום במיון, אבל צריך אחות מיילדת אם את רוצה". ומאז, כבר שמונה עשרה שנה שאני שם.

חדר לידה זה מקום שיש בו המון אקשן, בטח חדר לידה של סורוקה, המון מתח, המון אדרנלין, את עובדת בפול אנרג'ייזר כל הזמן, יש לנו שם גם הרבה מקרי חירום, אז יצא לי כמה פעמים לעשות את הסוויץ' הזה, ולהיכנס למוד כזה, של פעולה, של פוקוס, מוד של מה צריך לעשות עכשיו, ואיך מתפעלים את האירוע הזה, ואיך מצילים חיים. וזה מה שאני חושבת שאולי הכין אותי במובן מסוים למה שהיה לנו באותה השבת.

.2

שבת בבוקר בסביבות שש וחצי, אני הראשונה שמתעוררת בבית, מהקולות של כיפת ברזל. זה מקדים את הצבע האדום אצלנו בקיבוץ. מתעוררים מזה, ישר מבינים, קולטים מהר מאוד שזה זה, בסדר, רצים לממ"ד. אנחנו רגילים לזה. עומדים בממ"ד, אפילו לא מתיישבים, מחכים לבום, שניים שלושה, בסדר, נגמר, יוצאים החוצה, וזהו, ממשיכים את היום.

אבל פה, מהר מאוד אנחנו מבינים שזה משהו אחר. אנחנו סופרים את הבומים וזה עשר, עשרים, שלושים, זה מגיע לכמויות, ואז התחלתי לחשוב, אוקיי מה הולך פה. באיזשהו שלב צביקי בעלי אמר שכיפת ברזל הפסיקה ליירט, זהו, היא נגמרה. ואנחנו ממשיכים לשמוע בומים, ובומים, נפילות ונפילות, ואז צביקי אומר, "זו הסחת דעת למשהו אחר, קורה פה משהו גדול יותר".

ההורים של צביקי התארחו בשבת אצלנו בעלומים, בדירת אירוח של הקיבוץ, ואז הבת שלי הגדולה אומרת, "רגע, נדמה לי שבבית שסבא וסבתא נמצאים בו אין ממ"ד!", אז ברגע שהייתה איזושהי הפוגה ככה ממש קצרה בבומים, צביקי עלה על אופניים, טס אליהם לאיפה שהם נמצאים והביא אותם. הם הלכו קצת יותר לאט. אבא שלו, יפים, בן שבעים וחמש, הוא נכה צה"ל, הולך עם מקל, הוא לחם בתל פאחר ברמת הגולן, נפצע שם. בסוף הם הגיעו אלינו, ונכנסו איתנו פנימה, לממ"ד.

כשצביקי חזר, הוא ישר הלך לכספת להוציא את האקדח. הוא ישר הבין מה קורה, והתקשר למח"ט שלו, המח"ט שלו היה אז באילת, בחופשה, וצביקי אומר לו, "תקשיב, משהו גדול קורה כאן", אז הוא אומר לו "תודה שאמרת לי, אני לא שמעתי כלום, אני לא יודע מזה כלום". בשלב הזה כבר הכנסנו פלאפונים לממ"ד. והבומים ממשיכים, ואנחנו מתחילים לקבל הודעות מהקיבוץ, להישאר בממ"דים, לנעול דלתות, חשש לחדירת מחבלים.

ואז כבר התחילו להגיע שמועות. חברה שלי, מיילדת שגרה במושב ישע, שזה חצי שעה מאיתנו, שולחת לי הודעה, "עבדתי משמרת לילה, אני לא מצליחה לחזור הביתה, בעלי אמר לי שיש קרבות ברחובות". הרופא שלנו, דוקטור דן, שולח לי הודעה ושואל מה קורה אצלנו בעלומים, כי יש הרוגים ממפלסים. מפלסים זה כבר רבע שעה מאיתנו. לאט לאט אני מבינה שזה מתחיל לסגור עלינו. ואז מגיעה הודעה – הם פה, יש מחבלים בקיבוץ.

.3

היינו בממ"ד שעות, ובזמן שהיינו שם, הסטרס עבד יופי על הגוף, אז כולנו היינו צריכים כל הזמן לשירותים, וכל פעם שהלכנו, צביקי היה מלווה אותנו עם האקדח. בסביבות תשע וחצי יצאתי לשירותים, ופתאום התחילו יריות מאוד מאוד חזקות, ממש קרוב לבית. מצאתי את עצמי יושבת, ממש

מתכופפת בשירותים, רק מהחשש שדרך החלון משהו יגיע אליי. סיימתי מהר וכשאני חוזרת אני רואה בטלפון הודעה קולית מחבר כיתת הכוננות, שהוא שכן שלנו, והוא שואל אותי "מיכאלה את בבית", אני באה להתקשר אליו, והוא כבר דופק לנו בדלת, "זה ערן, תפתחו!".

אז צביקי ואני יוצאים החוצה מהממ"ד, פותחים את הדלת של הבית, וערן עומד שם ואומר לי "אני מביא לך פצוע". הוא מבקש מצביקי לעזור לו להביא אותו, והם יוצאים שניהם החוצה, כשמחוץ לבית יש ירי חזק מאוד, זה כבר לא בומים של קסאמים, ממש יריות.

ברגע שהם יצאו החוצה, אני רצה בתוך הבית, מביאה שני תיקי עזרה ראשונה שאני מחזיקה תמיד, מחפשת מה עוד יש לי. אני האחות של הקיבוץ, אז תמיד מגיעים אליי לחבישות, ילדים שפתחו את הסנטר או את המצח, אני מחזיקה בבית את כל הדברים האלה שצריך. זה דברים שאני משתמשת בהם מעת לעת, והילדים גם יודעים שיש נוהל שוקולד – כשילד כזה מגיע, קודם כול נותנים לו שוקולד.

מצאתי גם עירוי שהיה לי, אני מחזיקה עירוי קבוע בבית בשביל נשים הרות שצריכות פתאום משהו, מתייבשות, יש לי את הדברים האלה בבית כבר שנים. גם פה אני חושבת שבעצם זה לא היה להם זר, העניין הזה שמביאים לי פצוע, אבל אף אחד לא ידע לקראת מה אנחנו הולכים, מה אני הולכת לקבל.

.4

אחרי כמה שניות הם מכניסים את הפצוע, ואני רואה שזה עמיחי, שכן שלנו, שגם הוא מכיתת הכוננות. המחשבה הראשונה שקופצת לי זה שמטפטף לי דם על הרצפה, עוד לא קלטתי באיזו סיטואציה אנחנו נמצאים בכלל. הם הביאו אותו, והוא כולו מלא בדם והוא נוגע בקיר ואני קולטת שהוא מטפטף גם על הקיר, ואז בשנייה נהיה לי הסוויץ' במוח, סוויץ' כזה של התעשתות מהירה, ואני אומרת, אוקיי, בואו נראה מה קרה לו, איפה הוא נפצע. ערן חוזר להילחם וצביקי נשאר לעזור לי, ואני כולי עדיין עם פיג'מה, יחפה. ואני לא יכולה להיות יחפה. אין מצב שאני עובדת כשאני יחפה.

אז אמרתי לצביקי, "תקשיב, אני חייבת שתביא לי איזשהו זוג נעליים, אני צריכה להרגיש יציבות. אני לא מצליחה להרגיש יציבה כשאני יחפה!", אני חושבת שזה משהו אולי פסיכולוגי כזה, וצביקי הביא לי זוג נעליים

דרדלה כאלה, ואני צועקת עליו, "לא! אני צריכה משהו יציב! אני צריכה נעלי ספורט!", ונעלי הספורט שלנו נמצאות בחוץ, יש לנו ארון נעליים בחוץ, וצביקי אומר לי, "אני לא מביא לך נעליים מבחוץ! תסתדרי עם מה שיש!", ואני אומרת לו, "אני חייבת להרגיש את היציבות הזאת!", וצביקי יוצא החוצה, תוך כדי הירי, כן, הוא יוצא ומביא לי את הנעליים שלי. ואני נועלת אותן, ומרגישה סוף סוף קצת יציבה.

אנחנו מורידים לעמיחי את הקסדה, מורידים את האפוד, אני בודקת איפה הפציעות שלו, ותוך כדי אנחנו מבינים שכדאי שנתכופף, ונסתתר, כי היריות יכולות לחדור מהחלון. השכבנו את עמיחי על הרצפה במטבח, מעליו שמנו את השולחן, ושלושתנו מתחת לשולחן עם המפה הלבנה, כמו בסיפור הזה, הבית של יעל.

בשלב הזה אבא של צביקי יוצא החוצה מהממ"ד לעזור לנו. הייתה במטבח כזאת קערה עם חצילים שעשינו, אז אבא של צביקי זרק אותם, מילא אותה במים, טבל מגבת וככה התחיל לנקות אותו מכל הדם והלכלוך כדי שנוכל לראות את הפצעים, ופתאום אני רואה שלעמיחי יש בור כזה ביד, הנשק ממש התפוצץ עליו, באמצע הזרוע. אז אני חובשת את זה, חבישות לחץ, מכל מיני תחבושות אלסטיות שהיו לי, ככה אלתרתי. עמיחי צועק, כואב לו בטירוף, ואני אומרת לצביקי, "תן לו שלושה אדוויל", זה מה שיש לי בבית, אני גם מחברת לו עירוי, ככה תולה את זה על מסמר בקיר, ומסתמסת בינתיים עם דוקטור דן. אני מתארת לדוקטור את הכול, אני לא טיפלתי בפצועי ירי מעולם, והוא כותב לי, "מה שעשית מעולה, אם הוא יציב, חכו לפינוי". בסדר, מחכים.

.5

פתאום ערן דופק עוד פעם בדלת ואומר "יש לנו עוד פצוע". אני מסתכלת על צביקי וחושבת – "רגע, נגמרו לי כל החומרי חבישה, מה אני עושה". אז יש לנו קבוצת ווטסאפ של כל נהגי האמבולנס, האחיות והרופאים בקיבוץ, ואני מקלידה להם "חבר'ה, אני צריכה עזרה. מי שיכול, שיגיע אליי". כמובן שאף אחד לא היה יכול להגיע אליי, הלחימה הייתה ממש על הבית שלנו. וצביקי נזכר פתאום שעמיחי הביא איתו את מכשיר הקשר של הכיתת כוננות, אז הוא מרים את הקשר וצועק להם "תביאו עוד חומרי חבישה לבית של

מיכאלה, צריך עוד חומרי חבישה!", ובינתיים אני רואה שהם כבר מכניסים את הפצוע השני, בחור גדול, הולך בקושי, חיוור מאוד, והם ממש סוחבים אותו, תומכים בו, ואני רואה שזה אייל, השכן שלנו.

ואייל מסתכל עליי, ואומר לי "קשה לי לנשום, אני מחרחר", ואני באמת שומעת חרחור בנשימה שלו. אבל אני לא רואה פציעה ברורה, אז ישר אני אומרת לצביקי "תביא לי מספריים!", ואנחנו משכיבים אותו ליד עמיחי, וגוזרים לו את החולצה ומנסים באמת לראות מה קורה. מקדימה אין כלום, אבל אז אנחנו הופכים אותו ואני מזהה שלושה פצעי ירי בגב. ועמיחי ששוכב פצוע לידו, הוא נהג אמבולנס, אומר לי "זה חזה אוויר, הוא צריך אשרמן!".

חזה אוויר זה כשהמעטפת של הריאה נפגעת, והיא לא יכולה להתמלא כמו שצריך, הכול כאילו מתמלא באוויר, ומקשה על הריאות לעשות את הפעולה של הנשימה. ואשרמן זה סוג של חבישה מיוחדת עם שסתום חד־כיווני שמותאם לפציעות כאלו.וכמובן שלא היה לנו את זה בבית. בדיעבד התברר שמה שהיה לאייל זה היה חזה דם ולא חזה אוויר, הוא פשוט דימם לתוך עצמו, מה שגרם לזה שלא ראיתי דימום חיצוני כמו אצל עמיחי.

אז אני חובשת את אייל, מכניסה לו עירוי והוא בעצם שכב על צד שמאל, מול עמיחי, ואני זוכרת איך אייל מלטף בראש את עמיחי, והם מדברים ביניהם ואייל אומר לעמיחי, "עמיח", ככה הוא קורא לו, "עמיח, מה קורה איתך, איפה נפצעת" והוא אומר לו, "אני בסדר, אתה אל תדאג, תהיה חזק", והם ככה מחזקים אחד את השני וזה איזשהו דיבור כזה שחוזר ביניהם כל כמה דקות. זה היה מרגש.

.6

ואייל פצוע מאוד קשה, הוא כל הזמן יורק דם, ואני כל הזמן מנגבת לו את הדם, ומעודדת אותו, ואני ועמיחי כל הזמן אומרים לו "אייל, תהיה איתנו, תנשום". ובשלב מסוים אבי, חבר מהקיבוץ, נכנס אלינו הביתה פתאום. הוא ראה שאני זועקת לעזרה בווטסאפ, שאנחנו זקוקים דחוף לחמצן, ויש לו אופניים חשמליים, אז הוא פשוט עלה עליהם והגיע אליי תוך כדי כל הטירוף, עם חמצן!

חיברנו את אייל לחמצן, אבל זה רק קנה לנו זמן. בשלב מסוים אייל פשוט אומר שוב ושוב, "קשה לי לנשום, קשה לי לנשום", ואנחנו יודעים

שמד"א לא יגיעו, כי זו זירת ירי. ברור לי שזמננו שאול, ושהוא חייב להגיע לבית חולים, ושאין לי יותר מה לעשות, ולרגע אני מרגישה שנוחתת עליי מין תחושה כזאת של חוסר אונים שחור, כבד, ובדיוק אז, ברגע הזה, פתאום נכנס אלינו הביתה גלעד.

גלעד הוא נהג אמבולנס מתנדב, ואני אומרת לו "אנחנו חייבים פינוי אבל לא נותנים לאמבולנסים להיכנס, מה עושים!" והוא חושב לרגע ואומר "פינוי עצמאי!", הוא מרים את הנשק של אייל, ואומר לצביקי "בוא, אני אחפה עליך, צא ותביא את הרכב, הרכב בכביש ההיקפי ליד הבית", וצביקי לוקח את הקסדה של עמיחי, ויוצא החוצה, ובזמן הזה גלעד והחבר'ה מכיתת הכוננות מחפים עליו. הם נותנים צרור, צביקי רץ לאוטו, נותנים עוד צרור, הוא ממשיך. וככה הוא מגיע עם הרכב ברוורס ממש לפתח הבית, ומשכיב את הכיסאות מאחורה.

ואייל אומר "קשה לי לנשום, אני לא יכול לעמוד", ואנחנו מבינים שזה יהיה לא פשוט, להכניס אותו לאוטו. אז שלושתנו מנסים להרים אותו, וככה הולכים, שלושה ארבעה צעדים, עד לפתח הדלת ופתאום הוא אומר "אני הולך ליפול, אני הולך להתעלף" והוא נופל בפתח הדלת. אז אנחנו מרימים אותו עוד פעם בכוחות משותפים, וצועקים עליו "אייל תעזור לנו, אייל אתה חייב!", ממש מנסים לפקס אותו. ואנחנו הולכים עוד חמישה צעדים וממש ליד האוטו הוא עוד פעם נופל, ואז גלעד צועק עליו "אייל תפתח את העיניים, תרים את עצמך לאוטו, אתה חייב לעזור לנו!" והוא פשוט פותח עיניים וזורק את עצמו בשכיבה לאוטו, לבגאז', ונשכב שם.

ואז צביקי שואל את גלעד, "מי נוהג" אז הוא אומר לו "תנהג אתה, זה האוטו שלך", וצביקי מסתכל עליי, ואני מסתכלת עליו, "אתה בטוח שאתה יוצא עכשיו", והוא נותן לי את האקדח האישי שלו, ואומר לי, "תני את זה לאבא שלי כדי שישמור עליכם" ונכנס לאוטו. ועמיחי גם כן נכנס לאוטו, וגלעד מתיישב מאחורה, עם רובה שלוף החוצה בשביל לחפות עליהם.

כדי לעקוף את הירי הם יוצאים דרך הדשא של הקיבוץ, והשבילים הפנימיים שבדרך כלל לא נוסעות שם מכוניות, ולפני שהם יוצאים מהקיבוץ גלעד אומר לצביקי, "אני חוזר לעזור, סע הכי מהר שאתה יכול לנתיבות, מד"א מחכים לכם שם". וצביקי לבד עם שני הפצועים, בלי מיגון, בלי אקדח, בלי כלום, הוא פשוט פותח בדהרה לכיוון נתיבות. באיזשהו שלב, היו לו

כמה מחסומים בדרך של חיילים, שברגע שמתקרב רכב כל כך מהר, כולם עם נשקים שלופים, והוא כל פעם היה צריך להאט וגם להוציא יד מהחלון ולצעוק להם "פצועים פצועים!" וככה נתנו לו להמשיך.

הוא מגיע לצומת נתיבות ושם גם חבר'ה של זק"א ניסו לעצור אותו והוא פשוט המשיך, נוסע כמו מטורף ומגיע בחריקת בלמים לתחנה של מד"א, יוצא מהרכב ורואה שני חבר'ה רצים אליו עם מטפי כיבוי. הוא אומר "מה מטף עכשיו, יש לי פה שני פצועים ברכב!", אומרים לו "כן, אבל הבלמים שלך עולים באש", הוא ליטרלי שרף את הכביש, חחחחח.

.7

בקיבוץ שלנו יש בית אריזה של אבוקדו, גזר, תפוזים, תפוחי אדמה, ויש שם המון עובדים זרים, שגרים שם, ליד בית האריזה. ובזמן שהיינו בממ"ד, המחבלים פשוט נכנסו למגורים שלהם, הובילו אותם להאנגר בתוך הקיבוץ, ופשוט טבחו בהם. רק כמה ימים אחר כך נודע לנו שעשרים ושניים מהם נהרגו, ושניים נחטפו. זוועה. זוועה.

בסביבות אחת בצוהריים מתקשר אליי ערן. אני חושבת, אלוהים ישמור, שרק לא יביא לי עוד פצועים כי נגמר לי הציוד, אין לי עוד עירוי, אין חומר חיטוי, אני עונה לו, והוא אומר לי, "אמרו לי לבוא אלייך, הפעם אני פצוע". הוא נכנס ואני קולטת שכל הרגל שלו מלאה בדם. ואני שוב מוצאת את עצמי על הרצפה במטבח, ליד הכריות הספוגות בדם של הפצועים הקודמים, ואני מקלפת את ערן מהשכבות ורואה שיש לו כבר חבישה על הרגל. אני גוזרת את זה ורואה שני פצעי ירי בירך. אני מנסה לחבוש את זה והדם לא מפסיק. אין לי ממש תחבושות אז אני מאלתרת עם בגדים, ואני שמה מגבת וזה ממשיך לדמם, ואני אומרת לו, "מה זה ממתי אתה ככה", והוא עונה, "נפצעתי כשאייל נפצע". זאת אומרת, ארבע שעות הוא נלחם ככה פצוע, ואם לא היו מצווים עליו לבוא אליי, הוא היה ממשיך לאבד דם. למזלנו כמה זמן אחר כך יצא מהקיבוץ רכב פינוי נוסף, והוא הצטרף אליו לבית החולים.

כשערן הלך המטבח נשאר פתאום ריק כזה, ואני נשענת על הקיר, ונושמת רגע, ומסתכלת על הנייד, ורואה שם פתאום הודעה מדוקטור דן, "אייל עכשיו בניתוח אצלנו, הוא הגיע אלינו בשנייה אחרונה, ממש לפני שחס וחלילה כבר לא היה את מי להציל".

שבועיים אחרי כל זה חזרנו כולנו לעלומים, כדי לראות את הבית שלנו. הכול שם נשאר כאילו עצרו את הסרט באותה נקודה. פמוטות עם נר נשמה, התפריט של מה אוכלים בחג, עם הכרוב הממולא ועוגת הגבינה, המפה הלבנה על השולחן, הכריות המלאות בדם, המשקוף עם הכתמים של הדם, והקירות עם הטפטופים של עמיחי. הזמן ממש עצר מלכת. התיישבנו שם בחוץ על הרצפה, יחד עם שני חתולים שנשארו שם, וניסינו ככה לעכל את כל זה. וחשבתי שם על זה שהייעוד שלי בחיים זה ליילד בני אדם, וגם כאן, גם כאן בסיפור הזה זה קרה, כלומר, שלושת הפצועים שזכינו להציל, אפשר לומר שהם נולדו מחדש.

מי מתאהב אחרי דייט ראשון!

סיפורו של נטע אפשטיין

מספרת – אירן שביט, בת הזוג

כפר עזה

1.

בהתחלה לא הסכמתי לצאת עם נטע, חחחח, נפנפתי אותו בכזה קלאס, והוא לא ויתר, הוא לא ויתר! נפגשנו בפאב בניר עם, גרין פאב, מקום מפורסם, בהתחלה הוא חשב שאני שם עם מישהו, אז בכלל לא היה לו אומץ לבוא ולגשת. אבל אחר כך הוא השיג את המספר שלי מחבר משותף, והתחיל כזה לכתוב לי, היה ממש כיף לראות אותך, אני מקווה שעוד ניפגש, מקווה שעוד נכיר וניפגש, והבנתי לאן הוא חותר, ונפנפתי אותו, בהתחלה נפנפתי אותו.

אבל אז הוא התחיל כזה לשלוח הודעות, לא ויתר, איך היה לך היום, איך היה בצבא עכשיו, מה שלומך, הוא היה מאוד עקבי, ואז הוא ביקש, ממש ביקש, "בואי נצא, בואי נצא, רק אני ואת". סיננתי אותו כמעט עשרים וארבע שעות עד שעניתי לו. ובסוף אמרתי "כן". ומשם הכול היה מאוד מאוד מהיר. הכול טס. בדייט הראשון אכלנו גלידה בגן יבנה, ממש חמוד. ונטע, הוא לא היה ממש מומחה בדחיית סיפוקים, אז ברור שהתנשקנו חחחחח.

אני זוכרת שחזרתי הביתה ואמרתי לאימא שלי, אוי ואבוי, אימא, התאהבתי אחרי דייט ראשון, הלב שלי יישבר, מי מתאהב אחרי דייט ראשון! זה טעות. טעות! כאילו שנייה תכירי את הבן אדם לעומק ואז תתאהבי, מה את מתאהבת אחרי שעתיים! אבל זה היה אמיתי, משם הכול היה מהיר, תוך שבועיים כבר הייתי אצל המשפחה שלו בארוחה בשישי.

הוא היה שטותניק כזה, שטותניק ברמות, אחד המצחיקים, הוא חושב שהבדיחות אבא שלו הכי מצחיקות, אבל הן לא מצחיקות, לא משנה כמה הוא ניסה, חחחחחח, ובכל נסיעה איתו ברכבת, כשהיינו נוסעים לאנשהו, הוא היה מתחיל לדבר עם אנשים זרים שיושבים מולנו, והייתי משתגעת, כאילו, נטע, סתום! תן לי לישון, מה אתה מתחיל לדבר עם אנשים זרים, אבל ככה הוא היה. נגיד, ללכת איתו לאכול איתו בחדר אוכל של הקיבוץ, זה היה מזעזע, מזעזע! אני עומדת עם מגש, כבד לי כבר, יש המון אוכל על המגש, והוא, כל אישה זקנה, וכל איש זקן, וכל ילד, חשוב לו לעצור רגע ולפתח שם שיחה. ובינתיים האוכל מתקרר, סיוט! הוא אהב את כולם.

באפריל היינו אמורים להתחתן, בעשרים וארבעה באפריל. נטע רצה ללמוד אימון, לאמן קבוצות כדורגל. זאת הייתה ממש אהבת חייו. זה ובירה. הוא היה מבשל בירה בעצמו, ואני שונאת בירות, זה הדבר הכי מגעיל שטעמתי בחיים שלי. זה דוחה! ועכשיו כל הקהילה של הבירה הישראלית התחילו לבשל בירה לזכרו, והם מתחילים להביא לי מלא מלא בירות, ואני שונאת בירות ואני לא יודעת מה לעשות עם כל הבירות האלה!

.2

בשבעה באוקטובר היינו בכפר עזה, בשכונה של הצעירים, בשבת בבוקר הייתה אמורה להיות לנו עפיפוניאדה, שבונים עפיפונים, ומעלים אותם גבוה לשמיים, בקטע של דו־קיום כזה, מצחיק שהם החליטו לתקוף דווקא ביום הזה של הדו־קיום. וכולם הגיעו לקיבוץ במיוחד, מלא אורחים, ומלא ילדים, שהגיעו בגלל ההפנינג. הייתה לנו תוכנית, ללכת בבוקר לפני ההפנינג לארוחת בוקר אצל סבתא שלו, כי סבתא שלו הכינה ג׳חנון מאפס, היא הייתה מומחית בזה, בג׳חנון.

בשש וחצי בבוקר קמנו, היה רעש, אזעקות, צבע אדום, ואז נטע מקבל הודעה שמבקשים לנעול את הדלתות, ואני עושה לו, ״מה, אף פעם לא מבקשים לנעול את הדלתות. זה לא משהו שקורה״, הוא אמר, ״אני לא יודע, אמרו לנעול אז נועלים״. טוב. נעלנו את הבית, ונכנסנו לממ״ד, הכול בסדר. ואז בסביבות שבע, מישהו הודיע לו שסבתא שלו נרצחה. היא נרצחה בין הראשונים, על הבוקר. היא יצאה החוצה, כי היא שכחה את הטלפון שלה

בקלנועית, וירו בה בחוץ. מקרוב. ככה הבנו שיש פה משהו גדול יותר, שזה לא סתם צבע אדום או אזעקה. יש פה אירוע קיצוני.

שעתיים אחר כך בערך, התחלנו לשמוע אותם כבר, ממש בדירות לידנו. מלא יריות, פיצוצים, מלא צרחות. מלא אזעקות, רעשים של מלחמה. שמענו הכול. ובתוך כמה שניות הם כבר היו אצלנו בבית. שמענו אותם שוברים את החלונות של הסלון במטבח, שמענו אותם מתקרבים לדלת, שמענו אותם פותחים את הממ"ד, וצועקים בעברית, "איפה אתם! צאו החוצה!", עברית עם מבטא כבד כזה. ואז הם התחילו לזרוק עלינו רימונים.

.3

הרימון הראשון נכנס לחדר והתפוצץ רחוק מאיפה שהיינו. לא קרה לנו כלום. ואז הם זרקו את הרימון השני, שגם התפוצץ. אני קיבלתי ממנו כוויות. נטע, אין לי מושג אם הוא נפצע או לא, נראה לי שכן, ואז את הרימון השלישי הם החליטו לא לזרוק, אלא לגלגל, ואז זה ממש, אני ממש זוכרת שבהיתי ברימון המתגלגל, ואני כאילו, אין לי, האינסטינקט שלי היה לעצום עיניים, להתכדר כמה שיותר, והאינסטינקט שלו היה ההפך הגמור משלי. אז עצמתי עיניים, ופתאום שמעתי, שמעתי את נטע צועק, "רימון!!!" ואז אני מרימה את הראש, ורואה אותו קופץ כזה, ובמהלך הקפיצה ראיתי שיורים בו צרור יריות, ואז הוא נוחת על הרימון, ויש פיצוץ.

הגוף שלו היה ממש בכניסה לממ"ד, והוא ענק כזה, מטר תשעים, משהו כזה, אז בשביל להיכנס הם היו ממש צריכים לקפוץ מעליו, מעל הגוף שלו, אז הם החליטו לא לעשות את זה, לא להיכנס, הם פשוט זרקו לחדר עוד רימון, רימון רביעי, והרימון הזה התחיל שם שריפה. ואני יושבת שם בפינה, והם בסלון בינתיים, רבים ומתווכחים, לפי הטון הבנתי שהם רבים, לא הבנתי על מה הם רבים. ובזמן הזה הוצאתי את הטלפון וכתבתי לאבא שלו שנטע מת, כתבתי לו, "אורי, נטע מת, ויש שריפה בממ"ד. מה אני עושה". היה לי ברור שהוא מת. לא יודעת למה, לא יודעת איך. אבל זה היה ברור.

ואורי כותב לי, "תכבי את השריפה, תמצאי דרך לכבות את השריפה" ואני כתבתי לו, "איך אני אכבה את השריפה, הם ישמעו אותי, הם יראו אותי", ואז ממש התחיל להיות עשן סמיך כזה, אז לקחתי טייטס ושמתי אותו

על האף, כדי לא לנשום את העשן והקשבתי, לא היה לי מה לעשות חוץ מלהקשיב. שמעתי אותם פותחים את המקרר, שמעתי אותם פותחים בקבוק בירה, ואז שמעתי אותם יוצאים, דורכים על זכוכיות ועוברים לדירה הבאה.

.4

ברגע שהם יצאו רצתי לסלון, כדי להתרחק מהעשן, לנשום אוויר, והתחלתי לשלוח הודעות, כתבתי לאימא ואבא שלי מה קרה, ושאני אוהבת אותם, ושאני מצטערת על הכול אם יקרה לי משהו, ושהם ההורים הכי טובים שאפשר לבקש. הייתי בטוחה שזהו, הכול טוב, אני אצטרף לנטע, הכול בסדר, זה היה לי ברור. ואז נזכרתי בכל החיילים שנרצחו ונחטפו, וחשבתי על זה שבטח גם את הגופה שלו ייקחו, כי זה מה שקורה. חמאס לוקחים גופות. הם הולכים לחזור לקחת את הגופה. אני חייבת להתחבא.

אז לקחתי את המי גוף שלי, שהם על בסיס מים, ונכנסתי חזרה לממ"ד, והתחלתי להתיז על השריפה מים, ונכנסתי מתחת למיטה, כשנטע מסתיר אותי, ולקחתי איזה קיטבג, וכיסיתי את החלק התחתון שלי, וככה הייתי שעות, שעות, הייתי שם שעות, מול נטע, והסתכלתי עליו, והוא שכב שם, עם הגוף החתיך הזה שלו, עם הישבן המפוסל שלו, אני תמיד צחקתי עליו שהוא משקיע בישבן שלו יותר משאני משקיעה בשלי, אז אני שוכבת שם מולו, וחושבת לעצמי, איזה ישבן יפה יש לנטע, איזה גוף יפה יש לו, הוא באמת הכי יפה בעולם.

ואז אחרי כמה שעות המחבלים חזרו לסלון, היה קרב יריות, הם ירו על חיילים מהסלון, והם לא רואים אותי, הם רואים רק את נטע, לא היה להם מושג שאני שם, זאת הייתה הפעם השנייה שהוא הציל אותי. ואז אחרי כמה שעות, בסביבות חמש בערב, שמעתי פתאום עברית, החיילים זרקו רימון לתוך הסלון שלנו, זה היה רימון שהרעיד את כל הממ"ד, זה היה רימון קיצוני, הבנתי שיש פה תחמושת שונה, ואז ראיתי אותם נכנסים לדירה, הם היו לבושים במדים שמוכרים לי, והיה להם נשקים שהכרתי, אז אמרתי, "טוב, יאללה מה יש לי להפסיד, אני יוצאת החוצה!".

והתחלתי לצעוק להם, "אני כאן! אני כאן מתחת למיטה!" והם אמרו לי, "תצאי החוצה עם ידיים מורמות", ויצאתי אליהם, וביקשתי מהם לקחת את נטע, שנטע יבוא איתנו, והם לא הסכימו, הם אמרו לי שקודם צריך להציל

את מי שבחיים, ואז המחבלים התחילו לירות עלינו. מסתבר שהיה צלף בגגות שהתחיל לירות על כל מי שהגיע, ועל הצוות שהגיע לשם, החיילים עטפו אותי, והובילו אותי החוצה, ובדרך היה צבע אדום, וכל החיילים השתטחו עליי, ואני הולכת איתם וכל הזמן מנסה למצוא קליטה, כדי להודיע למשפחה שלי שאני בחיים. הבנתי שאני חייבת לעלות לתחנת דלק שממוקמת יותר גבוה, אולי שם תהיה קליטה, אז צעקתי כזה לחיילים בתוך כל הרעש "אם המחבלים לא הרגו אותי, הצבע האדום לא יהרוג אותי, אני צריכה להודיע לאימא ואבא!".

בשעה שמונה בערב נפגשתי עם אבא שלי. הצבא קידם אותי מכפר עזה צפונה, ואבא שלי הגיע לקחת אותי. את נטע חילצו רק ביום שלישי בצוהריים. ורק שבוע וחצי אחר כך הייתה ההלוויה. בקיבוץ עינת. קבורה זמנית.

.5

הזמן עובר לאט עכשיו. אני תקועה בשבעה באוקטובר, ובהלם. סיימתי לתכנן תוכניות, כי אלוהים צוחק. אני חיה את היום, חיה את השבוע. נראה. לא יודעת. נבחר בין טוב לטוב. אבל נטע בתוכי, אני מרגישה אותו חי בתוכי. הוא תמיד קיווה שאני אראה את עצמי כמו שהוא ראה אותי. הוא תמיד היה אומר, "הלוואי שתאהבי את עצמך כמו שאני אוהב אותך", תמיד הסתבכתי עם אהבה עצמית, כל הזמן אמרתי לעצמי "אני לא אעשה את זה, אני לא רוצה, אני לא מספיק טובה", ומאז שהוא מת הקול שלו מהדהד בי, הוא כבר לא פה, אבל אני צריכה להאמין בעצמי, ואני צריכה לאהוב את עצמי. זה מה שנטע היה אומר לי לעשות.

תמיד צחקתי איתו שאני מאמינה בפרפרים לבנים, שזה אומר שיהיה לי יום טוב היום, ושמישהו מגן עליי. מאז ומתמיד היינו יוצאים לטייל, והייתי אומרת לו, "תראה, פרפר לבן, זה סימן שיהיה לנו יום טוב היום", הייתי רואה את זה פעם באף פעם, זה היה ממש נדיר כאילו. ומאז שהוא נרצח, אין יום שעובר בלי שאני רואה פרפר לבן. היום ראיתי פרפר לבן. אתמול לקחתי את אחותו לאכול, אמרתי לה בואי נתרחק קצת, נהיה אנחנו, וכל שנייה ראינו עוד פרפר לבן מרחף, מקיף אותנו, ממש.

ואני יודעת, אני יודעת בלב מלא ושלם, שהוא פה איתי. ובזכותו אני חיה את החיים הכי טובים שאני יכולה לחיות. אני חושבת שברגע

שאני באמת אוהב את עצמי, ואקבל את עצמי כפי שאני, אז הוא יהיה הכי גאה בעולם. וזה מה שיהיה, אם הוא בחר שלא נלך ביחד, אז אני אעשה אותו גאה, שיסתכל עליי מלמעלה, ויגיד "זאת אירן, והיא שלי, היא תמיד תהיה שלי".

יש לי סוס פרא בבית

סיפורו של יהונתן צור (ברנש)

מספרת – ראשית, אשתו של יהונתן

צומת מעון

.1

יהונתן ואני נפגשנו בבליינד דייט, לא ראינו אחד את השנייה לפני, כלום, חברה משותפת זרקה לנו סתם, "אולי תיפגשו", אז נפגשנו. בדייט שהיה חשבתי שהוא מאוד שוויצר כזה, הוא התחיל להגיד לי "אני משלדג, אני משלדג", חחחח, אני בכלל לא ידעתי מה זה, עשיתי שירות לאומי, מה לי ולשלדג, והוא התחיל להתלהב, "יש לי זה, יש לי טרקטורון, יש לי אופנוע, יש לי חיפושית, אני פה, אני שם". נראה לי שזה העליב אותו שדווקא לא התלהבתי כל כך. אבל בסוף איכשהו אמרתי "טוב, אם יש לך חיפושית אז אני חייבת לראות אותה, יאללה תעשה לי סיבוב".

וככה בזכות החיפושית המשכנו לדייט הבא, ומשם זה התגלגל, היינו מסתובבים איתה, עם החיפושית הזאת, נתקעים איתה בכל מיני מקומות בארץ, ככה התחלנו. כל התקופה הראשונה של החברות שלנו הייתה עם החיפושית הזאת. הוא תמיד אמר שהיא נוסעת מעולה, שאפשר לנסוע איתה לעין גדי, בטח, למה לא, לאילת גם, חחחחח, ובכל פעם היינו נתקעים, וכל פעם היה איתה איזה סיפור, היינו מתדרדרים לאיזו תהום, או נתקעים באיזה צוק, ואז ישנים בשטח, או שהוא היה מנסה לחלץ את עצמו מכל מיני מקומות, ונוסע ברוורס ונתקע ומביא איזה חבר לחלץ אותנו מהמדבר. תמיד משהו הסתבך. בכל הדייטים שלנו משהו הסתבך לנו.

ואני הלכתי עם זה. הוא הצליח לכשף אותי לגמרי. נשביתי בקסם שלו, הוא לא היה רגיל. היה לו קסם בעוצמות שאי אפשר היה להישאר אדיש

אליהן. הוא היה עושה הכול בדרך מאוד מאוד מיוחדת שלו. אם הוא היה רוצה משהו, לא היה שום דבר שהיה עוצר אותו. התחושה איתו הייתה שיש את החוקים של הטבע, ויש את יהונתן. והכוחות של הטבע הם לפעמים ניתנים לכיפוף, אפשר להערים עליהם, כי הכול אפשרי בעיקרון, זו הייתה התחושה, שהכול אפשרי איתו, באמת הכול, אין מכשול שאי אפשר להתגבר עליו, ואין חלום שאי אפשר להגשים אותו, ואין בעיה שאי אפשר לפתור. בגלל זה הוא הפך למנהיג, בגלל זה גם החיילים שלו תמיד הלכו אחריו, באש ובמים. הוא נתן לאנשים תחושה כזאת, חזקה ועמוקה, של ביטחון.

.2

יהונתן גדל ביצהר, ב"יצהר של פעם", מה שנקרא. המשפחה שלו היו מהראשונים שהגיעו לשם, הם גרו בהתחלה ממש באוהל, עם משאית של מכולת שבאה כזה פעם בשבוע, וכבר מגיל צעיר היה לו את החיבור החזק הזה לאדמה. הוא היה ילד של טבע, היו לו סוסים, והוא היה מטייל איתם בהרים של השומרון. החבר'ה שלו מיצהר הדביקו לו את השם "ברנש", במלעיל, ומבטאים את זה ככה בקול עמוק של גברים חחח וזהו, מאז כולם קוראים לו "ברנש", חוץ ממני, בשבילי הוא לא היה "ברנש", הוא היה יהונתן.

כשהוא גדל והתבגר, הוא נחשף גם לצד היותר מורכב של החיים ביצהר, הוא איבד כמה חברים בפיגועים, הייתה תקופה שבה הוא היה ישן כל לילה עם סכין מתחת לכרית, ממש ברמה כזאת. לכל הילדים כאן באזור זו הייתה תקופה קשה. אחר כך, בתקופה של ההתנתקות, הוא חווה עוד טלטלה עוצמתית, הוא היה מהמפגינים הקיצוניים שם, הוא נעצר כמה פעמים בהפגנות, היו לו הרבה תיקים פליליים מאותה תקופה. אחר כך, כשהוא ניסה להתגייס, הצבא לא רצה אותו בכלל, הוא היה חייב לסגור את כל התיקים שלו, ולעשות עבודות שירות. הוא תמיד צחק על זה שאת כל שדרת העצים ביצהר הוא שתל בכל עבודות השירות שהוא קיבל.

לגיבוש של שלדג הוא הגיע עם שיער ארוך, כובע בוקרים ונעלי הרים, וכל החבר'ה שם, כולם ילדי קיבוצים מתוקתקים כאלה, הסתכלו עליו ולא הבינו מה זה, מי זה הילד המוזר הזה, אבל הוא השאיר לכולם אבק. לפני כמה ימים קיבלתי הודעה מאיזה מילואימניק משלדג, הוא היה בצוות שם שעשה את הגיבוש, והוא כתב לי – "חצי מהפסיכולוגים שם כתבו עליו

שהוא נער גבעות מסוכן, שממש לא מתאים למסגרת הזאת, והחצי השני כתבו שזה בדיוק החומר שהם מחפשים ליחידה". וזה תמיד היה ככה. תמיד היו כאלה שלא הבינו אותו, לא הבינו מאיפה התעוזה, החוצפה, החשיבה היצירתית הזאת. הוא לא היה בן אדם כזה, שהולך בתלם. וגם כשהוא התחיל את הדרך הצבאית שלו, תמיד התלבטו אם לקדם אותו לתפקיד הבא, ותמיד היה שם מישהו שאמר, "מה פתאום, הוא לא מתאים, הוא מרדן, הוא חוצפן, הוא מופרע לחלוטין, הוא לא מסגרתי", ומנגד, תמיד היו אלה שאמרו, "מה יש לכם, הוא מנהיג, הוא חושב מחוץ לקופסה, הוא עושה את הכול בדרך שלו, זה בדיוק מה שאנחנו רוצים". זה הסיפור שלו.

.3

בתקופה של הקורונה הוא קנה ביחד עם חבר שלו משאית ישנה של מאפיית ברמן, והפך אותה לקרוואן על גלגלים, ממש מכלום הוא הפך אותה לקרוואן מפנק, ואז עשינו איתה טיול בארץ, עם הילדים, במשך חודש וחצי, הסתובבנו, טיילנו, טיפסנו, צללנו, היה מטורף. וגם אחר כך, הייתה תקופה של כמה שנים שהוא למד משפטים, וגם אז, הוא היה קם בשש בבוקר יום יום, ונרשם לכל מיני תחרויות, "איש הברזל", וטריאתלון, ואני אמרתי לו, תנוח כבר, תירגע! אבל זה לא היה הקטע שלו להירגע. היה לו דחף כזה, לבלוע את החיים.

הוא היה אומר על עצמו שהוא סוס פרא, זה היה הטייטל שלו על עצמו, הוא באמת היה כזה, ואני הבנתי שזה נכון, יש לי פה סוס פרא בבית, ואני לא רוצה לאלף אותו, אני רוצה שהוא יגשים את עצמו, אבל מצד שני, יש לנו חיים פה לנהל ביחד, אז עשינו את זה ביחד, בחוכמה, לאט לאט, וככה סוס הפרא הזה שלי גילה שהוא גם קצת סוס בית.

אנחנו גרים בקדומים בשכונה שקוראים לה הר חמד. היא טיפה מבודדת, זו מין גבעה כזאת מאוד מאוד יפה עם נוף מדהים. אני גדלתי בקדומים ופעם עלינו לפה לראות את השקיעה, והוא אמר לי "תגידי, את משוגעת, איך לא סיפרת לי על המקום הזה?!" אמרתי לו, "לא יודעת, הר חמד, לא איזה משהו מיוחד", אבל הוא הסתובב פה כמו מטורף ואמר, "וואי, איזה נוף! אני לא מאמין, זה מטורף! כאן אנחנו הולכים לגור", ובאמת בנינו כאן את הבית שלנו, ממש על הצוק. על הקצה. וכשעברנו לכאן ראיתי שמשהו

בו נרגע קצת. זה באמת היה הפרויקט של החיים שלו, לבנות לעצמו את הבית שלו, להפסיק לנדוד ולחפש, וסוף כל סוף למצוא.

4.

בשבת שמחת תורה בשש וחצי בבוקר התחילו טלפונים. אני ושלושת הילדים עוד ישנים, והוא מעיר אותי "תקשיבי, המח"ט התקשר אליי. משהו קורה", הוא מנסה לדבר עם המפקדים שתחתיו, שנמצאים בשטח, עם המ"פ שלו ועם הסמג"ד שלו ושניהם אומרים לו שהם נמצאים בלחימה מטורפת, ושניהם צועקים לו בטלפון, תחת אש, "מלחמה, תגיע!". אז הוא בא, תוך שניות הוא התארגן, לקח את הנשק, ויצא מהבית. ולפני שהוא יצא הוא לקח קופסה של עוגיות מהמקרר, ואמר לי, "אני מקווה שאני עוד אחזור לפני סוף החג".

הוא לא היה בלחץ, האמת היא שהוא אף פעם לא היה בלחץ, תמיד הוא היה מאוד שקול, וגם הפעם לא הרגשתי ממנו שיש משהו מיוחד. אני כבר רגילה להקפצות האלה, כשאתה מג"ד סיירת נח"ל מקפיצים אותך לא מעט, אז אמרתי לו, "בסדר, יאללה. בהצלחה!" כאילו לא התרגשתי מזה, וגם הילדים, מבחינתם זה "אבא שוב הולך", סבבה.

אני חושבת שכמה דקות אל תוך הנסיעה הוא כבר מבין שיש בלגן, שזו קטסטרופה. בשלב הזה הוא מתחיל לנהל שיחות עם כל המפקדים שלו, שנמצאים בשטח, עם כל מפקדי כיתות הכוננות של היישובים, עם כל הרבש"צים. והוא מדבר עם המח"ט, שגם הוקפץ מהבית שלו, וביחד הם מנסים בעצם להבין מה קורה. והחיילים בבסיסים בעוטף צועקים לו בטלפון, "תקשיב, אנחנו פה מול עשרות מחבלים ונגמרת לנו התחמושת, אם לא מגיעים אלינו עכשיו, אנחנו מתים. אנחנו מתים פה", ואז הוא כבר מתחיל להזיז כוחות, תוך כדי נסיעה מטורפת. הוא דהר על מאתיים, והתחיל לתת הנחיות, "תגיעו משם, אל תגיעו מפה. פה אנחנו יודעים שיש חוליה של מחבלים, תגיעו בדרך עוקפת", ממש מתחיל להזיז שם את כל הכוחות. ותוך כדי שהוא מדבר עם האנשים שלו, הוא מבין שהסמג"ד שלו, עידו שני, נהרג, וגם המ"פ שלו, רועי צ'אפל, גם הוא נהרג. והוא הבין שהוא נוסע אל התופת של המלחמה.

5.

כשהוא הגיע לצומת מעון, הצומת שבה הוא והמח"ט שלו קבעו להיפגש, המח"ט לא היה שם, הוא לא חיכה לו, הוא כבר נכנס פנימה, והיה שם איזה חייל, גשש, שחסם את הכביש, התפקיד שלו היה לעצור אנשים, ולהגיד להם "אל תעברו, יש שם מחבלים", הוא ניסה לעצור גם את יהונתן, אבל יהונתן אמר לו, "הכול טוב, הכול טוב, אני עם המח"ט", ובזמן שהם מדברים שם, הם פתאום שומעים יריות, ממש מעבר לצומת, ויהונתן מבין שהמח"ט כבר נמצא שם, באיזושהי היתקלות, כמה קילומטרים משם, אז הוא פורץ את המחסום הזה של הגשש, ודוהר פנימה, לתוך הכביש. אחרי כמה שניות הוא רואה שם את הרכב של המח"ט שלו, יהונתן שטיינברג, בצד הכביש, והוא מבין שהוא נהרג. ובאותו הרגע, הוא נתקל בחוליה של איזה עשרים מחבלים שעומדת שם על הכביש ומרססת אותו. עשרים מחבלים, ואני חושבת שהוא, אחר כך זה גם מה שהבנו ממה שאספו מהשטח, ברגע הזה הוא מבין שכבר אין לו סיכוי. אז הוא פשוט החליט להשתמש ברכב שלו ככלי נשק. הוא לוקח את הרכב שלו ופשוט מתחיל להשתולל שם על הכביש. הוא מצליח לדרוס שם אופנוע של מחבל, ולהרוג עוד איזה מחבל, ולהתנגש בעוצמה בטנדר שלהם. המחבלים שמו שם טנדר באמצע הכביש כדי לחסום את מי שיגיע ולירות בו, והוא פשוט נכנס בהם במהירות מטורפת, והעיף את הטנדר שלהם הצידה, ויחד איתו הוא העיף עוד כמה מחבלים. ובסוף הוא נהרג בעצם בתוך הרכב, מירי בצוואר. הוא מת מייד.

החברים שלו אחר כך ירדו לשטח, כדי לעשות תחקיר ולהבין בדיוק מה קרה לו. והיו שם מלא רכבים על הכביש כי זה היה ציר עם מלא רכבים של אנשים שנהרגו. הם זיהו את האוטו של יהונתן בקושי, הם ראו שם רכב מעוך לגמרי, ואמרו, "זה נראה כאילו מישהו נלחם עם האוטו הזה, רגע, יש מצב שזה האוטו של ברנש, מישהו נלחם פה", כי לא היה אפשר בכלל לזהות את האוטו מהמצב שבו הוא היה.

אחר כך הבנו שהחוליה הזאת של המחבלים לא הצליחה להתקדם קדימה, היא בעצם נעצרה שם כי לא היו להם רכבים להתקדם, יהונתן הרס להם את האפשרות הזאת להמשיך. כמה מטרים אחרי יש את בסיס אורים, אבל הם בכלל לא הגיעו לבסיס. הרבה מהם בעצם חזרו חזרה לעזה, וחלקם גם נהרגו שם במקום.

.6

עד עכשיו אנשים מגיעים אליי הביתה, אני כל יום פוגשת מסות של אנשים שמגיעים. זה בא בגלים, חיילים פצועים שלו שהשתחררו, והמג"ד שהחליף אותו בתפקיד, וכל מיני אנשים שדיברו איתו באותו היום, וכולם אומרים לי, "תקשיבי, הוא הציל לנו את החיים, הוא אמר לנו מה לעשות, לא הבנו מה קורה והוא אמר לנו מאיפה להגיע, הוא אמר לנו תעופו משם, יש שם מחבלים, תלכו אחורה". אנשים באים אליי ואומרים לי, "תקשיבי, אם הוא לא היה אומר לי לסגת, אני הייתי היום חטוף", הוא הציל שם הרבה אנשים באותו היום, כי ברגע שהוא הבין שיש שם מלא מארבים, והמוני מחבלים, הוא אמר לכולם, "חכו רגע, אל תרוצו אליהם, תחזרו אחורה".

היה לי כעס עליו. לכולם אמרת לחזור אחורה, למה אתה לא הסתובבת, למה אתה לא ברחת. אבל אחרי שמבינים מה הלך שם, אני מבינה שברגעים האלה הוא לא חשב, לא על עצמו, לא על המשפחה, לא עליי כנראה, וגם לא על הילדים. הוא היה מאה אחוז בצורה טוטאלית בתפקיד שלו ובמשימה שלו, במה שהוא התחייב לקחת על עצמו כשהוא נכנס לדבר הזה של להיות מפקד בצבא, של להיות מג"ד של סיירת נח"ל. לא באמת הייתה לו ברירה אחרת. הוא הבין שהמח"ט שלו בהיתקלות מול מחבלים, הוא הבין שהחיילים שלו בבסיס במצב בלתי אפשרי, אז הוא פרץ קדימה ויצא להילחם.

אני חושבת הרבה על השניות האלה, מה עבר לו בראש, הוא הרי הבין שהוא נכנס לגוב אריות, למקום שורץ מחבלים, הוא הבין שהוא בסיטואציה חסרת סיכוי, מול עשרים מחבלים שמרססים אותו, ובכל זאת הוא לחץ על הגז, ודהר קדימה, והשתולל שם. זה הרי לא אנושי לעשות דבר כזה, למה שבן אדם ייקח את החיים שלו במו ידיו. אבל יהונתן לא היה שם בן אדם פרטי. הוא היה מפקד, והייתה לו משימה. זו הייתה המשימה האחרונה שלו. וגם אותה הוא עשה כמו סוס פרא.

.7

בשישה באוקטובר, בערב שמחת תורה, יהונתן הביא לבן הקטן שלנו גורת כלבים קטנה, מתנה ליום הולדת. הבן הקטן שלנו נולד בערב שמחת תורה. ואני והילדים בחרנו לכלבה את השם "הופ", ויהונתן לא ידע אנגלית בכלל

בכלל, אז הוא שאל, "לא הבנתי, מה זה הופ", ואמרתי לו "הופ, תקווה, אתה יודע", ויהונתן אמר לי, "לא יודע, אני לא מתחבר לשם הזה".

הוא הביא לנו אותה כשהיא הייתה ממש פיצית, ממש פיצית, אבל מאז היא איכשהו הספיקה לגדול בטירוף, והאמת היא שזה, לא יודעת, הוא תמיד היה כזה, תמיד הייתה איתו תחושה כזאת, שהוא חושב על הכול, וגם עם המתנה הזאת, הכלבה הזאת, יש איתה תחושה כזאת של, איך ידעת, יהונתן, להביא דווקא משהו כזה, יצור מתוק, שישמח אותנו בתקופה הזאת, שיגדל איתנו ביחד, איך ידעת להשאיר אותנו כאן עם יצור כזה, פועם ומשתולל ופרוע וחי.

מפקדת מהמקום הנשי

סיפורה של אור בן יהודה

מוצב סופה

1.

אני אף פעם לא חשבתי שאני אהיה מפקדת בצבא. כשהתגייסתי הייתי בחורה מאוד ביישנית, וכשהציעו לי לצאת לקורס מ"כים הייתי בטוחה שאין שום סיכוי שאני אצליח לעשות את הדבר הזה, לפקד על שנים עשר לוחמים. חשבתי שזה גדול עליי. ותמיד היו סביבי מפקדים שאמרו לי, "תצאי לקורס מ"כים, תצאי לקורס קצינים, את צריכה לעשות את זה, את תהיי טובה בזה", ואני זרמתי איתם, אבל לא באמת האמנתי בעצמי.

בסוף התפקיד שלי כסמ"פ החלטתי שזהו, אני משתחררת מהצבא. הרגשתי שזה גדול עליי וחזרתי לאזרחות. הקמתי שבט בצופים, עשיתי פסיכומטרי, עשיתי שביל ישראל, והייתי ממש בחוץ. ואז, אחרי שמונה חודשים באזרחות קיבלתי פתאום טלפון מהמח"ט שלי, שקרא אותי לדגל. הוא ביקש ממני לחזור לצבא, רק לשנה אחת, כדי להראות למפקדות הצעירות שזה אפשרי, שאישה מסוגלת להיות מפקדת פלוגה. הוא ידע ללחוץ לי בדיוק על הנקודה הרגישה שלי, של האמונה בעצמי. האמת היא שמאוד רציתי להיות מ"פית, אבל לא האמנתי שזה אפשרי, כי עד אז בקושי היו נשים בתפקיד הזה. אז אני מחליטה לחזור לצבא ולהיות מפקדת פלוגה.

זה קטע, הנקודה הזאת של האמונה שלי בעצמי, היא עדיין כאן. אפילו עכשיו, לפני שנהייתי מג"דית, שאלתי את עצמי הלוך וחזור, הרבה מאוד פעמים, האם אני מספיק טובה וראויה לעשות את התפקיד הזה. ואני חושבת שיש משהו בתהיות האלו שהוא חיובי. הספק דוחף אותי קדימה.

עובדה שפעם אחר פעם, התשובה שלי היא כן. אני מספיק טובה ומספיק ראויה לתפקיד.

.2

אני אור בן יהודה, בת שלושים וחמש, מפקדת גדוד קרקל. גרה בקריית אונו, אימא לארז, שהוא בן שבע, ולתאומות נטע ואלה, בנות שש. המשפחה שלי הם האור והחמצן שלי בחיים. הם הכי חשובים לי בעולם. עד לפני המלחמה זה היה להיות איתם סופ"ש, מחמישי עד שבת, פעם בשבועיים. עכשיו במלחמה, אפשר לספור על כף יד אחת את הפעמים שחיבקתי אותם. ואני נשרפת מגעגועים.

הרבה פעמים שואלים אותי מה מחזיק אותי בתפקיד הזה. כי זה לא תפקיד קל. ואני חושבת שמה שמחזיק אותי כאן, מה שמשאיר אותי במשימה הזאת, זה הלוחמים והלוחמות המדהימים שיש לי. גם עכשיו, כשאני כבר מפקדת גדוד, אני כל שבוע מכניסה אליי לוחמים למשרד, ב"דלת פתוחה", רק בשביל לשמוע אותם, להקשיב להם, להתחבר לקרקע, להיות חלק מהדבר הזה. אני גם יוצאת איתם למשימות, נלחמת איתם. כי הם הכוח שלי. הם האוויר שלי. בלעדיהם אני כלום.

ואני חושבת שכל מה שאני דורשת מהלוחמים שלי, אני חייבת לעשות בעצמי. ואם אני דורשת מהם כל בוקר לקום בשעה חמש, כי אנחנו צריכים לעשות כוננות עם שחר, כי אלו השעות הרגישות של היום, אז אני אהיה שם יחד איתם, עם וסט וקסדה. אני הראשונה שתיכנס למצב כריעה. בקור, בחום, לא משנה מתי. התפקיד שלי דורש את כל תעצומות הנפש האלה. והלוחמים מאוד מחפשים את זה ומאוד מעריכים את זה.

אני זוכרת שהיה אצלנו ביקור של אלוף פיקוד דרום, כשהייתי מ"פית. הוא הגיע לאחד המוצבים שלנו, והכניס את כל הלוחמים לשיחת חתך. אנחנו המפקדים היינו בחוץ, והוא שאל את החבר'ה כל מיני שאלות. וכשהוא יצא החוצה, אז הוא מסתכל עליי ואומר לי, "את, אני חושב שאת תגיעי רחוק". הסתכלתי עליו ואמרתי, "איזו מחמאה מאלוף!" והוא אמר לי, "יש לך פה לוחמת שסיפרה לי שאת שוטפת איתם את הגסטרונומים במטבח, ואת מרימה איתם את הדגלים במסדרי בוקר", ואני שומעת אותו ומסתכלת על זה רגע, מכל הדברים שאני עושה, אני עושה מארבים, פעילות מבצעית, ואני הורגת

פה מחבלים על הגדר, מכל הדברים שאני עושה, זה מה שהיא סיפרה לו, שאני מנקה איתם את הגסטרונומים.

אמרתי לו "אני קצת מופתעת שזה מה שהיא בחרה לספר", אז הוא אמר לי "בדיוק הפוך, זה הדבר הכי יפה שהיא יכלה לספר עלייך. זאת לא חוכמה להיות איתם כשאת יוצאת עם סכין בין השיניים להרוג מחבלים. החוכמה היא להיות איתם בדברים הבאמת קשים, במהלך היום. ושם הם רואים את המפקדת שלהם". ואז הוא אמר לי איזה משהו, שאני הייתי קצת בשוק לשמוע, הוא אמר לי "את מפקדת מהמקום הנשי שלך".

ואני ככה קצת נעלבתי, לא הבנתי את ההערה הזאת. אז הוא הסביר, "הרבה מאוד נשים במשרות של 'גברים', בתפקידים קשוחים, מאוד מנסות להיות הדמות הקשוחה. הן עוטות על עצמן תחפושת כזאת, כדי להיות מפקדות קשוחות. הן מדברות בקול נמוך כזה, ומשנות את ההליכה שלהן. ומשהו בך, נשמר בך המקום הזה, שהוא באמת את. ובלי המסכות האלו, הדמות שלך מאוד חשובה לחיילים שלך". זה מה שהוא אמר לי, והמשפט הזה, אני חושבת שהוא ילווה אותי כל החיים.

.3

יצא לי הרבה לחשוב על זה, על מה אני מביאה לתפקיד שלי בתור אישה. אני שמה רגע בצד את עצם העובדה שאני אימא. יש לי קטע כזה ששואלים אותי "כמה ילדים יש לך", אז אני אומרת, "חמש מאות ארבעים ושלושה! שלושה ילדים שלי, וחמש מאות ארבעים ילדים בגדוד", ואני באמת מסתכלת על זה ככה. אבל גם לפני שנהייתי אימא, אם יש משהו שאני יודעת להעיד על עצמי שאני טובה בו, ואני בחיים לא מחמיאה לעצמי על כלום! אבל הדבר היחיד שאני טובה בו זו האינטליגנציה הרגשית שלי. יש לי את היכולת הזאת, לשבת מול הלוחם הכי קשוח, והלוחמת הכי פייטרית, לחדור דרך השכבות של ההגנה שלהם, ולקיים איתם שיח. שיח אנושי, של בני אדם.

הלוחמים והלוחמות אצלי בגדוד, הרבה מהם באים עם סיפור מורכב מהבית, מהחיים. סיפורים קשוחים. אני שואלת את עצמי הרבה פעמים, "איך גבר בתפקיד מקביל אליי היה מגיב בסיטואציה כזאת", ואני ממש לא רוצה להכליל, ברור שיש בנים שהאינטליגנציה הרגשית שלהם מאוד גבוהה, ואני מכירה הרבה כאלו. אבל אני מרגישה שאצלי, קורה פה משהו שונה.

יש את הרגע הזה, זה רגע קדוש, שבו לוחם או לוחמת, יושבים מולי, וביום יום הם אלופים, נגביסטים, קלעים, יוצאים למשימות מטורפות, אבל אצלי במשרד, הם פותחים איזה קושי שהם חווים, משהו מהבית, ואנחנו מדברים, ומסיימים לפעמים שיחות בדמעות ובחיבוק. זה משהו שלא בטוח שיש אותו עם כל מג״ד. בדיוק צחקתי על זה עם הסמג״ד שלי, שהוא מיועד להיות מג״ד, ואני מתארת לו את הסיטואציה עם איזה חייל, ושואלת אותו ״איך היית מגיב״, אז הוא מסתכל עליי, ואומר, ״וואלה נראה לי שהייתי מביא לו כוס מים״ חחחחחח.

היה לי סיפור עם לוחם אחד, שהתחמק למעלה משנה מביקורי בית. המפקדים היו רוצים לבקר אותו, והוא כל פעם היה נותן להם תירוצים. וככה יצא שכמעט שנה וחצי לא ביקרו אותו בבית. הוא תמיד היה נפגש עם המפקדים באיזה פארק. והוא לוחם מצוין. ויום אחד הוא גם דפק לנו נפקדות, נעלם לכמה ימים. ואני הבנתי שאני חייבת להבין מה קורה כאן. אני חייבת לדבר איתו אחד על אחד.

אז הכנסתי אותו למשרד שלי ואמרתי לו, ״תגיד, למה אתה נעלם בכל פעם ששולחים אליך מפקד שיבוא לבקר אותך, מה הקטע להתחמק כל פעם״ התחלתי איתו קשוח קצת. אז הוא אומר לי ״לא, היה לי איזה משהו, בדיוק נדפק לי הטלפון״, מתחיל לחרטט אותי, אז אמרתי לו ״תקשיב לי. אצלי אתה לא יכול לספר את הסיפור הזה. בתוך החדר הזה, אתה תספר לי מה באמת קורה. כי כשאתה לא ענית למפקדת, המוח שלי הפליג רחוק, ואני, אני כבר ראיתי הכול. אני שבע עשרה שנים מפקדת בצבא. הוצאתי חיילים מפחי זבל באמצע הלילה. ראיתי חיילים שהולכים מכות עם עבריינים. ראיתי הכול. אז כשאתה נעלם לי, זה בדיוק מה שאני מדמיינת לעצמי בראש. אז אם אתה רוצה להרגיע אותי, תגיד לי את האמת״.

והוא מסתכל עליי רגע, ופתאום מתחיל לבכות. אז אחרי חיבוק טוב, אמרתי לו ״אוקיי, עכשיו תספר לי מה קורה״. והוא מסתכל עליי ואומר לי, ״המג״ד, אין לי בית. אני גר ברחוב״. מסתבר שהחייל הזה, בגיל ארבע עשרה עזב את הבית שלו. אין לו עורף משפחתי, הוא לא בקשר עם ההורים שלו, כנראה שהוא היה מאוד בעייתי בגיל הזה, אז ההורים שלו החליטו לנתק איתו מגע. וכבר שנים שהוא גר ברחוב.

אמרתי לו "אני אימא לילדים, ואני לא אתן לך לישון ברחוב, כי אתה ילד שלי גם". הוא התפרק שם בבכי. ומאז יש לו דירה שהשגנו לו, והוא מקבל מאיתנו את כל התווים והתלושים ואת כל מה שאפשר לתת. הוא יושב אצלי גם פעם בשבוע, נכנס אליי למשרד, בדלת פתוחה, וככה מדבר איתי על הכול. זה מהקטעים שאני שואלת את עצמי "האם אני ראויה ללוחמים וללוחמות המטורפים שיש פה". הם באמת מדהימים. אני כל בוקר שואלת את עצמי אם אני ראויה להם.

.4

את השבת של השבעה באוקטובר סגרתי עם הגדוד. הגדוד של קרקל יושב בנחל רביב, בגבול מצרים, ובגדול רוב הזמן אנחנו מתעסקים פה עם הברחות אלימות. יש מבריחים שמגיעים משני הצדדים של הגדר. כמעט כל יום הם מגיעים, והם יעשו הכול כדי להבריח. הרבה פעמים הם מגיעים חמושים. ואני שם בשביל לאפס את הלוחמים שלי, שיזכרו איך אנחנו מתייחסים לאירוע הזה. מבחינתי כל מי שמגיע חמוש לאירוע כזה, הוא מחבל לכל דבר.

בשבעה באוקטובר הכוננות בגזרה קצת שונה, כי זה שמחת תורה, ואנשים מטיילים. זה דרש מאיתנו כל מיני הכנות מקדימות. אז אני כבר בשש בבוקר על הצירים. ובשלב מסוים אני מקבלת טלפון מהסמ"פ שלי, שנמצא במוצב הצפוני ביותר של הגזרה, מוצב סנאי, צמוד לבני נצרים. אז הסמ"פ מתקשר אליי ואומר לי שיש צבע אדום בכל היישובים הסמוכים, וגם במוצב. שאלתי אותו מייד אם כולם תקינים, אם יש נפגעים בכוח, הוא אמר לי שכולם תקינים, אנחנו קוראים לזה "ירוק בעיניים". אבל אני שבעה חודשים מג"דית. ועד אז אף פעם לא שמעתי שהיו נפילות במוצב סנאי, זאת פעם ראשונה. ואני שואלת את עצמי מה קורה פה.

מייד כשאני מנתקת איתו, מתקשר אליי הרבש"צ של בני נצרים, ואומר לי שהיו לו נפילות ביישוב, גם בחממות, ושיש לו שני תאילנדים שנפצעו. מייד הקפצתי את התאג"ד שלי, שזו בעצם המחלקה שאחראית על כל העניין של הטיפול הרפואי, ואנחנו מתחילים נסיעה צפונה. בדרך אני מתקשרת למג"ד סיירת נח"ל, יהונתן צור, ואני שואלת אותו, "ברנש", ככה קוראים לו, "ברנש תגיד, יש לך מושג מה קורה", והוא אומר לי, "שמעתי משהו על

חדירת מחבלים, כל הכוחות שלנו בהיערכות מוגברת, אני אתקשר אלייך ברגע שאני אבין מה הולך".

אוקיי. אני שנייה מתאפסת, חדירת מחבלים, מה זה אומר, ואני אומרת לו "אין בעיה, אני אקח לך את היישובים, כדי שהכוחות שלך יוכלו להתעסק בגדר. אני אקח את בני נצרים, יתד, שלומית, נווה, יבול, כל המקומות האלה עליי, אתה תתעסק בגדר, עם האנשים שלך". ניתקנו ב"שיהיה בהצלחה, אוהבת אותך, אוהב אותך" ויאללה ממשיכים.

כשאני מגיעה למוצב סנאי מחכים לי שם כולם מחוץ למוצב, כל הרכבים עומדים. העמדתי את החיילים בחי"ת, ואני מסבירה להם מה קורה, למרות שאין לי באמת מושג מה קורה. אני אומרת להם שיש צבע אדום בכל העוטף, ושיש חדירות של מחבלים לכיוון ישראל, ושהמשימה שלנו היא להגן על היישובים. אנחנו מתעסקים אך ורק במשימה הזאת". אני מחלקת אותם לחוליות, אומרת לכל אחד לאיזה רכב הוא עולה, מי הולך לאיזה יישוב, ואני אומרת להם, "רוצו! תכינו עכשיו את כל שיבוצי הקרב, מי הכוחות שאיתכם, תביאו את כל האמצעים שאתם יכולים להביא, מטולים, מאגים, נגבים, קלעים, רימונים, כל מה שאפשר להביא ושיהיה לכולם בהצלחה". וככה אני שולחת אותם.

.5

ואז אני מקבלת עוד טלפון מברנש. הוא בעצם אומר לי שמוצב סופה נכבש, ושיש שם חיילים שלו. ואני אומרת לו "בטח, אני בדרך לאנשים שלך", וכשאני מנתקת את השיחה, אז אני אומרת לעצמי "מה הוא עכשיו אמר לי, כבשו את המוצב, מה זאת אומרת כבשו", ואני לא בדיוק מבינה עד הסוף את המילים שיוצאות לי מהפה.

אז אני עולה בקשר, אומרת לסמ"פ של המסייעת ולמ"מ שהיה איתי שאנחנו בשינוי משימה, ששלושתנו הולכים עם כל הכוחות שלנו למוצב סופה, לעזור שם ללוחמים, שיש שם מחבלים שפשטו עליהם, והם בלחימה אינטנסיבית שם. ואמרתי להם גם שיהיו מוכנים ודרוכים, כי יכול להיות שניתקל בדרך.

וככה אנחנו נוסעים, שלושה רכבים צבאיים, שנים עשר חיילים בסך הכול, כשאני מנווטת עם הגוגל מאפס ביד, כי אני לא מכירה את הגזרה

בכלל. וברנש במקביל שולח לי אנשי קשר שלו, שנמצאים במוצב סופה, והוא שולח לי גם הקלטה בווטסאפ, "אורצ'קה, דיר באלק, יש מלא מחבלים במרחב, תשמרי על עצמך, אני על מאתיים בדרך אליכם, נתראה!", ואני כזה מנסה להבין מה זה אומר, איך מתמודדים עם הדבר הזה, למה יש מלא מחבלים, מה המשמעויות של זה.

ואני מגיעה למוצב סופה, והתמונה הראשונה שאני רואה מולי זה אכזרית, שזה נגמ"ש כבד כזה, גדול, והאכזרית תקועה על איזה בטונדה, ומסביב לאכזרית אני רואה לוחמים שוכבים על הרצפה, עם הנשק כלפי מטה, כולם פצועים בדרגות שונות, מלא לוחמים, וכשאני רואה את זה אני מייד יוצרת קשר עם התאג"ד שלי, שכיוונתי לבני נצרים, לתאילנדים, ואני אומרת להן שיש פה מלא פצועים, ומבקשת מהן שיגיעו לנקודה שאני נמצאת בה. התאג"ד מורכב מפרמדיקית, אחות, חובשות, ונהגת והן כולן עכשיו באמבולנס מתחילות לנסוע אליי.

אני ניגשת לאחד הלוחמים של הנח"ל שפצועים שם ליד האכזרית, ומבקשת ממנו תמונת מצב, והוא אומר לי שבמוצב סופה יש הרבה מאוד מחבלים שנכנסו פנימה, ושהוא לא יודע מה קורה בפנים. אני מתקשרת לסמל שברנש שלח לי את המספר שלו, והוא אומר לי, "אנחנו בש"ג, תבואו מהר!", אמרתי לו, "אנחנו באים!" והתחלתי להתקדם רגלית עם הכוחות שלי, לדלג קדימה בין הבטונדות.

הגענו לש"ג. אני מזהה שם את הסמל שעומד בתוך הבוטקה של הש"ג, ואני קופצת לשם. אני מגיעה אליו ומזהה אותו, אני צועקת לו "צה"ל צה"ל צה"ל!", הוא צועק לי חזרה, ואני חותכת את כל הרחבה, זה רחבה שם של איזה מאה מטר ביני לבינו, אני חותכת את זה בריצה והוא צועק לי, "יא אללה, מה את עושה!!!" ואני צועקת לו "אני רצה אליך! באה אליך לעזור!".

אני מציצה פנימה והוא בתוך הש"ג עם שלושה לוחמים, שכל אחד מהם חטף כדור במקום אחר, הוא היחיד שלא נפצע. והוא אומר לי שיש איזה שלושים לוחמים מבוצרים בחדר אוכל בתוך הבסיס. ושנגמרה לו התחמושת. עכשיו אני, יש לי שריטות מאירועים קודמים, אז אמרתי לו, "שנייה רגע", עליתי לקשר מול החפ"ק שלי, ביקשתי מהם שיביאו לי ברוס, ארגז של תחמושת, כי אצלי תמיד יש ברוס מוכן למקרה שלמישהו ייגמר,

ופשוט הבאנו להם לש"ג את הברוס של התחמושת, והם מילאו את המחסניות שלהם, וזה היה כמו אוויר לנשימה.

.6

בינתיים התאג"ד שלי כבר מגיעות, וברקע אני שומעת אותן מתחילות לטפל בפצועים של הנח"ל שנמצאים בחוץ, ליד האכזרית, ותוך כדי שאנחנו בסיטואציה הזאת, אני פתאום קולטת על הסוללות מצפון למוצב, מחבלים שהולכים שם מסביב. מלא מחבלים! אבל אני ממוקדת במחבלים שבמוצב. אני מקדמת את הרכבים הממוגנים שהגענו איתם, מכניסה אותם דרך הש"ג הראשי, ופתאום אנחנו מתחילים לקבל אש מטורפת לרכב, רימונים, ואר־פי־ג'י שמפספס אותנו בכלום, ממש עובר מעל הגג. אחד החיילים שלי יורד מהרכב וחוטף כדור לרגל, לכף רגל, והמחבלים שבתוך הבסיס מתחילים לרוץ לכיוון שלנו! כי ניקזנו אותם אלינו, ואני נמצאת שם בתוך הסיטואציה הזאת בכלל רגלית.

רק פה אני מבינה פעם ראשונה עם מה אנחנו בכלל מתמודדים. זה חוליות מיומנות, עם מקלעים, עם נ"ט, עם אר־פי־ג'י, עם רימוני רסס, יכולות צבאיות מטורפות. וגם ראינו אותם בעיניים, הם כולם עם ווסטים ומדים, קומנדו לכל דבר. ואז אני מבינה שכל מה שנותר לי לעשות זה בעצם להקפיא מצב, לגרום לזה שלא ייכנסו עוד מחבלים פנימה, שלא יחטפו לנו חיילים החוצה, ולנסות להזעיק לכאן עוד כוחות תגבור.

אני אומרת לרכבים שלי לקפל אחורה, אני מוודאת שהם יוצאים מהמוצב, סוגרת את השער, ומתקשרת למ"פ טנקים שלי, לטנקיסטיות של הפלוגה שגם כן תחתיי, ואני אומרת להם שיגיעו כמה שיותר מהר. זאת נסיעה ארוכה יחסית, וטנקים שעושים את זה על זחלים, ייקח להם הרבה זמן להגיע, אז אני מבינה שיש לי פה זמן להעביר עד שיגיע תגבור. בסדר.

ואני מתקשרת משם גם לחבר שלי, שעשה איתי קורס מג"דים. הוא מפקד של טייסת בתל נוף. ואני אומרת לו, "עומר, אני חייבת שתביא לי מסוק קרב דחוף!" והוא שומע את הפיצוצים ברקע, ואומר לי, "מה זה, יורים עלייך", אמרתי לו "עומר, דחוף, אני אסביר לך אחר כך. אני במוצב סופה, בבקשה תגיד לטייס שיתקשר אליי, אני אכווין אותו". והוא אומר לי, "בסדר בסדר, אני על זה. תהיי זמינה בטלפון".

ובאמת בסביבות השעה עשר מתקשר אליי טייס ממסוק קרב ואומר לי, "אני עוד רגע אצלך!" ואני מתחילה להסביר לו רגע את הסיטואציה, איפה אני נמצאת, ואיפה אני רוצה שהוא יירה, ומה אני צריכה שהוא יעשה, ואז הוא עולה מולי שוב, הוא מתקשר אליי כשהוא ממש מעליי, והוא אומר לי "אור, אני ממש מצטער, אני חייב ללכת ליישוב אחר. יש חדירות נוספות, אני לא יכול להיות איתך באירוע", והוא פשוט טס משם. ואני מתחילה להבין שזה לא רק אצלי פה האירוע, כנראה שיש עוד סיטואציות, ועוד זירות קרב, כי אם הטייס הזה בא ואומר לי שיש עוד יישובים שחדרו אליהם, אז אנחנו במצב מאוד מאוד מורכב. וברגע הזה אני מבינה שאני לא יכולה להיות תלויה באף אחד. וכל מה שקורה פה, הכול עליי.

.7

בשלב מסוים אני מזהה שיש סוללה שנמצאת מערבית אליי, סוללה ענקית, ואני ככה אומרת לעצמי, שזאת נקודה טובה להיות בה, כי הם יכולים לחדור משם, המחבלים, זאת הנקודה שהכי קרובה לעזה, אז התחלתי בדילוגים להתקדם לשם, עם החיילים שלי, כל פעם אני קופצת, נשכבת, מדלגת שוב, קופצת, נשכבת, ואז אני מגיעה לסוללה, לקצה שלה, יחד עם החפ"ק שלי, עם הקשר שלי, והנהג, ואני ככה מסיטה את הראש ואז אני רואה מולי מחזה שאני לא אשכח בחיים.

אני ממש זוכרת את הסיטואציה הזאת. אני מסתכלת, מרימה את הראש לשמיים, מורידה את הראש חזרה, מסתכלת שוב הצידה – איזה חמישה טנדרים, בדרך אליי, מלא אופנועים, יש שם מחבלים שעושים דילוגים בין החולות, ובין העצים, וכולם עם ווסטים ומדים, ומתחילים להתקדם לכיוון שלנו, ואני לא מצליחה אפילו לספור את זה בעין, זה מאות! זה מאות! ומאחורה, בציר הרחוק רחוק, אני רואה שיירות של אזרחים עזתים, שפשוט צועדים לכיווננו, חלקם עם נשקים, חלקם בלי, ואני אומרת לעצמי, "זהו, פה אני אמות, ממש פה איפה שאני נמצאת כרגע, פה אני אמות".

הייתי בהרבה מאוד סיטואציות של היתקלויות וירי בחיים שלי, אבל זה אף פעם לא הרגיש ככה, זה אף פעם לא היה קרוב לזה אפילו. פה ממש קיבלתי את המוות, השלמתי עם המוות, הבנתי שזה הסיפור. אני זוכרת שהרמתי את הראש שלי, והתנצלתי בפני הילדים שלי, ממש ביקשתי מהם

סליחה בלב, הם כל כך קטנים, וכל כך חמודים, ואני כבר לא אחזור אליהם, אני כבר לא אראה אותם, זהו, ממש הבנתי שזה הסוף. ואז אמרתי לעצמי, בסדר, אם כבר זה הסוף, אז אני אסיים את זה יפה. אני אמות כמו גדולה. אני אעשה את הכי טוב שאני יכולה. ואני אלחם עד טיפת הדם האחרונה שלי.

אז אני מסתובבת לחיילים שלי, חבורה של שנים עשר לוחמים גיבורים, שמחכים שאני אגיד להם מה לעשות, אני מסתובבת אליהם עם חצי חיוך, הם סיפרו לי אחר כך שחייכתי, אני לא זכרתי את זה, ואני אומרת להם "קדימה, בואו נפרק אותם!" והם כולם, "יאללה!!!". והם באים לסוללה עם מאגים, עם כל מה שהם יכולים להביא, ואנחנו מתמקמים שם על הסוללה, ומתחילים לירות בכל מי שמתקרב לכיוון המוצב, אנחנו יורים כמו מטורפים, ובשלב מסוים, היה איתנו טיל לאו, אז אנחנו יורים אותו לכיוון אחד הטנדרים של החמאס, והטנדר מתפוצץ בפיצוץ אדיר, משהו קיצוני, היו שם כנראה הרבה מאוד חומרי נפץ, והפיצוץ הזה לוקח איתו כמה אופנוענים שהיו שם, ומפה לשם, אני קולטת פתאום שהרבה מהם מתחילים לסגת, להסתובב ולברוח חזרה. והבנתי פתאום שכן, אנחנו עושים פה משהו משמעותי.

.8

היינו שם חצי שעה בערך, ואז, בתוך כל הבלגן של הסיטואציה, אני שומעת פתאום שרשראות של טנק מאחוריי. זו אנחת רווחה מטורפת. אמרתי לסמ"פ שלי, "תישאר פה! אני לא יודעת של מי הטנק הזה, אני רצה להביא אותו!" השעה הייתה כבר אחת עשרה בערך, ואני מתחילה רגע לדלג לאחור, להתקדם לכיוון הטנק, דרך הבטונדות, ופתאום אני קולטת מחבל קופץ עליי, מטווח אפס, כאילו עוד שנייה הוא מחבק אותי. והמזל שלי זה שאני עם כדור בקנה, עם אצבע על ההדק, וזה היה ממש מי יורה ראשון, ואני יריתי ראשונה.

והמחבל נופל מולי, ואני נעצרת, קפאתי קצת בסיטואציה, כאילו, מה זה, מה קרה פה עכשיו, ואני שומעת את הסמ"פ שלי מאחורה צועק "מג"ד, מג"ד! מג"ד את בסדר?!", ואני מסתכלת על עצמי, אני בסדר! ואני מסתובבת אליו אחורה ואני מסמנת לו עם היד, הכול תחת שליטה, והוא מדלג ככה אחריי, והוא בא, ומסתכל עליי ואומר לי, "מה, כאילו, מה היה ביניכם עכשיו, מה קורה פה", ואני אומרת לו, "בדיוק מה שעובר לך עכשיו בראש".

אבל הטנק! אני נזכרת, אסור לי שהוא יברח, אנחנו צריכים אותו. רצתי מהר לכיוון שלו, ובגלל שאני מתורגלת עם הטנקיסטיות שלי, אני מתחילה לסמן לו את כל השפת סימנים של הטנקים, ומסמנת לו "מחבלים, שם, מאחוריי, תעשה את זה, פגז לשם!", והוא איתנו, הוא בעניינים! ואז יש לי פעם ראשונה איזה כוח נוסף שחובר אליי. אנחנו עושים שם איזה איגוף כזה, תופסים עמדה טובה, ופשוט יורים לכיוון שממנו המחבלים מגיעים. אנחנו יורים ויורים, והם מתרחקים משם, נסוגים, ואני מבינה, כולנו מבינים, שאם אנחנו לא נמשיך פה עכשיו בלחימה הזאת, המחבלים האלה יעברו אותנו, ופשוט יגיעו לכל היישובים מאחורינו.

בשלב מסוים הסמ"פ שלי והקשרית שלו חוטפים אר־פי־ג'י ונופלים לרצפה. אז אנחנו מוציאים אותם משם, ואני מתקשרת לחברים שלי שהם טייסים, עם מסוקי יסעור וינשוף, ואני מבקשת מהם שיבואו וינחתו במנחת ליד המוצב, כי חילצתי לשם פצועים, ואני חייבת שהם יפנו לנו את הכוחות, וזה באמת קורה! הם מגיעים, הם נוחתים שם, ומפנים לי משם פצועים. והתאג"ד שלי שם, כל הזמן מטפלות בפצועים, מעמיסות אותם, ומחלצות אותם למנחת. הצלחנו להביא לשם, למנחת, גם את הפצועים מהאכזרית שראינו, וגם את הפצועים של הגדוד שלנו, ועוד כמה אזרחים שאספנו בדרך, שברחו מקיבוץ סופה, ומפרי גן, ומכל מיני מקומות, והם בעצם כולם מקבלים טיפול מהתאג"ד המטורף שלי, של המלאכיות האלה, והמסוקים שהקפצתי מפנים אותם לסורוקה. ושם בבית חולים כבר מטפלים בהם כמו שצריך.

.9

בשעה אחת בערך, אני מקבלת טלפון משייטת שלוש עשרה, שמודיעים לי שהם ארבעים לוחמים, והם עוד דקה אצלי, הם על מסוק כבר בדרך, והם עוד שנייה נוחתים. וכשהם הגיעו דיברתי איתם, הסברתי להם רגע מה הסטטוס, מה קורה, הסברתי להם שהייתי עסוקה בעיקר בכוחות שבאו מבחוץ, ושבפנים יש עוד מחבלים, והם נכנסו פנימה, לתוך המוצב, והתחילו להילחם.

ואז בשעה שלוש קורה נס. הדלת של חדר האוכל נפתחת, ושלושים לוחמים יוצאים החוצה, חלקם פצועים קשה, חלקם פצועים בינוני, חלקם פצועים קל, כולם כולם עם רסיסים בכל הגוף, חלקם עם קליעים שירו עליהם,

חלקם עם רימונים שהתפוצצו בתוך החדר אוכל, חלקם עם חוסם עורקים, הם ישבו שם בתוך חדר האוכל שש שעות! וכל השעות הללו הם נלחמו, כמו מטורפים, הם ישבו בפנים, וכיוונו את הנשקים שלהם על הפתח של חדר האוכל, ובכל פעם שמחבל ניסה להיכנס, הם ירו עליו כמו משוגעים. והם הצליחו, הם מנעו את הכניסה של המחבלים לתוך חדר האוכל, ובעצם מנעו את ההרג של כולם. מתוך כל האנשים שיצאו מחדר האוכל, יצאה אלונקה אחת, עם הרוג אחד. כל השאר יצאו בחיים. ובשעה שמונה בערב שייטת שלוש עשרה מודיעים לנו שהם טיהרו את המוצב ממחבלים.

ובשלב מסוים מגיעה לסופה חבורה די גדולה של לוחמים, היה שם מ"פ חדש שבא להחליף את המ"פ שלהם שנהרג, והיה שם גם סגן אלוף, שהכרתי, עבדנו פעם ביחד, ואני באה אליו ושואלת אותו, "מה קורה, מה אתה עושה פה", אז הוא אומר לי, "באתי להחליף את ברנש". הסתכלתי עליו, אמרתי לו, "מה זאת אומרת, אני חייבת להתקשר אליו שנייה, להגיד שהכול בסדר, שהכול נגמר, ושאנחנו בשליטה, הוא זה ששלח אותי לפה", והוא מסתכל עליי ואומר לי, "אור, ברנש נהרג".

הסתכלתי עליו ככה בהלם, והוא אומר לי, "אני יודע שאני כמו מלאך המוות כרגע, אבל זאת הסיטואציה". ואז אני מבינה, אני קולטת שאם הם הצליחו להרוג לנו את ברנש, שזה בן אדם שמי שמכיר אותו יודע שזה סוס פרא, אי אפשר להשתלט על הבן אדם הזה בחיים! אם הם לקחו לנו את ברנש, אז באמת קרה פה משהו בלתי נתפס.

10.

היו שם גם הרבה הרוגים באירוע הזה. היו שם הרוגים. ואני זוכרת, היה איזה רגע, בסוף, כשהכול נגמר, כמה דקות לפני שבאו לפנות אותם, היה רגע שהם שכבו ככה, אחד ליד השני, ואני עברתי שם ביניהם, וככה נגעתי בפנים שלהם בעדינות, ליטפתי אותם רגע, ואמרתי להם שאני מצטערת, ועצמתי להם את העיניים.

ואני זוכרת שאמרתי לעצמי באותו רגע, שהאנשים האלה, שעושים עכשיו את הדרך האחרונה שלהם, הם גיבורים מטורפים. הם נלחמו שם כמו אריות, כדי להציל את קיבוץ סופה. הם נלחמו עד טיפת הדם האחרונה

שלהם. מה שקרה להם זה מה שאני הייתי בטוחה שיקרה לי, כשהייתי שם על הסוללה.

ולראות את הלוחמים החזקים והאציליים האלה ללא רוח חיים, זה היה רגע שאני לא אשכח אותו בחיים. ואני גם לא רוצה לשכוח אותו בחיים. ההרוגים האלו הם בעצם המראה של הלוחמים שלנו. אין קץ למסירות שלהם, אין קץ למה שהם העניקו למדינה הזו, ולאנשים שחיים כאן. הם באמת הקריבו את הדבר הכי יקר שלהם, כדי שהמדינה הזאת תמשיך להתקיים. וכדי שנוכל לחיות כאן את חיינו. ואת התחושה הזאת שהרגשתי שם, מעל החיילים הקדושים האלה, שמתו, את האהבה הזאת שהרגשתי שם בלב, אני לא אשכח כל החיים.

לא חיפשתי להיות גיבור, אבל ככה יצא

סיפורו של רמי דווידיאן

פטיש

.1

ביום שישי לפני שמחת תורה, בערב שמחת תורה, זה יום אזכרתו של אבי, אז מן הסתם כל המשפחה באה אלינו למושב פטיש, וכל הילדים היו אצלי בחג הזה, וכל הנכדים, והייתה ככה, אווירה חגיגית, אווירת חג, בערב אכלנו ביחד, שתינו, שמחנו, וזהו, הלכנו לישון.

בשבת בבוקר אני כהרגלי קם בשעות המוקדמות, אני, לא משנה מה אני עושה, השעון הביולוגי מעיר אותי בחמש. אז קמתי מוקדם, התקלחתי, ישבתי לשתות כוס תה, קפה עם האישה שלי איריס, שקמה איתי כל בוקר, ואז בשש וחצי שמענו את הקסאמים כמו כולם, וזה היה משהו חריג. אבל אני, יש לי מסורת, אני תמיד בשבתות בבוקר יוצא מהמושב לבית קפה ארומה, לא רחוק מהמושב. זה סוג של פרלמנט כזה, שאנחנו נפגשים, אז אמרתי לאיריס שאני הולך לשם, ואיריס אמרה לי, "לא, מה פתאום, יש קסאמים!" ואני אמרתי לה "בסדר, אני יודע, הכול בסדר, מתי אין קסאמים".

ותוך כדי שיחה איתה, בזמן שאני מתלבט אם לנסוע לארומה, אני פתאום מקבל צלצול טלפון מחבר שלי, שאומר לי, "רמי, תעזור לי, תעזור לי! תקפוץ לאיזשהו מקום להציל את הבן שלי!", הוא שלח לי משהו בווטסאפ, מיקום ואני אמרתי, "וואלה, אני הולך!". לא שאלתי אותו כלום. פשוט קפצתי מהר לאוטו, וזזתי לכיוון המיקום שהיה בטלפון. ובזמן שאני

מתארגן אשתי אומרת לי, "מה זה לאן אתה הולך, תראה מה הולך בחוץ".
אבל לא התייחסתי.

2.
אני מתחיל לנסוע מחוץ למושב, ובדרך אני רואה זוג אופניים זרוקים על הכביש, אופניים יקרים, אני עובר לידם, וחושב, מה זה, מי זרק אותם, איזה מוזר, ואחר כך, אחרי עוד דקה של נסיעה, אני פתאום רואה רכב זרוק בצד שמאל של הכביש, אז אני עוצר לידו ואני רואה שם אנשים ירויים באוטו, וחשבתי לעצמי, זה בטח אוטו של בדואים, יש בדרום לאחרונה כמה חיסולים של בדואים, עוד לא שיערתי כלום, לא הבנתי מה הולך. התקשרתי למשטרה כדי להודיע להם על זה, התקשרתי, צלצלתי, אבל אף אחד לא ענה לי, אין קול ואין עונה.

טוב, המשכתי הלאה לכיוון של הנקודה שנתנו לי, ופתאום, אחרי קילומטר בערך, אני רואה מולי נחיל של ילדים שרצים לכל כיוון, כמו יציאת מצרים, משהו מטורף, משהו שאתה רואה רק בסרטים, בהפקה גדולה, ואז כולם באים אליי, וצועקים, "איפה אנחנו!!!! איפה אנחנו!!! תעזור לנו!", והבנתי שיש משהו שקורה, משהו גדול, אבל עוד לא הבנתי בדיוק מה קרה, אז צעקתי להם, "תירגעו, אתם במקום בטוח! בואו אליי, בואו אליי!", והצלחתי בעשר דקות, רבע שעה, לאחד את רובם אליי, ואז במקביל התקשרתי לחתנים שלי, "תצאו עם טנדרים ועגלות, תבואו לעזור לי, יש מקרה חירום!" ובאותה נשימה התקשרתי גם ליושבת הראש של הוועד של המושב, קטי, ואמרתי לה, "תפתחי את הממ"דים הגדולים במושב. יש מקרה חירום!".

בינתיים הכוונתי את החבר'ה הצעירים שהיו שם, שימשיכו רגלית לכיוון המושב, וחיכיתי שהחתנים שלי יגיעו, לקחת את הילדים, וכשהם הגיעו, המשכתי בדרכי לחלץ את הבחור הזה, והגעתי אליו אחרי עשר דקות, הוא היה שם עם איזה עשרים חבר'ה, ואני, היה לי מקום רק לחמישה, אז לא הייתה לי ברירה, אמרתי להם, תעלו! הם קפצו לי על הגג, הם עלו לי על הבגאז', הם עלו לי על המכסה מנוע. במקום חמישה הכנסתי שבעה לתוך האוטו, והתחלתי לנסוע.

ובדרך החוצה הבנתי מהסיפורים שלהם שיש אירוע מאוד חריג, ואמרתי להם, תעבירו את הטלפון שלי לאנשים שמתחבאים, אנחנו נבוא להוציא אותם, תקחו את המספר שלי, והחבר'ה שהוצאתי בסיבוב הראשון התחילו ככה להעביר את הטלפון שלי, לעוד הרבה קבוצות פנימיות שלהם, ואז זה התגלגל, הכול התגלגל תוך שניות, כמו אש בשדה קוצים הטלפון של רמי הופץ בכל המדינה.

.3

ואז כבר קיבלתי אלפי הודעות, אלפי טלפונים לחילוצים, משהו מטורף. ומשם התחלתי לעבוד על אוטומט. נסעתי וחזרתי, נסעתי וחזרתי, כל פעם למיקום אחד שקפץ לי, לא יכולתי לבחור מה לפני מה, פשוט נסעתי, וההודעות שקיבלתי היו הודעות כאלה מצמררות, לא יכולתי להתחיל לברר, לא יכולתי לענות לשום הודעה, היה שם המון פחד, פאניקה, תחנונים, זה היה נורא. את רוב החבר'ה שאספתי לקחתי אליי הביתה. את חלקם הורדתי במרכז המושב. וכל נגלה הייתה קשה יותר, ומסובכת יותר, כי נכנסתי יותר ויותר לעומק, יותר ויותר קרוב למסיבה.

ואחרי כמה נגלות הבנתי שזה מסוכן, היו שם עדיין מחבלים, ויריות, אז מה שעשיתי, הייתי מחנה את הרכב במקומות נמוכים כאלה, בנחלים, ומשם הייתי מתחיל לרוץ רגלית, מוצא את החבר'ה, ומחלץ אותם, וככה זה עבד, עד שתיים, שתיים וחצי בצוהריים. וחלק מהילדים שם שאספתי סיפרו לי דברים נוראיים, הם סיפרו לי שהמחבלים מחכים לילדים מחוץ לפרדסים, מחכים שהם יצאו, כדי לירות בהם. היה שם טבח נוראי, דברים נוראיים, גם בסרטים הכי קשים לא ראינו דברים כאלה. אני לא מאמין שיש מפיק שיוכל להפיק את הדברים האלה. זה לא, זה משהו שלא נתפס בתפיסה בכלל. לא.

.4

בשלב מסוים קיבלתי שיחת טלפון מילדה מדהימה בשם עמית. בפעם הראשונה שהיא דיברה והתקשרה איתי בווטסאפ וכל זה, היא הייתה עוד תוססת, הקול שלה היה חזק, אבל ככל שניהלתי איתה שיחה, הרגשתי שאני מאבד אותה, והתקרבתי למיקום שהיא שלחה לי, והתקדמתי, וכשהגעתי

שמעתי שהקול שלה נהיה ממש חלש, ולא הבנתי מה קורה, ורק כשמצאתי אותה הבנתי מה העניין. היו שם איתה שישה פלסטינים חמושים, הם החזיקו אותה שם! ואני ראיתי אותה וחשבתי לעצמי, מה אני עושה עכשיו, מה אני עושה?!

ואז פשוט התחלתי לדבר איתם בערבית, זה יצא לי באינסטינקט, אמרתי להם, "מה קורה, מה שלומכם, איך אתם מרגישים, מה אתם עושים פה, אני, קוראים לי אבו ראמי אני פה ממושב פטיש, מרחט. אני מוסלמי כמוכם!", התחלתי לנהל איתם משא ומתן חברי כזה, ואז באיזשהו זמן אמרתי להם, "אתם יודעים שהחיים שלי בסכנה, בדיוק כמו החיים שלהם, כי בעוד כמה דקות מגיעים החיילים לפה, אז בואו תקשיבו לי, אני קצת מכיר את האזור. תנו לי את הילדה, אתם תברחו לאזור הזה, ואני אברח לכיוון הזה ואז אולי ניפגש באיזשהו מקום, כמה שיותר לברוח!", עמדתי ממש שני מטר מהם, והם חמושים כולם, היו יכולים לתפור אותי בשנייה, להרוג אותי, לחטוף אותי, לקחת את הגופה, ואני לא יודע להסביר, אני לא יודע, הם האמינו לי, אני היום אומר, היום אני אומר, יד אלוהים נגעה בי בהרבה מקרים, בהרבה מקומות שם, הם האמינו לי, והעבירו לי אותה, את עמית, תוך כמה דקות היא הייתה באוטו שלי ונסענו משם, ואת הכול עשיתי על אוטומט, הייתי על אוטומט.

ובערב, בלילה, בשבע, קיבלתי עוד שיחה, מכמה ילדים, שהם הגיעו לאיזה מפעל, והם חייבים חילוץ, הם מתחננים לחילוץ, כי הם נמצאים שם המון המון זמן, תשע שעות הם שם, והמשטרה לא עונה, והצבא לא מגיע, תשע שעות! אז אמרתי להם, "אין בעיה, אני מגיע אליכם רק תגידו לי מה אתם רואים, תנו כמה נקודות, מה אתם רואים סביבכם, אני יכול להגיע אליכם!", ואז הם אמרו לי, "יש פה חדר עם מלא טלוויזיות, רואים מלא מצלמות סביבנו" ואז נפל לי האסימון, שהם נמצאים באיזשהו מפעל שאני מכיר טוב, ונסעתי לכיוון שלהם עם החתן שלי, ועם עוד מישהו, ולשמחתי גם אותם הצלחנו לחלץ.

ברבע לשבע בבוקר יצאתי מהבית, ועד אמצע הלילה המשכתי, המשכנו, היו לי שם הרבה חילוצים. וכל הזמן הודעות, ושיחות, ואנשים מתחננים, זה היה הכי קשה, השיחות, אני הרגשתי שם, בכל הטלפונים, הרגשתי שהם כמו הילדים שלי. אני שומע ילדה בטלפון, "איפה אתה, אני מתחננת, מתי

אתה מגיע!", ואני יודע, אני מרגיש שאין לי אופציה בכלל, אני חייב לצאת אליה, אין לי אופציה אחרת.

.5

בהתחלה נסעתי עם האוטו שלי, טויוטה קורולה, אבל אחר כך החלפתי את האוטו, רציתי אוטו יותר מאסיבי, שיכול לתמרן, לקחתי את הרכב מהחתן שלי, ושתי המכוניות, שני הרכבים האלה, סיימו את הלילה עם כמויות של חורים, של קליעים. היום אני מבין שהיה לי נס. אני מבין את זה. אבל אז הייתי על אוטומט.

בלילה, מאוחר, בעשר בערך, קיבלתי עוד מיקום של ילד שמבקש עזרה, יצאתי לשם, טסתי אליו, וכשהגעתי ראיתי אותו בתוך צינור בטון, אבל הוא כבר לא היה בחיים, הוא היה כבר מת, רצחו אותו, וידעתי שאני לא יכול להשאיר שם גופה, מי שמכיר את האזור יודע, יש שם הרבה שועלים, ותנים, אי אפשר להשאיר את הילדים זרוקים ככה.

וזהו, מאותו רגע התחלתי לאסוף גופות, גופות של ילדים, נסעתי, ומצאתי גופות בצידי הדרך, בכל מיני נחלים כאלה, לקחתי אותן, הרמתי אותן לאוטו שלי, והנחתי אותן במקום שבבוקר יבואו וייקחו אותם, היה לי שם איזה עץ, וליד העץ היה ספסל של קק"ל, והבאתי לשמה את הילדים שמתו, וכיסיתי אותם, מצאתי כל מיני, מעילים מחצלות, וככה המשכתי, עד השעות הקטנות של הלילה.

וגם ביום ראשון, בבוקר, המשכתי עדיין לקבל נקודות מילדים, ומהורים, והמשכתי לאסוף אותם, היה לנו שם מלא מלא עבודה, אחר כך הצטרפו אליי עוד שני אנשים שהם כלבנים, עם כלבי גישוש, וביחד המשכנו לאסוף, בעיקר גופות מצאנו, והמשכנו, לא עצרתי בכלל, לא עצרנו, עד יום רביעי בבוקר. וזה לא היה בקטע של שליחות, לא, אני לא חשבתי כלום ולא ראיתי כלום, ולא שמעתי כלום, פשוט ראיתי משימה, הייתה לי משימה, זה מה שהרגשתי, כאילו שמישהו אומר לי – "זה הפרויקט שלך חביבי, זהו, סע!". זה מה שהיה.

.6

אני חונכתי, חונכתי וגדלתי בבית עם המון נתינה, המון נתינה, אני גדלתי

בלי אבא מגיל שתים עשרה, ואימא שלי הייתה צריכה את העזרה שלנו בבית, היא הייתה צריכה את הנתינה שלנו, וכל מיני אנשים אחרים עזרו לנו, עזרו למשפחה שלנו, אני זוכר את זה, אז כמו שלי עזרו בעבר, ככה גם אני צריך להחזיר. בזה אני מאמין, בלתת לאחרים, והנתינה אצלי זה עד היום, אם אפשר לעזור לאנשים, אם אפשר לתת משהו, ולעזור, אז צריך לעזור. והילדים האלה היו צריכים עזרה, הם היו צריכים עזרה שם.

בזמן אמת אני לא חשבתי על כלום, כלומר, אני ידעתי שיש פה טבח, וראיתי את מה שראיתי, היו שם דברים זוועתיים, כל כך זוועתיים, ברמה שאי אפשר להבין, ובזמן אמת אני לא הרגשתי את זה, לא חשבתי על זה. אני עוד מעט בן שישים, בקושי מצליח לזוז, אבל שם רצתי כמו איילה! בהתחלה לא חשבתי על כלום, אבל אחר כך זה נפל לי, אחרי שבוע, שבועיים, כשכל מיני אנשים התחילו להגיד לי, "מה יש לך, אתה יכולת למות, יש לך בבית אישה וילדים", רק אז זה נפל לי.

ועכשיו אני, היום אני יש לי טראומה גדולה. אני ראיתי הרבה גופות שרופות, וכל זה. הריחות האלה לא עוזבים אותי. לא עוזבים אותי, מתי זה עולה לי, כשאני מגיע הביתה ואשתי מכינה איזה אוכל, ויש ריח כזה, אז זה עולה לי, זה עולה לי, והלב, הלב, אני מרגיש, הכול, הכול רועד אצלי בגוף.

וברור לי, ברור לי שזה ילך איתי הרבה שנים. אני יודע שאני בחיים בחיים לא אשכח את מה שראיתי, אני לא אשכח את זה בחיים, אין מצב שאני אשכח את זה. זה משהו שכבר חרוט לי בלב, בדם שלי. זהו, זה חרוט אצלי. אין מצב.

.7

זה שינה אותי הסיפור הזה, מה שהיה, זה שינה אותי בהרבה דברים, הכול התערבב לי ביום הזה. יום שמחת תורה, ויום מותו של אבי. וכל הילדים שהיו שם. שהצלנו. וכל הגופות שמצאנו. היו שם המון גופות, המון המון גופות, גם של מחבלים. והכול התערבב לי. הכול התערבב.

אני פוגש היום אנשים במושב, שמתווכחים על שטויות, על שטויות! ואני אומר להם, "תגידו, זה שווה לכם, מה יש לכם, אני ראיתי דברים כאלה, ראיתי דברים, אנחנו חיים פה בגן עדן, מה יש לכם, אתם לא זוכרים איפה היינו לפני כמה חודשים", אני מנסה להסביר להם, שיקבלו פרופורציות, מה

חשוב, מה לא חשוב, כן, אני השתניתי, אני לא אותו בן אדם, זה בטוח, אני לא יודע אם אני אחזור להיות אותו רמי שהייתי. אני גם התחלתי עכשיו טיפולים, קצת, שני טיפולים בשבוע. התחלתי קצת, לעשות טיפולים, שיעזרו לי אולי. אני מקווה שזה יעזור לי.

אני באמת ראיתי שם דברים קשים, אני ראיתי דברים שגם בסרטים לא רואים, אבל אני לא מתחרט, לא, אני בחיים לא מתחרט, בטוב וברע, יש לי תפיסה כזאת בחיים, לקבל את הכול, לקבל כל מה שבא, אז אני לא מתחרט, ואני שמח על מה שעשיתי, על האנשים שהצלתי, אני באמת שמח על זה. אני לא חיפשתי להיות גיבור, לא חיפשתי, אבל ככה יצא.

אבא, אתה לא משאיר אותנו לבד

סיפורה של הדר בכר

בת 13

📍 בארי

1.

בלילה שלפני השבעה באוקטובר, היינו בגן ירדנה, זה גן שעשועים כזה בקיבוץ, הייתי שם עם שתי חברות שלי, ודיברנו, וצחקנו, עד מאוחר, ועשינו שמה גם סרטון כזה, בטיקטוק. לא העלינו אותו, אבל צילמנו אותו, ובסרטון אני וחברה שלי עשינו כאילו אנחנו מעלימות את עלמה, החברה שלנו, היא כאילו נעלמת כזה. ככה צילמנו את זה כמה פעמים לטיקטוק, ובשתיים וחצי בלילה הלכנו לישון. ורק אחר כך, אחרי שהכול נגמר, כשעלמה כבר הייתה חטופה בעזה, רק אחר כך שמנו לב לזה שכאילו צילמנו את עלמה נעלמת בסרטון. ואז היא באמת נעלמה.

2.

קוראים לי הדר, אני בת שלוש עשרה, אני גרה בקיבוץ בארי, ואימא שלי קוראים לה דנה, היא הייתה גננת פה בקיבוץ, כולם אהבו אותה ממש, ממש. היה לה גן של תינוקות ממש פיציים, ואני הייתי הרבה שם איתה, היינו הרבה ביחד שם, מאז שאני קטנה אני הייתי שם איתה, מחזיקה את התינוקות, ומחליפה להם חיתולים. ואימא שלי, הייתה לה סבלנות לילדים הקטנים, היא דיברה אליהם ממש כמו לילדים גדולים. והם אהבו אותה. וגם ההורים של התינוקות אהבו אותה. כולם אהבו אותה בבארי.

ביום יום אני ממש ממש אוהבת לאפות, עוגות, עוגיות, ג'חנונים, מאפים, אני ממש אוהבת, ויש לי בבית, היה לי, מלא כלים, הייתי אוהבת

לעשות מתכונים מסובכים. אני אוהבת לאפות הכול. גם מתוקים וגם מלוחים. וחוץ מלאפות אני אוהבת לגלוש. כמו אחי כרמל, שגם הוא אהב לגלוש. נראה לי שממנו קיבלתי את האהבה הזאת, לים ולגלים. זהו, זה מה שיש לי לספר על עצמי.

3.

בשבת בשש וחצי בבוקר אנחנו שומעים מלא בומים, מלא מלא בומים, ואנחנו יוצאים, כאילו ברגיל שלנו, יוצאים ונכנסים לממ"ד, היינו בבית אבא, ואימא, וכרמל אחי, ואני. אח אחד שלי, נופר, היה בצבא, בחברון, הוא בדיוק היה בשמירה, והאח הגדול שלנו רותם היה בהודו. בטיול. אז היינו בממ"ד ארבעה אנשים. ואנחנו מרגישים, מהר מאוד אנחנו מרגישים, שזה משהו לא הגיוני, לא רגיל, כל כך הרבה טילים בחמש דקות, לא ראינו דבר כזה בחיים. עוד צבע אדום ועוד צבע אדום, ועוד אזעקות ועוד יירוטים. ובשלב מסוים אימא שלי שומעת מין מגפון כזה, צעקות במגפון, "יש חדירת מחבלים!", אז פתחנו את הווטסאפ של הקיבוץ וראינו שם הודעה – "יש חדירה, תנעלו את הבתים, תחשיכו את האורות, תיכנסו לממ"דים, ותנעלו את הדלת". כולם היו בהלם מההודעה הזאת. גם אני.

נכנסנו לממ"ד, וכולם כזה חושבים, טוב כמה זמן זה כבר ייקח, מה, נביא מים, נביא אוכל, לא, בשביל מה. אז כולם בפיג'מות. מחכים בממ"ד. ולאט לאט אנחנו רואים בהודעות שזה מתחיל להתפשט בקיבוץ. ולהתקרב אלינו. ואח שלי כרמל רץ למטבח להביא סכין כזאת גדולה, של ארקוס, יש לנו אפילו תמונה שלו עם הסכין.

ואחרי כמה זמן כשאנחנו יושבים שמה בחושך, היה לנו פיפי, רצינו לצאת החוצה לעשות בשירותים, אבל אבא אמר, "אין סיכוי שאתם יוצאים החוצה מהממ"ד!", אז עשינו פיפי בסירים שהיה לנו שם, יש לנו בממ"ד את הארון אפייה שלי, ויש לי שמה סירים, אז עשינו פיפי בסירים, וגם שמנו בתוך הסיר בדים שמצאנו שם, עשינו פיפי על הבדים, כדי שאם המחבלים יעברו שם בדיוק, הם לא ישמעו שיש מישהו שעושה פיפי. היינו שם ממש ממש שקטים.

4.

ואחרי עוד קצת זמן, ממש לא הרבה, התחלנו לשמוע צעקות בערבית, ממש

צעקות חזקות, מחוץ לחלון ממש, ואז שמענו את המחבלים נכנסים לבית, שמענו את הנעליים שלהם, והם הגיעו לממ"ד, לדלת של הממ"ד, והתחילו לצעוק שם, "איפתאח אל באב! איפתאח אל באב!", ואבא שלי וכרמל מחזיקים את הדלת, מחזיקים את הידית, והם דופקים על הדלת, וצורחים עלינו, ממש צורחים, ואז אבא שלי אומר להם בערבית, שיש פה ילדים, "רוח! כולאן וואלאד!", ובשנייה שהוא אומר את זה הם נותנים צרור על הדלת. והכדורים חודרים את הדלת ופוגעים בכרמל, ביד שלו. היד שלו ממש עפה מהמקום בגלל הצרור של המחבלים.

ואימא שלי בגלל שהיא גננת, היא עשתה קורס עזרה ראשונה, אז היא ידעה לעשות חוסם עורקים, אז באנו ביחד, אני והיא לכרמל, ועשינו לו שם חוסם עורקים, והמחבלים בזמן הזה שוב צועקים עלינו, לפתוח את הדלת, והם יורים על הדלת שוב, ופוגעים שוב, הפעם באבא, פגעו לו ברגליים שלו, ואבא שלי עף על הרצפה שם, והמחבלים באים לדלת ומנסים לפתוח אותה, אבל הם לא מצליחים, הם כנראה פגעו במנגנון של הדלת, אז הם לא הצליחו לפתוח אותה בכלל. ואבא שלי, הידיים שלו היו בסדר, אז הוא הצליח לעשות לעצמו חוסם עורקים. ובזמן שהוא טיפל בעצמו, הם התחילו לשרוף לנו את הבית שלנו, מבפנים.

5.

הם התחילו להביא דברים מהבית, כל מיני דברים שאפשר לשרוף, כיסאות, רהיטים, והדליקו את הכניסה של הממ"ד, והם כל הזמן דאגו שתהיה שם אש, בכל פעם שהאש נכבתה, הם הדליקו אותה שוב, וכל החדר התמלא בעשן שחור כזה, לא היה אפשר לראות כלום מרוב עשן, וגם לא הצלחנו לנשום. ואז לקחנו את הבדים, שעשינו עליהם פיפי, מהסירים, לקחנו את הבדים ושמנו אותם על הפנים. וזה עזר לנו לסנן את העשן. היינו עד שלוש בצוהריים, משהו כזה, עם הבדים האלה על הפנים.

בשלב מסוים, המחבלים החליטו לבוא אלינו מהחלון של הממ"ד. הם התחילו להפציץ את החלון, הם שמו עליו לבני חבלה כאלה, גדולים, הם היו ממש נחושים המחבלים. הם שמו לבנה אחת, ואז עוד לבנה, ובפיצוץ השני כבר היה חור בחלון, ואז הם התחילו לזרוק פנימה רימונים. הם זרקו שלושה רימונים. הם לא ראו איפה אנחנו, כי כל החדר היה מלא עשן. אז

הרימונים נתקעו בספה, אני קיבלתי רסיסים ברגל, אבא קיבל בבטן, ואימא קיבלה ביד, לא משהו רציני.

ואז אחד המחבלים הכניס את הרובה לתוך החלון, וירה כמה כדורים פנימה, וכדור אחד, מהצרור שהוא ירה שם, פגע באימא, הוא פגע לה בריאות, ואימא שלי גם נפלה על הרצפה, והתקפלה, היינו שם ארבעתנו פצועים, אבל אני הייתי במצב הכי טוב, אז לקחתי מכולם את הטלפונים, והתחלתי לשלוח הודעות לכל מי שיכולתי, שלחתי הקלטות בקבוצה של כל הקיבוץ, יש לי את ההקלטה הזאת עדיין, שלחתי להם, "אנחנו חייבים שמישהו יבוא להציל אותנו, חייבים, חייבים, כרמל לא מצליח לנשום, בבקשה שמישהו יבוא".

והתקשרתי למד"א והם אמרו לי שהם לא יכולים להיכנס לקיבוץ. והתקשרתי לרבש"צ והוא לא ענה, אני לא ידעתי שהוא כבר היה מת אז, וקיבלתי שיחה ממד"א שאמרו לי, "תפשיטי את אימא! תבדקי איפה היא נפצעה!", אז קרעתי לה את הבגד, חיפשתי פציעה, ולא ראיתי כלום, והיא וכרמל כל הזמן אומרים, נפרדים, "אני אוהבת אתכם", "אני אוהב אתכם", הם לאט לאט דעכו כזה, וכרמל ביקש שנקבור אותו עם הגלשן, וככה עשינו, קברנו אותו עם הגלשן.

.6

ובשלב הזה נשכבנו על הרצפה, עדיין היה מלא עשן, הנחיריים של כולנו היו שחורים, אבל על הרצפה היה יותר קל לנשום, שכבנו, כזה אחד על השני, ואני מנסה לנקות לאימא את השחור מהאף, ואני מבינה שהיא כבר לא מצליחה לנשום, והיא מתחילה ללחוש כזה, "אין לי שום דבר נגד אף אחד, אין לי שום דבר נגד אף אחד", ככה היא אמרה, ואז היא פשוט מתה. ואני מתקשרת למד"א והם אומרים לי "תבדקי לה את הנשימה", ואין נשימה. ואז אבא אומר, "אימא כבר לא סובלת, הכול בסדר. עכשיו מתמקדים בכרמל".

ואני גם עשיתי לעצמי באיזשהו שלב חוסם עורקים ברגל, הורדתי לעצמי את החולצה, נשארתי עם תחתונים ועשיתי לעצמי חוסם עורקים. איבדתי הרבה דם גם בעצמי, מכל הרסיסים. ואז הם שוב באו והתחילו לשרוף אותנו, שוב הם הבעירו אש, ואני בשלב הזה נכוויתי ברגליים, כי הרגליים שלי היו קרובות לדלת, אז אמרתי לכרמל, "יאללה, צריך לזוז", ועברנו למקום אחר בחדר, ושם כרמל, וגם אבא שלי, התחילו כל הזמן להתעלף,

ואני כל הזמן אמרתי להם, "תתעוררו! תתעוררו! תחזרו להכרה!", ושלחתי מלא הודעות, והתקשרתי לכל מי שיכולתי, וביקשתי שיבואו להציל אותנו, ובשלב מסוים כרמל התחיל לחרחר, הנשימות שלו היו מוזרות, ואני אומרת לו, "כרמל, תקשיב, אתה לא יכול לחרחר עכשיו! יש מחבלים בחוץ, אם הם ישמעו אותנו, הם ייכנסו לממ"ד ויוציאו אותנו, ויחטפו אותנו, או שהם יזרקו רימון ואנחנו נמות. אבל אחרי כמה דקות הנשימות שלו התחילו להיות יותר ויותר קצרות, והוא גם מת. ואני ניסיתי להרים אותו, ולעשות לו החייאה, אבל לא היה לי כוח בידיים. מרוב עשן שנשמתי הייתי ממש חלשה. ואבא אמר לי, "הדרי, אימא וכרמל לא סובלים, עכשיו אנחנו ממוקדים בעצמנו".

ואז שלחתי עוד הודעות, מכל הטלפונים, שלחתי לקיבוץ הודעה מהטלפון של אימא, "זאת הדר כולנו פצועים, יורים פה, בואו עכשיו, פוצצו לנו את הבית, אימא וכרמל מתו, אני לא רוצה למות, בבקשה בואו עכשיו". וכל פעם כששמעתי רעש, התחבאתי מתחת לאיזה טרולי שהייתה שם. כדי שלא יראו את האור של הטלפון. והמשכתי לשלוח הודעות. ואז אחת ההודעות באמת השפיעה על מישהו. מישהו שלח אלינו טנק לאיפה שהיינו בדיוק. ואנחנו שומעים את החיילים מתוך הבית, ואבא צועק להם, אבל אין לו כבר כוח לצעוק, הוא ממש כבר היה במצב לא טוב, הוא התעלף כל הזמן, ואני צועקת לו, כדי שהוא יתעורר, "אבא אתה לא משאיר אותנו לבד, אנחנו לא נוכל לחיות ככה!". והוא כל הזמן חוזר להכרה ומאבד הכרה, ואז שמעתי חיילים, וצעקתי להם, והם הגיעו אלינו, הם ראו מלא דם בחדר, הם היו בטוחים, החיילים, שכולם כאן מתים.

.7

השעה הייתה שבע בערב בערך. היינו שם שתים עשרה שעות בערך. עם העשן והפצעים. החיילים לא הצליחו לפתוח את הממ"ד מבחוץ, אז היינו צריכים להשתחל החוצה איכשהו, ואני יצאתי מהחלון, לא הצלחתי לדרוך על הרגל, והחיילים הביאו לי משהו להתכסות, כי הייתי רק עם תחתונים, ואמרתי להם שאני חייבת מים, והם הביאו לי, שתיתי ליטר וחצי בשלוק, בחצי שנייה.

ואז הם הרימו אותי עם כיסא, ואת אבא עם אלונקה. הם לקחו אותנו ליציאה מהקיבוץ, ומשם לאמבולנס צבאי, ומשם לאמבולנסים לסורוקה. כשהגעתי למיון האורתופדים הגיעו, וניקו לי את הרגל, והורידו לי את

החוסם עורקים, אחד מהם אמר לי, "אם היית נשארת עוד חצי שעה עם החוסם עורקים הזה, לא הייתה לך רגל". ואת אבא שלי הם לקחו לניתוח חירום, הוא היה ממש במצב אנוש, הם ניסו להציל לו את הרגל, ניסו לחבר את העורק הראשי, אבל הם ראו שעבר יותר מדי זמן, אז בסוף הם באמת כרתו אותה. אבל לפחות הוא ניצל. לפחות אני ואבא שלי נשארנו בחיים.

אני לא יודעת מה לומר על הסיפור הזה. אני לא יודעת. אין לי מה לומר. אני חולמת שנחזור לקיבוץ. אני חולמת להיות קונדיטורית. אני לא חולמת הרבה עכשיו. ואני לא באמת יודעת מה אני מאחלת לעצמי. עלמה החברה שלי, שהייתה חטופה בעזה, השתחררה בעסקת החטופים. ועכשיו אנחנו שוב ביחד, יושבות ביחד בגינות ומדברות. אבל משהו השתנה. הכול השתנה. אפילו כשאנחנו צוחקות, זה כבר לא אותו הדבר.

אבא שלי באמת היה הכי חזק בגן

סיפורו של אבי עמר

מספרת – סתיו, בתו של אבי

באר"י

1.

הייתי התכשיט של אבא שלי. הוא תמיד נורא השוויץ בי, הוא תמיד היה מביא אותי, גם בתור ילדה קטנה, לכל מפגש עם חברים, לכל טיול סוסים שהולכים רק החבר'ה, כאילו רק גברים, הייתי שם איתו, והוא היה מביא אותי ליחידה שלו במשטרה, ותמיד היה מתגאה בי, הוא היה שחום כזה, עם עיניים מאוד מאוד כחולות, אבל לא סתם כחולות, עיניים שאפשר לטבוע בהן, עיניים שהן שקט, שהן שמחה, שהן חיים. ואני כבר כילדה הייתי בלונדינית בהירה, עם עיניים כחולות, בדיוק כמו שלו. ותמיד הוא היה מביא אותי ומשוויץ בי, "כן, זאת הבת שלי, דומה לי אהה, דומה לי! יצאה בול כמו אבא שלה!".

אני הבת הבכורה של אבא, אנחנו שישה אחים, בקרוב נהיה שבעה, ההורים שלי גרושים. ואבא שלי התחתן עוד פעמיים אחר כך. ואשתו הנוכחית, אלמנתו, עומדת ללדת בקרוב. ממש ממש בקרוב. תמיד כשאנשים שומעים את הסיפור המשפחתי שלי, זה נראה לכולם מסובך, אבל אבא שלי דאג שכולם יהיו בקשר טוב, ושכולם יסתדרו, ויאהבו, זה היה מפעל חייו, שנהיה משפחה. וגם בינו לבין אימא שלי היה תמיד קשר מיוחד, גם אחרי שהם התגרשו החברות שלהם לא נפגעה. זה לא מובן מאליו.

וכשהייתי בבית ספר, הוא תמיד היה מגיע, תמיד הקפיד להגיע, דווקא בגלל שהוא ואימא שלי היו גרושים, הוא תמיד היה בא לכל האסיפות הורים. אני זוכרת שפעם היה יום כזה שהזמינו את כל האבות לשפץ ולצבוע את הגן, היה לו תפקיד קטן – לצבוע את הגדר של החצר, אבל אבא שלי

החליט לבנות שם פרגולה! הוא הגיע עם הכלי עבודה שלו, והתחיל לעבוד שם בטירוף, לתקן את המתקנים, וכל האבות מסתכלים עליו כאילו הלו אתה מוציא אותנו לא טוב! וזה בדיוק הוא. הוא היה גבר בכל חדר שהוא נכנס אליו.

.2

נכון יש תמיד בגן תחרות כזאת, אבא שלי הכי חזק, אבא שלי יותר חזק, אז אבא שלי באמת היה הכי חזק בגן. תמיד תמיד תמיד, בכל מקום שהייתי, תמיד ידעתי שיש לי אבא כזה, גיבור וחזק, ממש הרגשתי שאני מוגנת בכל מקום שאני הולכת בו, כי יש לי את אבא שלי, הוא הכי חזק, לא מתרגש מכלום, לא משנה מה עברתי ולאן הגעתי ואיזה תקופות חוויתי, תמיד הוא היה שם בשבילי, תמיד הוא נתן לי את ההרגשה הזאת שהכול בסדר, הכול טוב, אני איתך.

והוא אף פעם לא הרים את הקול. אני לא זוכרת אותו צועק בחיים שלי! לא מלחץ, לא אם באתי לרוץ לכביש ונפלתי, וגם לא אם עשיתי משהו שהכעיס אותו. הוא בחיים לא צעק, וכשהייתי בתיכון התחלתי ככה להיעלב ממנו, "אבא, למה אתה לא צועק עליי, למה אתה לא, כאילו, תכעס עליי!", והוא היה צוחק ואומר לי, "אבל למה, את ממש בסדר". הוא תמיד אמר שהוא לא צריך להרים את הקול שלו כדי להראות לי את הדרך הנכונה.

ואני זוכרת, כשהבאתי את החבר שלי הביתה בפעם הראשונה, אני הבת הבכורה שמביאה חבר הביתה, והחבר שלי רעד מפחד! הוא פחד להסתכל לאבא שלי בעיניים, כאילו, הלו לאן הבאת אותי, איך אני יכול לעמוד מול הבן אדם הזה, הייתה לו נוכחות גברית כזאת, חזקה כזאת, אבל אבא שלי, ברגע שהוא הבין שהוא ילד טוב, ושהוא דואג לי, הוא אהב אותו כמו בן, הוא חיבק אותו וצחק איתו, וכל הזמן היה אומר, איפה יש עוד אנשים כמו איתי, אני רוצה כזה לכל הבנות שלי!

אבא שלי היה צבר ישראלי, דמות ישראלית, בכל אספקט שלו. אני זוכרת אותו תמיד עם סנדלי שורש או יחף. סליחה! אבא שלי קבוע יחף, הולך יחף, הייתה לו כאילו עוד סוליה ברגל, הוא היה הולך על משטחים הזויים, קוצים, חם, רותח, שלג, הוא לא הרגיש כלום. וכל הזמן היו לו כל מיני שריטות בידיים, ברגליים, והוא לא שם לב, הייתי פוגשת אותו, היו לו

חתכים מדממים, והוא לא היה מרגיש אותם, ואני כזה, "מה זה, אבא, מה קרה לך, בוא אני אחבוש לך", והוא כזה "אה, זה, לא ראיתי אפילו". הוא היה באמת גיבור. כמו פעם כשחושבים על גיבורים. כזה גיבור הוא היה.

.3

יום שבת השבעה באוקטובר. קמתי מוקדם באותה שבת כי קבענו כל המשפחה לחגוג לי יום הולדת באותו היום. התאריך שלי בכלל בספטמבר, אבל לא הצלחנו לאסוף את כל המשפחה, והיה לי, וגם לו, מאוד מאוד חשוב שזה יהיה כל האחים ביחד. כולם יחד. זה כבר לא קרה כמובן. בשש וחצי בבוקר התחילו אזעקות, וכבר אז הוא שלח בקבוצה תמונה שלו על מדים, עם הודעה – אני קופץ! הוא תמיד קפץ לאנשהו. כל פעם שהיה משהו, אירוע ביטחוני, היינו מקבלים הודעה, אני בדרך! בדרך לאן אתה אבא.

בינתיים התחילו לרוץ שמועות, על כל מיני בלגנים בשדרות ואני, במקום לכתוב לו בקבוצה "תשמור על עצמך" כמו כולם, פשוט התקשרתי אליו, ואבא שלי ענה לי, הוא תמיד היה עונה לי לשיחות, אבל בדיעבד אני מבינה שזה ממש הזוי שהוא ענה, כי היו שם כבר יריות ברקע, הוא היה אז באמצע קרב, בשדרות, היה שם באמת מרחץ דמים מזעזע, כמויות של מחבלים, כמויות מטורפות, ובאמצע הקרב הוא עונה לי! ואני שואלת אותו מה קורה, מתחילה לדבר, לקשקש כזה, ואבא שלי עוצר אותי ואומר לי, "סתוי, אני אחזור אלייך אחר כך בסדר". ופה חשדתי. אבא שלי אף פעם לא היה עסוק מדיי כדי לדבר איתי. הוא תמיד היה עוצר הכול באותו רגע, ומקשיב לי. ואני אומרת לו, "בסדר אבא תשמור על עצמך, אנחנו נפגשים היום ביום הולדת", ואבא שלי אמר לי, "אני אוהב אותך, שומר על עצמי, ניפגש".

וזה מה שקרה, זה מה שהבנו שקרה, אבא שלי קפץ דבר ראשון לזירה בשדרות, בהתחלה הבינו במשטרה שזאת הזירה המרכזית, והוא פשוט הגיע להילחם שם ביחד עם מפקד המחוז, המפקד שלו. והיה שם בלגן מטורף, היו לכודים בתוך התחנת משטרה, והיו שם צלפים, היה צלף שהוריד איזה שישה שוטרים בדרך, כולם היו בחוליה של אבא שלי, הם נהרגו מולו, והוא המשיך להסתער. ותוך כדי שהוא נלחם שם, מגיעות ידיעות על בני ערובה בבתים, מגיעות ידיעות על טבח בקיבוצים, מגיעות ידיעות על המסיבה,

ואנשים מתקשרים למשטרה ושולחים מיקום, והוא מבין שזה המצב, והוא אומר, "אני לא נשאר פה", שומעים אותו בקשר, שוב ושוב, "אני הולך להציל אזרחים", ומפקד המחוז מנסה להרגיע אותו – "נשלח לשם כוחות אחרים, אתה בכיר, בוא תיקח לי את הגזרה פה בשדרות", ואבא שלי מתעקש "לא לא, הגזרה כאן בשליטה, אני צריך להציל אזרחים".

4.

וזהו, בשלב הזה הוא התחיל לעבור בין הקיבוצים, בין היישובים, ובכל מקום שהוא מגיע, יש לו מישהו ששלח לו מיקום, מישהו שהוא בא להציל. ובשלב מסוים הוא הגיע לכפר עזה, ובכפר עזה גם הוא נלחם, ביחד עם כתר צורן, חבר שלו מהיחידה. הם נלחמו עד שהצבא הגיע. צריך להבין שהמשטרה הייתה חומה אנושית באותו יום. זה מה שהם עשו. היה להם קל יותר להגיע ראשונים, אז בזמן שהצבא נהדף, השוטרים הגיעו כתגבורת לכל מקום ופשוט נלחמו. גיבורים.

וכשהם נלחמו כל השוטרים שלו היו צמאים, הוא הבין שהם צמאים, והם לא ידעו מאיפה להביא מים, ואבא שלי אמר, "אין בעיה אין בעיה, עליי", הוא הרים טלפון למנהל של התחנת דלק, הוא הכיר אותו איכשהו, ואמר לו, "תוציא את כל השישיות מים שיש לך!" ובתוך כמה דקות הוא חזר אליהם עם מלא מים, וכל השוטרים שם בהלם, "מה זה, מאיפה זה", ואבא שלי צוחק, "זה עליי!", וכמובן שהיה לו קריטי לשלם למנהל של התחנת דלק, הוא העביר לו כסף כדי לשלם לו על המים, באמצע שדה הקרב, זה אבא שלי! זה אבא שלי!

ושם, בכפר עזה, מישהו גם צילם את התמונה המפורסמת, תמונה שהוא מחזיק חייל, מחבק חייל, זאת התמונה האחרונה שלו גם. מה הסיפור של התמונה, היה שם חייל אחד, ילד, שחטף הלם קרב, הוא ראה את כל הגופות, את כל הבתים השרופים, הוא ראה את מה שהיה ופשוט חטף הלם, הוא נכנס לאיזה מצב, וכולם שם עמדו מסביב, ולא ידעו מה לעשות איתו, מישהו לקח ממנו את הנשק, ומישהו הוריד לו את הווסט, וכולם כזה עמדו סביבו, לא ידעו איך להגיב, ואבא שלי קלט את זה, הוא הלך לחייל, ולקח אותו הצידה, והסתתר איתו בין כמה רכבים, והתכופף אליו וחיבק אותו,

ובמקרה מישהו שהיה שם, ראה את החיבוק שלו, וצילם אותם, וככה יש לנו את התמונה הזאת, את התמונה המדהימה הזאת של החיבוק.

והחיבוק הזה, ממש אפשר לראות איך האצבעות שלו תופסות אותו, זה החיבוק שאני מכירה, זה החיבוק שאני אומרת שבתוכו אתה לא יכול לפחד מכלום. זה החיבוק שהוא היה נותן לי במצבים הכי קשים שלי, אז הוא מחבק את החייל הזה, כאילו הוא הבן שלו. הוא מצליח להרגיע אותו. הוא מצליח לייצר סביבו בועה שבה הוא מוגן, וזה מה שהוא ידע לעשות הכי טוב. כי אבא שלי, אם אתה מרגיש שהוא לצידך, שהוא איתך, אתה יודע שלא יכול לקרות לך כלום.

.5

מכפר עזה הוא חוזר לשדרות, הייתה לו שם קריאה של איזה משפחה, משדרות הוא נוסע לסעד, ומסעד הוא מגיע לבארי, ואת הכול הוא עושה ברכב הפרטי שלו, לא ממוגן, שום דבר. והוא מגיע לכביש, איפה שהמסיבה הייתה, וכל הדרך רכבים שרופים, וגופות, היה איתו עוד שוטר ברכב, והוא צילם את אבא שלי נוסע ביד אחת, ויורה באקדח שלו ביד השנייה, כמו איזה רמבו.

הם הסתובבו שם שעות, בעוטף, הוא והחבר׳ה שלו, ובכל מקום שהם הגיעו הם ניהלו קרב, והבריחו את המחבלים, הם הרגו ביום הזה עשרות מחבלים, עשרות, הבחור שהיה איתו באוטו מספר שבאותו בוקר בכל פעם שהם הרגו מחבלים, אבא שלי היה עוצר את הרכב, אוסף את הנשקים שלהם, מפרק אותם, וזורק אותם בבגאז׳, כדי שהכלי הזה לא יגיע למחבל אחר. איך הבן אדם יודע לפרק קלצ׳ניקוב, אין לי מושג, הוא יודע. וכשמצאו את הרכב שלו, אחרי הכול, הם ראו שכל הבגאז׳ מלא עד אפס מקום בנשקים של מחבלים.

כשהם הגיעו לבארי השוטר שהיה שם אמר לו, ״אבי, אנחנו נמות פה! תחכה!״, והוא מבין בקשר מהמפקד שלו שיש כוחות של יחידה מיוחדת של המשטרה, שאמורים להיכנס, אז הוא מחכה בכניסה, וכל חמש דקות הוא מתקשר אל הכוח שבדרך, כדי לבדוק איפה הם, וכשהיחידה מגיעה, עם רכבים משוריינים, הוא מבקש להיכנס איתם, והשוטרים אומרים לו,

"אין מקום", והוא מסתכל עליהם והם מבינים שהם עושים לו עכשיו מקום. והשוטר שהיה שם איתו ברכב, רואה אותו נכנס ואומר לו "אבי, אנחנו נמות פה, יש לנו משפחות, זו מלכודת מוות", ואבא שלי אמר "אתה תשמור על עצמך, חכה לי פה, אני נכנס".

.6

המשימה שלהם הייתה בשלב הראשון להיכנס לקיבוץ, ולעבור דרך כל הגדר כדי להבין כמה מחבלים יש, המידע שלהם היה על שלושים מחבלים. היו שם מעל שלוש מאות. הם נוסעים לתוך הקיבוץ, וכבר בכניסה הם נתקלים במחבלים שיורים עליהם, והם פשוט מתקדמים, עוברים אותם, וממשיכים לנסוע. אחר כך הם מגיעים לחלק בגדר, לפרצה שיש בגדר, בצד שקרוב לעזה. הם רואים את הפתח, ורואים את המחבלים בורחים, בורחים מהם כנראה, ובשלב מסוים הם ראו כמה מחבלים שחוזרים ונכנסים פנימה, אז הם עצרו, והסתובבו אליהם כדי להילחם בהם, כדי לירות עליהם, אבל בזמן שהם עצרו שם, הם חטפו פגיעה ישירה של אר־פי־ג'י. והרכב היה ממוגן קליעים, אבל לא ממוגן טילים. והג'יפ של אבא שלי חוטף את המכה ראשון.

ממה שהבנתי אבא שלי נהרג מיד. היה לי חשוב להבין את זה, להיכנס ממש לפרטים, כדי להבין שהוא לא סבל, לדעת שהוא נהרג במקום. חשוב לי גם לומר, אבא שלי נהרג בשיא הקרב, בשיא האדרנלין, הוא לא ראה את זה מגיע, הוא לא הספיק לפחד, לא כאב לו, הוא נהרג בשיא הקרב אחרי שהוא נתקל בעשרות מחבלים והצליח לעבור אותם ולחסל אותם, הוא נהרג בזמן שהוא מבצע את המשימה שבשבילה הוא קם בבוקר כבר שנים – להגן על אזרחים.

הצבא השתלט על בארי רק ביום שלישי. היו שם שלושה ימים של קרבות. וגם אז, לא קיבלנו מידע על אבא שלי. שמענו שמועות שהייתה תקרית עם ג'יפים של המשטרה. אבל לא ידענו כלום. יום אחד כך התקשרתי למשטרה, ניסיתי להבין מה המצב, לקבל פרטים, ושם הבנתי שהוא מוגדר כרגע 'נעדר', וביום שישי בלילה, בשלוש בבוקר, שבוע שלם אחרי השבעה באוקטובר, דופקת משלחת של שוטרים בבית, והקצין עומד בדלת, והוא כולו רועד, אומר לי, "אביך זוהה באמצעות די־אן־איי" ואני אומרת לו, "תגיד לי

אם הוא מת, אני צריכה שתגיד לי את המילים האלה, הוא מת", והוא אומר לי את זה, ואני מתיישבת, לא בוכה, לא מוציאה מילה. מתיישבת, שותה מים, והם מסתכלים, מחכים לראות את התגובה שלי, ואני מרימה אליהם עיניים, ואני אומרת להם, "הייתי קצינת נפגעים, אני מכולם יודעת שיש חיים אחרי זה, ושאנחנו נהיה בסדר, תודה שהגעתם, תודה שאמרתם לי את זה בצורה כזאת מכובדת", ואני מחבקת אותם כשהם הולכים. וזהו.

.7
בשנה האחרונה פתאום התחלנו לדבר על החתונה שלי, ועל הילדים שלי, זה עוד רחוק אבל הוא כל הזמן העלה את זה. דיבר על זה. ופעם ממש הייתה לנו שיחה פתוחה, ואני אמרתי לו, "וואי אבא, איך זה נראה בכלל, סבא וסבתא גרושים, מה זה אומר בכלל, זו המצאה של הדור שלכם, אני מפחדת שהילדים שלי לא יחוו אותך כמו שאני חווה אותך", ואבא שלי צחק, "איי שטויות, על מה את מדברת, אין דבר כזה! הם יבואו כל שבת ופזית", שזאת אשתו, "תכין להם אוכל, וניקח אותם לטיולים, ונבנה איתם פרגולות, ונעשה איתם שטויות, בדיוק כמו שהיה איתך!".

הוא ממש הבטיח לי להיות הסבא הכי טוב שיש, הוא הבטיח לי שהוא תמיד יהיה שם בשביל הילדים שלי, כמו שהוא היה תמיד בשבילי, ואני התרגשתי כל כך ושמחתי שגם הם יגדלו ככה, מול האיש הגיבור הזה, כמו שאני גדלתי. אני שמחתי שהילדים שלי ירגישו את מה שאני הרגשתי, את מה שהשוטרים שלו הרגישו, את מה שהחייל בכפר עזה הרגיש. אני שמחתי בשביל הילדים שלי שגם הם ילכו בעולם עם התחושה הזאת, שיש איש אחד, גיבור וחזק ששומר עליהם בכל מקום כל הזמן.

כמה שבועות אחרי ההלוויה חזרתי לשם, למקום שבו הוא נפל. המפקדת שלי שהיא במקור מקיבוץ בארי לקחה אותי לשם, היא הראתה לי את המקום שבו הוא נהרג. ממש בפינה של הקיבוץ. ממה שהבנתי הג'יפים שלהם בערו שם, הם נשארו לבעור המון זמן, המון זמן, כי צה"ל לא התקרב לשם, וזה כאילו ייצר מין חומת אש מסביב לשני הבתים שהיו שם בפינה. והמפקדת שלי, היא הראתה לי את הבתים האלה, והיא אמרה לי, שמכל הבתים שבכביש ההיקפי של הקיבוץ, כמעט ולא שרדו אנשים, אבל בשני הבתים האלה, כל האנשים שהיו איכשהו ניצלו. כנראה שהם לא התקרבו

==בגלל הג׳יפים, המחבלים, ככה שבעצם אפילו באקט האחרון שלו בחיים אבא שלי הצליח להציל אנשים.==

באותו לילה, כשדפקו בדלת והודיעו לנו שהוא כבר לא איתנו, הלכתי לשטוף פנים. וכשהרמתי את המבט, למראה, פתאום ראיתי אותו, מתבונן בי. בעצם מה שראיתי היה את העיניים שלי. את העיניים שלנו. אבל באותו הרגע, אני חושבת שהבנתי שמשהו ממנו עדיין פה איתי, מלווה אותי. והחלטתי באותו הרגע, שבכל פעם שאני אתגעגע אליו, בכל פעם שאני ארצה שהוא יהיה כאן איתי, אני אלך למראה ואתבונן בה, ואחפש אותו בתוכי.

גם דוד המלך ניצח את גוליית עם אבנים

סיפורו של יונתן אלעזרי

מספרת – מרים, אימא של יונתן

אופקים

.1

בשמחת תורה כשהתחלנו לשמוע על כל מה שקרה, בכלל לא דאגנו ליונתן. לא דאגנו כי ידענו שהוא לא אמור להיות בחוץ, הוא בכלל לא אמור היה להילחם. הוא היה בקושי חודשיים בטירונות, עוד לא החתימו אותו על נשק משלו בכלל. ואז ביום ראשון בלילה, אחרי יממה שבה יונתן נחשב כנעדר, קיבלנו הודעה שמצאו אותו על הגג. מצאו אותו שם עם סנדלי שורש, לבד על הגג, עם רובה, תרמילים ריקים, סכין בחגורה, וחיוך על הפנים. הם מצאו אותו עם חיוך. וכששמענו את זה אמרנו, אוקיי, זה הוא, זה יונתן, הוא מת בדיוק כמו שהוא חי, על הגג, עם סנדלים, ועם חיוך.

.2

יונתן היה ילד של גגות. ככה היינו קוראים לו. מאז שהוא היה קטן הוא היה מטפס על כל מה שאפשר. קירות טיפוס. בולדרים. הכול. תמיד צחקנו עליו שהשיר "יונתן הקטן" נכתב עליו. כשאני מסתכלת עכשיו באלבומים שלו, אני רואה כל כך הרבה תמונות שלו על גגות, אפילו בתלמוד תורה שבו הוא למד, זה היה התפקיד הלא רשמי שלו, להוריד את הכדורים שנתקעו לחבר'ה על הגג.

בסוף השמינית הוא כבר התחיל לטפס בצורה מקצועית. הוא השקיע בזה. בפלאפון הוא היה שמור לי "יונתן הקופיף". הוא היה מטפס על דברים, בכזאת קלילות, בכזאת אתלטיות, כאילו אין כוח משיכה בכלל. באופן כללי,

תמיד היה נדמה לי שיונתן מרגיש שהקיום הפיזי שלו מצמצם אותו. הוא רצה למתוח את הגבולות של עצמו. הוא רצה להיות גבוה יותר, הוא רצה להיות חזק יותר. הוא טיפס, כל הזמן הוא טיפס. וכשאני מסתכלת עכשיו אחורה על החיים שלו, אני באמת מרגישה שכל החיים שלו היו טיפוס מתמשך למעלה.

היו לו באמת יכולות פיזיות מדהימות. הייתה לו שם ממש מחוננות כזאת. היה לו ביטחון בגוף שלו. אנחנו קיבלנו, כשהכול נגמר, קיבלנו סרטונים ממצלמות האבטחה ברחוב שם, באופקים, ורואים אותו שם, נכנס לרחוב שבו היה הקרב, רואים אותו רץ שם, לפני שהוא עלה על הגג. המפק״צ שלו ראה את זה ואמר לנו, ״זה לא משהו שהוא למד בחודשיים טירונות, את היכולת הזו הוא הביא מעצמו״.

.3

במשך רוב החיים שלו יונתן היה קטן פיזית, אבל ממש. ילד נמוך, בהיר, עם עיניים כחולות שובבות וחיוך שאי אפשר לפספס. יש אנשים כאלה, שאי אפשר לחשוב עליהם בלי לדמיין אותם מחייכים. ויונתן, זה היה הסימן זיהוי שלו, החיוך הזה. זה היה הפק״ל שלו.

הוא היה ילד טבע, ילד ג׳ונגל כזה. מאז שאני זוכרת אותו, הוא היה מחובר מאוד לבעלי חיים. הוא גם היה צמחוני. הוא השתגע מזה שאנשים אוכלים חיות. והיו לנו בגללו את כל סוגי החיות שאפשר לגדל בבית. הכול חוץ מחמור. הוא שיגע אותי עם החמור הזה, אבל אני לא הרשיתי לו. כשהוא היה בן שמונה הוא התחיל ללכת לחוג הישרדות, חמש שנים הוא היה שם. המדריך היה מלמד אותם איך לבנות מחסה, ובימים הכי סוערים של החורף הם היו נכנסים למחסה, מדליקים מדורה, ומבשלים. זה היה מדהים.

הישרדות זה גם אומר סכינים. היה לו עניין עם סכינים. תמיד הייתה לו איזו סכין בכיס. בגיל ההתבגרות זה תפס כיוון עוד יותר רציני. הוא קנה לעצמו סכינים, הוא היה מגלף אותם, יוצר אותם, אוסף אותם. אני קצת נלחצתי מזה, זה היה נראה לי כאילו כלי נשק, זה לוקח למקום של אכזריות, אני רוצה את יונתן המתוק הזה שלי, יונתן העדין, מה זה, לאן הוא נעלם.

ובאמת, היו לו שלוש שנים קשות בתיכון. גיל התבגרות מאוד קשה. הוא התדרדר בלימודים, היה תקוע בסמארטפון, הפסיק להיות צמחוני, נהיה קשוח כזה, אובר קשוח. זה היה מוזר. הוא כאילו עטה על עצמו מעטה של

נוקשות ולוחמנות, כאילו התאמן בלהיות לא עדין, ובלהיות לא רגיש. זה היה קשה. אנחנו פשוט לא הבנו מה קורה.

בדיעבד, כשבעלי ואני שוחחנו איתו על זה, ניתחנו את זה איתו ביחד, והבנו שזו הייתה הדרך שלו להתמודד עם התחושה הזאת שליוותה אותו באותם ימים, התחושה שהוא קטן. הוא היה מאוד נמוך בתקופה הזו, וגם נורא קטן פיזית. ופתאום זה גרם לו לאיזה חוסר ביטחון בעצמו. הגובה. הוא ממש היה בוכה מזה, מהגובה שלו. בגלל שהוא פיזי, ספורטאי, בריא, גבר כזה, הוא הרגיש שהוא לא נראה כמו שהוא מרגיש. והוא רצה להיות חזק, אז כל מה שהתקשר לחולשה, הוא הזיז מעצמו, וכל דבר של עדינות ורגישות התקשר אצלו לחולשה. אז הוא חי שלוש שנים בתוך שריון, בתוך תחפושת, ואני בכיתי אז, והתפללתי עליו, וכשהשריון הזה סופסוף נשר ממנו, זה היה כמו גולם שיוצא ממנו פרפר.

.4

בתחילת השמינית הביאו להם הרצאה על המניפולציות שחברות התקשורת עושות עליהם, וזה פשוט זעזע אותו. לא ממקום דתי בכלל. מהמקום של הבן אדם שהוא, של המלך שהוא היה. הוא הבין שהוא משועבד, שעושים עליו מניפולציות. אז הוא לקח פטיש ופשוט שבר לעצמו את הסמארטפון. ניפץ אותו לרסיסים.

הוא אמר לי "אמא, אני בזבזתי שלוש שנים מהחיים שלי. שלוש שנים בזבזתי!". ופתאום זה התחיל לקרות לו, החזרה לעצמו. הוא חזר לכל הדברים שהוא היה עושה בילדות, הוא חזר אליהם כמו שהוא, בלי התחפושת, בלי הסכינים. והוא פשוט בלע את החיים. הוא עשה כל מה שרק אפשר. צניחה חופשית, טיפוס, אופני שטח, לקח את האחים שלו לטיולים, עשה עם חברים אופניים מחוף לחוף, הוא פשוט נזכר מי הוא. ואני נשמתי לרווחה. והייתי מלאת התפעלות מיונתן שלי על המסע האמיץ הזה שהוא עושה בחיים.

.5

יונתן אף פעם לא זייף. הוא לא עשה שום דבר כדי למצוא חן. אם הוא בחר במשהו, זה היה מתוך רצון פנימי שלו במאה אחוז. וכך גם היה כשהוא בחר בתורה. הוא אהב את התורה, יונתן, הוא אהב אותה אהבה כזו, שבאמת, קשה

לי לתאר במילים. בשנה האחרונה לחייו הוא התמסר אליה. הוא נכבש בתורה לגמרי. אחת התמונות האחרונות שיש לי ממנו, היא מהשבת האחרונה, שבת לפני שמחת תורה, הייתה איזו שמחה אצלנו ביישוב, ונתנו לו בבית הכנסת להחזיק את ספר התורה. ויונתן, הוא לא החזיק את התורה, הוא ממש חיבק אותה. והתמונה הזאת, ממש נצרבה לי בראש.

באוגוסט יונתן התגייס לדובדבן. דובדבן זו יחידת קומנדו שמתמחה בלוחמה בשטח בנוי. זה היה חלום הילדות שלו והוא זכה להגשים אותו. בחודשיים שהוא הספיק להיות בצבא הוא פשוט פרח. כל האישיות שלו פרחה! היה לו מן דימוי כזה של עצמו, כלוחם, ופתאום הוא הגשים את הדימוי הזה. הוא פשוט היה מאושר.

בשמחת תורה יונתן היה באופקים, במכינה הקדם־צבאית שבה הוא למד, מכינת ״כאייל״. הוא אמר לנו לפני כן שאין מצב שהוא מפסיד את שמחת תורה במכינה. הוא ידע איזה ריקודים הולכים להיות שם. שמענו אחר כך מחברים איך הוא רקד באותו הלילה, אוהו! איך הוא רקד. בטירוף הוא רקד, רקד יחף. אפילו בלי סנדלים.

בבוקר, כשהתחילו האזעקות, כל החניכים נכנסו למרחב המוגן. אבל כשהתחילו לשמוע יריות ברחוב, הוא החליט שהוא יוצא החוצה, לעזור. הוא יצא לרחוב, וראה שמתנהל שם קרב יריות. והוא התחיל להרים שם אבנים, כדי שהוא יוכל להילחם עם משהו. לא היה לו נשק, אז הוא לקח אבנים. וככה הוא הסתובב שם בהתחלה, כשבידיים שלו יש שתי אבנים. גם דוד המלך ניצח את גוליית עם אבנים.

וכשהוא היה שם, בחוץ, הוא ראה שם חייל אחד, שנלחם, הוא רץ אליו ושאל אותו אם יש לו סכין, והחייל אומר לו, ״כן אבל אחי, מה נראה לך, זה לא אירוע לסכין״ ויונתן אמר לו, ״עובדים עם מה שיש״, ולקח את הסכין. ובשלב מסוים הוא והחייל התחילו לטפל שם בפצועים. ושם הוא פגש את טלי חדד, שהסתובבה שם גם, מול המחבלים.

טלי חדד, זאת אישה באמת גיבורה מאופקים. היא פינתה שם פצועים תחת אש. וגם הבן שלה, שהוא חייל, נפצע שם, אז היא פינתה אותו למד״א, ולקחה ממנו את הנשק שלו. ויונתן רואה אותה שם, מפנה פצועים, הוא רואה שהיא מסתובבת עם נשק, והוא ניגש אליה, ומבקש ממנה את הרובה. בהתחלה היא לא נותנת לו, רואה נער דתי, עם סנדלים, מה נשק עכשיו.

אבל אז הוא אומר לה שהוא חייל בדובדבן, והיא נותנת לו את הנשק של הבן שלה. ויונתן לוקח אותו, ורץ להילחם במחבלים.

ובשלב הזה יונתן הצטרף לשני תושבי אופקים שנלחמו שם בחוץ, הוא הצטרף אליהם, ולא עזב אותם. הם לא הכירו אותו, הם לא הבינו מי זה הבחור הזה שנצמד אליהם, שעושה איתם סריקות בחצרות של הבתים. ותוך כדי הלחימה, באחת החצרות, הוא פתאום רואה מחבל מת. הוא קופץ פנימה ולוקח לו את הנשק, ומתחיל שם קרב. הם מבינים שבחצר של אחד הבתים התבצרה חוליית מחבלים, והמחבלים יורים שם לכל עבר, והורגים אנשים. והם מבינים, יונתן והחבר'ה שאיתו, שהדרך היחידה להפיל אותם זה מגבוה. אז הם עולים על גג בית שממול לחצר הזו, ויונתן מטפס על הגג, כמו שהוא יודע לטפס, והוא תופס שם עמדה, ופשוט יורה ממנה, ואז, אחרי כמה דקות של לחימה, הוא חוטף צרור מלמטה, ונהרג במקום. עם חיוך על הפנים.

.6

כשיונתן היה בכיתה ב', הרב שלו אמר לי שהוא חולם יותר מדי בשיעורים. באתי הביתה אמרתי ליונתן "הרב אמר שאתה חולם". אז הוא אמר לי, "נכון." ואני מסתכלת עליו ככה, ומחייכת, אז הוא שואל אותי, "את רוצה שאני אגיד לך על מה אני חולם", אמרתי לו "כן", אז הוא אומר "אני חולם שאני מלך". והוא היה מלך, הוא באמת באמת היה מלך. זה לא היה מלך שמרגיש שכולם חייבים לו. בדיוק להיפך. זה היה מלך שיש לו אחריות, מלך שדואג לכולם, מלך שמעניק. אני זוכרת איך חודש אל תוך הטירונות, הוא סיפר לי בהתרגשות שהוא הולך להיות קלע. שאלתי אותו מה זה קלע, אז הוא אמר לי "אמא, קלע זה מי שמת ראשון".

לפני הלוויה קיבלנו הודעה מטלי חדד, המדהימה הזאת. היא שמעה שמצאו אותו על הגג, היא שמעה את זה והיא הקליטה לנו הודעה, וככה היא אמרה –

"אמא ואבא של יונתן, אני רוצה לספר לכם על הילד המדהים והגיבור שלכם. ילד שמת על קידוש השם, שנלחם מבחירה, מרצון. ליונתן הייתה את האפשרות לשבת בצד ולהסתכל על המלחמה, על הקרב. אבל הוא בחר לקחת נשק ולקיים את השליחות שלו.

אני פגשתי אותו בשטח, והוא ביקש ממני את הנשק של הבן שלי שנפצע, ואני הסתכלתי עליו, וראיתי את החיוך המדהים שלו, את העיניים הגדולות שלו, את החולצה הלבנה שלו, את הציציות שלו, הוא היה נראה כמו מלאך. והוא באמת היה מלאך. הוא היה מלאך שאהב את המדינה שלו, ואת העם שלו. הוא היה מלאך שנכנס לשדה קרב, מלאך שבחר להילחם במחבלים, בלי מפקדים, בלי חוקים, בלי כללים, מתוך שמחה וענווה.

ואני רוצה שתדעו שהבן שלכם, יונתן, קיים את התכלית שלו בעולם. תהיו גאים בו! הוא הלך כמו מלאך, לבוש בלבן, עם חיוך וברק בעיניים. אני, גם הבן הבכור שלי, גם לו קוראים יונתן. מבחינתי השם הזה הוא שם גדול. השם נתן, השם לקח. יהי שם השם מבורך".

.7

לאחרונה דיברנו על זה, אנחנו והילדים, דיברנו בינינו על זה שעכשיו, כשכולם מכירים את יונתן שלנו, ואת הסיפור שלו, זה קצת מרגיש כאילו לוקחים לנו אותו. ועכשיו הוא שייך לכולם. אף אחד מאיתנו לא הופתע שיונתן סיים את התפקיד שלו בעולם בצורה הזאת. אף אחד מאיתנו לא הופתע שיונתן עשה מעשה גבורה כזה בלתי נתפס. זה היה יונתן.

אבל יונתן לא היה דמות מופת מושלמת. הוא היה שטותניק, והיו לו התמודדויות וחולשות. ויחד עם זה הייתה בו גבורה ועוצמה פנימית שבאה לידי ביטוי בבחירות שלו, ובתהליך שהוא עבר. הגבורה שלו הגיעה לשיא ברגע האמת באותו יום של שמחת־תורה. אבל בעצם, היא הייתה שם כל החיים שלו. בכל רגע שהוא בחר לטפס למעלה. ואם יש משהו אחד שהיינו רוצים שאנשים יקחו מהסיפור של יונתן שלנו, זו ההבנה הזאת, שבכל אחד יש עוצמות. כל אחד יכול לתפוס את עצמו בידיים ולהרים את עצמו למעלה. לכל אחד יש את היכולת, לבחור נכון ברגע האמת, ולהפוך את עצמו למלך.

הורדתי את שניהם מהשירותים

סיפורו של אליה ליליינטל

סופה

.1

במקור אני מגוש קטיף, גדלתי בעצמונה, הייתי ילד אז בן שש וחצי, אני זוכר קצת בראש, אני זוכר קצת את הבית, את הבית כנסת, לא יותר מדי, את הגן קצת. משם עברנו ליישוב נווה. אז אני מנווה. זה גם פה בעוטף. בצבא הייתי שריונר, הייתי מפקד טירונים, סמל טירונים. אחרי הצבא הלכתי לעבוד, בהתחלה בחקלאות, עבדתי בבית אריזה של גזר, תפוחי אדמה, ואחרי זה הלכתי לעבוד בגדר של עזה, בחיישנים. פשוט התקנתי חיישנים בגדר החדשה.

וזהו, כשסיימתי שם שמעתי שמחפשים רבש״צ בקיבוץ סופה, שמעתי על זה דרך אימא של חברה שלי יעל. חשבתי על זה, שקלתי את זה, ובסוף אמרתי, למה לא, נלך לבדוק. וזהו, נכנסתי לתפקיד באוגוסט שעבר, שנה וחודשיים לפני המלחמה, אבל עוד לפני המלחמה כבר התפטרתי מהתפקיד. לא יודע, לא הרגשתי הרבה משמעות בתפקיד הזה, לא הצלחתי לקדם כיתת כוננות, וגם עם הצבא, הכול היה תקוע כזה, מיציתי. התחלתי קורס של שוק ההון, התחלתי קצת לסחור, להבין קצת מי מה מו, ובסוף אוקטובר הייתי אמור לסיים ולעזוב את הקיבוץ.

.2

בתקופה שלפני המלחמה היינו כל הזמן מדברים בינינו שהולך להיות משהו גדול, שתהיה מלחמה, זה באמת היה כל כך ברור שהגזרה מתוחה. זה היה באוויר. כל מי שגר באזור הרגיש את זה. לא חשבנו שזה יהיה משהו כזה, לא חשבנו שלא יהיה צבא.

בלילה שלפני, בשמחת תורה, הייתי בכלל אצל ההורים שלי בנווה, חזרנו באמצע הלילה, ובשש וחצי התעוררתי כמו כולם מאזעקות. ברבע לשבע בערך מתקשרים אליי מהחמ״ל של הגדוד, ואומרים לי שיש חדירה משמעותית של מחבלים ברצועה, בין חולית לכרם שלום. עוד לא הבנתי את סדר הגודל של האירוע בכלל. רצתי עם יעל לממ״ד, הקפצתי כיתת כוננות, ואמרתי לכולם להוציא נשקים ולעלות על ציוד. הייתה הוראה עדיין לא לצאת מהבתים בגלל הצבע האדום, אז אמרתי שאף אחד לא יצא, ושאני אבוא לאסוף אותם. הווסט והקסדה שלי היו עדיין ברכב.

בחמישה לשבע כבר שמעתי יריות בתוך הקיבוץ. התקשרתי למ״פ של הגזרה, הוא לא עונה לי. התקשרתי למג״ד, הוא אומר לי שיש מ״פ הרוג, וסמג״ד הרוג, שכל הכוחות בהיתקלויות, ושאנחנו צריכים להסתדר לבד. זה היה רגע שאני לא אשכח. נשארנו לבד. החלטתי לרוץ לאוטו, להביא את הציוד, את הקסדה והווסט, אבל איך שאני פותח את הדלת של הבית אני קולט מולי איזה ארבעה מחבלים, חמישים מטר ממני, והמחבלים קולטים אותי.

חזרתי לבית, פתחתי תריסים, עידכנתי את הכיתת כוננות ואת המועצה שיש חדירה ודאית לסופה. בקושי נשמתי. אחרי כמה דקות אני שומע ירי מהחזית של הבית שלי, ואני רואה שני מחבלים מתעסקים ברכב של השכן שלי, הוא נראה רכב כזה של ביטחון, ויש לו מצלמות בבית, אז הם חשבו כנראה שהוא הרבש״צ של הקיבוץ, והתחילו לירות לו על הרכב. בקיצור, רצתי לשירותים, יש שם חלון קטן, כזה שנפתח, מזכוכית. חיכיתי שהם יתקרבו קצת, והורדתי אותם, יריתי דרך הרשת, אז לא יכלו לראות אותי, הרשת הסתירה אותי, זאת הייתה עמדה טובה, הורדתי את שניהם מהשירותים.

אחרי עוד רבע שעה בערך מתקשרת אליי השכנה ואומרת שהיא שומעת ערבית מהחזית של הבית. אז שוב פעם, הלכתי לחלון של השירותים, ראיתי משם שני מחבלים, הפעם קצת יותר רחוק ממני. אחד מייד הורדתי. השני הצליח לברוח מאחורי איזה ממ״ד. התחילו קצת חילופי אש בינינו, בסוף הורדתי אותו גם.

.3

אחר כך יצאתי מהבית, קודם לקחתי את הנשקים של המחבלים אליי הביתה, שלא ייקחו את זה מחבלים אחרים, אחר כך הלכתי לרכב, הוצאתי את

הווסט ואת הקסדה. נפרדתי מיעל שהייתה בממ"ד, והתחלתי לאסוף את כיתת הכוננות, שגרים בצד השני של הקיבוץ. בהתחלה הלכתי לבית של הסגן שלי שהיה פצוע, לא מאותו יום, פצוע בגב מעבודה. לקחתי ממנו את הנשק, הבאנו לעוד חבר שהיה איתנו, עידו חוברה ז"ל, בסוף היינו שישה חבר'ה בסך הכול.

אחרי כמה דקות החבר'ה אומרים לי שהם שומעים ערבית מכיוון צפון. באותו יום כבר לא שמעתי כלום, בגלל שירותי מהשירותים, נדפקו לי האוזניים, אז לא שמעתי את זה. אבל הם שמעו. התחלנו ללכת צפונה, עד שראינו מחוץ לגדר, בפינה של הקיבוץ, איזה חמישה עשר מחבלים, מנסים לפרוץ את הגדר. היה סולם על הגדר, והיה גם חור בגדר שהם עשו. התחלנו לירות עליהם, היינו קצת רחוקים, ורצינו לצמצם טווח, אז אמרתי לכיתת כוננות לחפות עליי. רצתי אליהם ממיגונית כזאת, סתם ריבוע של בטון. רציתי להיכנס פנימה לתפוס עמדה, אבל איך שאני בא להיכנס, אני רואה מולי מחבל מאחורי המיגונית!

רק אז הבנתי שחוץ מהמחבלים שמחוץ לגדר, יש עוד מלא מחבלים בקיבוץ כבר. שם התחיל קרב מפחיד, יריות, רימונים, רימון אחד התפוצץ לידי, שלושה מטר ממני, לא קרה כלום, ברוך השם. כמה חבר'ה שלנו הצליחו להוריד איזה שני מחבלים שם, ועידו חוברה ז"ל חטף שם כדור בראש. אחד השכנים רץ, פינה אותו אחורה, ואבא שלו, אבא של עידו, הגיע עם אמבולנס לאסוף אותו, הוא הפרמדיק של הקיבוץ, והוא הגיע לאסוף את הבן שלו. סיפור עצוב.

.4

זהו, בשלב הזה אחרי שעידו נפצע הבנו שאנחנו בעמדות לא טובות. התחלנו ללכת אחורה ולהתמקם בגובה. אני תפסתי קומה שנייה בצד אחד של הרחוב, מיכאל בצד אחר, יובל הלך אחורה, הוא הוריד שם שני מחבלים, ואחד נשאר למטה ברחוב. וככה פשוט שמרנו שלא יגיעו מחבלים. וכל הזמן מגיעים אופנועים לגדר, ופיצוצים ומטענים על הגדר, חילופי אש בלי סוף, ככה היינו עד השעה אחת בצוהריים, ובאחת הגיעו עוד לוחמים של לוט"ר.

וכל הזמן אני מתקשר, לצבא, למועצה, לכל מי שאני יכול, ניסיתי להזעיק עזרה, שמעתי בקשר שיש בלגן בקיבוצים, אבל לא הבנתי את הסדר

גודל בכלל. רק אצלנו היו איזה חמישים מחבלים. וגם היה לי חשוב להיות זמין לאנשים של הקיבוץ, לענות לכולם בווטסאפ, לכתוב עדכונים, רציתי לתת להם את ההרגשה שיש מישהו בחוץ ששומר עליהם. זה היה חשוב לאנשים. היה ילד בן שתים עשרה, אלון, שממש התכתבתי איתו. הוא שלח לי הודעות והרגעתי אותו שהכול בסדר. למרות שזה לא היה ממש נכון.

בשעה שתיים בערך הגיע מסוק, הכוונו אותו לפרדס, ושם הם הורידו איזה שלושים ומשהו מחבלים בפרדס. בצוהריים התחלתי לעשות סריקות בית בית בקיבוץ, עם החבר'ה של לוט"ר, לוודא שאין עוד מחבלים, ובשש בערב כבר נכנסו מלא כוחות, טנק, מאות חיילים, ג'יפים, מסוקים, ואז הוציאו את האנשים מהממ"דים.

.5

אני לא יודע למה עשיתי את מה שעשיתי. אף פעם לא הייתי תחת אש. לא יודע. קודם כול זה התפקיד שלי, בתור רבש"צ. ברגע שהבנתי שאנחנו לבד, שאין צבא, ידעתי שאם אני לא אצא, אף אחד לא יוצא וכולנו גמורים. אין מה לעשות זה התפקיד.

אימא שלי אומרת שזה הכול מהמשחקי מחשב שלי. כשהייתי ילד היא תמיד הייתה אומרת לי שהמשחקים האלה, עם כל היריות, שוחקים לי את הנפש, והיום היא אומרת שאולי הנפש שלי "נשחקה" בקטע של הכוונה, שיש יד מכוונת שאיפשרה לי לעמוד במשימה הזאת. זה מה שהיא אומרת. ויכול להיות שהיא צודקת, אני לא פוסל.

יום אחרי המלחמה פינו את כל הקיבוץ לאילת. אני הגעתי יומיים אחרי, וכל הקיבוץ עשו לי קבלת פנים ממש יפה, ממש כל הקיבוץ, ואני הבנתי, הרגשתי, שאני נשאר כאן, למרות שהתפטרתי כבר, למרות שעזבתי כבר את התפקיד, למרות שכבר התחלנו לארוז ארגזים. החלטנו יעל ואני להישאר כאן. התחברנו מחדש למקום, לאנשים. נעשה קצת כסף בשוק ההון, במניות, ונמשיך לשמור על הקיבוץ, זאת התוכנית.

"אני יוצאת, יש מחבלים"
סיפורה של מורן טדגי
אופקים

1.
אני תמיד הייתי העוף המוזר בבית. אנחנו שמונה אחים. אני השביעית. ותמיד הייתי העוף המוזר, השונה, תמיד הייתי אחרת. איך זה בא לידי ביטוי, קודם כול, בדעתנות שלי, אבא שלי ז"ל תמיד היה מתווכח איתי, ויכוחים, צעקות, הוא גם היה כזה, וגם הבן שלי ככה. ודבר שני, הייתי אחרת בדרך שלי, תמיד השקעתי בלימודים, תמיד הצטיינתי, וכל החיים, ממש מילדות, סימנתי לעצמי מטרות והשגתי אותן.

אחרי הצבא התגייסתי למשטרה. זה לא היה החלום שלי, זה לא בא מהבית, אבל אני כל החיים רציתי להיות לוחמת, ובצבא, ביחידה שהייתי, לא רצו לתת לי קבע, אז הלכתי למשטרה. התגייסתי ליחידת היס"מ. הייתי לוחמת שנה וחצי, ומשם התקדמתי במערכת. התגייסתי בגיל עשרים, אני בת ארבעים ואחת היום. עשרים ואחת שנים שאני במשטרה. הזמן עובר, מטורף.

אחד הדברים שמאוד החזיקו אותי כילדה וכנערה זה ספורט. מה לא שיחקתי – כדורסל, כדורעף, כדורשת, אתלטיקה, הדיפת כדור ברזל, שנים התמדתי בזה, שנים. עד היום הספורט הוא חלק ממני. צריך להבין מה זה עושה לילדה שהיא נמצאת בקבוצה, והיא נוסעת לתחרויות, והיא מתמודדת מול ילדים אחרים, ולפעמים היא חווה איך זה לעשות הכול, לתת את כל כולה, ולנצח, ולפעמים, הרבה פעמים, היא חווה איך זה להפסיד.

וללמוד להפסיד, זה גם ללמוד לא להתייאש. ללמוד להפסיד זה ללמוד שגם כשהכול מרגיש אבוד, תמיד אפשר להתאמן, ולהשתפר, למתוח את

הגבולות, להביא את עצמי לקצה, להוציא את הטיפה האחרונה מהנשמה ומהגוף. זה משהו שהולך איתי מכיתה ד', כשהתאהבתי בספורט. וגם ביום ההוא, גם השבת ההיא הייתה יום כזה, שבו הייתי צריכה לסחוט את עצמי עד הסוף, עד הקצה.

2.

בגיל שלושים יצאתי מהארון. זה לא קרה עד אז, כי פשוט לא ידעתי את זה על עצמי, באמת לא ידעתי. לא הבנתי. **תמיד התחילו איתי בנות, הן תמיד זיהו אותי, אבל אני לא הבנתי מה הן מדברות ומה הן רוצות.** ואז בגיל עשרים ושמונה נהייתה לי חברה רצינית, בת זוג, אז הבנתי שחלאס, אני צריכה לספר להורים, למשפחה. לקחתי פסיכולוגית כדי שתעזור לי להתמודד עם ההורים שלי. פחדתי מהתגובה שלהם. כל החיים שלי הם היו גאים בי ומבסוטים, ואני פחדתי, כל כך פחדתי לאכזב אותם. והאמת היא שגם אני עם עצמי הייתי צריכה לעבור תהליך, הייתי צריכה ללמוד לאהוב את מי שאני, זה לא היה כזה פשוט גם בשבילי. זה לא יעזור אם ההורים שלי יקבלו אותי, בזמן שאני לא מקבלת את עצמי. אז לקחתי פסיכולוגית שתכין אותי לזה, ובטיפול החמישי, אני לא אשכח את זה, קיבלתי החלטה שזהו, שאני הולכת לספר להם.

קודם כול כתבתי להם מכתב, של שמונה עמודים, שיהיה להם, אחר כך נפגשתי עם ההורים, אמרתי להם שאני רוצה לדבר איתם, אני לא אשכח את זה! אמרתי להם שאני בזוגיות, ואז הם חייכו, ואז המשכתי — עם אישה. קודם כול קיבלתי חיבוק מאימא שלי. אחר כך היא התחילה לבכות. אבא שלי היה בשקט.

לקח להם עוד חודש בערך כדי לקבל אותי. זה היה חודש שבו האחים שלי הראו להורים שלי סרטונים של הורים שהתרחקו מהילדים שלהם, ומה זה עשה להם, ובסופו של דבר אימא שלי באה אליי ואמרה — **"אני על הבת שלי לא מוותרת"**. אחר כך כשאני ובת הזוג החלטנו להתחתן, באתי לאבא שלי ואמרתי לו שאני רוצה חתונה, אז הוא אמר לי, "מה, תעשי מסיבה לחברים! מה את צריכה חתונה", ואני בכיתי, יצאתי החוצה, והוא בא אליי החוצה, ואמרתי לו, "אתה חושב שבחרתי להיות כזאת, אתה חושב שזה בשליטה שלי", והוא הבין אותי, והלך איתי, מלא על מלא, כל הדרך לחתונה.

וזהו, התחתנו, הבאנו שני ילדים, בן ובת. לביא אשר, בן שש וחצי, ואלדר הלל, בת ארבע. שאלוהים יברך אותם. לביא אשר קיבל את השם של אבא שלי, עוד בחייו. ואבא שלי היה גאה בטירוף. הם היו דומים, לא רק בשם שלהם, גם באופי. והבן שלי היה מחובר לאבא שלי בקטע אחר, עד היום, שנתיים וחצי אחרי שאבא שלי נפטר, הוא עדיין חולם עליו, ושואל עליו, ואומר, "אימא, אני מתגעגע לסבא".

היינו יחד שמונה שנים, משם זה כבר לא המשיך, לא הסתדר, התגרשנו. עכשיו אנחנו בהורות משותפת, ואנחנו מסתדרות. היום אני גרה באופקים עם בת הזוג שלי, סתיו. אנחנו ביחד שנה וחצי, גם סתיו היא שוטרת. האמת שהכרנו פה בעבודה, כשהגעתי לפה.

.3

בערב שמחת תורה היינו בבאר שבע, אצל אימא שלי. עשינו ארוחה משפחתית, עם המשפחה שלי, ועם המשפחה של סתיו, אכלנו, צחקנו, עד אמצע הלילה. בשלוש וחצי בלילה חזרנו לאופקים, ביחד עם המשפחה של סתיו, והלכנו לישון, ובשש ועשרים סתיו מעירה אותי ואומרת לי, יש אזעקות. אנחנו יורדות לממ"ד, אני מסתכלת על הטלפון, רואה את החדשות, ירי רוטים, יירוטים, שיגורים, ואני אומרת לסתיו, "תקשיבי, נפתחה מלחמה". ככה אמרתי, במילים האלה. אין לי מושג איך הבנתי את זה.

יש לי בבית מכשיר קשר משטרתי, תמיד הוא איתי, ויש לי שכפ"ץ מיגון, בגלל שאני עובדת עם המגזר הערבי, אז זה חלק מהתפקיד. עליתי למעלה, פתחתי את הקשר והזדעזעתי, תוך שנייה התחלתי לשמוע דיווחים, יש מחבלים באופקים, שוטרים פצועים, יש הרוגים, בלגן. אני מתחילה להקפיץ את הקצינים שלי לתחנה, ומתארגנת לעלות על מדים. וסתיו אומרת לי, "מה זה, מה את עושה", ואני אומרת לה, "מה זאת אומרת, אני יוצאת, יש מחבלים", והיא אומרת, "את לא יוצאת!", ואני עונה, "מה זה לא יוצאת", והיא אומרת לי, "תחכי, תביני את התמונה, יש מחבלים בחוץ", ואז בדיוק מגיע הסרטון המדובר הראשון, סרטון של נהגת עוברת והמחבלים יורים עליה, בשדרות, ואני רואה את זה ואומרת לעצמי, "טוב, די, אני צריכה לצאת".

זה לא שלא פחדתי. היה לי לחץ לא נורמלי בגוף. הגוף שלי רעד, רעד! אני הבנתי שאני יוצאת עכשיו לתופת. לים של מחבלים. סתיו נשארה

בבית לשמור על המשפחה שלה, ואני חשבתי, טוב, אני לבד לא יוצאת. אני חייבת איתי עוד מישהו. התקשרתי לשוטר פה בשכונה, גיתאי, אמרתי לו, "גיתאי תהיה מוכן. אני באה לאסוף אותך". יצאתי, דרכתי את הנשק, גלוק! נשק אישי, לא רציני מספיק, ויצאתי, אספתי את גיתאי, ואמרתי לו "בוא ניסע לתחנת משטרה, נביא נשק ארוך".

.4

בדרך לתחנה אני רואה ברחוב מלא מלא חרדים, תושבי אופקים, עם טלית בדרך לבית הכנסת, הם לא היו עם טלפונים, לא הבינו מה הולך, ואני צועקת להם, "כנסו, כנסו, יש מחבלים!", תוך כדי נסיעה, ואז, בדרך לתחנה, אנחנו עוברים קרוב למקום, איפה שהאירוע, אז אמרתי לגיתאי, "אתה יודע מה, בוא נגיב!", כאילו, אני לא באמת הבנתי שהייתה חדירה מטורפת כאילו. חשבתי משהו נקודתי, כמה מחבלים, וזהו.

זרקתי את הרכב בצד, והתקדמתי לאירוע, היו שם כמה שוטרים, אבל רק אני הייתי עם קשר, אז באופן אוטומטי קיבלתי פיקוד שם. התחלתי להעביר דיווחים, וקיבלתי מאחד השוטרים שם תמונת מצב. שלושה שוטרים נהרגו ומעבר לרחוב מתנהל קרב יריות. מחבלים מבוצרים בפנים עם בני ערובה. והם בשליטה עלינו.

ואז מגיעה מכת אש עלינו. בום! אני הייתי בהלם, אמרתי לעצמי, אלוהים! איפה אני! לאן יצאתי! זה היה מטורף, ופתאום רימונים, ופתאום אר־פי־ג'י שעף אלינו, ואני רצה מאחורי משאית, מעבירה דיווחים. אני הבנתי שזה אירוע קצה, הבנתי שיש פה בני ערובה, צריך פה צוות משא ומתן, צריך ימ"מ, צריך כוחות. דיווחתי הכול בקשר.

ואז מגיע אליי אזרח, אומר לי "תקשיבי, ברחוב המקביל פה יש שלושה מחבלים, וארבעה בני משפחה בתוך הבית! והמחבלים בפנים, בתוך הבית!", אז אמרתי לו, "בסדר, תכף נגיב", והוא לא התייאש, הוא מראה לי תמונות! ואז אפי, המפקד שהגיע לשם בינתיים, אומר לי, "לכי תתפסי פיקוד. קחי איתך את מי שאת רוצה ותלכי!".

הסתובבתי אחורה, ראיתי מי שם, ואמרתי למי שהרגשתי בטוח איתו, "אתה, אתה ואתה תבואו איתי!". התחלנו לדלג בין בתים, עד רחוב החיטה, בדרך ראינו גופה של גבר, זרוקה מהחלון, והבנתי שאנחנו קרובים. אחר כך

התקרבתי, ואני רואה על הרצפה מחסניות שהמחבלים השאירו שם, ואני מבינה שזה הבית.

.5

בהתחלה ניסיתי לראות את הבית מכל הזוויות. הלכתי הצידה והבנתי איפה האזרחים, ואיפה המחבלים, הם התבצרו באיזו יחידת דיור, והייתה סוכה ביניהם לבין הבית. ובזכות הסוכה המחבלים לא ראו את המשפחה שהייתה שם. הסוכה הצילה אותם. ואז, רגע לפני שנכנסנו ללחימה, הרגשתי צורך לעצור רגע, להתקשר לילדים שלי. עצרתי, חייגתי, הייתי חייבת לשמוע אותם, להגיד שאני בסדר, שישמרו על עצמם, שאני אוהבת אותם. התקשרתי אליהם, דיברתי איתם. וכשסגרנו את השיחה גרושתי כתבה לי, "אל תשכחי שיש לך ילדים, תשמרי על עצמך".

אחר כך הוצאנו את המשפחה החוצה. זה דבר ראשון. שלחתי שוטר, מכיוון שהמחבלים לא רואים, והוא פתח להם את הדלת, והוציא אותם. היה לו מזל שם שלא ראו אותו. אחר כך פיצלתי את הכוח שלנו, והתחלנו לנהל עם המחבלים קרב יריות מטורף! מטורף! היו שם שלושה מחבלים שהתבצרו.

במכת האש הראשונה שלהם, הקצין שהיה לידי קיבל כדור בבטן ואני קיבלתי רסיס לפנים. הרגשתי חום בכל הפנים, עשיתי ככה עם היד, ראיתי דם. קפצנו אחורה רגע, להתאפס, ואז התחילו להיזרק עלינו רימונים. ואני הבנתי, טוב, צריך להתארגן פה, להביא כוחות לשטח. דיווחתי בקשר, המשכנו לנהל אש, וחיכינו שיגיעו כוחות. העברנו שם שעתיים בערך, בירי מטורף, וכל הזמן היו שם אזעקות על הראש שלנו, ואנחנו יורים עליהם, סוגרים עליהם, לא זזים.

בסוף הגיעו לשם איזה עשרה חיילים ועוד כמה שוטרים. היה מחבל אחד שניסה לצאת מהבית, וחטף. אחר כך גם את השאר הרגנו. כל השלושה חוסלו. כשנכנסנו פנימה ראינו שהם היו שם עם לא מעט מטענים, ועם מפה של בית כנסת. הם הגיעו לשם כדי להיכנס לבית כנסת. חשבו שיוכלו להרוג שם כמה אנשים.

.6

משם חזרתי לזירה הקודמת שהייתי בה, איפה שהיו הבני ערובה, ואני מבינה

שהימ"מ הגיעו, ושיש שם קרב. במקביל מתקבלים אירועים באופקים. זה לא הגזרה שלי, אני לא שוטרת של העיר. אבל מפקד התחנה נפצע, ועוד מפקד היה בחו"ל, אז לקחתי את עצמי לנהל את הדברים, להגיב לאירועים. וכל דקה שומעים ירי מכיוון אחר. כל דקה שומעים צעקה "אללְה אכבר", וצריך להגיב. היו שם מלא שוטרים שיצאו להילחם. מלא שוטרים שיצאו להגן על אזרחים.

הייתי בחוץ שעות, הייתי אחראית על הזירה החיצונית של העיר, עם פצע מדמם בלחי, חחחח. בשלב מסוים מצאתי את עצמי גם בהערכת מצב עם ראש העיר. היה שם בלגן מטורף. וככל שהיום התקדם, התחלנו לשמוע על עוד חברים שנהרגו בקרבות, מלא חברים, איציק בזוקה, שעשה איתי קורס קצינים, וג'יי־אר דוידוב, שהיה מפקד בתחנת רהט. הם היו חברים טובים. אני זוכרת שראיתי שם שוטר יושב על הרצפה, בוכה, מפורק, אמרתי לו "מה יש לך, מה אתה בוכה, מה יש לך, קום!", והוא מצביע על גופה של שוטר שהייתה שם, ואומר "זה אח שלי!", ואני מבינה שאני גם קרובה למצב הזה, אבל אני מחזיקה את עצמי לא לבכות, אני מחזיקה את עצמי.

.7

בשש בערב בערך, הייתי באיזו זירה, והרגשתי שאני מתעלפת. הייתי מהבוקר בריצות, בקרבות, ולא אכלתי כלום, ולא שתיתי קפה, והיה איתי בלש, ושאלתי אותו אם הוא מוכן לעשות לי טובה, לגשת שם לאזרחים שהיו שם, ולבקש מהם קוביית שוקולד. אני הרגשתי שאני הולכת להתמוטט, להתמוטט נפשית, להתמוטט פיזית. אז הוא הלך, וחזר עם שקיות של ארטיקים, האזרחים שם כל כך חמודים.

ואני זוכרת את עצמי יושבת שם עם ארטיק, ארטיק מצחיק, ארוך כזה, ואני אוכלת אותו, מכניסה סוכר לגוף, ותוך כדי קוראת הודעות על חברים, ואני קוראת שם על דבורה אברהם. אני קוראת שדבורה אברהם נרצחה, במסיבה ברעים. שם נשברתי. לא יכולתי להחזיק את עצמי. כל היום החזקתי את עצמי, עד לרגע הזה.

הלכתי הצידה, התפרקתי בבכי, לא יודעת, כאילו, כל כך כאב לי עליה. לא היו לה ילדים, והייתה לה נפש נדירה, מדהימה. אני כל כך הרמתי אותה. הייתי מפקדת שלה שלוש שנים. והתחברנו בטירוף. הערצנו אחת את השנייה

בחיבור הזה שהיה בינינו. ידעתי לראות בה את הטוב, ואת מה שהיא יכולה לתת ולתרום. והיא הייתה תותחית. היה לי ברור שהיא לא תעזוב את המסיבה, ושהיא תישאר שם להילחם. שם התפרקתי. זה ממש היה התמוטטות עצבים.

8.

ואחר כך, כמה דקות אחרי, התקשרו אליי, שוטר מתקשר אליי ואומר לי, "אנחנו צריכים עזרה". מה העזרה. להודיע למשפחות. בדרך כלל יש תפקיד לזה, קצינת רווחה, אבל לצערי איבדנו חמישים ותשעה שוטרים. אז קיבלתי שמות, וכתובות, והלכתי, בלי ניסיון קודם, בלי כלום. פשוט הלכתי להודיע.

הודעתי לשלוש משפחות. אלה רגעים מטורפים, קשים. רגעים שאני מסתכלת להם בעיניים, ואני לא מבינה מה אני עושה. אני לא מבינה מה אני אומרת להם. הייתה אפילו ילדה אחת, בת ארבע עשרה בערך, שהודעתי לה, והיא לא הבינה, היא פשוט לא הבינה. זאת הייתה משפחה ממוצא רוסי אני חושבת, והיה לה כלב בבית, כלב ג'ינג'י קטן, והכלב נבח, והיה שם ילד קטן שהרגיע אותו כזה, וכשראיתי את הילד הזה, זה נתן לי פלאשבק לילד שלי, ושם פשוט הסתובבתי עם הגב לילדה, והתחלתי לבכות.

הייתי בעבודה בחוץ, ברצף, ארבעים ושמונה שעות. אחרי ארבעים ושמונה שעות הגוף מתחיל להגיב, דברים מוזרים, פתאום היד קופצת לי לבד, כל מיני טיקים קטנים כאלה של הגוף, טיקים של לחץ. של עייפות. וראיתי דברים הזויים. דברים הזויים. הגיעו לאופקים משאיות עם גופות של מחבלים. משאיות. והגיעו גם מחבלים שתפסו, מחבלים חיים. שמרנו עליהם עד אמצע הלילה. היו שם דברים הזויים.

9.

בשבועיים הראשונים אחרי השבת הזאת, עשיתי בלי סוף משמרות, משמרות של עשרים וארבע שעות. הילדים היו אצל אימא שלי, ואני הייתי נוסעת אליהם מאופקים, הייתי נוסעת בפחד מטורף. וכל פעם, כשהייתי נכנסת הביתה, אחרי משמרת, הייתי ממש סורקת את כל הבית, עם הנשק, שריטה של פחד. הייתי עוברת חדר חדר עם האקדח, סורקת, ורק אז נרגעת.

הייתה לי תקופה קשה. קשה מאוד. עוד הלוויה ועוד משפחה, ועוד חבר שחשבנו שהוא חטוף, ואחר כך התברר שהוא נרצח, וצריך הרבה הדחקה כדי

להתמודד, אני מדחיקה המון, המון המון המון. ואני יודעת שזה שנשארתי בחיים, כאילו, אין יותר מזה, אין מתנה גדולה יותר. אני משתדלת להיאחז בזה. להתעורר. אלוהים נתן לי את החיים במתנה. ואני יודעת, אני בטוחה, בלי ספק, שאבא שלי היה שם איתי ביום הזה. הוא שמר עליי שם בקרבות שהיו לנו באופקים.

.10

היו ביום הזה כל כך הרבה שוטרים שנלחמו, כל כך הרבה שוטרים שחירפו את נפשם. אנשים צריכים לדעת שאנחנו כשוטרים, אנחנו נשבענו לשרת ולהגן. וכן, לשרת זה גם לתת דוח תנועה, ולעמוד בהפגנות. אבל נשבענו גם להגן. ובקרבות האלה שהיו, השוטרים פשוט יצאו החוצה ונלחמו. וזה לא משנה אם זה שוטר כחול, או שוטר לוחם. בסוף מי שהגיב ראשון באירוע הזה, זה השוטרים. ואני גאה, אני גאה שאני שוטרת במשטרת ישראל.

המלחמה הזאת היא לחלוטין מלחמה מוצדקת. זאת פשוט מלחמה על הקיום שלנו. ואני נשבעתי שאני אמשיך לעבוד, בכל הכוח, נעשה מה שצריך, עד שננצח. יש חטופים שם בפנים, משפחות שאיבדו את הבנים אחרי האסון הנוראי שקרה לנו עכשיו, ואנחנו חייבים להם את הניצחון הזה. הילדים שלנו יגדלו לתוך ההיסטוריה הזאת. זאת תהיה ההיסטוריה שאנחנו כמדינה נלמד. ואם אנחנו ננצח, אני באמת מאמינה בזה, הילדים שלנו לא יצטרכו להתמודד יותר עם מלחמה.

אני לא רק ראיתי את המוות, אני התחבקתי איתו

סיפורו של מיקי

נחל עוז

.1

אני בחיים שלי לא חשבתי שאי פעם יעבור לי בראש אפילו חצי שבריר של מחשבה להרוג את אשתי ואת הבת שלי. אבל היה איזה שלב, כשהמחבלים כבר היו ממש על הדלת של הממ"ד, היה שלב שהבנו שזהו. אנחנו בשקט מוחלט, אני ואשתי מסתכלים אחד על השני, הבת שלנו בדיוק לא מסתכלת, ואשתי מסמנת לי סימן של שתי אצבעות כאלה הולכות, כמו רגליים, והיא עושה לי "לא" עם הראש. היא בעצם אומרת, בלי מילים היא אומרת, "אנחנו לא הולכים איתם".

ואז היא עושה עם האצבעות שלה סימן של אקדח, והיא מעבירה אותו עליה, ואז על הילדה, ואז עליי. וזאת בעצם הדרך שלה לומר לי, "אם הם נכנסים, תהרוג אותי, אחר כך את נטע, ואחר כך את עצמך". ואני מהנהן. ואני מסמן לה עם היד שלי על הלב, שתסלח לי, שאני מצטער. והיא עושה גם את הסימן הזה של "אני מצטערת". והיא מחייכת. חיוך עצוב, עצוב.

.2

אני מיקי, בעבר איש כוחות הביטחון, כיום אני עוסק בחקלאות, נשוי ואבא של נטע בת השש ועופרי בת העשר. נולדתי ברמת אביב. גדלתי בעיר, רעש, אנונימיות, אף אחד לא מכיר אותך, אהבתי את זה. לא חשבתי שאני אמצא

את עצמי בגיל ארבעים וחמש חקלאי, מאוהב בחיים של הקיבוץ. אשתי ילידת נחל עוז, אז כשחיפשנו איפה לבנות את המשפחה שלנו, אמרתי "יאללה ננסה". לקחו לי שנתיים להבין שזה המקום שאני רוצה לגור בו. ואנחנו פה כבר שתים עשרה שנים.

כשהגענו לנחל עוז כבר הייתה מציאות מאוד לא פשוטה של פצמ"רים. זה קשוח לחיות ככה, קשוח לגדל ילדים בידיעה שכל יום יכול פתאום ליפול עליהם משהו מהשמיים. נחל עוז הוא מקום מאוד מאוד פסטורלי, והניגודיות הזאת שבין הטבע הירוק לצבע האדום, נקרא לזה ככה, הייתה לנו ממש קשה בהתחלה. היה לנו קשה להכיל את הפער הזה. אבל בהדרגה, איכשהו קיבלנו את זה, זה כבר פחות הפחיד אותנו. לא שאמורים להתרגל למצב כזה או לקבל אותו, אבל הטוב התגבר על הרע. היה לנו טוב.

.3

בבוקר השבת ההיא אנחנו מתעוררים מקולות של פיצוצים ואזעקות. הבת הקטנה נטע הייתה איתנו בבית, והגדולה עופרי הייתה באותו בוקר בכלל עם חברה שלה בקיבוץ. הן ישנו באוהל, עשו קמפינג יחד עם עוד כמה משפחות. איך שהתחילו האזעקות אני מייד קופץ מהמיטה, מתקשר לעופרי, ותוך כדי רץ לכיוון האוהלים. הבת לא עונה, וכשאני מגיע אני לא רואה אותן שם. התחלתי לחפש אותן במיגוניות, אבל הן לא היו שם. חזרתי הביתה, המשכתי להתקשר, היא ענתה לי סוף סוף. אמרה לי שהיא אצל השכנים. היא הייתה עייפה אז אמרתי לה, "לכי לישון, זה פצמ"רים, זה בסדר". ככה זה אצלנו, רגילים לזה, לא מתרגשים מזה.

אז אני, אשתי והבת הקטנה שלי בממ"ד, ואני זוכר שאני שואל את עצמי, אחרי כל הריצות האלה לדשא של הקמפינג, ולמיגונית, אני שואל את עצמי, "כמה זמן זה כבר ככה", ואני פתאום קולט שזה הרבה זמן, זה לא היה קצב פצמ"רים רגיל. בשניות האלה הבנתי שזאת חדירת מחבלים. ואני עוד לא מספיק לעכל את הרעיון הזה, ואנחנו מתחילים לשמוע ירי. בהתחלה זה היה בהיקף של הקיבוץ, אז עוד חשבתי שזה הצבא או משהו. אולי איזה אירוע על הגדר, זה קורה לפעמים. אבל אז אני מבין שהיריות מתחילות להתקרב אלינו, זה נשמע יותר חזק, ירי של קלאץ'. ובמקביל התחלנו לקבל הודעות שיש מחבלים בקיבוץ, ושהם נכנסים לבתים.

בשלב הזה המחבלים נכנסו רק לבתים באזור האחורי של הקיבוץ, זה מה שהודיעו לנו. אנחנו גרים באזור הקדמי, וגם הבית של השכנים, איפה שעופרי נמצאת, גם הוא באזור הקדמי. ואני מבין שזה עניין של זמן עד שהמחבלים יגיעו גם אלינו. אני מתקשר לרבש"צ, לכל מיני אנשים שנמצאים שם באזור האחורי של הקיבוץ. לא הייתה שום תשובה. אני מתקשר לעופרי, היא לא עונה. ואני רואה שאני גם לא מצליח לשלוח או לקבל הודעות. הרשת קרסה. ובינתיים ממרחק אנחנו מתחילים לשמוע צרחות.

ופתאום יש קולות של ערבית בכל מקום, ואנחנו שומעים בחוץ כמויות, כמויות של מחבלים. הם עם מגפונים והם צועקים, בעברית ובאנגלית, "אנחנו חמאס! אנחנו עז אדין אל קסאם! הקיבוץ שלנו! צה"ל לא נמצא! כל מי שנמצאים בבתים, לצאת עכשיו ולהיכנע! אם לא, אנחנו ניכנס אליכם!".

באותו שלב כבר לא הייתה לנו תקשורת ולא היה חשמל. אני אומר לאשתי ולבת שלי להיות בשקט מוחלט, ויוצא מהממ"ד. יש לי אקדח גלוק, הייתה בו מחסנית בהכנס, ועוד מחסנית עליי. הבנתי שאני צריך את כל המחסניות שיש לי. יש לי בבית סליק כזה של מחסניות. ואני פותח אותו, מתחמש בכמה שיותר מחסניות, ומתכונן להילחם.

4.

אחר כך יצאתי החוצה. ליד הבית שלי יש חורשה קטנה, ואני רואה שם חיילים במדי זית. חשבתי שזה צה"ל, לשנייה הייתה לי הקלה מסוימת שהצבא כבר פה. אבל אז הם התחילו לירות לכיוון שלי, הבנתי שהם מחבלים, והם הרבה. נכנסתי מהר הביתה, והורדתי את כובע הזיהוי וחולצת הזיהוי של המשטרה. לא רציתי שידעו שאני קשור לביטחון או משהו כזה. אני פותח את הממ"ד לראות שהאישה והילדה בסדר, אומר להן להמשיך להיות בשקט, ויוצא לסלון, ומחכה.

פתאום אני שומע אותם, ממש על הקיר מחוץ לבית שלנו. הם שוברים את התריסים, קורעים את הרשת של החלון ומתחילים לנפץ את הזכוכית. רצתי לחדר שינה שלנו, שנמצא צמוד לממ"ד, תפסתי פינה מאחורי הכניסה לחדר השינה, וכיוונתי את האקדח אל החלון. כמה שניות חולפות. אחד מהם מטפס. אני יורה לו בראש, כדור אחד, והוא מת, נופל החוצה ומת. שנייה אחריו נכנס עוד אחד, אני יורה בו כדור אחד בצוואר, הוא נופל החוצה.

שתי שניות אחר כך נכנס עוד אחד, אני יורה גם בו, כדור אחד בכתף, הוא נופל. הכול יריות מטווח אפס. הם היו ממש קרובים. אני זוכר את הצעקות שלהם, את הלחץ שלהם.

אחרי כמה שניות, בצד השני של הבית אני שומע זכוכית נשברת. הם שוברים גם שם את החלון. אני רץ לשם, תופס פינה במסדרון שם מול החלון, ושוב, אחד אחרי השני, נכנסים עוד שלושה מהם, כל מי שנכנס, מקבל כדור. יש שקט לכמה דקות, אני מתארגן, ואז אני שומע מבחוץ שמגיעים עוד, כמות די רצינית. אני מבין שיש להם עניין עם הבית שלי. ואני מתחיל לחשוב שהם מחפשים אותי ספציפית. אני שומע ג׳יפ עוצר ליד הבית, הכוחות יורדים מהג׳יפ וצועקים, והם מאוד מאוד עצבניים. ואז יש כמה שניות של שקט, ובום! אר־פי־ג׳י לדלת הכניסה.

הדלת פשוט מתעופפת. אני מתעשת מייד, קם, תופס פינה בין השירותים למסדרון ומסתתר. הם נכנסים לתוך הבית, ואנחנו מתחילים לנהל קרב. הם רוצים להגיע לממ״ד, ובשביל זה הם צריכים לעבור במסדרון, ואני בעצם מנהל איתם לחימה על הדלת של הממ״ד. בכל פעם שהם באו להיכנס למסדרון הם היו פותחים בירי שוטף בלי הפסקה, ואז נכנסים. אני חיכיתי. מי שהיה נכנס, ירייה אחת או שתיים, פוצע, מפיל. לפעמים הורג.

העברנו שם שעתיים וחצי של ירי בלתי פוסק. אני עם אקדח גלוק, הם עם קלאצ׳ים. חלקם עם כדורים חודרי שריון, והם לא מורידים אותי. זה מאוד עיצבן אותם. ותוך כדי אני שם לב שרמת החיילות שלהם משתנה. בהתחלה החוליות שהגיעו היו ברמה גבוהה, מצוידים היטב, יודעים להילחם. ואחר כך בהדרגה זה הפך להיות פשוט מופרעים, פחות חשיבה, יותר משתוללים, ירי לכל עבר בלי הבחנה.

.5

פתאום אני רואה שהם זורקים עליי רימונים. שני רימונים. הספקתי להסתתר מאחורי הדלת של השירותים. רימון אחד לא התפוצץ, השני התפוצץ על הדלת. אני מההדף נפלתי על הרצפה, היו לי שתי שניות של הלם, ומייד אני מתעשת. אני מבין שעכשיו הם יצליחו להיכנס למסדרון. החלטתי שאני נכנס חזרה לממ״ד ואני מגן על אשתי והילדה משם. חילצתי את עצמי אחורה לתוך הממ״ד סגרתי את הדלת כמעט עד הסוף, ואני מאחוריה.

הם התקרבו לדלת של הממ"ד והתחלנו לנהל לחימה ממש על הדלת. הם יורים על הדלת, אני יורה בחזרה. הם התחילו לשרוף דברים מבחוץ. התחיל להיכנס עשן לחדר. בשלב מסוים הם נבלמו רגע לאחור אז רצתי מייד לסגור את הממ"ד ולהחזיק את הידית. הם הבינו שאני מחזיק את הידית, אז הם התרחקו וירו על הידית כמה פעמים, ניסו לפגוע בי ולא הצליחו. אחד הכדורים שרט אותי קצת, אבל אני המשכתי להחזיק את הידית.

כמה שניות של שקט. ושוב, בום מטורף. הם הצמידו מטען לדלת. הדלת נפתחה לרווחה, אחד מהם כבר עם הידיים שלו בתוך הממ"ד, אבל הוא לא מצליח להתקדם, אני יורה עליהם, והם לא מצליחים לחדור לממ"ד. אשתי והבת שלי מחובקות בפינה, ואני מבין שזה עניין של שניות, מקסימום כמה דקות. לי יש אקדח אחד שיורה בבודדת, אני צריך מדי פעם להחליף מחסניות. להם יש אר־פי־ג'י ומטענים ורימונים ונשק אוטומטי, זהו. היה לי ברור שהם יצליחו להיכנס. פה היה הרגע שאשתי ואני החלטנו, סימנו אחד לשני, שאנחנו לא נלך איתם. שאם הם מגיעים, אנחנו נירה בעצמנו ונמות יחד חופשיים.

והם יורים פנימה, והחדר מלא בריקושטים, נתזים, מלא עשן, מלחמה רצינית. ואני פתאום שומע את הבת שלי צורחת "אבא תפסיק! אבא תפסיק! אבא בוא אלינו! תחזור אלינו!", ומהצעקה של הילדה אני נתתי צרחה חזרה. והם כנראה חשבו אולי שאני רוצה להיכנע או משהו. הם עצרו את הירי, ואחד מהם פתאום מתחיל לדבר איתי, הוא אומר לי, "מה יש לך, אין לך סיכוי. בוא, תיכנע, אל תעשה שטויות".

ואני עונה לו בערבית. והוא ככה פוקח עיניים. הוא לא מבין מאיפה באה לו ערבית פתאום. אני פונה אליו ואל החברים שלו, אני אומר להם שאני בכלל ערבי, שאני מכיר את הקוראן, שלא כדאי להם להרוג אותי. זה בלבל אותם. הם אומרים לי, "אבל כתוב פה שם אחר על הבית". ואז פתאום נופל לי חד משמעית האסימון, אני מבין שהם רוצים אותי. שהם באו בשבילי. אני מבין שהיה להם מידע מודיעיני, שהם רוצים להגיע דווקא אליי. הם ידעו שאני איש כוחות הביטחון, והם רוצים או להרוג אותי, כדי שאני לא אפעיל עליהם התנגדות, או לחטוף אותי לעזה.

בשלב הזה הם הלכו רגע, ואני קפצתי מייד לסגור את הדלת של הממ"ד. הדלת מחוררת ברמה כזאת שכבר רואים דרכה. אבל כשהיא סגורה,

עדיין אי אפשר להיכנס. ואחרי שתי דקות הם חוזרים עם המפקד שלהם. זה מפקד חמאס שניהל את כל הטבח שהיה בנחל עוז.

.6

אז המפקד מגיע, והם כולם בשקט. ואני מאחורי הדלת רואה אותו דרך החור שנפער, ואני רואה אותו עם טיל כתף, אר־פי־ג׳י, מכוון אליי. הוא שואל אותי ״אתה נכנע?״ אמרתי לו, ״כן, אני נכנע, אני יוצא, נפסיק עם זה״. אבל אני לא יוצא מהממ״ד. ואני אומר לו שאני נכנע, בתנאי שהוא לא פוגע באישה ובילדה שלי. וכשאני אומר את זה החבר׳ה מסביבו יוצאים, נעלמים, המשיכו לבית אחר. ועכשיו זה רק אני והוא שם.

ואני מבין שאני הולך מפה להיחטף, ואני מנסה למשוך זמן. התחלתי לדבר איתו. אני מבקש ממנו כוס מים, הוא אומר לי, ״בוא תצא, אני אכין לך גם כוס קפה״. בדיעבד שמעתי שככה הוא עשה גם עם השכנות שלנו שנחטפו. הוא נכנס אליהן הביתה, דיבר איתן בנחמדות, אמר שלא יקרה שום דבר. בחור אינטליגנטי, חלקלק, מאוד פיקח.

אני שואל אותו באנגלית ״למה אתם עושים את זה. זה לא לפי האסלאם להרוג נשים, להרוג ילדים״, הוא עונה לי, גם כן באנגלית, ״מה פתאום, אנחנו לא הורגים, לא נשים ולא הורגים ילדים, אנחנו לא עושים דברים כאלה״. וככה אנחנו מדברים חמש דקות, עשר דקות, חמש עשרה דקות. אני מושך זמן, אני מאחורי הדלת של הממ״ד, והוא עם אר־פי־ג׳י מכוון אלינו. ואני יודע, אני בטוח שאני הולך להיחטף. זה ברור לי. פתאום הוא אומר לי ״די. מספיק. עכשיו תצא מהממ״ד ובוא איתי״. אני אומר לו ״עוד שתי דקות, תן לי שתי דקות להיפרד מהאישה שלי והילדה שלי״.

עוברות עוד שתי דקות והוא צועק לי, ״נגמר לך הזמן!״, אני מתחיל לשאול אותו עוד שאלה, הוא צועק ״עכשיו אני מפסיק לדבר איתך ואני מתחיל לספור לאחור״. אני אומר לו ״מה זה לספור לאחור״, ואני רואה אותו עומד מולי, מול הדלת של הממ״ד עם האר־פי־ג׳י, והוא מתחיל לספור ״עשר, תשע״. אני אומר לו ״למה אתה סופר?״ הוא אומר לי ״כי אם אתה לא תצא, אני יורה פנימה וגומר עליכם״. והוא ממשיך ״שמונה! שבע!״. כשהוא מגיע לשלוש אני צועק לו ״עצור! אני יוצא!״.

הוא אומר לי "אני רוצה שתצא עם ידיים למעלה. תשאיר את האקדח למטה. תפתח את הדלת, תבעט באקדח". אני אומר לו "בסדר, זה מה שאני עושה, בסדר. אני קצת פצוע, תן לי להוריד את הנשק ואני יוצא". אני מאחורי הדלת, הוא רואה רק חלק קטן ממני, ואני מתחיל לשקשק את הנשק, את המחסניות, לעשות רעש שיחשוב שאני מוריד את האקדח.

ואני נעמד מול הדלת, ואומר לו, "אבל אתה הבטחת לי שאם אני יוצא, אתה לא יורה על אשתי ועל הילדה. אני יוצא עכשיו, אז תקיים גם אתה את מה שהבטחת לי, תוריד את הארֿפיֿג'י, למה אתה צריך לעמוד מולי עם ארֿפיֿג'י". הוא אומר לי "אתה צודק". ובשבריר שנייה הזה שהוא אומר לי "אתה צודק", והוא מזיז את הארֿפיֿג'י שלו, בשבריר שנייה הזה שהוא הזיז את העיניים, פתחתי את הדלת, הסתערתי קדימה עם האקדח, ויריתי בו. במפשעה.

אחרי שהוא נפל, אף אחד כבר לא נכנס אלינו הביתה. חיכינו בממ"ד עד שיחלצו אותנו. חיכינו שעות. וברגע שהצבא הגיע וחולצנו, רצתי לבדוק מה קורה עם עופרי שלי. רצתי מאה מטר לבית של השכנים והיא הייתה שם איתם בממ"ד. המחבלים לא פגעו בהם. וכשאני רואה אותה שם, כשאני מגיע אליה, ורואה שהיא בסדר, אני לא יכול לתאר את זה, החיבוק, זה משהו, זה משהו שאי אפשר להסביר.

.7

אני לא בתחושה של גיבור. קשה לי. חברים שגרים צמוד אליי נהרגו, חלק מהם חטופים. אני בסך הכול הגנתי על המשפחה שלי. והלוואי שהייתי יכול לעשות יותר. אין יום שאני לא חושב בו על החברים שלי מהקיבוץ שנחטפו. אני יושב פה עם אשתי ושתי הבנות שלי, ובזמן הזה חברים שלי שחטופים, הם לבד, הם הופרדו מהאישה שלהם, הופרדו מהילדים שלהם. זה קשה. לפעמים אני מרגיש שממש קשה לי אפילו לאכול, בזמן שאני יודע שאולי הם לא אוכלים או לא שותים.

הרבה מהמשפחות בנחל עוז, הרבה מהבתים, לא היה להם אפילו אקדח לשמור על עצמם. לנו היה מזל, אולי קצת גורל. אשתי היא ברגיל לא אדם מאמין, אבל היא אומרת שאולי בכל זאת, הייתה פה איזו שמירה. אבל מה עם כל אלה שלא זכו לסוף הטוב הזה! זה קשה. קשה.

אבל יש משהו אחד שכן חיזק אותי בכל הסיפור הזה. יש את הביטוי הזה, "ראיתי את המוות בעיניים שלי". ואני, אני לא רק ראיתי את המוות, אני התחבקתי איתו. אני השלמתי איתו. אני אפילו הצעתי לו עזרה. מה היה קורה אם אני ואשתי, אחרי שהם הצליחו לפוצץ לנו את הדלת של הממ"ד, מה היה קורה אם היינו פשוט מתייאשים. זה מחריד אותי למען האמת, זה מחריד אותי לחשוב על זה. כמה פעמים הייתי בטוח שאנחנו כבר לא יוצאים מזה. כמה פעמים הייתי סגור על זה, ברמה של ודאות מוחלטת.

אני עברתי את הסיפור הזה איכשהו, המשפחה שלי בחיים עכשיו, ואני היום יכול להגיד, בצורה הכי ברורה שיש – אין ייאוש בעולם. זה רגש מאוד חזק שלי. אין ייאוש. ואין דבר כזה לוותר. גם אם רואים את הסוף, גם אם בטוחים שזהו – לא לוותר. בשום פנים ואופן לא לוותר.

כל דבר שהוא עשה, הוא עשה בשלמות

סיפורו של יעקב קרסינסקי

מספרת – צביה, אימא של יעקב

נחל עוז

1.

הבית שלנו הוא בית חרדי, יעקב גדל בבית חרדי. אני גדלתי בבית דתי, כיפה סרוגה, והתחרדתי. ובעלי, גדל בקיבוץ, בעין כרמל, ואחרי הצבא הוא עזב את הקיבוץ, וחזר בתשובה. ויש לנו ארבעה ילדים, מירי, ושמואל, ואור־תמר, ויעקב שהוא הקטן שלנו. יעקב הוא הקטן. הוא היה עטוף בחום ואהבה מיום שנולד.

הוא היה ילד מיוחד, ממש מיוחד, כולם הרגישו את זה, גם ב"תלמוד תורה" פה ליד הבית שלנו בירושלים, הוא היה ילד מצטיין, חכם, מבריק, חביב, הוא היה המנהיג של הכיתה, אבל בדרך שקטה כזאת, לא בכוח, הכול היה רגוע. ומשם הוא הלך לישיבה טובה, הוא הצליח שם מאוד, קראו לו שם "המזרח שלנו", שזה איך שקוראים לאנשים הכי מצטיינים. הוא היה יוצא מהבית בחמש וחצי בבוקר, באוטובוס הראשון, והיה מגיע לפני כולם, יושב ולומד, והרבנים אהבו אותו, וכל התלמידים רצו להיות חברים שלו, אהבו אותו פשוט אהבת נפש. אי אפשר היה שלא לאהוב אותו. זה היה ככה כשהוא היה תלמיד ישיבה, חרדי, וזה היה ככה גם בצבא. ככה שמענו, הוא היה מפקד קשוח, מקצוען, ואחר כך הוא היה עוזר לחיילים שלו, היה קשוב לכל מה שהם צריכים, עושה איתם את העבודות שלהם, שוטף איתם את הכלים, מנקה איתם את השירותים, בלי אגו, בלי כלום, הוא היה אלוף באהבת ישראל. פשוט אהב את כולם.

אחרי התלמוד תורה הוא עבר לישיבה גדולה, ישיבת "אור ישראל" היא נקראת, בפתח תקווה. בישיבה הזו הוא היה פשוט עילוי. הם כולם שם ראו בו ככה, את העילוי שלהם. אבל יעקב, למרות שהוא מאוד אהב את המקום, הוא הרגיש שהוא מחפש צורה אחרת של לימוד תורה, ויום אחד הוא החליט שהוא עוזב. בישיבה לא האמינו, הם לא האמינו שהוא הולך! הם שמרו לו את החדר שלו, ואת המיטה שלו, ועשו מאמצים שהוא יחזור, אבל הוא כבר היה במקום אחר. כל החלטה שיעקב קיבל, בין אם זה לשנות ישיבה ובין אם זה ללכת לצבא, אנחנו תמכנו בו מכל הלב. סמכנו עליו בעיניים עצומות, ומה שהוא אמר היה חשוב לנו. רצינו לדעת מה הוא חושב, הדעות שלו היו חשובות לנו. הוא היה מקור גאוותנו, יעקב שלנו. כשהוא היה בישיבה. כשהוא היה בצבא. כל הזמן.

בשלב מסוים יעקב הבין שהוא רוצה יותר מהחיים. הוא החליט להשלים בגרות. אז הוא עבר לישיבת נחלים, שם הוא למד שבעה חודשים. הוא בחיים לא למד מתמטיקה ולא אנגלית, ובכל זאת הוא הוציא שם ציונים מצוינים. אבל זה לא סיפק אותו, אז הוא נשאר שם לעוד חצי שנה, ועשה את כל הבחינות עוד הפעם. עשה חמש יחידות מתמטיקה, חמש יחידות אנגלית, זה יעקב, כל דבר שהוא עשה, הוא עשה בשלמות, עד הסוף, בשלמות.

.2

ולפני הצבא יעקב החליט שהוא נכנס לכושר. הכושר היה חשוב לו, הוא נכנס לזה, התחיל להתאמן כל יום, כל יום! לא היה יום שבו הוא לא התאמן, לא משנה מה, וגם אחרי שהוא התגייס, הוא היה חוזר מהבסיס, ויוצא למכון כושר. חוזר מהבסיס והולך לרוץ.

ואחר כך הוא התגייס לצבא, למג"ב, ואני אמרתי, "וואי מה יהיה עכשיו, למען השם, בטח הוא יעזוב את הבית", וזה היה לי עצוב מאוד, לא אמרתי לו שום דבר, אבל בלב ממש, ממש היה לי עצוב. ובסוף מה שהיה, שגם בצבא, כל הסדיר שלו הוא היה אצלנו, נשאר אצלנו, הוא לא עזב. הוא כבר לא היה דתי, ואנחנו משפחה חרדית, בשכונה חרדית, אבל הסתדרנו. הייתה לנו פה אהבה. יש לנו בית עם שתי קומות, בקומה למטה יש לנו שני חדרים קטנטנים, ובשבתות, כל הקומה למעלה הייתה שלו, הוא לא הפריע

לנו, ואנחנו לא הפרענו לו. בחיים לא הפרענו לו. שום דבר. אם זה כזה מכבד ואוהב אז יש מקום לכולם.

וגם השכנים, זה לא הפריע להם, זאת שכונה חרדית, אבל כולם הכירו אותו, ואהבו אותו, וכיבדו אותו, הם סיפרו לי שכל פעם כשהוא היה יוצא מהבית, ויורד במכנסיים קצרים לעשות כושר, הוא היה מוריד את העיניים, מוריד את המבט, כדי שאף אחד לא ירגיש לא נעים. הם כולם אהבו אותו, והעריכו אותו. גם כאן בשכונה.

הוא היה בצבא, והשתחרר לפני חצי שנה בערך, ואז הוא חזר לשירות, חתם קבע, ובין לבין הוא לקח חופשה מהצבא, חופשה של שלושה חודשים, ובזמן הזה, הוא הוציא רישיון נהיגה, ולמד לפסיכומטרי, והוציא שם ציון שבע מאות שבעים. זה היה הבן אדם. הוא היה בן אדם שעושה דברים בשלמות.

3.

בשמחת תורה בבוקר קמתי, יצאתי לתפילת ותיקין, מוקדם מוקדם בבוקר, ובתפילה קרה לי משהו שלא קרה לי אף פעם בחיים אני חושבת, פשוט בכיתי, מתחילת התפילה ועד הסוף, בכיתי, בלי סיבה, לא היה לי שום צער ושום כאב ושום כלום, אבל בכיתי. זה משהו שאי אפשר להסביר את זה. ואחר כך יצאתי מהתפילה, די רגועה, ואני עולה במדרגות, חוזרת לאט לאט, ואני רואה שם את תמר שלי, מחכה במדרגות, זה לא דבר רגיל, ואני כזה, "מה קרה", ותמר, "מה מה, את לא שומעת אזעקות".

יעקב היה בשבת הזאת של שמחת תורה בקיבוץ נחל עוז, צמוד לגבול. הוא היה שם בכוננות של המשטרה, ביחד עם עוד אחד עשר חברים לוחמים, והוא היה המפקד שלהם, המפקד של הצוות שם. חבר'ה מיחידת המסתערבים של המשטרה. הם בכלל לא קשורים לצבא, לצה"ל, בכלל לא קשורים. ומה שאני יודעת לספר על היום שבו יעקב נהרג, זה ממה שהלוחמים שלו סיפרו לנו. היה פה לוחם, שבא לבקר אותנו בשבעה, יוני קוראים לו, ויוני היה עם יעקב ברגעים האחרונים שלו. בזכות יוני אני יודעת מה קרה.

בעצם צריך להתחיל את הסיפור בערב שמחת תורה. בלילה שלפני. הם עשו לעצמם, החבר'ה של יעקב, מין ערב כיפי כזה, במגורים שלהם,

בתוך הקיבוץ. שיחקו שם כל מיני משחקים, משחקי קופסה, כדורגל, צחקו, נהנו, עשו רעש, היה להם כיף.

והרבש"צ של הקיבוץ, קראו לו אילן, הוא היה בחוץ במרפסת עם אשתו. השעה הייתה כבר אחת בלילה, והם שמעו את הרעש שהחבר'ה של יעקב עושים שם, במגורים שלהם. ואשתו של אילן אמרה לו, "הכוח פה נורא מרעיש, אולי תנסה להשיג את הטלפון של המפקד שלהם, כדי לבקש ממנו שירגיעו קצת", ובאמת אילן הרבש"צ מחפש ועושה כל מיני טלפונים, ובסוף משיג את המספר של יעקב. אבל שנייה לפני שהוא מתקשר ליעקב, הוא אומר לאשתו, "את יודעת מה, עזבי, תני להם ליהנות", והיא מסכימה איתו, והם לא מתקשרים אליו. הם הולכים לישון. אבל מהמשחק כדורגל הזה שהם הרעישו, מזה יצא שהיה לרבש"צ של נחל עוז את המספר של יעקב בטלפון.

יוני סיפר לנו שאחרי שהם שיחקו כדורגל, קרה משהו שהוא לא ישכח בחיים. מסתבר שאחרי המשחק כשכולם כבר התכוננו לישון, יוני אמר ליעקב, ולעוד כמה חבר'ה, שהוא מרגיש מתוסכל, שהוא מבואס מהשירות שלו. ויעקב שאל אותו למה, אז יוני אמר "אני מרגיש שאני לא עושה את מה שהוכשרתי לעשות, אני רוצה יותר מזה". והדבר הזה מאוד טלטל את יעקב. יעקב אמר לו "אני לא מבין אותך. אנחנו נמצאים בנקודות הכי רגישות במדינה, סומכים רק עלינו כדי לעשות את העבודה. בכל מקום שאנחנו מגיעים אליו, אנחנו מביאים איתנו ביטחון, זה התפקיד שלנו, זו המהות שלנו".

ומה שקרה אחר כך, זה שעד ארבע בבוקר הם דיברו שם, עד ארבע בבוקר! שיחה מדהימה ממש. יעקב בעצם הסביר להם מה זה אומר להיות לוחם. איך לוחם צריך להתנהל, ואיך הוא צריך להיות דרוך ומוכן לכל מה שעלול לקרות. בשיחה הזו הוא בעצם עבר איתם ממש על תורת הלחימה, כאילו הייתה לו איזו נבואה, כאילו הוא ידע שהם עוד רגע יצטרכו ליישם את זה. ובזכותו, ככה יוני אמר לנו, בזכותו, "כשיצאנו לקרב בקיבוץ, היו לנו שני דברים. האחד, היינו מוכנים. השני, ידענו בכל רגע, שיש לנו מפקד שאנחנו הולכים אחריו באש ובמים".

4.

בשעה שש וחצי יעקב והלוחמים שלו מתעוררים לצבע אדום ומטח רקטות

פשוט בלתי פוסק, שעתיים שלמות של אזעקה רצוף, זה היה פשוט לא נורמלי הכמות רקטות שהייתה להם. ובאותו הרגע כל הקבוצה הזו, של האחד עשר לוחמים, מתעוררים ונכנסים לממ"ד. הם היו שם כמה דקות. ואז הם התחילו לשמוע יריות. כל מיני סוגים של יריות במקביל. יריות של רובים, ושל טילים של טנקים. דברים מאוד מאוד חריגים.

ומה שיוני סיפר לנו, זה שבזמן שכל החברים שם בכוח עוד מנסים להתאפס על עצמם, יעקב כבר היה בקשר עם המוצב של נחל עוז. הוא מתקשר לחמ"ל שלהם. הוא מדבר עם התצפיתניות שהיו שם. והן אומרות לו שפושטים על המוצב! שברגע זה יש חדירת מחבלים במוצב שלהן! אז הוא מייד חושב לצאת עם החבר'ה שלו למוצב שם כדי להילחם, אבל שנייה לפני שהוא סוגר את הקשר, התצפיתנית צועקת לו, "עכשיו הם חודרים גם לקיבוץ!".

וברגע שהוא שומע את זה, יעקב מחליט שהם יילחמו קודם בקיבוץ, ולא במוצב. הוא עשה את החשבון שבמוצב יש חיילים, אז יש שם מי שיכול להילחם ולהדוף את החדירה. כמובן לצערנו אחר כך הסתבר שזה בכלל לא מה שקרה, והיו שם הרבה מדי, הרבה יותר מדי מחבלים, וכל המוצב הזה פשוט נכבש, והמון חיילים וחיילות מתו שם. אבל בקיבוץ, אם יעקב והלוחמים שלו לא היו נלחמים שם, זה היה נגמר שם הרבה הרבה יותר גרוע. ומה שקרה זה שההחלטה של יעקב להישאר בקיבוץ עם הכוח שלו, בעצם הצילה את הקיבוץ.

מה שהיה זה שיעקב הקפיץ את החבר'ה שלו, וכולם עלו על מדים והתארגנו, ובזמן שהם מתארגנים, הוא קיבל הודעה מאילן, הרבש"צ. מזל שהיה לו את המספר. ואילן עדכן את יעקב ממש בזמן אמת, שהמחבלים נכנסים לקיבוץ מפרצה בגדר, קרוב לבית שלו. והוא שלח לו את המיקום של הבית שלו. היו שם כבר עשרות מחבלים.

בדיעבד מסתבר שהרבש"צ נרצח כמה דקות אחר כך. אילן פיורנטינו, השם יקום דמו. הם הגיעו אליו בכוונה, המחבלים, הם ידעו שהוא הרבש"צ. היה להם מודיעין טוב לצערנו, והם רצו לרצוח אותו, כדי שהוא לא יפריע להם לרצוח אנשים בקיבוץ. אבל אפילו שאילן נהרג, ההודעה כבר נשלחה. ויעקב, שקיבל את המיקום, אמר ללוחמים שלו, "תשמעו, יש פה מחבלים עשרות מטר מאיתנו. אנחנו לא עולים על רכבים, אנחנו מגיעים לשם ברגל".

ואני לא יודעת למה הוא החליט כזה דבר, אבל זה היה מאוד חכם, זה הציל את החבר'ה שלו. כי אם הם היו עולים על רכב ממוגן, זה אחר כך הלוחמים שלו אמרו לי, אז הרכב היה מושך אש, והיה למחבלים שם טילים מיוחדים בשביל זה. זה פשוט היה הופך למלכודת מוות.

.5

אז יעקב והכוח שלו מתחילים להתקדם לכיוון הבית של אילן הרבש"צ. ואחרי כמה שניות הם כבר נתקלים במחבלים, בדרך, אבל יעקב ממשיך לרוץ קדימה. הוא השאיר שם כמה לוחמים, ועם השאר הוא רץ קדימה. הוא הבין שאם הם לא יגיעו לשם מהר, המחבלים ייכנסו לקיבוץ, ויתחילו להרוג אזרחים.

ובדרך הם חטפו אש תופת! ממש! היו שם המון מחבלים, והמון צלפים, שירו עליהם מכל כיוון, ויוני סיפר לנו בשבעה, הוא אמר לנו, "יעקב פשוט רץ קדימה! אני בחיים שלי לא נתקלתי בכזאת רמה של חתירה למגע!". וכל החיילים שהיו שם ראו את יעקב, ואת האומץ שלו, והלכו אחריו. הוא גרם להם להתמודד עם הפחד שלהם. ככה יוני אמר.

ובשלב מסוים, כשהם ממש קרובים לנקודה שאילן שלח לו, יעקב פוגש מחבל, ממש במרחק מטר, ולפני שהוא יורה בו, הוא מוודא שזה לא אזרח או משהו כזה. הוא אמר לו משהו בערבית, אני לא זוכרת מה, והמחבל הסתובב, וככה יעקב הבין שהוא לא אזרח. והוא ירה בו והרג אותו. הוא ירה בו רק כשהוא היה בטוח שהוא לא מישהו מהקיבוץ. הוא לא רצה לפגוע במישהו חף מפשע, חלילה. ככה הלב שלו עבד.

ובשלב הזה התחיל שם קרב מאוד מאוד גדול, מאוד רציני. ויעקב והלוחמים שלו הצדיקים נלחמו שם, בגבורה! הם הורגים מחבלים, ועוצרים את הטבח, ממש בהתחלה. ובקרב הזה, אחרי כמה זמן, יעקב מקבל כדור ברגל שלו. והוא הולך רגע הצידה, ומטפל בעצמו, שם איזה חוסם כזה, שעוצר את הדם, וחוזר להילחם.

ואז, קשה לי אפילו לחשוב על זה, הוא מקבל עוד כדור, באותה הרגל הפצועה. וגם אז, הוא לא מוותר. הוא ממשיך לירות, ממשיך להרוג את המחבלים. ובכדור השלישי שהוא מקבל, הוא כבר נפל על הרצפה. וגם אז, גם אחרי שלושה כדורים! ככה יוני סיפר לנו, הוא נשכב, והמשיך לירות.

ולהרוג מחבלים. הוא נלחם ככה, פצוע, לפעמים הוא איבד הכרה, ושוב חזר להילחם. ואז, כשהגוף שלו כבר לא היה יכול להחזיק יותר את הנשמה שלו, הקדוש ברוך הוא לקח אותו אליו.

.6

אני באותו הזמן, כל אותו היום, הייתי בבית, ממש דאגתי. עליתי וירדתי לבית הכנסת, בכיתי, ודאגתי, ולא אכלתי כלום, קראנו באותו היום את כל ספר התהלים, מילה במילה, והתפללנו, ובכינו, ובארבע וחצי דפקו פתאום בדלת, אני לא אשכח את זה בחיים שלי, דפיקות כאלה מוזרות, ובעלי לא רצה לפתוח, ואני אמרתי לו "תפתח, תפתח את הדלת", אז הוא פותח, ורואה מולו מג"בניקית אחת, ועוד ארבע מאחוריה, ואז אחד הקצינים שואל אותי, "אתם יודעים משהו, מישהו דיבר איתכם", ואני אמרתי, "לא, אני לא יודעת מה קורה במדינה", ואז הוא אומר לנו, "שבו", זה היה מאוד קשה הרגע הזה, מאוד קשה. הם הסבירו לנו מה קרה, וסיפרו לנו שיש להם את הגופה, ושהוא במצב טוב, כי היו שם המון גופות שלא חזרו בכלל, והמון גופות שנשרפו, והמון נעדרים שהיו, וברוך השם, זה נשמע נורא, אבל שמחנו שלפחות ידענו מה קורה. זה מה שהיה באותו יום של שמחת תורה.

לנחל עוז, לקיבוץ, לפי מה שהבנו אחר כך, נכנסו לשם יותר ממאה מחבלים. ולמרות זאת ממדי ההרס שם היו מאוד נמוכים לעומת הקיבוצים האחרים. זה הקיבוץ הכי קרוב לגבול, יותר מבארי, זה היה צריך להיות משהו יותר גרוע מבארי. אבל בסוף, בקיבוץ בארי היו כמעט מאה הרוגים, ושלושים ושניים חטופים. ובנחל עוז, איפה שיעקב שלי נלחם, היו ארבעה עשר הרוגים וחמישה חטופים. וחוץ מהקורבנות האלה, ארבע מאות וחמישים תושבים שגרים בנחל עוז ניצלו.

.7

יעקב כל הזמן אמר שיש לו שליחות לעם ישראל. הוא כל הזמן דיבר על זה, הוא הרגיש את זה כל הזמן. מגיל שש עשרה הוא מדבר על זה, שיש לו שליחות. ובתקופה האחרונה, לפני שמחת תורה, משהו עבר עליו. הוא אכל הרבה פחות, בשבתות אצלנו הוא תמיד היה אוכל, לא משאיר פירור, ופתאום הוא הפסיק לאכול. וחבר שלו מהצבא סיפר לי, שהם היו בכותל, בסליחות,

שבוע שבועיים לפני המלחמה, ופתאום הוא ראה את יעקב עם סיגרייה, ויעקב בחיים לא מעשן. אני חושבת שהוא הרגיש משהו. הוא הרגיש שמשהו קורה.

הוא היה ילד אהוב כל כך, אהוב כל כך, בכל מקום אהבו אותו אהבת נפש. אני חשבתי כל החיים שלי שהוא משהו מיוחד. אני זוכרת שכשהוא הלך לצבא, אני כל לילה הייתי מתפללת, שהוא יצליח שם, כמו שהוא הצליח בישיבה, כי בישיבה כיבדו אותו, והעריצו אותו, והוא החליט לעזוב את העולם הזה, הוא החליט ללכת, להיות במג"ב, ואני פחדתי שהוא לא יצליח שם. ממש הייתי עומדת בחלון ומתפללת ואומרת להשם, "זה הבן שלי, והבן שלך, תעזור לו שיאהבו אותו, שהוא יצליח, שיזכה להצליח שם", אוי, אם הייתי יודעת שזה מה שהיה קורה, לא הייתי מתפללת ככה.

אבל זה מה שקרה. יעקב שלי נהרג בזמן שהוא ניסה להציל אזרחים, להציל יהודים. הוא אמר לחיילים שלו, "אנחנו הולכים להציל את הקיבוץ!" והם הלכו אחריו, מול כל הטנדרים, והאופנועים, הם הלכו אחרי יעקב, וירו, וירו, וירו! והקיבוץ ניצל, ויעקב נהרג, זאת הייתה השליחות שלו. זה היה התפקיד שלו בעולם.

כל אחד קופץ את הבנג'י שלו

סיפורו של שחר בוצחק

אופקים

.1

היה לי חבר בכיתה י' שהלך לעשות בנג'י, אין לי מושג למה אנשים עושים בנג'י אבל הוא עשה בנג'י, והמדריך שם קושר אותו ברתמה, על הגשר, הוא מחבר אותו ואז החבר שלי קופץ, ובשנייה שהוא קופץ, בשנייה שהוא באוויר, המדריך אומר לו, "רגע רגע לא חיברתי!" והבן אדם נופל ונופל ונופל ונופל ונופל, ומבין שהוא לא מחובר ואומר – "זהו, זה נגמר", ואז לפתע החבל תופס אותו. מסתבר שזה תרגיל קבוע שהמדריך שם עושה לכל מי שקופץ, הוא דוחף אנשים, וצועק להם "לא חיברתי!".

ואני חושב שהנפילה הזאת היא דוגמה טובה לאיך עובדת אמונה. זאת דוגמה טובה לאמונה! כאילו, יש בן אדם שהוא קופץ בנג'י והוא יודע שיש לו חבל, ושהוא מחובר לרתמה, והוא עושה את זה, זה מפחיד, כן, אבל הוא יודע שהוא מחובר למשהו, שיש משמעות לכל זה, שמשהו למעלה יתפוס אותו, שבסוף הוא יצא מזה בחיים. ויש בן אדם שני, שעושה את אותה הקפיצה, אבל הוא חושב שהוא מנותק. שאין שום משמעות שמחזיקה פה את הסיפור. הוא עובר את אותה הדרך בדיוק, אבל היא פי מיליון יותר מפחידה ויותר קשה. מבחינתו זהו, החיים נגמרו. וגם אם הוא מחובר בסופו של דבר, גם אם הוא מגלה בסוף שהוא מחובר, החוויה של הקפיצה קשה יותר, ומפחידה יותר. והרבה יותר קל לקפוץ בנג'י כשאתה יודע שאתה מחובר למשהו שבסוף יתפוס אותך. זה מה שאמונה נותנת לחיים.

וזה מה שהלך איתי כל הזמן הזה, ככה אני חושב, בזמן שירו בי, בזמן שנפלתי, ידעתי, הרגשתי, שאני מחובר למשהו יותר גדול. וזה גם מה שנתן לנו,

לכולנו, לכל מי שהיה שם באירוע, את האומץ לפרוץ החוצה. שישים תושבים קמו ביום הזה, ופרצו החוצה, בזמן שבחוץ משתולל טבח נוראי, הם ידעו שהם חייבים לעשות את זה, לא למען עצמם, אלא למען העיר שלהם, למען העם שלהם, למען המדינה שלהם, והדבר הזה משך אותם מלמעלה והחזיק אותם. וככה, בזכות האמונה הזאת – שישים תושבים הצילו עיר שלמה.

2.

אני שחר בוצחק, נשוי לאבישג, שהיא האישה הטובה ביותר בעולם, ואבא לשישה ילדים. אחרי הגירוש מגוש קטיף אשתי ואני רצינו לצאת מהבועה, והלכנו לגור ביישוב אולטרה חילוני, עין הבשור, בעוטף עזה. באנו לשנה ונשארנו שם שבע שנים, התחברנו אל האנשים שם ברמה כזאת שבסוף השבע שנים המושב אפילו הגיש בקשה רשמית כדי שאני אקבל את התקן של רב המושב שם. בסוף זה לא הסתדר בעין הבשור, אבל עברנו לגור במושב מבטחים, גם הוא בעוטף, ושם נהייתי רב הקהילה. היום אנחנו גרים באופקים. אני הרב של הגרעין התורני פה בעיר. אשתי במקור מאופקים, אז מבחינתה זה שעברנו לפה זאת סגירת מעגל.

בערב שמחת תורה, בשישי, הייתה פה שמחה גדולה בעיר. הגיעו לכאן בחורים מהמכינה הקדם צבאית "כאייל", הם יודעים לעשות שמח החבר'ה האלו, רקדנו ביחד במשך שעות. הייתה כאן שמחה גדולה, היו חבר'ה שרקדו פה יחפים. זה בעצם היה הטעם האחרון בשפתיים שלנו, כשהלכנו לישון בלילה. לפני שהכול התחיל.

שש וחצי בבוקר, אנחנו, כמו כל הדרום, מתעוררים למטח רקטות חריג מאוד. חריג בעוצמה, חריג בתדירות, בכמויות של הצבע אדום, זה היה כאילו ברצף, אחד אחרי השני. אנחנו נכנסים לממ"ד, הילדים שלי בוגרי עוטף עזה אז הם כבר מתורגלים לאזעקות, אבל אחרי חצי שעה אנחנו פתאום מתחילים לשמוע יריות מהרחוב.

השכונה שלנו נמצאת בכניסה לעיר, מהצד שהכי קרוב לעזה. מעזה אלינו זה עשרים דקות נסיעה, משהו כזה. אז הם מגיעים לכאן, התאבי דם האלה, ורואים מולם זוג, בעל ואישה, יושבים בדשא, עם כוס קפה של בוקר, והם פשוט פותחים עליהם באש. צריך להבין את התדהמה של זוג שיושב עם כוס קפה של בוקר ומקבל צרור מקלצ'ניקוב. זאת באמת הייתה הטעות

הראשונה של המחבלים שהם התחילו לירות מוקדם. זאת הייתה הטעות הראשונה שלהם, כי בעצם הם עזרו לנו להבין מהר את הסיטואציה. תוך שתי דקות. אגב הזוג הזה היום, ברוך השם, שניהם בחיים.

הם באו, המחבלים, בידיעה מכוונת. היו להם מפות של אופקים, עם כל בתי הכנסת. היה כתוב שם למשל, באחד הפאוצ'ים של המחבלים, היה כתוב – "בית מנחם" וליד זה השעה, "תשע ארבעים וחמש". בית מנחם זה שם של בית כנסת. ורבע לעשר זו השעה שבה יש שם הכי הרבה אנשים, עם ילדים. זה ברור שהיה להם הרבה מידע פנימי. הם באו מוכנים.

.3

בקיצור אנחנו בתוך הממ"ד, שומעים יריות, ופתאום אני מקבל הודעה מהרבש"צ של מושב מבטחים, דן אסולין. כשגרנו במבטחים אני הייתי בכיתת כוננות שם, אז אני מקבל את ההודעות שלהם, ואני רואה שהוא כותב "חדירת מחבלים, יש חשש לפשיטה. בסיום המטח רקטות כולם עולים על ציוד ומתחילים סריקות במרחב". אני מקריא לאשתי את ההודעה והיא אומרת לי "מה פשיטה! מי פושט על מי! מה קורה פה, איך בכלל דבר כזה יכול להיות אפשרות!", ואני כותב לאסולין הרבש"ץ בפרטי "תשמע, אני באופקים, אני מגיע אליכם. אני צריך לנסוע בשבת אז רק תאשר לי שזה באמת רציני", והוא כותב לי בחזרה "זה רציני".

אני בא לצאת לרכב לנסוע למבטחים, אבל עוד לפני שאני מספיק להתארגן אנחנו מתחילים לשמוע יריות. אני לוקח את האקדח שלי, אקדח אישי עם חמישה עשר כדורים, שם על הראש כובע של הכיתת כוננות שנשאר לי ממבטחים, שיזהו אותי, ואני אומר לאשתי, "טוב, אני הולך". ואני יוצא מהבית, בסנדלים, ומתחיל לרוץ לכיוון הירי, שלוש מאות מטר, משהו כזה. ואני לבד שם, אני לבד, אין שם אף אחד ברחוב, כולם היו בבתים שלהם, זה טבעי, וגם לא היו שוטרים. באופקים בשבת הזאת בקושי היו שוטרים בכלל, היו הרבה שאבטחו את המסיבה של הנובה. אז מה שקרה זה שכל מיני אזרחים ושוטרים התחילו לצאת מהבית, בצורה ספונטנית, ולהילחם עם מה שיש להם. זה מה שהיה.

בשכונה שלנו יש גם בתים חדשים וגם בתים ישנים. והבתים הישנים הם בלי ממ"דים בכלל, והמחבלים ידעו את זה, הם בכוונה הגיעו לשכונות האלה

דווקא, לבתים שאין בהם ממ"ד. ובשכונות האלה, התרגולת היא שכשיש צבע אדום, כולם יוצאים למיגונית שנמצאת במרכז הרחוב. אז המחבל פשוט עמד במרכז הרחוב וירה לכל כיוון והרג אותם, את האנשים שרצו למיגונית. או למשל הם נכנסו לבניין של ארבע קומות, שגם שם אין ממ"ד, והאנשים שם התאספו בחדר המדרגות, והמחבלים פשוט נכנסו לשם, ורצחו תשעה אנשים בחדר מדרגות. זה דבר נורא, נורא.

אז אני רץ, ואני מגיע לסמטה, די צרה כזאת, ואני רואה מולי שניים משלנו, תופסים מחסה. אחד קוראים לו שילה, הוא עם אקדח, והשני, נהוראי סעיד, חייל שהיה בשבת בבית ויצא החוצה עם נשק ארוך. ונהוראי בכלל לא גר בשכונה שלנו, הוא גר בשכונה רחוקה בעיר, אבל מישהו מהקהילה אצלנו הרים אליו טלפון, ואמר לו "יש לנו פה מחבלים, יריות מחוץ לשכונה", והוא פשוט לוקח את הרכב של ההורים שלו, ונוסע להילחם. צריך להבין את הרגע הזה, שהורים נותנים את המפתחות של הרכב לילד שלהם ואומרים לו, "לך תעשה את מה שאתה צריך לעשות".

ונהוראי צועק לי, "שלושה מחבלים חמושים!", שזה בעצם תרגולת בסיסית שמלמדים כל טירון בצבא, דבר ראשון לעדכן את הכוח. ואיך שהוא מסיים לצעוק לי את זה, שלושה מחבלים חמושים יורים עלינו צרור אוטומטי מקלצ'ניקוב. אז אני מוריד את הראש, ותופס מחסה, ודורך את האקדח. זאת פעם ראשונה בחיים שלי שאני תחת אש חיה, ואני שומע את הקליעים רצים מעליי, כל הרחוב מתמלא באבק, קליעים פוגעים בקירות, בחלונות. זה היה מטורף.

.4

ואחרי כמה שניות המחסנית של המחבל נגמרת, אז הוא עוצר רגע להחליף מחסנית, ואני מרים את הראש, ורואה את נהוראי ואת הבחור השני שוברים ימינה, ואני צועק להם, "בואו נשמור על מבנה של חוליה" והם מקשיבים לי, אני רץ אליהם ואז אנחנו מתחילים התקדמות מהירה לכיוון המחבלים. ידענו שכל שנייה שאנחנו לא הורגים מחבל, הם יכולים להרוג משפחה נוספת. אז רצנו אליהם, ברחוב הצר, רצנו כמו משוגעים, התחלנו לעבור ממחסה למחסה, מעץ לרכב, אני הייתי שם ראשון, עם כדור בקנה, לא ראיתי עדיין את המחבלים, אבל ידעתי מה הכיוון של הירי.

ופתאום, פתאום אני רואה מולי דמות עם בגדים ירוקים, בגדי צה"ל, ווסט חום, ויש מלא אבק באוויר, ואני עם האקדח מכוון, מנסה להבין מי זה, האם זה מחבל, או שאולי זה מכוחותינו, אולי זה חייל שגר פה בשכונה והצטרף ללחימה, ובהיסוס של השנייה הזאת, הוא יורה עליי ראשון, הוא יורה עליי צרור. ואני חוטף כדור של קלצ'ניקוב ברגל, ברגל שמאל, ואני מצליח לקפוץ הצידה, כמה צעדים על רגל ימין בשביל לתפוס את המחסה הבא.

אני ממש זוכר את עצמי מדלג על רגל אחת, מחזיק את האקדח ביד, וצועק ללוחמים "נפצעתי! קיבלתי כדור ברגל! נפצעתי!", ואני מגיע למחסה, ונשכב על הבטן, ומכוון את האקדח קדימה, והמחבלים ממשיכים לירות שם, הם ירו כמו משוגעים. רק מאוחר יותר גיליתי שברגע הזה החייל נהורא'י נפל. הוא נהרג כמה מטרים מאיפה שאני הייתי. גיבור ישראל.

5.

הכדור פגע בי בחלק העליון של הירך השמאלית, ויצא מאחורה, אחר כך בבית חולים התברר שהוא עשה שם הרבה בלגן, קרע עצבים ושבר את העצם לשניים. אבל אז, בשטח, אני פשוט שוכב על הבטן ומרגיש את הדם שלי יוצא מהרגל. אני מרגיש את הדם החם.

אני מוציא את הפלאפון מהכיס, שם אותו על המדרכה, ביד אחת אני מכוון עם האקדח לאיפה שהמחבלים וביד השנייה אני עושה ארבע שיחות טלפון. הראשונה הייתה בעצם הקלטת ווטסאפ בקבוצת הווטסאפ הקהילתית שהייתה לנו, "גברים הודעות". זאת הקבוצה שאני נמצא בה. אני מקליט להם – "חברים, מחבלים בשכונה. קיבלתי כדור ברגל, זה אמיתי. כולם להיכנס לממ"ד!". השנייה, אני מתקשר לאסולין ואני אומר לו "המחבלים לא בדרך, הם כבר פה". טלפון שלישי אני מתקשר לאשתי, אני אומר לה – "אבישג, קיבלתי כדור ברגל. אני בסדר, יש מחבלים. תיכנסו לממ"ד, תסגרו דלתות, חלונות, הכול". והשיחה הרביעית הייתה למד"א, אני אומר להם – "נוריתי על ידי המחבלים באופקים. כדור ברגל. אני צריך פינוי".

והמוקדן במד"א מסביר לי בטלפון שהם לא יכולים להיכנס לשטח אש עד שהקרב נגמר, הוא אומר לי, "תלחץ על הפצע, תחבוש!" אני מסביר לו – "אני לא יכול אחי, אני צריך לכוון את האקדח", הוא אומר לי "תחזיק את האקדח ביד ימין, תעצור את הדימום ביד שמאל", ואני אומר לו, "אתה

לא מבין את האירוע, אני צריך להיות ממוקד כאן". ואז אני שומע את הירי של קלצ'ניקוב מתקדם לכיווני, מתחזק, מתחזק, מתחזק, אני שומע את המחבל מתקרב. ואני לא יודע אם המחבל בא לסיים את המהלך, לסיים את העבודה ולהרוג אותי, או שאני הולך להפתיע אותו עכשיו. אני לוחש למוקדן, "תהיה בשקט, המחבל מתקרב". ואני שומע אותו לוחש למוקדן שלידו, "זה מלחמת יום הכיפורים אחי, המחבלים רצים ברחובות אופקים".

והמחבל מתקרב, מתקרב, ולפתע נהיה שקט. אני עד עכשיו לא יודע אם החבר השני בחוליה המאולתרת שלנו הוא זה שהרג אותו שם, או שפשוט המחבל חשב שכל הרחוב הזה כבר מת, והוא פשוט המשיך קדימה.

.6

ואחרי כמה דקות, פתאום מגיע אליי מישהו, רץ אליי מאחור, ואומר לי – "הרב, זה איתמר. אני אעזור לך, אני הייתי חובש!", הוא בעצם סוחב אותי, גורר אותי לתוך בית שהיה שם ליד. המשפחה מבוצרת בפנים, בית ישן, דלת עץ, זאת אומרת שאם מחבלים עם קלצ'ניקוב נכנסים, הם הורסים את הבית בשנייה.

איתמר לוקח כמה בדים, חובש בצורה מאולתרת את הפצע, מנסה לעצור את הדימום כמה שאפשר, לוקח את אחד הבנים הגדולים שם, ואומר לו, "תלחץ פה על הפצע של הדימום, שהדימום לא ימשיך", ומייד יוצא החוצה להילחם. ודקה אחרי שהוא יוצא, נכנס פנימה אזרח עם אקדח ריק, הוא אומר לי – "נגמרה לי התחמושת, אני צריך את האקדח שלך כדי להמשיך להילחם", אז אני נותן לו את האקדח שלי, ומבין שנשארנו פה, בלי שום הגנה בבית. אני אומר למשפחה לסגור את החלונות, לכבות את האורות. שיחשבו שהבית הזה ריק.

שכבתי שם שעה וחצי בערך, בלי פינוי. אנשים לא יודעים מה זה פצע ירי, קשה לתאר את התחושה שירו לך ברגל, אני יכול רק לתאר שזאת תחושה מאוד מאוד כואבת, זה כאב קבוע, משהו עקבי לחלוטין, כאב חזק מאוד. אני שוכב שם, והבחור שלידי מתחיל להגיד בעל פה פרק תהילים, "יֹשֵׁב בְּסֵתֶר עֶלְיוֹן, בְּצֵל שַׁדַּי יִתְלוֹנָן", שזה פרק שאומרים בהלוויה, כשלוקחים את הנפטר לקבר, זה היה מאוד אירוני. אני שוכב שם, והוא אומר את זה, וחוזר על זה כמה פעמים, הוא שואל אותי, "הרב, זה פרק טוב", אני אומר

לו, "זה פרק מצוין, תמשיך, זה שמירה מפני מזיקים! אחר כך תעשה לי גם אשכבה אם אתה רוצה", צחקנו, זה היה רגע כזה.

.7

אני הייתי בטוח כל הזמן שיש שלושה מחבלים בסך הכול, שלושה מחבלים עם רובים, לא היה לי מושג שהיו שם איזה עשרים מחבלים, עם עוצמת אש מטורפת, אר־פי־ג'י, רימונים, לבני חבלה, זה כוח אש שצריך בשבילו צבא שלם שייכנס, צבא שלם! בפועל, לפי מה שהגורמים בעירייה מספרים, הצבא הסדיר הגיע רק בשעה שתיים בצוהריים, זאת אומרת, שבע שעות אחרי תחילת האירוע! ורוב המחבלים חוסלו על ידי אזרחים ושוטרים. ההתבצרות האחרונה שלהם הייתה בבית של רחל, שם היו איתה חמישה מחבלים אחרונים. אבל חוץ מהבית של רחל, עד אחת עשרה בבוקר כבר כל המחבלים היו גמורים.

ואנחנו יודעים היום, מתחקירים של השב"כ, וממה שאמר מפקד האוגדה, אנחנו יודעים שבתוכנית היו צריכים להגיע לאופקים עוד מאה מחבלים מהמסיבה ברעים. זאת הייתה התחנה הבאה שלהם. אבל המחבלים שהיו פה התקשרו לחברים שלהם, ואמרו להם שיש פה התנגדות חזקה מדי, ושלא יבואו לכאן. וככה בעצם נלחמנו וניצלנו, לא רק מעשרים מחבלים, אלא ממאה עשרים מחבלים. זה סיפור גבורה של תושבים שהצילו את העיר. ארבעים אלף תושבים ניצלו בזכות שישים אזרחים ושוטרים שיצאו מהבית שלהם כדי להילחם.

אני מרגיש שהתפרצה כאן איזו תכונה של העם שלנו, זו התכונה הנשמתית של אברהם אבינו, ויצחק אבינו, זו תכונה שפורצת בזמנים מיוחדים. למשל, דן אסולין הרבש"צ של מבטחים, וטל ממן, הלוחם שהיה איתו, מהכיתת כוננות, שניהם חברים שלי, אחר כך נודע לי ששניהם נהרגו בקרב הזה, מסרו את החיים שלהם בקרב להצלת מושב מבטחים. ויש עוד כל כך הרבה סיפורים, כל כך הרבה סיפורים מיוחדים, על אנשים פשוטים.

היה נהג הסעות בן שבעים ומשהו שיצא בתוך הלחימה, ירד מהבית כשהוא לבד. הוא שמע "איטבח אל יהוד", והחליט לצאת החוצה כדי לעזור לפצועים, והשוטרים צועקים עליו "הלו, תיכנס לבית!" והוא אומר להם, "אתם לא מכניסים לפה אמבולנסים, אתם מתעסקים עם המחבלים, אז מי

יטפל בפצועים, תנו לי לעבור, אני עשיתי קורס עזרה ראשונה בתור נהג הסעות!", והוא עובר בתוך הלחימה, עוד בן אדם ועוד בן אדם, בודק לאנשים דופק, חובש אותם, בן אדם בן שבעים ומשהו, עם כובע גרב ונעלי "קיפי", מסתובב תחת אש ומציל אנשים. הוא בן אדם אחד. ואני בן אדם אחד. וכמונו יש עוד אנשים, ועוד אנשים, שיצאו החוצה, שיצאו להילחם, לעזור, כל אחד עשה מה שהוא יכול, כל אחד נתן את שלו, כל אחד קפץ את הבנג'י שלו, עם האמונה שלו, וביחד הצלנו עיר שלמה.

צרחתי כמו משוגעת עד שנרגעתי
סיפורה של נסרין יוסף

יתד

.1
איאד בעלי ואני התחתנו בגיל מאוד מאוחר, עשרים ושמונה, שזה לא כל כך מקובל בעדה הדרוזית שלנו, אבל שנינו הגענו לקשר הזה באותו הראש, אנחנו היינו בררנים, חיפשנו משהו טוב, כי חתונה זה לא ליום ולא ליומיים, רצינו מישהו להמשיך איתו ביחד את החיים, וברוך השם, הוא מצא אותי ואני מצאתי אותו, וטוב לנו ביחד.

כשרק הכרנו, איאד ראה כמה אני ציונית, אוהבת את המדינה ואת עם ישראל, אז כמה זמן אחרי שהתחלנו לצאת הוא קנה לי מתנה, שרשרת עם מגן דוד, מזהב לבן, ואבנים משובצות, שכל אבן מסמלת משהו אחר. כשהקשר שלנו נהיה כבר ממש רציני, אז הוא אמר לי, "אם הכול יסתדר, אנחנו בעזרת השם נתחתן ונעבור לגור ליד הבסיס שלי", כי בהתחלה הוא שירת בכרם שלום, לפני שבנו את בסיס רעים, ואני אמרתי לו, "בסדר", ובאמת התחתנו וגרנו בעוטף, אבל בשנה הראשונה היה לי קשה, אני דרוזית מהכרמל, מה אני קשורה למדבר הצהוב והחיוור הזה. מאוד התגעגעתי לריח המתוק של האורן, אבל לאט לאט התחלתי להתרגל, אין מה לעשות.

וזהו, כבר חמש עשרה שנה שאנחנו כאן בעוטף, ואנחנו ממש מאוהבים באזור הזה ובקהילה שיש כאן. כל הילדים שלי נולדו כאן. יש לנו ארבעה ילדים ממש מתוקים. לבן הקטן שלנו קוראים עמית ישראל, עמית זה על שם גיבור ישראל עמית בן יגאל ז"ל, שהיה בן יחיד להוריו, וישראל זה בגלל שהוא נולד ביום העצמאות של מדינת ישראל, ומדינת ישראל זאת המדינה שלנו.

.2

טוב, אז ככה. יום שישי זה יום של בישולים, יום של ניקיונות, כל הבית ריח טוב של חלות, ראינו בלילה הזה סדרה ביחד, סדרה על יום כיפור, סיימנו את הפרק הראשון, ואני נקרעת מבכי, אומרת להם, "שימו עוד אחד!", וככה ראינו כמה פרקים, ובעשר וחצי בלילה, שמעתי פתאום בום חזק כזה, שהרעיד את כל הבית, אז שאלתי את בעלי, "מה קורה בחוץ", והוא אומר לי, "הם חזרו להפריע על הגדר, הם זורקים מטענים על הכוחות שלנו", אז שאלתי אותו, "אז מה עושים", והוא אומר לי, "אל תדאגי, חמאס מורתע. אם הוא ירים את הראש שלו, הוא יקבל את המנה".

אחר כך בלילה, באתי להניח את הראש, ופתאום שמעתי עוד בום חזק. הרמתי את הטלפון ושלחתי הודעה לרבש"צ. כתבתי לו, "ערב טוב. מה שלומך, אני מצטערת על השעה אבל רציתי לשאול מה קורה בחוץ", והוא עונה לי, "ערב טוב. לא יודע שיש משהו חריג בחוץ. הכול תקין". אז כתבתי לו, "לילה טוב".

למחרת, בשש וחצי, צבע אדום ראשון. אני מרימה את הראש, "מה עכשיו", הסתכלתי, מצאתי לידי רק את שני הבנים שלי, עמרי ועמית ישראל, וידעתי שבעלי ישן בסלון, בגלל הרגל שלו. באותו הזמן הוא היה בגימלים, כי הוא שבר את הרגל שלו. אז אני רצה לבעלי, "איאד קום! יש צבע אדום! בוא ניקח את הילדים לממ"ד". התחלנו להעביר את הילדים אחד אחד לממ"ד, היה צבע אדום לא פוסק, בומים חזקים, בלי סוף, והממ"ד שלנו, שהוא החדר של הבנים, הוא ממש קטן, בקושי נכנסים לשם שתי מיטות ושולחן. ובזמן שהיינו שם נזכרתי פתאום שיש לנו שכנה חדשה, שהגיעה מכרם שלום, נזכרתי שהיא אמרה לי שבעלה סוגר שבת, כי הוא שוטר בחברון, והיא לבד עם שלוש בנות, והם לא מכירים פה אף אחד ביתד, אז אמרתי, "איאד, השכנה לבד, רוץ תביא אותה להיות איתנו", וזה באמת קרה, איאד רץ אליה, לחן השכנה, עם רגל שבורה, והביא אותה, הוא הרים שתי בנות, היא הרימה בת, והם באו אלינו. הצטופפנו כולנו בממ"ד.

וכמה דקות אחרי שהיא הגיעה, היה פתאום בום חזק, בום! הפסקת חשמל. ואני אומרת, "מה זה קשור עכשיו הפסקת חשמל", איך אני אכין לעמית ישראל בקבוק עכשיו, כשהתמי ארבע לא עובד, והתחיל חושך גם,

סיפורה של נסרין יוסף | 255

אז פתחנו את החלון קצת, שייכנס קצת אור לממ"ד, וכשפתחנו את החלון והסתכלנו החוצה ראינו שיש בחוץ מחבלים.

3.

ואז כבר נהיה בלגן, איאד עלה על מדים, עם רגל שבורה, והתקשר לקצין שלו, ואמר לו, "תקשיב, יש פה מחבלים. אני עולה על מדים", ==והקצין אומר לו, "לא! אתה בגימלים, אתה עם רגל שבורה!", ואיאד אומר, "תקשיב, אני מעדיף למות על מדים במקום למות בממ"ד כמו עכבר"== ומנתק את השיחה. באותו רגע, אני מחליטה שאני נלחמת ביחד איתו, אני לא נשארת בבית, הבאתי לשכנה שלנו שהייתה בממ"ד עם הילדים שני סכינים, שיהיה להם בפנים, וחזרתי למטבח, ושם אני רואה מחוץ לבית שלנו, שכיתת הכוננות תפסו, ממש דקה מהבית שלנו, הם תפסו שם כמה מחבלים. הם דיברו איתם, ניסו לתחקר אותם, ואני הבנתי שאני יכולה שם לעזור.

יצאתי מהבית, ככה, עם חולצה כחולה וכפכפים, והלכתי למחבלים, שהיו שם, והתחלתי לדבר איתם, התחלתי להרביץ להם, לצעוק עליהם בערבית, "מאיפה נכנסת! מי שלח אותך! מאיפה באת! כמה אנשים אתם!", ואני רואה מהעיניים שלו שהוא מסטול, שהוא על סמים, היו לו עיניים מבריקות כאלה, ואני צועקת עליו, ותופסת אותו בצווארון, עד שהוא מצביע על החממה, ואומר לי "שם, יש שם פתח בגדר", ואני אומרת לו "כמה אתם", והוא אומר לי "הרבה", וברגע הזה אני אומרת לחייל בכיתת כוננות, שיש המון מחבלים בתוך החממה, ושמשם הם נכנסים.

הם היו שם מבוהלים כולם, ואני מוצאת את עצמי, מתחילה לנהל שם את הבלגן, כמו באיזה סרט, התחלתי לקשור שם את כל המחבלים שהיו שם, הבאתי מהמחסן שלנו אזיקונים, וסלוטייפ חבלה, כזה של הצבא, וחבלים, לקחתי את השרוכים מהנעליים של הילדים שלי, וקשרנו שם את המחבלים, עם כל החבלים, וקשרנו להם את העיניים עם מגבות של מטבח, והרבש"צ של המושב מגיע בשלב הזה, ואומר לי, "מה את עושה בחוץ!", ואני אומרת לו, "אני עוזרת פה!". היה שם מחבל אחד פצוע, שכל הזמן אמר לי שהם אנשים טובים, ושהם מסכנים, ושהם ברחו מחמאס, ואני אמרתי לו בערבית שיפסיק לסבן אותי, צעקתי עליו, ==״שקרן! שקרן! אני רואה אותך, אני עומדת==

מולך! אני לא מפחדת ממך!" עד שהוא שתק. וכל הזמן הזה יש צבע אדום, ופיצוצים, ועשן שחור בשמיים, ואנחנו בלי אינטרנט, בלי חשמל, בלי מים, והזמן עובר ועובר ועובר. היה פחד אלוהים.

.4

איאד בעלי ידע מה קורה בחוץ, הוא ידע שכל הגזרה מלאה במחבלים, אבל הוא לא רצה לספר לי. וגם השוטר, בעלה של חן השכנה, הגיע בזמן הזה, בדרך הוא חיסל לבד איזה עשרה מחבלים, והוא סיפר לכיתת כוננות מה באמת קורה בגזרה. אני בינתיים הלכתי להביא אוכל למי שהיה שם, היו איתנו שם כמה חיילים, כמה קצינים, אז נכנסתי לבית, וחתכתי פירות, וירקות, והוצאתי להם, ואיאד אומר לי, "נסרין, תמלאי לי בקבוק מים", שאלתי אותו, "זה בשבילכם", הוא אומר לי, "לא, רוצים לתת למחבלים מים", אמרתי לו, "ממש לא. אני אשים להם בתוך המים אקונומיקה", והוא התחיל לצעוק, "שלא תעזי להגיד את זה. אנחנו צבא הכי מוסרי שיש בעולם. אנחנו בני אנוש, אנחנו לא כמוהם. אנחנו בני אדם", וסתמתי את הפה, הלכתי ומילאתי לו מים, אמרתי, "סבבה, אם אתה משקה אותם במים, אז אני מצלמת. אני רוצה שכל העולם ידע איך אנחנו, ואיך הם".

ואז פתאום טלפון מצלצל. כולם מסתכלים, של מי הטלפון שמצלצל, ופתאום הבנו, "זה טלפון של אחד המחבלים מצלצל", המחבל נותן לי את הטלפון, ואני מסתכלת על המסך, אני רואה שכתוב שם "אלעייש", אלעייש בערבית זה קן של ציפור, קן. אני מסבירה את זה לקצין שם, והוא אומר לי "תעני!", אז עניתי, בערבית – "הלו". והבחור בטלפון אומר לי, "מוחמד", ואני אומרת "זה לא מוחמד, זאת נסרין", הוא אומר לי, "מי את", ואני אומרת, "אל תדאג, אני ערבייה, גרה על הגדר. אני בצד שלכם. החבר'ה נמצאים אצלי", והוא צועק, "מי את!", ואני עונה, "אני לא יכולה לצעוק, שמי נסרין, אני ערבייה, יש לי דירה על הגדר, אני מסתירה פה את כולם, אנחנו יושבים בחושך, כי הצבא הישראלי מחפש את כל החבר'ה שנכנסו מרפיח לכאן", והוא אומר לי "איפה זה", ואני מסבירה לו איפה אני, ושואלת "איפה אתם", והוא אומר לי "אנחנו בדרך, אנחנו באים מרפיח, אנחנו מאוד קרובים".

ואת כל מה שהוא אומר לי, אני מתרגמת לקצין שם, מילה במילה, וכל פעם שהוא אומר לי משהו, ה"אלעייש" הזה, אני שמה על השתק,

ומתרגמת לקצין, ואז אני שואלת אותו, "כמה אתם באים, אני רוצה להתארגן לקראתכם", והוא אומר לי "מאות", מאות הוא אמר לי! ואז הוא ביקש לדבר שם עם אחד הבחורים, שאלתי אותו, "עם מי אתה רוצה לדבר, יש פה הרבה, יש מלא אצלי", אז הוא אומר לי, "תביאי לי את מוחמד ודיע", אז שאלתי, "מי זה מוחמד ודיע", ומוחמד זה היה המחבל הפצוע, תפסתי אותו בחולצה, ואמרתי לו "תקשיב ודיע, אני שוב נשבעת לך בכבוד שלי, אני אגמור עליך, אם אתה לא אומר את מה שאני אומרת לך", אז ודיע אומר לי, "טאיב", אמרתי לו, "דבר!".

ואז הוא מדבר, הוא אומר לו, "אנחנו אצל נסרין, היא אישה טובה, היא משלנו. יש לנו דירה, מהבוקר אנחנו מסתתרים אצלה. הצבא מחפש אותנו, היא מסתירה אותנו, היא נתנה לנו אוכל, מים, שתייה", ובאותו זמן אני מתרגמת הכול לקצין באוזן, ואז אני שומעת את האיש בטלפון אומר, "יופי, יש עוד חוליה ביישוב שלכם, יש קרב גדול ליד האנדרטה, ואנחנו גם בדרך, אינשאללה, בעזרת השם, היום נכבוש את מדינת ישראל!", וכששמעתי את זה, כששמעתי שיש עוד חוליה ביתד, כששמעתי שהם רוצים לכבוש את המדינה, הרגשתי ממש שאני נחנקת, הרגשתי שאני נחנקת, ניתקתי את השיחה, ואמרתי לבעלי, "אני לא יכולה יותר", וחזרתי פנימה, לממ"ד, לילדים.

.5

בינתיים החושך ירד, ואני בחדר עם הילדים, ורק אני יודעת את מה ששמעתי, אף אחד לא יודע מה מתרחש בחוץ, חוץ ממני, וממי שהיה שם לידי, ליד המחבלים, אף אחד לא ידע שיש עוד חוליה ביישוב, ושיש עוד מחבלים בדרך, אף אחד לא ידע שאנחנו אולי הולכים למות, ושאולי הולכים לחטוף אותנו. אני שמרתי את זה בלב, לעצמי.

והקצינים לקחו את הרכב, ויצאו לסריקות אחרי המחבלים, יחד עם כיתת הכוננות. ואני נשארתי לשמור על המחבלים, שמרנו עליהם כל הלילה, איאד ואני והשכן שלנו, הארנו עליהם עם פנסים של רכב, כל הלילה. עד הבוקר.

ואחר כך, בלילה, שירן הגדולה שלנו באה אליי, והיא כולה בוכה, ואני אומרת לה, "מותק שלי מה קרה", והיא אומרת, "אימא, אני מצטערת שלא

הקשבתי לך, ושהייתי הולכת לחברות בלי לבקש, אני מצטערת שלפעמים הייתי מתחצפת, וזה היה מעצבן אותך, סליחה, אימא, את סולחת לי", ואני אמרתי לה, "מה יש לך, מה נכנס בך, את הילדה שלי, מתי כעסתי עליך, מתוקה שלי, אני לא כועסת על כלום". היא באמת חשבה שזה הסוף. זה היה פחד אלוהים.

ובשלב מסוים קיבלתי הודעה נוראית, נוראית, ששני חברים שלי מכרם שלום נרצחו, הם היו בכיתת הכוננות, זה שבר אותי, אני ממש נשברתי. ואז הגיעה עוד הודעה, מזעזעת, שגם עידו חוברה מקיבוץ סופה נרצח, עידו, היה בינינו קשר מיוחד, הייתה לו משפחה מיוחדת, הוא היה כמו אח בשבילי, ותמיד הוא עזר לי, וחיבק אותי, והרגיע אותי, עם החיוך המבויש הזה שלו. וכששמעתי את זה השתדלתי לא לבכות, אבל לא הצלחתי, נכנסתי למקלחת, אמרתי לשכנה שאני נכנסת להתקלח, פתחתי את המים, והתיישבתי, והתחלתי לבכות, בעטתי שם בקירות, כמו משוגעת, צרחתי כמו משוגעת עד שנרגעתי.

.6

בשעה שלוש וחצי בלילה, אנחנו מותשים לגמרי, הילדים מבקשים אוכל, אבל אין לי אוכל בבית, נגמר הכול. אני פותחת ארון חטיפים, מוציאה כל מיני חטיפים, מכניסה להם את זה לתוך הממ"ד, שיאכלו. לא נשאר לנו כלום. ואז פתאום אני שומעת מסוק. אני אומרת לבעלי, "מה זה", והוא אומר לי, "אין לי מושג".

רק אחר כך התברר שחיל האוויר הגיע לחלץ אותנו, הקצין העביר לצבא את מה שתרגמתי, את מה שהמחבל אמר, והמסוק הגיע אלינו ליתד, הם מצאו מחבלים בתוך המושב, ועוד מלא מחבלים שהיו באזור של האנדרטה, וירו בהם, וחיסלו אותם. והיה שם איזה חייל, בקרב של האנדרטה, בחור שהכרתי, הוא הגיע אליי הביתה, כולו בוכה, הוא איבד שם חבר בקרב, ואני חיבקתי אותו, והוא אמר לי, "את אישה אמיצה. את גיבורה, את לא מבינה מה את עשית, אבל עוד ידברו עלייך", ואני אמרתי לו שלא עשיתי כלום, והוא אמר לי, "נסריך את מדברת שטויות".

אחר כך גילינו גם שלמחבלים היו מפות, והיה להם את הכתובת שלנו, של הבית שלנו, הם ידעו איפה אנחנו גרים, הם באו אלינו, אל איאד, שהוא

איש צבא, הם ידעו שיש לנו כלבים בבית, הם לא במקרה הגיעו דווקא אלינו, דווקא לכאן, היו להם תוכניות.

ולמחרת בבוקר חילצנו את עצמנו מהמושב, אמרתי לילדים לשים נעליים, והעברתי אותם לאוטו, עמית ראשון, עמרי, סיוון ושירן. לקחתי את התיק החתלה של עמית, ויצאנו לדרך. וכל הדרך אמרתי לילדים לשכב, להתכופף, לא להרים את הראש. וכל הכבישים היו חסומים, אז איאד נסע דרך השדות, במהירות מטורפת, וכל הדרך אני רואה רכבים שרופים, ורכבים הפוכים, וגופות של חיילים, וגופות של מחבלים, ואזרחים מתים, בתוך הרכבים, וכל הדרך אני צורחת, "שמע ישראל, שמע ישראל!", ומרוב צעקות אני לא מרגישה את הרגליים שלי, מרוב צעקות אני לא מצליחה לנשום, וכשהגענו לבית קמה, למקום בטוח, אני מבינה שאיבדתי את הקול שלי, לא היה לי קול, במשך חודשיים לא יכולתי לדבר מרוב הצעקות.

ואחר כך אני גם חטפתי הרבה ביקורת. יש ערבים מסוימים שמה שעשיתי לא בא להם בטוב. הייתי לא מזמן באילת, באירוע הסברה, והיה שם גם יוסף חדד המדהים, שעושה הסברה מדהימה למדינת ישראל, ואני עמדתי שם לידו בכניסה לאירוע, והגיעו כל מיני ערבים ויצרו שם התקהלות סביבו והתחילו ככה קצת לתקוף אותו. והם ראו עליי שגם אני בצד שלו, בצד של המדינה, אז הם תקפו גם אותי, והם בעצם קרעו ממני את השרשרת של המגן דוד שאיאד קנה לי. תכננתי לתת את השרשרת הזו לבת שלי כשהיא תתגייס, ועכשיו זהו, זה כבר לא יקרה. השרשרת נקרעה ואבדה. זה מאוד עצוב לי שיש אנשים שמנסים לקרוע אותי מהמדינה שלי.

.7

כשאומרים לי שאני גיבורה, אני אומרת שאני לא גיבורה. אני שמרתי על הבית שלי, על המשפחה שלי, על הקהילה שלי. אני בתור דרוזית, ברגע שאני גרה בתוך קהילה יהודית, זאת הופכת להיות הקהילה שלי. אני דרוזית, ואני ישראלית, ואני מאמינה באלוהים אחד ויחיד, שהוא ברא את כולם. אני באמת מאמינה בהשגחה עליונה, ואני מאמינה שלא סתם הקדוש ברוך הוא שלח אותי למושב הזה, למקום הזה, לאנשים האלה שחייהם ניצלו.

אני רוצה להיות אופטימית, להאמין שלא יהיה עוד ירי, עוד פיגועים, עוד צבע אדום. אני רוצה להאמין שנצליח לחזור, לשקם את הקהילה,

להראות לצד השני שאנחנו יותר חזקים. נכון, נכנסתם לנו לבתים, ערפתם ראשים, אנסתם נערות, רצחתם תינוקות, אבל אתם לא תשברו אותנו. אתם לא תשברו אותנו בחיים! ואני חושבת, אני מרגישה שהנשמה של החברים שלי שאיבדתי, הנשמות שלהם מחזקות אותי בימים האלה.

החמאס, לדעתי, לא התחזק מהתחמושת שלו, החמאס התחזק מהפילוג בעם שלנו, משנאת החינם שהייתה כאן, שנוצרה בינינו. מזה הוא התחזק. אני כל הזמן אומרת את זה. אם נאהב אחד את השני, אנחנו ננצח. אם נמשיך לצאת לרחובות, ולהפגין, ונשנא אחד את השני, נחזור פעם אחר פעם לשבעה באוקטובר. כל החיים שלנו יהיו השבעה באוקטובר. זאת דעתי. אני גדלתי בבית ישראלי לכל דבר. ואני יודעת, אני מאמינה, אנחנו כולנו עם אחד, ממש עם אחד! ואני חולמת, ומקווה שגם הילדים שלי, כמו בעלי, שגם הם יעלו על מדים. אני רוצה לראות את כולם על מדים! אני אומרת את זה בגאווה. יש לי אהבה גדולה למקום הזה. ואם נצליח להיות ביחד, מאוחדים, ביחד, אנחנו נהיה בלתי מנוצחים. בלתי מנוצחים.

שני דברים השאירו אותי בחיים

סיפורו של ידין גלמן

בארי

1.

יש רגעים בחיים שבהם אתה עומד מול נוף מדהים, ופשוט אין לך מילים, וגם אין צורך במילים, ואתה לא רוצה לצלם את זה, ואתה לא רוצה כלום. אתה רוצה פשוט להתבונן בנוף הזה, פשוט להיות מולו. והרגע הזה, שפגשתי את אדוה, היה בשבילי רגע כזה. של פליאה. רגע בלי מילים. זה קרה בפרמיירה של הסרט הראשון ששיחקתי בו, "תמונת הניצחון", זאת הייתה הפרמיירה הראשונה שלי בחיים. ואדוה הייתה שם, עם שמלה אדומה, יפה, עדינה, אבל עוצמתית. ואני ראיתי אותה, ופשוט התאהבתי. התאהבתי מייד.

כבר באותו הערב התחלתי איתה, וביקשתי ממנה את המספר, אבל היא היססה, ואני יצאתי למסע שכנועים קצר, שלחתי אליה חברות שלי, כתבתי לה באינסטגרם, היא לא הסכימה לצאת איתי הרבה זמן, ואני ישבתי לה על הווריד. עד שהיא השתכנעה. ובדייט הראשון שלנו, אני לא רוצה לפרט יותר מדי, אבל זה היה דייט מושלם, טיילנו שתים עשרה שעות בטבע, דיברנו על דברים לעומק, שחינו בנהר קפוא. אני זוכר שסיימתי את הדייט הזה, וחזרתי לדירה שלי, ואמרתי לשותף שלי, איתה אני הולך להתחתן.

2.

הסיפור שלי מתחיל בשישה באוקטובר, במסיבת הפתעה שעשו לי ליום הולדת שלושים. אדוה ארגנה לי הפקה ענקית. לא היה לי מושג מכלום. נסענו דרומה למכתש רמון, למתחם אוהלים שנקרא סלינה, וכשאני מגיע

לשם איתה, אני רואה שכל הצוות שלי מחכה לי שם, וכל החברים שלי מהבית באו, זה היה פשוט מדהים. פשוט מדהים.

התוכנית הייתה שנהיה ביחד, משישי עד ראשון, ופשוט נעשה פאן, פשוט פאן. זה מה שעשינו גם. שיחקנו כדורעף, היינו בבריכה, היה כזה מנגל, על האש, ואז לקראת ערב, בשקיעה, התחלנו מין מסיבה כזאת, ורקדנו, ובאחת עשרה בלילה סגרנו את המוזיקה, היינו צריכים כי זו הייתה שמורת טבע, ואז התיישבנו, כל הצוות, וכל החברים שגדלתי איתם, מסביב למדורה, ונכנסנו לשיחה כזאת, עמוקה, ויפה, ומרגשת, יש לנו שבעה אנשים בצוות שכולם היו בני שלושים בשבוע הזה, אז כולנו בירכנו אחד את השני, וכולנו היינו עם לב פתוח, זה משהו שלא קרה לנו בחיים.

ובלילה, לפני שהלכתי לישון, תפסתי את אדוה, ונישקתי אותה, והודיתי לה על הערב הכי מאושר והכי שמח שהיה לי בחיים. ואז הלכנו לישון. ובבוקר, היא מעירה אותי, ואומרת לי, "ידין אני מצטערת, יש מלחמה, תסתכל בטלפון", ואני לא הבנתי על מה היא מדברת, זה בא משום מקום, לאף אחד לא היה שום מודיעין. אז פתחתי את הטלפון וראיתי הודעה מהמפקד שלי "כולם להגיע כמה שיותר מהר".

הקפצנו את כולם, הערנו את כל הצוות, וכולם קיפלו את הדברים שלהם, ועפו לרכבים. זה עוד היה מוקדם בבוקר. התחלנו לנסוע כולנו, ממצפה רמון ליחידה, ובדרך, מתישהו נפרדתי מאדוה, היא נסעה לשדר מהשטח, להגיש את החדשות מהשטח, היא עובדת בחדשות, ולפני שנפרדנו, שוב אמרתי לה תודה על היום הכי טוב שהיה לי בחיים.

.3

עד שהגענו ליחידה כבר הספקנו לקבל את כל הסרטונים שעברו בטלגרם, ראינו שם מחבלים ברחובות, בבסיסים, בקיבוצים, והבנו, כולנו הבנו, שיש פה אירוע אחר, משהו שאיבד כל שליטה. הגענו ליחידה, התחלנו להתארגן. התחלקנו לצוותים ולכוחות הרגילים שלנו. והתחלנו לנסוע לכיוון כפר עזה. אני ישבתי ליד הנהג, עם נשק מחוץ לחלון וכדור בקנה. כן. מלחמה.

כשהגענו לכביש שתיים שלוש שתיים, עברנו את החסימה של המשטרה, וראינו מולנו את מה שמוכר היום כ"כביש הדמים". כל הדרך הייתה מלאה במכוניות, ובגופות, הייתה שם כמות מטורפת של אנשים

שנרצחו, מלא רכבים שרופים. מלא טילים שנופלים עלינו מימין ומשמאל. ואנחנו כולנו עם כדור בקנה דרוכים.

בכניסה לכפר עזה ראינו עשרות רכבים שאנשים הפקירו שם, פשוט ברחו החוצה ונסו על נפשם. ככה זה היה נראה. ובפנים, בקיבוץ, היה לנו צוות שהיה כבר באמצע לחימה, והם לא ענו לנו בקשר, אז לא ידענו לאן לחבור, והיה אסור לנו להיכנס מבלי שהם עולים, כי היה חשש לדו"צ, ומאוד רצינו להילחם, השתגענו כבר מהרעש של הפיצוצים והירִיות. ובינתיים פתחנו עמדה רפואית מחוץ לכפר עזה. בכניסה לקיבוץ. והתחלנו להוציא לשם פצועים. היה שם משוריין של יחידת דובדבן, והוא נכנס פנימה, והביא אלינו פצועים, ככה כמה פעמים.

ובשלב מסוים הגיע לשם רכב, פרייבט, שפתאום יצא מהקיבוץ, הוא ממש דהר החוצה, במהירות מטורפת, ואנחנו זיהינו אותו וירינו לו בגלגלים, והוא נעצר. רצנו לרכב וראינו בפנים מחבל עם שתי בנות בתא האחורי. הוא ניסה לחטוף אותן. אז תפסנו אותו וקשרנו אותו. ושלחנו אותו לחקירה. ואת הבנות פינינו לסורוקה. הן היו פצועות, ובהלם, הן כמעט נחטפו, אז חבשנו אותן כמה שיותר מהר, ודאגנו שיפנו אותן לבית החולים. הצלנו אותן מחטיפה.

.4

אחרי שעה בערך קיבלנו קריאה להגיע לבארי. ובכניסה לבארי פגשתי לראשונה את דוד מאיר, צמד הברזל שלי. מאותו רגע לא נפרדנו. הובלנו את הכוח, אני ראשון, והוא שני. דוד היה בצוות שמעליי, הוא התגייס שנה לפניי, בחור דתי, ימני, ציוני, חייכן, צדיק כזה. ראבאקיסט. הכרנו עשר שנים. בכניסה לקיבוץ אנחנו רואים את מפקד היחידה שאומר לנו, "פשוט נכנסים, לא מחכים עכשיו למישהו שיעלה בקשר, יש לנו צוות בפנים שנלחם, נכנסים לשם ומצטרפים!".

נכנסנו ברכב קטן ממוגן שקוראים לו "דויד". בכניסה לקיבוץ ראינו מולנו שיירה כזאת של תאילנדים, עובדים זרים, מצאנו אותם שם, הם התחבאו, פחדו פחד מוות, חילצנו אותם מהקיבוץ, מסכנים, ושוב נכנסנו. הפעם הצטרפנו לקרב רציני שהתנהל שם. זה נשמע הכי דפוק וסוריאליסטי שיש. אבל היה שם קרב בגן ילדים.

היה שם צוות מהיחידה שלנו. והמחבלים, בחוויה שלי, היו בכל מקום. כמויות של מחבלים. מחבלים מכל כיוון, שלוש מאות שישים מעלות, אפילו מאחורי המגלשה הכחולה שהייתה שם ראיתי אחד. אני זוכר שראיתי פתאום את הקנה של הקלאצ׳ יוצא מהחלון של הגן, והבנתי שהקרב התחיל. עכשיו לחימה, לפעמים, זה עניין של שניות ודקות. אז תוך כמה שניות ממש, כל האירוע הזה היה מאחורינו. המחבלים מתו. ואנחנו המשכנו הלאה.

במקביל, הצוות השני שלנו עשה איגוף בקיבוץ, כדי להגיע מהצד השני. היה שם טבח מטורף שהיה במרפאת השיניים של הקיבוץ. אז הצוות השני עבד על זה, ניסה להגיע לשם. ואחרי שסיימנו, אחרי שחיסלנו, שני הצוותים, את כל המחבלים, גם בגן הילדים וגם במרפאה, התחלנו לעבור בית בית בקיבוץ, ולחלץ אנשים.

5.

וזה מה שעשינו במשך שעות. עברנו ממש, בית בית, בית בית. אם יש שם מחבלים, מחסלים אותם, ואז מוציאים את כל מי שהיה שם, כל מי שהיה בחיים. הייתה שם לחימה קשה, קשה, המחשבה היא שיש מחבלים בכל חור. ומצד שני, לא יכולנו לזרוק רימונים פנימה, כי דאגנו לבני הערובה. אז ממש נכנסנו פנימה עם הנשק, וחיפשנו בעיניים את המחבלים.

ובכל פעם שמצאנו שם מישהו, הקפצנו את המפקד שלי, הוא הסתובב בקיבוץ עם הרכב המשוריין, ואסף לתוך הרכב משפחות שלמות, והוציא אותן החוצה. זאת הייתה התרגולת שלנו, כל היום, והיו שם מראות קשים. אני באמת מעדיף לא להיכנס לזה. היו שם אנשים ששרפו אותם, משפחות שהתחבאו בממ״דים, כשהאבא כבר מת. היו שם דברים נוראיים. אני זוכר שבאחד הבתים שתינו מים, והמשפחה שהייתה שם ראתה אותנו, וביקשה מאיתנו לשתות. הם היו בלי מים. וברור שהבאנו להם את כל מה שהיה לנו. זה היה רגע כזה שקלטנו, מה שהם עברו שם בבתים.

זה נמשך שעות. עד שהחושך ירד. ובשבע בערב בערך קיבלנו הנחיה להגיע לבית של פסי כהן. הבנו שהיה שם אירוע רציני, אירוע גדול, עם בני ערובה, אז היינו בדרך לשם, התקדמנו לשם, ובינתיים המשכנו לטהר בית בית בקיבוץ.

וככה המשכנו להתקדם, נשאר לנו עוד בית אחד לפני חדר האוכל, זה היה בית כזה שהיה טיפה מוגבה מעל הקרקע. הוא היה על עמודים, אבל עמודים נמוכים, בגובה ארבע מדרגות. התקדמנו לכיוון הבית. ואז מחבל מוציא את הנשק שלו מאיזה חלון מימין, נותן צרור עליי ועל דוד, מפספס את כל הצרור. היה כדור אחד שפגע לי באצבע שעל ההדק. החלפתי אצבעות, זהיתי את המחבל, והתחלתי לירות ולהסתער עליו.

היה שם עוד בחור, נקרא לו מ׳, הוא סגן אלוף, ומ׳ ואני מסתערים על המחבל, והורגים את המחבל. ואנחנו נלחמים, ממש צמודים לבית הזה, האחרון, ואני מניח שאם יש שם מחבלים, אז יש בני ערובה בבית. זאת הייתה המסקנה שלי. אז אני רץ לכיוון הדלת. וממש איך שאני מגיע לשם, רגע לפני הדלת, המחבל מוציא את הנשק שלו ממש מהחלון מעליי, ונותן צרור שלם, עליי ועל דוד.

.6

והצרור הזה, הוא כבר פגע בנו כמו שצריך. אני נופל לרצפה ביחד עם דוד. ואני קולט שהבית קצת מוגבה, ויש מרווח כזה מתחתיו, אז אני דוחף את דוד פנימה, וזוחל אחריו, ומסתובב לצד ימין, ומחזיק את הנשק, מכוון אותו לכיוון המדרגות. במחשבה שלי מחבל בטוח יצא עוד שנייה לסיים את העבודה, הוא יבוא יזרוק עלינו רימון, או ייתן צרור, ואני כזה אומר לעצמי, אני אראה את הרגליים שלו, ואני אתן צרור על הרגליים שלו, והוא ייפול, ואז אני אירה בו כשהוא נופל. זאת הייתה התוכנית שלי.

ואני עם נגב, שזה נשק אוטומט גדול כזה חזק, אז היה לי הרבה תחמושת עליי. ואני כולי באדרנלין, אז אני עדיין לא יודע שאני פגוע בכתף, כלומר, כואב לי מאוד, אבל אני לא יודע מה המצב שלי. וברגע הזה אני נזכר שיש לי קשר עליי, ואני מנסה ללחוץ על הקשר, ואני קולט שאני לא מצליח להרים את היד. יד שמאל שלי, היא כאילו לא עבדה. אז שלפתי את הקשר ביד השנייה, ודיווחתי להם, ״זה גלמן, אני ודוד פצועים קשה מתחת לבית״, והם קיבלו את זה, והודיעו לי שהם מתארגנים לחילוץ.

בשלב הזה עוד היה שקט. אבל אחרי כמה דקות אני שומע מעליי מלא צרורות, ממש מעליי, מלא מלא צרורות, ואז עוד פעם שקט. ואני

קולט שאנחנו במצב הרבה יותר גרוע ממה שחשבתי. כי יש כמות רצינית של מחבלים, ממש מעליי. ואני מבין שזה ייקח זמן, לחלץ אותנו מכאן. ואני אומר לדוד גם, שהגיע הזמן לבדוק את הפציעות שלנו, ואני בודק את עצמי, אני רואה שהרגליים בסדר, ושהבטן בסדר, קצת רסיסים ליד העיניים, בסדר, ואז נגעתי בחזה, והרגשתי ממש חור של כדור. והורדתי את היד, ואני קולט שאין לי יד, כל היד שלי הייתה חור ענק ופתוח. אין יד. זאת הייתה המסקנה שלי, שאיבדתי את היד.

ודוד אומר לי שהוא גם פצוע, יש לו הרבה כדורים בכל הגוף, יש לו בגב, בבטן, בחזה, בידיים, הוא ממש נפצע. ואני בינתיים שומע בקשר שלצוות שלנו, שנמצא בדרך לחלץ אותנו, יש פצועים, יש להם שלושה פצועים, ואני יודע שמעליי יש מחבלים, ומאחוריי, ומצד ימין שלי, הכול מחבלים, ואין לאן לצאת, ואני קולט שאני ודוד תקועים כאן, אולי לנצח.

ואני זוכר, עברו לי אז שני דברים בראש. דבר ראשון, אני חייב לשרוד. זה אומר שאני ממשיך להחזיק את הנשק, ממשיך להיות מוכן. והדבר השני שחשבתי עליו, זאת אדוה. פתאום אדוה קפצה לי לראש. מה שחשבתי ספציפית זה שאני מתחרט על זה שלא התחתנתי איתה עדיין, ושלא הבאתי איתה ילדים, ושלא הקמתי איתה משפחה. זה מה שחשבתי, זה מה שהיה לי בראש בזמן ששכבנו שם. זה מה שהשאיר אותי בחיים.

7.

היינו שם ארבעים וחמש דקות בערך. איבדנו כמויות של דם. אני כל הזמן אמרתי לדוד שיהיה בסדר, ושאנחנו נצא מזה, ושאל תדאג, ואני יודע שזה חארטה. ובשלב מסוים הרגשתי שזהו. עליתי בקשר מול חבר שלי שהוא חבר משותף של אדוה, וביקשתי ממנו להגיד לאדוה שאני אוהב אותה, ושאני מצטער, וזהו. ואז דוד ביקש ממני למסור בקשר לענת, אשתו, שהוא אוהב אותה, ולשקד הבן שלו, שהוא אוהב אותו ושהוא מצטער, ככה דיווחנו בקשר את כל הדברים, נפרדנו ככה, מכל מי שאנחנו אוהבים.

ואחרי עוד רבע שעה, משהו כזה, חבר עלה מולי בקשר ואמר לי שהוא נכנס עם טנק לבארי, וכששמעתי את זה, זה ממש הכניס לי כזאת פצצת אנרגיה, ממש, זה העיר אותי לגמרי, דרבן אותי לשרוד. ואני שומע פתאום

את הטנק מגיע, ואני רואה אותו מולי, הם הפיקו שם, הצוות, מבצע חילוץ רציני, הטנק התקדם והם באו מאחוריו, ואז תקפו את המחבלים. הטנק ירה על הבית. כל הבית רעד מעלינו. עפו עלינו מלא רסיסים. זאת הייתה תחושה מדהימה מבחינתי. הרגשתי שיורד עליי גשם של תקווה.

8.

הצוות זחל מתחת לבית כדי להגיע אלינו. הם משכו את דוד ואותי, הוציאו אותנו החוצה לנקודה רפואית ראשונה. חתכו לי שם את כל הבגדים. ואני הייתי בטוח שאין לי יד. אבל היד שלי הייתה עדיין מחוברת אליי. היא פשוט הייתה מרוסקת לגמרי, פתוחה לגמרי. אז חבר שלי שהיה שם, קשר אותה לווסט שלי שלא תברח. זה היה רגע מטורף.

משם הוציאו אותנו לנקודה הרפואית הראשונה, מחוץ לבארי, שם טיפלו בנו אחד ליד השני, וראיתי שם רופא, שהוא חבר טוב, והוא זה שעשה לי נקז ריאה בשטח, הוא הציל לי את החיים ממש, הציל לי את החיים. אם הוא לא היה עושה את זה, הייתי מת בשנייה שהייתי נכנס למסוק. ובזמן שטיפלו בי שם אמרתי לחבר שלי שהיה איתי, "תוציא את הטלפון מהתחתונים שלי, אני חייב להתקשר לאדוה", ואני זוכר שגם אמרתי לו את הקוד בטלפון, ואמרתי לו שאדוה זה עם "ו" אחת, כי ידעתי שהוא יחפש עם שני ווים, חחחחחח.

ואז הוא התקשר אליה, ואדוה הייתה אז באיזור של המסיבה בכלל, היא עזבה את נקודת השידור בנתיבות, ונסעה לשם על דעת עצמה. היא הגיעה לשם ראשונה בערך. בהתחלה היא ניסתה לטפל בפצועים שהיו שם, אבל זה היה חסר סיכוי, אז היא התחילה פשוט לעבור בין השדות, בשטח, ולחלץ משם אנשים. היא פשוט נסעה בשדות וצעקה, "אני אדוה מחדשות שתים עשרה, בואו החוצה!", היא הצילה שם עשרות אנשים. זה מה שהיא עשתה בזמן שהייתי בבארי.

ואדוה הייתה רגע לפני עלייה לשידור, היא ענתה לי במקרה, ואמרה, "מאמי, אני שלושים שניות לפני שידור, זה דחוף", והתשובה שלי הייתה, "אני בסדר, הכול בסדר, תחזרי לעבודה. נדבר אחרי זה, יש לי כדור בחזה", ואז חבר שלי מהצוות לקח את הטלפון ודיבר איתה והסביר לה שאני במצב אנוש.

.9

במסוק בדרך לבית החולים, אחרי שאנחנו ממריאים, אני מרגיש פתאום תחושה כזאת, של איזה ניקיון כזה בכל הגוף, פתאום הכול התנקה ממני, לא הרגשתי שום כאב, והרגשתי שאני נשאב החוצה, אני חושב שזה היה מוות שלי לרגע. למזלי חבר שלי מהצוות פשוט דפק לי סטירה על הפנים. הוא תפס לי את הראש ואמר, "אם תעצום עיניים עוד פעם אחת, אני אישית הורג אותך". התעוררתי.

המסוק היה אמור לטוס לתל השומר, אבל בגלל שלא חשבו שנצליח לשרוד את הטיסה, פינו אותנו לסורוקה. כשהגענו לסורוקה אדוה כבר הייתה שם. הרופאים שקיבלו אותי אמרו לה שאני אשרוד, אבל שלא תהיה לי יד שמאל, כנראה שיכרתו אותה, הם היו שם בעומס לא נורמלי, ואדוה החליטה להוציא אותי משם, כדי להציל לי את היד, ואת החיים. היא התחילה לחפש שם אמבולנסים, ומצאה אחד, והם הסיעו אותי לאיכילוב, לתל אביב. וכל הדרך היא מדברת איתי, מהמושב הקדמי. ובאיכילוב, שם כבר חיכו לי הרופאים. הם הרדימו אותי, והצילו לי את היד. מלאכים.

יום אחר כך התעוררתי, אחרי הניתוח. התקשרתי למפקד היחידה ושאלתי אותו, "מה עם דוד", הוא אמר לי שהכול בסדר ושאני אתעסק בעצמי. אחר כך שוב הרדמה, ושוב ניתוח נוסף, ושוב שאלתי, "מה עם דוד". וככה גם ביום השלישי, ובכל פעם מחרטטים אותי, לא מספרים לי מה קורה איתו. עד שלבסוף סיפרו לי שהוא נפטר כשהיינו במסוק. כשעלינו למעלה, לשמיים. שנינו נפרדנו מהגוף שלנו בהמראה הזאת. הוא נהרג. ואני חזרתי לחיים.

.10

מאז השבעה באוקטובר ועד היום, אני בשיקום רציני, עברתי שבעה ניתוחים, ואני בפיזיותרפיה. ובזמן שאני בשיקום, אני קורא חדשות, ואני רואה באינסטגרם מה העולם חושב עלינו, ואני מתחרפן, מתחרפן. אני לא מצליח להבין איך זה הגיוני, אחרי כל מה שעברנו ביום הזה. והבנתי שבמלחמה הזאת יש שתי חזיתות. חזית על הקרקע, וחזית של הסברה. אז החלטתי שאני חייב לעשות הסברה. חייב לעשות הסברה.

התחלתי באינסטגרם קצת, ואז המשכתי דרך חבר שלי, שהיה מעורב באיזה אירוע התרמה בניו יורק. ומשם פשוט התגלגלתי ממקום למקום, הייתי

בארצות הברית בערך חודש, באוניברסיטאות, בהפגנות, ובכל מיני כנסים. וזה מה שאני עושה עכשיו. המצב כל כך שברירי כרגע במדינה שלנו. ואני לא יכול להילחם. אז אני מוצא דרך לעזור. ולהסביר לעולם איך הדברים באמת נראים.

והימים עוברים. בתחושה שלי אני כבר במאה שלושים לאוקטובר. אני רץ בתוך המלחמה הזאת יותר מדי זמן. ואני מרגיש שהאירוע הזה שינה אותי. לא יודע, אני יכול ללכת ברחוב עם הכלב שלי, להחזיק אותו ביד שהצילו לי, ולחשוב, שזה ממש לא מובן מאליו. דברים קטנים הופכים להיות גדולים. לעמוד על הרגליים. לצחצח שיניים לבד. ומעל הכול, האירוע הזה הבהיר לי מה אני באמת מרגיש כלפי אדווה.

אין הרבה אנשים שיכולים להגיד שבת הזוג שלהם הצילה להם את החיים. ובמקרה שלי זה נכון פעמיים, גם בראש, האהבה שלי אליה החזיקה אותי שם מתחת לבית, כשניסיתי לשרוד. וגם בהחלטה שלה, להעביר אותי בית חולים, ולהציל לי את היד. אני עוד לפני האירוע הזה הרגשתי שהיא המשמעות שלי בחיים. אבל אחרי מה שקרה הדבר הזה ננעץ. זהו. אין יותר ברור מזה. נגמרו הספקות. קיבלתי תשובה. מתנה מאלוהים. ועכשיו זאת כבר מערכת יחסים אחרת. מערכת יחסים שקשורה לחיים ולמוות. אני את כל החיים שלי צעדתי בערפל. ואדווה, האהבה שלי אליה, מאירה לי את הדרך באור חדש. אם לפני השבעה באוקטובר הייתי מאוהב בה עם כל מה שיש לי, היום היא הסיבה שלי לחיות. היא השאירה אותי בחיים. והיא גם הסיבה שלמענה אני חי.

גיבור הוא אדם שאינו יכול לעמוד מנגד
סיפורם של האחים סלוטקי

נועם סלוטקי, ישי סלוטקי

מספרים – טלי ושמואל, ההורים של נועם וישי

עלומים

1.

יש לנו שבעה ילדים, ברוך השם. חלק ניכר מהילדות שלהם הם העבירו בחיבור לטבע, לאדמת הארץ הזו. בקיבוץ עין הנצי"ב שבעמק המעיינות. גרנו שם כמה שנים. והם טיילו שם בלי סוף ביחד, וספחו לתוכם ערכים של עמל, אחריות, תורה ועבודה, ואהבה לטבע ולאנשים.

בהמשך עברנו לירושלים, אז הם נהיו קצת יותר עירוניים. גילו את הקסם שבבניינים הגבוהים, בכבישים הסואנים, ובתמהיל של עם ישראל על כל גווניו. ומשם, כל ילד יצא למסע שלו בחיים. ובמסע הזה, איכשהו, שלושה ילדים שלנו הגיעו לבאר שבע. נועם, השני שלנו, שפרה, הרביעית, וישי שהוא הבן החמישי. שלושתם גרים בבאר שבע, ושלושתם גרים קרוב זה לזה, ברדיוס קטן, ליד האוניברסיטה. והם מעבירים את החיים ביחד. הם כל הזמן נפגשים. ובין ישי ונועם נוצר שם קשר חזק, קשר מתוק של אחים. הם היו מטיילים ביחד, עושים כושר ביחד, סועדים בשבת ביחד, ומדי פעם קופצים לפארק לשתות בירה, ולדבר על החיים.

2.

נועם שלנו, בן שלושים ואחת. הוא היה ילד, ילד היפראקטיבי ברמות גבוהות! חייכן, שמח, קופצני. הוא לא הסתדר במסגרות פורמליות, רגילות, היו לו קוצים, אז בעצם כבר כשהוא היה בכיתה י"ב הוא החליט להתגייס, במקום

לסיים את התיכון כמו שצריך. הוא התגייס לאגוז, ומשם עבר לגדוד שלוש עשרה בגולני. שם הוא שירת שלוש שנים.

אחרי הצבא הוא למד תואר אקדמי, היה לו קשה לשבת וללמוד, עדיין היו לו קוצים, אבל הוא הצליח וסיים את התואר כמו גדול. בין לבין הוא התחתן עם בת הזוג שלו עדי. הם היו נשואים שבע שנים, ולפני שנה נולד להם ילד קטן, תינוק, נטע יהודה. יהודה זה על שם דוד של נועם, שנהרג. לוחם אגוז. היום הם קבורים בהר הרצל, לא רחוק זה מזה. זה נועם.

ישי בן עשרים וארבע, הוא אח תאום של יונתן. יונתן וישי הם תאומים זהים שנולדו בהפרש של חצי שעה, אבל למעשה תאריך הלידה העברי שלהם לא זהה, כי אחד נולד לפני השקיעה, והשני אחרי. וזה מצחיק, הם תאומים אבל אין להם את אותו יום הולדת! הם היו מאוד מאוד קשורים אחד לשני, כאחים, כתאומים, הם היו חברים מאוד מאוד טובים. כל החיים. גם ישי היה היפראקטיבי כזה, מלא בשמחת חיים, היה לו לב טוב, הוא היה מתנדב הרבה, הוא התנדב ב"לב בנימין", עם ילדים עם צרכים מיוחדים, היה לו באמת לב טוב לישי שלנו. בחור צעיר.

גם בצוות שלו בפלס"ר גולני, הוא היה מוכר בתור זה שמרים את החבר'ה, בעיתות משבר הוא תמיד דאג לעודד ולחזק את הצוות, ותמיד בחיוך הרחב והמואר שלו. ולפני שנתיים בערך הוא התחתן עם אביה, ונולדה להם תינוקת קטנה, בארי שחר. השם בארי שחר ניתן לה כמובן לפני המלחמה, אבל אנחנו חושבים על זה שהיום הוא מקבל משמעות עמוקה, פרשנות חדשה. היום השם של בארי שחר זו בעצם התפילה שאנחנו מתפללים, תפילה ששחר חדש יקום על בארי ועל כל יישובי העוטף.

.3

באותו הבוקר, באזעקות הראשונות שהיו בבאר שבע, ישי ואשתו אביה, והתינוקת שלהם בארי שחר, יצאו לחדר המדרגות. אין להם ממ"ד בבית, אז הם יצאו לחדר המדרגות, ושם הם שמעו משכנים על מה שקורה בעוטף. מה שידעו אז. הם שומרי שבת אז הם לא פתחו טלפון, אבל השכנים סיפרו להם שחדרו עשרות מחבלים לעוטף, ושהם רוצחים שם תושבים, ושאנשים שם זועקים לעזרה, ולא מגיעה עזרה. זה מה שהם שמעו.

ובאותו רגע ישי פשוט נכנס הביתה, לבש את המדים שלו, לקח את האקדח האישי שלו, לקח את אשתו ואת התינוקת, הקפיץ אותן לבית של נועם, הכניס אותן לבית שלו, אמר שלום ויצא. וכשנועם הבין מה קורה, הוא מייד עשה את אותו הדבר בדיוק. לבש מדים, לקח את האקדח האישי שלו, ויצא אחריו. הם נסעו שניהם לעוטף, אל תוך התופת. כל אחד ברכב שלו. ובדרך הם דיברו ביניהם ונפגשו, כדי לנסוע ביחד באותו הרכב, כדי להילחם ביחד, זה לצד זה.

אנחנו לא ידענו מה קורה בכלל, לא ידענו כלום. באותה שבת היינו בכפר עציון, עם חיילים שנמצאים בתהליך גיור. כשהתחילו אזעקות, וגיוסי מילואים, הבנו שקורה משהו, אבל לא ידענו למעשה מה קורה. רק במוצאי שבת הבנו שנועם וישי נסעו לשם, ולאט לאט, במהלך הימים הבאים התחלנו להרכיב ככה חלקים מהפאזל של מה שקרה לילדים שלנו בשעות האלה, באותה שבת.

ומה שהתחדד לנו, מכל התמונות והסיפורים ששמענו, זה <mark>שהיו להם הרבה תחנות בדרך, תחנות שבהן הם יכלו לעצור ולהסתובב ולחזור הביתה.</mark> כשהם נסעו מבאר שבע לעוטף, זאת נסיעה שלוקחת כשלושת רבעי שעה, אז אנחנו משערים שהם ראו הרבה מאוד כלי רכב בורחים מהעוטף, ומסמנים להם שיש סכנה, לא להתקרב, ובכל זאת הם המשיכו.

וגם בסרטונים שהיו, שרואים אותם כבר מגיעים ונכנסים לשדה הקרב, רואים שם רכבים שעולים באש, רואים שם אנשים פצועים, דברים מאוד לא פשוטים, וגם שם הם לא הסתובבו ונסעו חזרה. במקום זה הם ירדו והתחילו להסתער. הם יכלו להתחרט בכל כך הרבה הזדמנויות בדרך, ובכל זאת הם הסתערו קדימה כי הם הבינו שהם יכולים לעזור, שיש להם תפקיד.

4.

מה שקרה זה שהם הגיעו לקיבוץ עלומים, אנחנו לא יודעים למה הם הגיעו דווקא לשם. אבל יש לנו את החומרים ממצלמות האבטחה של הקיבוץ. ובמצלמות רואים את הרכב שלהם מגיע לתחנת האוטובוס, בכניסה לקיבוץ. רואים שם שורה של רכבים שרופים, מנוקבים, עולים באש. והם מגיעים לשם, לזירת לחימה ממש. והם מחנים את הרכב, יורדים שניהם מהרכב. ומייד כשהם יורדים, הם חוטפים אש. אש מכל הכיוונים. בסרטון רואים

ממש את הנתזים של היריות. ויש שם תעלה כזאת, בצד הדרך, תעלת ניקוז, ורואים אותם ככה רצים לתעלה, משתופפים בתעלה, ומתארגנים במשך איזה דקה, ואז הם פשוט יוצאים בהסתערות עם האקדחים השלופים קדימה, לכיוון המחבלים. ובשלב הזה נגמר שדה הראייה של המצלמה. מהרגע הזה כבר לא רואים.

ולפני שהם נכנסו לקיבוץ, רואים בסרטון, היו שם שני חיילים של גולני, ואחד מהם היה פצוע, אחר כך גם נכרתה לו הרגל, לצערנו, בפציעה הזאת. והחייל ההוא סיפר לנו שנועם שלנו, שהוא חובש, דיבר איתו, הוא צעק לו אם הם צריכים עזרה, והם, החיילים, אמרו לו שהם מסתדרים, ואז נועם וישי המשיכו פנימה, לכיוון הקיבוץ.

ובהמשך אנחנו שומעים, וזה לא מכלי ראשון, זה כבר שמענו מחייל שכנראה נלחם בצד השני של הכביש באותו זמן איתם, והוא סיפר לנו שהוא ראה אותם, את שניהם, נלחמים בגבורה עילאית, בתיאום מלא ביניהם, מחפים אחד על השני, מאגפים, צועקים. ובשלב מסוים, נגמרה להם התחמושת באקדחים, אז הם לקחו את הקלאצ'ים של המחבלים שהם הרגו, והמשיכו להילחם שם. ובמשך ארבעים דקות בערך, הם הצליחו להרחיק את המחבלים שניסו להיכנס לקיבוץ. הם נלחמו בהם. ובלמו אותם. עד שהקרב הסתיים. וככה, בכניסה לקיבוץ, הם נהרגו. הם נפלו ממש זה לצד זה.

.5

וזהו, זה בעצם כל מה שאנחנו יודעים, זה כל מה שהצלחנו לגלות, אנחנו לא יודעים אם אי פעם נדע בוודאות מה בדיוק קרה שם בכניסה לעלומים. וכשישבנו שבעה, הגיע אלינו קצין צנחנים שהיה שם איתם, באותה שבת, הוא קיבל משימה, לפנות את כל הגופות. והוא סיפר לנו שכשהם הגיעו לזירה, הם ראו את ישי ואת נועם. הוא סיפר ששניהם מתו בתנוחת לחימה, הוא סיפר שסביב שניהם היו גופות של מחבלים הרוגים, הוא סיפר שכשהחיילים ראו אותם הם הבינו, הם מייד הבינו שמדובר פה בשני אנשים גדולים. הם הבינו שהשניים האלו שהם רואים כאן ללא רוח חיים, הם בעצם הצילו, הם היו חלק מההצלה של קיבוץ עלומים. והוא אמר לחיילים שלו שעכשיו הם עוצרים רגע את המשימה, כדי להגיד פרק תהילים ליד הגופות האלה. הם התפללו על שניהם ביחד, בלי לדעת שיש ביניהם קשר, ורק אחר כך הוא

הבין ששני האנשים האלה שמתו הם שני אחים. הבנים שלנו. בשבעה הוא סיפר לנו שכשהחיילים שלו עמדו שם ליד נועם וישי, הוא אמר להם – "אני לא יודע מה זה ריח של גן עדן. אבל אם יש לגן עדן ריח. אז זה הריח של שני האנשים הקדושים האלה".

אנחנו לא ידענו מה קרה להם במשך כמעט חמישה ימים. לא היה לנו מושג. רק ביום חמישי בבוקר קיבלנו את הזיהוי הוודאי של שניהם. היה שם תהליך זיהוי קשה, היו שם הרבה גופות שהיה צריך לזהות, לי לפחות עוד היה שביב של תקווה, שאולי הם הגיעו לאחד מבתי החולים. ידענו שהיה שם קרב קשה בעלומים, אבל בכל זאת, קיוויתי. וביום חמישי בלילה הם נקברו בהר הרצל, זה לצד זה. שני אחים.

6.

צביקי, הבן הקטן שלנו, הוציא לא מזמן סטיקרים שעליהם הוא כתב משפט מאוד חזק, שאולי משקף את התמצית של הסיפור כולו. הוא כתב, "גיבור הוא אדם שאינו יכול לעמוד מנגד". כלומר, גיבור זה מישהו שרואה שמישהו אחר נמצא בצרה, ולא עומד מן הצד, לא משפיל מבט, לא מסתכל לאחור, אלא משתדל לעזור. זה לא חייב להיות באקדחים שלופים ובהסתערות בקרב, אלא כל דבר. גם כשאתה בכיתה ורואה תלמיד שנמצא במצוקה ואתה עוזר לו, וגם כשאתה רואה מישהו ברחוב שצריך עזרה, ולמרות שאתה ממהר אתה עוצר רגע לעזור לו, גם זו גבורה.

ונועם וישי, הם הבינו, הם הרגישו שהאחים שלהם זועקים לעזרה. הם קיבלו צו שמונה, אבל הבינו שייקח עוד כמה שעות עד שיגייסו את כולם, אז הם פשוט קמו ונסעו. הם לא מכירים שם אף אחד, בעוטף, באופן אישי. הם פשוט הרגישו צורך לצאת ולעשות את כל מה שהם יכולים כדי להציל את אחיהם.

שאלו אותנו לא מזמן, באחד הראיונות, תגידו, אם הבנים היו מתקשרים אליכם באמצע הדרך ושואלים אתכם מה לעשות – לחזור או להמשיך, מה הייתם אומרים. זאת שאלה קשה, זאת שאלה קשה, קשה. אני חושב שהיינו אומרים להם להמשיך, אם אתם מרגישים מיומנים מספיק, ובטוחים מספיק, וחושבים שתוכלו להציל ולעזור, אז תמשיכו. זה מה שהיינו אומרים.

נועם וישי, הם לא הגיבורים היחידים שהיו ביום הזה, היו כל כך הרבה גיבורים באותו היום, והם חלק מגיבורי ישראל בכל תולדות ישראל מאז ומעולם. אנחנו יודעים היום שהמחבלים תכננו, הייתה להם תוכנית להמשיך ולהתקדם למרכז הארץ, היו להם תוכניות מסודרות, עם מפות, ורק הגיבורים האלה שיצאו לשטח, ששיבשו להם את מערכת הזמנים עד שהצבא הגדול הגיע והתארגן, בזכות גיבורים כאלה התוכנית הזאת נכשלה. אז הם לא היו היחידים. גם בקיבוץ עלומים הייתה לחימה מאוד קשה בתוך הקיבוץ, שחברי כיתת הכוננות ניהלו אותה. כל כך הרבה אנשים גיבורים קמו ועשו מעשה באותו יום. ונועם וישי, הם חלק מהגיבורים הגדולים האלה שבזכותם אנו חיים.

.7

מאז שהם נהרגו, כל החיים שלנו השתנו. החיים קשים עכשיו. אנחנו עם חלל גדול. יש אלמנות, ויש יתומים, ויש געגוע נורא. ומצד שני, יש בנו גאווה מאוד גדולה על הדרך שבה הם סיימו את חייהם, ועל המורשת שהם השאירו, לא רק לצאצאים שלהם, אלא בכלל. הגבורה, המעורבות, הרגישות לזולת, והאחדות, האחדות ההדדית, זאת באמת המורשת שלהם. זאת הצוואה שהם השאירו לנו. צוואה של אחדות.

אנחנו לוקחים את זה כמשימה, כמשימה לאומית ומשפחתית – לנסות לשנות את השיח הציבורי בישראל, לנסות להוביל את החברה הישראלית למקום אחר, מקום שיש בו כבוד, מקום שיש בו אחדות. אנחנו רוצים להחליף את השפה, משפה של פילוג, לשפה של אחדות, של אחוות אחים, ושל ערבות הדדית. ויש לנו לגיטימציה לדבר על זה ולקדם את זה. כי אנחנו באמת שותפים בערבות ההדדית הזאת. שני הבנים שלנו נהרגו כדי להציל אחים שלהם מעם ישראל, אחים שהם לא הכירו, מתוך ההבנה הזו, שכולנו ערבים זה לזה, שכולנו אחים.

וכל זה כשהוא עם כפכפים

סיפורו של עידו הרוש

מספר – יניב, אבא של עידו

מוצב יפתח

.1

עידו התמיין למכינות, להרבה הרבה מכינות, הוא ממש היה נעול על זה, היה יוצא למלא ימים מרוכזים, ולשבתות. בסוף הוא התקבל למכינת "מנשרים קלו" במעגן מיכאל, והוא היה מאושר, זאת נחשבת מכינה טובה, אחת הטובות בארץ. אני פחות התחברתי האמת, קודם כול המכינה בצפון, רחוק מהבית שלנו פה במצפה רמון, ודבר שני זאת מכינה אולטרה שמאלנית, אולטרה חילונית, ואנחנו בבית שלנו שומרי מסורת, הולכים לבית כנסת בשישי, קידוש, לא יודע, קיוויתי שהוא ילך למקום שקצת יותר קרוב לאלוהים. בסוף מה שקרה זה שהוא נהיה הדוס של המחזור שלו, היה מארגן מניין ביום שישי, קורא שיר השירים, עושה לחבר'ה הבדלה לפעמים, מניח תפילין, ככה זה, בית לא שוכחים.

הוא קיבל זימון למיונים לקורס טיס, אני כמובן התלהבתי אבל הוא – "זה לא מעניין אותי", אמרתי לו "מה זה לא מעניין, תנסה לעבור שלב ראשון" אז הוא הולך ועובר, שלב שני, עובר, שלב שלישי, עובר, ומשלב לשלב מתגבשת אצלו ההחלטה שהוא לא רוצה את היחידות המובחרות האלה, זה לא מעניין אותו בכלל. וכשמגיע הגיבוש ממש, הוא כותב ויתור, ואני אומר לו, "יא דפוק, תנסה להתמיין מקסימום תיפול משם ליחידה אחרת", ואז הוא אומר לי ככה – "אבא החלטנו אני, כל חדר שבע במכינה, להתגייס לשריון, לגדוד שבעים ושבע, חטיבה שבע", ככה הוא אומר לי! זה היה מוסד החדר שבע הזה שלהם, הוא, יוני, סגל ואדיר, ארבעתם החליטו ביחד שהם הולכים לשריון, וזהו, אם הם החליטו לא מעניין אותם כלום.

הוא ויוני, אפרופו אחדות בישראל, זה סיפור אהבה, הייתה להם חברות כזאת, הכי לא קשורה, יוני מגיע מבית שמאלני, מפגין בקפלן, ועידו הילד שלנו, וכל היום הם צועקים אחד על השני, אתה שמאלן! אתה בן גביר! צועקים אבל מאוהבים. היו נוסעים את כל הארץ כדי לצאת יחד, לטיולים, לבילויים. זה היה משהו מיוחד.

וזהו, אחר כך המכינה נגמרה, ויש כזה טקס, ואנחנו נוסעים לשם, ועידו שפיץ במסיבה, עושה שם חיקויים קורעים מצחוק, הוא היה שטותניק כזה, ואחרי זה אנחנו פוגשים שם את מוקי בצר, גיבור ישראל, שהקים את המכינה הזאת, ומוקי אומר לי ככה, "תקשיב הבן שלך עשה לי חיים קשים במכינה, הוא לא ויתר לי על שום דבר, הוא אתגר אותי, הוא שאל שאלות קשות, נתן לנו פה קונטרה, פיתח את השיח". קיצר הייתה לו, לעידו, הייתה לו את הדרך שלו.

.2

בסוף הוא התגייס לשריון, לפי התוכנית, והתקדם שם מהר, מסלול כוכבים זה נקרא. מי שמורעל בשריון קוראים לו "סוטה טנקים", ועידו היה כזה, בכל החופשות הוא היה חוזר הביתה, שחור מגריז, מלא בפודרה, ואיך שהוא היה חוזר, ישר הוא היה הולך להום סנטר לקנות כל מיני מברשות מיוחדות כדי לטפל בטנק בצורה יותר מקצועית, וכל הזמן היה מדבר על טנקים ומספר לנו על תרגילים שהם עשו, ובהתחלה של השירות שלו, כשהוא היה בקו בצפון הארץ, בגולן, כל בוקר כשהחבר'ה היו מנקים את הטנקים, הוא היה שם להם מוזיקה שמחה כזאת, וכולם היו משפשפים ושרים, סוטה טנקים הוא היה!

ובתקופה הזאת, רגע לפני המלחמה, הוא שירת בקו במוצב יפתח, באזור זיקים, בתפקיד מפקד חפ"ק מג"ד, הגדוד היה פרוש לאורך הגבול, בכל מוצב יש טנקים, והם מטיילים בין הטנקים, ובחודש שהיה, לפני השבעה באוקטובר, אני מדבר איתו, והוא מתוסכל, הוא כל הזמן אומר לי שהם בהפס"דים על הגדר, שיש שם טירוף ובלגן. הוא הרגיש שמשהו בא.

לפני ראש השנה, היה איזה חייל שחלה בקורונה, ועידו לא רצה להקפיץ מישהו מיוחד, אז הוא התנדב לסגור שבת, כמעט חודש הוא סגר בבסיס בגלל הסיפור הזה, ואני ניסיתי ללחוץ עליו, "ראש השנה זה לא עוד שבת!", והוא אומר לי "עזוב נו אבא זה שטויות הכול טוב", ואחרי חודש הוא

מגיע הביתה בסוכות, ובאמת יש לנו שבת מדהימה. מדהימה. חבר שלו אורי הגיע אלינו, וכולם יושבים בסוכה הענקית אצלנו, ושותים יין וצוחקים, ממש מרגישים את החג ושמחים, וביום ראשון אני לוקח אותו לבאר שבע, מסיע אותו לתחנה מרכזית, וכשהוא יוצא מהאוטו, אני מרגיש איזה קוורץ׳ כזה, את הקוורץ׳ הזה שמדברים עליו, לא יודע להסביר, אני יוצא אליו מהאוטו, מחבק אותו, מנשק אותו, זה גם לא טיפוסי, וזהו, נפרדים.

.3

בשמחת תורה בבוקר, אני מתעורר בשש וחצי, ושומע את אשתי מדברת בטלפון עם עידו. בבסיס פה ליד, של חיל האוויר, אני שומע סירנות, ואני לא מתרגש, בסדר, קצת התחמם בעזה. ואני הולך לבית כנסת, ובדרך אני שומע ממרחק נפילות עמומות כאלה, ואני מבין שזה משהו אחר, אז אני חוזר הביתה, עולה על מדים ועף לבסיס. וכשאני מגיע לחמ״ל שם, אני רואה את התמונה המפורסמת הזאת, עם הטנדר בשדרות, ורק אז נופל לי האסימון.

מהרגע הזה, אני כל הזמן מנסה להתקשר ולהתקשר אליו, ומדבר עם שלהבת אשתי בטלפון, להבין אם הוא התקשר, והוא לא עונה, והוא לא עונה, ובשתים עשרה בערך אני כבר מתחיל להרגיש שמשהו לא טוב קרה, יש אווירה קשה כזאת, אין מידע, אף אחד לא מבין מה באמת קורה, וזה לא נראה טוב, ואני נשאר בעמדה שלי בחמ״ל, ולוקח ספר תהילים ונצמד אליו, ובין לבין אני קורא כמה פרקים ועושה כל מיני עסקאות עם הקדוש ברוך הוא. וזהו, בשעה ארבע כבר הבנתי לבד מה קורה, נסעתי הביתה, וחיכיתי שהקצינים יגיעו. בשתים עשרה וחצי בלילה הם באו, הם לא היו צריכים להגיד כלום. הכול היה ברור.

וכשישבנו שבעה, היו שם כל כך הרבה אנשים. ופתאום בא אליי איזה חבר, הראה לי תמונה אחת שרשום עליה ״הרוש בא להציל אותי״, זאת תמונה מפורסמת, ואני מזהה אותו שמה, עם מכנסיים קצרים וכפכפים, ולוחם, ככה הבנתי שיש סיפור, ואז הגיעו עוד עדויות, ועוד עדויות, ועוד ביקורים, לאט לאט התחלתי להבין מה קרה. ואז אחרי שבועיים, התקשרה אליי אימא של נעמה, חברה שלו מהבסיס, שגם נהרגה, והיא אומרת לי ״תקשיב קיבלתי את הטלפון של נעמה, ויש לי פה סרטונים, סרטים מהקרב האחרון, אני חושבת

שאתה צריך לראות אותם". ובזכות הסרטונים האלה אנחנו יודעים את מה שאנחנו יודעים.

.4

הנעמה הזאת ששמרה שם בש"ג, הייתה חברה של עידו לגדוד, וברגעים האחרונים של החיים שלה היא התכתבה עם המשפחה שלה, והסריטה הכול. יש שמה חמישה סרטונים קצרים, שבהם רואים את עידו מגיע אליה לעמדה, עם נשק, יחף, עם מכנסיים קצרים, ושומעים שם את הקול שלו צורח, ורואים אותו יורה, ומכווין כוחות בבסיס. הוא קורא שם, אני לא יודע למי הוא קורא, "תגיע אליי! תגיע אליי!", לקח לנו זמן להבין את הסיפור. להבין מה היה.

בהתחלה היו אזעקות בבסיס, פצמ"רים, פיצוצים, וכולם רצו וישבו במיגונית, לזה הם כבר היו רגילים החבר'ה שם, ורק אחר כך, כשהם שמעו את הירי של הרובים בש"ג הם הבינו שקורה כאן משהו אחר. היה אז כזה בלגן. רוב החיילים בבסיס היו עדיין במיטות בכלל, או מתחת למיטות. וכשעידו שומע את הירי, הוא ישר מחליט לצאת החוצה מהמיגונית, ביחד עם עוד חייל שלו, יובל, כדי להילחם.

והמיגונית רחוקה מהכניסה לבסיס, בערך שלוש מאות מטר, וכבר בדרך כשהם רצים, יובל נופל, ונהרג, ועידן עובר אותו וממשיך לרוץ, ולירות, רואים את זה בסרטונים, הוא מגיע לכניסה לבסיס, ליד נעמה, וליד עוד שני גולנצ'יקים שהיו שם. גם הגולנצ'יקים נתנו עבודה. והוא יורה שם, וצורח שם, כמו משוגע, מנסה לנהל את הקרב.

כשהסמח"ט מהגזרה הגיע לבקר אותנו, הוא ראה את הסרטונים והיה בהלם, הוא אמר לי, "תקשיב, אתה לא מבין מה הבן שלך פה עושה. אתה פשוט לא מבין איך מתנהל קרב, הבן שלך, ראיתי הרבה לוחמים בחיי, אבל איך שהוא עומד שמה, בלי פחד, בלי קסדה, בלי כלום, לא מהסס בפני הקרב, זה משהו אחר". ככה הוא אמר. ושוב, עידו לא היה בסיירת, ולא בטיס, ולא, כאילו החיילות שלו לא הייתה, לא הייתי מצפה מחייל רגיל כמוהו, לייצר קרב בצורה כזאת, כי באמת הוא לא לוחם, הוא שריונר, רובאי אפס חמש, ובכל זאת הוא עומד שם, תחת אש, ומנהל את הלחימה, ומצליח להרוג שישה מחבלים, וגם לעצור אותם מלהיכנס לבסיס, וכל זה כשהוא יחף,

אני לא יודע להסביר את זה, מאיפה באה לו האנרגיה הזאת, אני לא יודע להסביר את זה, בחיי.

.5

כל מי שנלחם שם בקרב הזה נפל, נעמה נהרגה, ועידו נהרג, וגם הגולנצ׳יקים. אבל מה שאני הבנתי, מקצין אחד שהיה בחמ״ל, מה שהוא חידש לי זה שהחמאס לא הצליחו להיכנס לבסיס הזה. היינו בטוחים שהם נכנסו לבסיס, זה מה שקרה כמעט בכל המוצבים אחרים, אבל בבסיס שלהם, של עידו, הם הצליחו לעכב, ובעצם לעצור את הכניסה של החמאס. ובזכות זה כל האנשים שהיו שם ניצלו, הם לא נרצחו ולא נלקחו לשבי, כמו שקרה בבסיסים אחרים. גם המשפחה של המג״ד שהייתה שם בבסיס ניצלה. אישה וילדים. וזה הכול בזכותם. זה הסיפור.

בשבוע שעבר, אחי הגדול הזמין איזה מישהו להחליף אצלו דלת בבית, דלת פלדלת. וכשהוא הגיע המתקין, הם דיברו על המלחמה, וכשהמתקין שמע על עידו הרוש ממצפה רמון, הוא ביקש מאחי להתקשר אליי, ולדבר איתי, ואני עונה לשיחה, והבחור אומר לי, ״עידו! אני מדבר עם אבא של עידו!״, ואני אומר לו ״כן״, והוא אומר לי, בדמעות, בבכי, ״הבן שלי חי בזכות עידו! הבן שלי היה מפעיל של דחפור במוצב יפתח, ועידו ראה אותו יוצא מהחדר, וצעק לו ולחבר שלו, תחזרו לחדר יש פה מחבלים! בזכותו שניהם חיים!״.

.6

אמרתי לאשתי לפני כמה ימים שאני בטוח שעידו מת עם חיוך על הפנים. הוא בטח בשמיים עף מאושר על מה שקרה לו. על כל האנשים שהוא הציל. אבל אותי זה לא מנחם, שהוא מת כמו גיבור, זה לא מצמצם את הכאב בכלום. בחדר שלו עדיין יש ריח של טנקים, של אבק ושל שמן מכונות ושל גריז. גם הנעליים שלו שם, והסרבל. זה מסריח אבל אנחנו לא מנקים בינתיים. עדיין קשה לנו. השבתות הכי קשות. פעם שבתות אצלנו בבית היו בלגן, צחוקים, אוכל, שתייה, צעקות, ויכוחים. עכשיו שקט. עכשיו שקט מאוד.

קופסה עם ירקות חתוכים
סיפורו של יצהר הופמן

מספרת – זוהר, אשתו של יצהר

באר י

.1

את הדייט הראשון שלי ושל יצהר עשינו בטבע, עם פק"ל קפה באיזו תצפית יפה, אני זוכרת שהוא התקשר אליי מהדרך, ואמר לי, "יש לך אולי עוגיות בבית", ואני מצאתי משהו, למרות שאנחנו לא בית של עוגיות, והוא הכין לנו קפה, וישבנו ודיברנו, והיה כיף. אני קלטתי כבר אז שהוא משהו מיוחד מאוד. קודם כול הוא היה חתיך הורס! והיה בו, כבר מההתחלה, היו בו ניגודים כאלה. הוא מצד אחד היה גבר גבר, מאצ'ואיסט כזה, בריון, לוחם, ומצד שני הוא היה הכי רך, הכי צנוע, הכי רגיש, הכי מתחשב.

אני זוכרת, כשהתחלנו לצאת, הוא היה עדיין בצבא, הוא היה יוצא אז הביתה פעם בשבועיים. והרבה פעמים, במוצאי שבתות, במקום לצאת איתי או עם חברים, הוא היה עומד, ושוטף ומתקתק את הבית של ההורים שלו, ורק אז יוצא לפגוש אותי. וזה לא משנה שהייתה לו את כל הפריבילגיה לא לעשות את זה. כאילו, הלו! אתה שלדג'יסט בחופשה של יומיים מהצבא. מה אתה שוטף להם את הבית! אבל זה יצהר, ככה הוא היה. הייתה לו את הרגישות הזאת, לכולם במקביל.

ההתחלה של הקשר שלנו הייתה מאוד איטית. מאוד מאוד איטית. אנחנו שני אנשים מאוד שונים. אני ביישנית כזאת, ונמוכה, תמיד רציתי כזה קצת להיעלם. והוא בדיוק ההפך, גבוה, מקסים, כריזמטי כזה, בכל מקום שהוא הגיע, תמיד הוא היה מרכז העניינים. יצאנו ארבע שנים לפני שהתחתנו. הוא כבר היה אז קצין ביחידה. לפעמים הוא היה חוזר הביתה

פעם בשלושה שבועות. זה לא היה קל, אבל אני ידעתי שהוא שווה את זה, התאהבתי בו לחלוטין.

2.

אחרי שבע שנים בצבא יצהרי השתחרר. הוא נורא רצה להקים כבר משפחה, ולגדל ילדים. ההורים שלו היו כבר די מבוגרים, הוא הבן הצעיר בבית, אז היה לו חשוב להיות אבא צעיר. וכשהבן הבכור שלנו נולד, הוא היה מאושר כל כך. הוא חיכה להיות אבא כבר, מאוד. את השם שלו, "בארי", יצהר בחר. הוא אהב את השורשיות של השם הזה. הוא מאוד מאוד אהב את השם הזה. היום אני חושבת על זה, וזה מצמרר אותי. שככה קראנו לו. בארי.

המעבר מהצבא לאזרחות לא היה פשוט. זה לא קל, לקצין מוערך ביחידה מובחרת, להתחיל הכול מאפס. בהתחלה הוא עשה פסיכומטרי, ועבד קצת בעץ, בנה דקים, וכאלה. אחר כך הוא למד הנדסת בניין, והתחיל לעבוד בכל מיני פרויקטים. הייתה לו מטרה, להתקדם לתפקיד ניהולי בכיר, תפקיד רציני, עם משמעות. זאת הייתה התוכנית שלו בחיים.

בתקופה של הקורונה גרנו בירושלים, והיה קטסטרופה. מלא חברים שלנו עזבו את העיר, עברו ליישובים קטנים, העיר הייתה סגורה, לא הייתה לנו קהילה סביבנו, ממש הרגשנו בודדים. ובאותה תקופה היינו נוסעים לאשחר, יישוב קטן בצפון, לבקר את אחותו, ומאוד מאוד אהבנו את האנרגיה שם, ואת האנשים, אבל זה באמת היה לנו רחוק. ובשלב מסוים יצהר אמר לי, "בואי ננסה, נגור שם שנתיים, כמו רילוקיישן, מקסימום נחזור, לא קרה כלום". הוא נתן לי כל כך הרבה ביטחון בחיים. ואני הלכתי איתו ועברתי איתו לכאן, בעיניים עצומות.

זאת הייתה תקופה מדהימה. מדהימה. שנינו עזבנו את העבודות שלנו, עברנו לצפון בלי שום תוכנית, ואני נלחצתי, כאילו, מה נעשה, צריך למצוא עבודה, ויצהר אמר לי, "זוהר, יש לנו אפשרות להיות חצי שנה ביחד, בלי עבודות, לא תהיה לנו עוד הזדמנות כזאת בחיים". ואז נכנסנו לתקופה כזאת, מתוקה, בכל בוקר קמנו ואמרנו, "טוב, מה עושים היום, איפה מטיילים היום, איפה יושבים לקפה, איפה אוכלים", זאת הייתה תקופה כל כך יפה. יצהר ידע שלא תהיה לנו עוד תקופה כזאת, והוא צדק. זה היה מדהים.

.3

יצהר תמיד חי חיים כפולים, של אזרח ושל חייל. תמיד היו לו שתי משרות. את המשרה שלו באזרחות, ואת הפרויקט המטורף שהוא הקים במילואים. זאת הייתה יוזמה שלו ושל חבר שלו, שהיום הוא מפקד היחידה. הרעיון היה להקים פלוגת פשיטה של לוחמי מילואים, פייטרים כאלה, עם יכולות צבאיות מאוד חריגות, עם רמה מטורפת של כשירות, רמה שאין באמת בצבא. כשהייתי רואה אותו יושב ועובד על דברים שקשורים ליחידה הזאת, הייתי שואלת אותו, "מה זה, מה אתם עושים שם כל הזמן", ויצהר אמר, כל הזמן הוא אמר, "במלחמה את תדעי".

הוא היה קורע להם את התחת, הם היו מגיעים לשבועות מאוד מאוד אינטנסיביים של אימונים. בדרך כלל במילואים החבר'ה חצי מהזמן יושבים ועושים פויקה. אבל אצל יצהר הם לא הפסיקו לעבוד. הוא לא ויתר להם על כלום. הם היו קוראים לו בצחוק, במקום יצהר – "איטס הארד". כי הוא באמת קרע אותם. הוא התייחס לזה בשיא הרצינות. הוא האמין בזה, בכל ליבו, הוא רצה לוודא שכשתפרוץ המלחמה – הם יהיו מוכנים. במובן הזה הוא היה סוג של נביא.

הוא היה איש צבא, גם אחרי השחרור. הוא אהב את התפקיד שלו ביחידה. הוא האמין בפרויקט הזה שלו, בכל ליבו. ובכל פעם שהוא היה חוזר הביתה ממילואים, הייתי רואה את הניצוץ הזה בעיניים שלו. הייתי רואה כמה הוא מאושר.

.4

בשבת בבוקר, רגע לפני שעלינו לבית הכנסת, יצהר ראה בטלפון שלו מלא הודעות ושיחות. אני זוכרת, הוא התיישב על המיטה, ואמר לי, "זוהר, מלחמה! יש מלחמה!", הוא היה עם בגדים לבית הכנסת, החליף מהר למדים, ארגן תיק וטס ליחידה. בשתיים בצוהריים שלחתי לו הודעה, "מה קורה איתך", והוא כתב לי שהם כבר על מסוק לבארי. בשתיים וחצי הם כבר היו בבארי.

כשהוא הגיע ליחידה החיילים שלו עדיין לא היו מוכנים. אבל היה שם צוות של סדירים, שהוא בכלל לא הכיר. הם חיכו למצביא שיוביל אותם, והוא

פשוט לקח אותם, ויצא איתם לשטח. הוא נלחם שם ביחד איתם, בקיבוץ, במשך שלושה ימים ברצף. הוא סיפר לי שרק אחרי שלושה ימים הם עשו סבב שמות, סבב היכרות.

בבארי, ממה שהבנתי, היו המון המון כוחות, והיה שם הרבה בלגן, כאוס, הרבה סיכון לדו"צים. כששאלתי את יצהר מה הוא עשה שם בעצם, הוא אמר לי, שלושים אחוז לחימה, שבעים אחוז חילוץ. הם נלחמו במחבלים שהיו שם, ובמקביל עברו בין הבתים, והוציאו משם אנשים שהתחבאו. החיילים שהיו איתו סיפרו לי בשבעה, שהוא נלחם שם בקור רוח. ושהוא התעקש על מקרים שהיו נראים אבודים. למשל, היה שם בית שמתחתיו היו כמה לוחמי מטכ"ל פצועים, והחילוץ היה תחת אש ומאוד מורכב, ויצהר החליט שהוא הולך לשם, לעזור להם. הם הצילו שם את מי שהם יכלו. אני חושבת שגם ידין גלמן היה שם בסיפור הזה.

ולמשל, מישהו דיווח לו בשלב מסוים ששכונה אחת נקייה, אין בה תושבים, ויצהר שאל אותו, "אתה בטוח", והבחור אומר לו, "נראה לי", וכמובן שיצהר לא מסתפק בתשובה כזאת. מה זה "נראה לי". אז הוא חזר לשם כדי לוודא, עבר בין הבתים, ומצא שם עוד חמישה עשר אנשים שהתחבאו. חמישה עשר אנשים!

בשבעה, כשישבתי, הגיעו לכאן עוד ועוד אנשים מבארי, וסיפרו לי שיצהר הציל אותם מהממ"דים. ואני לא ידעתי את זה. אני לא ידעתי שהוא הציל כל כך הרבה אנשים! הוא לא סיפר לי את זה! בכלל בכלל לא! אני רק שמעתי ממנו שהיה כאוס, ושהיה חשש לדו"צים, ושהוא מתוסכל, כי הם יכלו להציל עוד אנשים שם בקיבוץ. רק בשבעה הבנתי מה הם באמת עשו בבארי.

מבארי הם התקדמו לכיסופים, לחולית, לקיבוץ רעים. במשך שלושה ארבעה ימים הם נלחמו בגזרה כולה, זאת הייתה ההתחלה של המלחמה. ואחר כך, בהמשך, הוא והפלוגה שהוא הקים נלחמו בעזה, הם הובילו שם את המבצעים הכי מסוכנים, הכי מטורפים. הוא והפלוגה שלו נלחמו בעזה יותר ממאה ימים.

.5

יצהר תמיד אמר לי "כשתהיה מלחמה את תדעי", ובמלחמה בעזה באמת הבנתי. הוא והחבר'ה שלו היו אחד הכוחות הכי משמעותיים. הם עשו שם

דברים מטורפים. אני חושבת שהמבצע הכי מפורסם שלהם היה בפשיטה על מתחם שיפא. אבל היו עוד דברים. כשהם יצאו משיפא אני זוכרת ששאלתי אותו, "איך זה הגיוני בכלל שאתם שם, אתם מילואימניקים! למה הם לא לוקחים סדירים", ויצהר אמר לי שאין לאף אחד בצה"ל את היכולות של החבר'ה שלו. כבר עשר שנים שבדיוק למבצע הזה הם מתאמנים.

הוא היה מסביר להם כל הזמן למה הם נלחמים, מה המטרה, והוא השרה על הלוחמים שלו המון המון ביטחון. זה מה ששמעתי מכולם בשבעה, וגם לפני השבעה, כשיצא לי לפגוש לוחמים שלו. הם רצו להילחם עם יצהר. הם רצו להיכנס איתו פנימה. אני זוכרת שהייתי אומרת לו, "איך אתם לא מפחדים, להיכנס למנהרה, זה פחד אלוהים, שפתאום, לא יודעת, יקפוץ עליכם מחבל, ישים לכם מטען", ויצהר אמר לי, "אנחנו מפחדים, אבל אנחנו זוכרים מה המטרה". הוא באמת האמין בצדקת הדרך שלו. הוא האמין שזה הזמן שלהם עכשיו, לתת את מה שהם צריכים למען המדינה הזאת, למען האזרחים. הוא דיבר הרבה על זה שהקולקטיב הוא מה שרלוונטי עכשיו. הוא חי את זה באמת. זה מה שנתן לו את הכוח להילחם. וזה מה שסחף אחריו את כל הלוחמים.

היה אירוע של חטיבת גבעתי, אירוע קשה, הייתה להם היתקלות עם מחבלים באיזה בניין, והיה ממש חשש לחטיפה, היו להם שלושה נעדרים, ויצהר שמע את זה בקשר, ופשוט הגיע בתוך כמה דקות עם החיילים שלו, חילק את החבר'ה לשתי חוליות, וקיבל שם החלטות מדהימות, בקור רוח לא נורמלי. הם התחילו לחימה שם עם המחבלים בגרם מדרגות. זאת לחימה מאוד קשה, במדרגות, הסיכוי מאוד מאוד קלוש, ובאמת ממש בהתחלה שם במדרגות, חייל שלו נפצע ביד, ויצהר נפצע ברגל. הוא קיבל כדור בירך.

הוא הלך הצידה, הוריד מכנסיים, שאל את החייל שהיה לידו, "אני צריך חוסם עורקים", הוא אמר לו "לא", ויצהר פשוט חזר להילחם. עם חור ברגל! הוא הוביל שם את המלחמה במשך חמישים דקות, עד שהאירוע נגמר, עד שחיסלו את המחבלים, ומצאו את הנעדרים, שבעצם שלושתם נהרגו. החבר'ה בחוליה השנייה בכלל לא ידעו שהוא נפצע, הם חשבו שהוא בסדר גמור, הוא הכווין אותם, בזמן שהוא פצוע, הסביר להם מי יורה לאן, הכול בניהול צמוד כזה, כירורגי. בזמן שהוא פצוע בכלל. זה לא אמיתי.

מהקרב ההוא פינו אותו לבית החולים. הוא נפצע בשריר, שזו פציעה קלה יחסית. כבר למחרת, יום אחרי הפציעה הזאת, הוא ביקש ממני להקפיץ אותו מבית החולים ליחידה. הוא הגיע לעשות שם תחקיר על האירוע. בתחקיר כולם הללו אותו ואמרו לו שהוא התנהל מדהים, והוא התעקש לדבר על הטעויות שלו, על מה שלא היה טוב. הוא רצה ללמוד, ולהשתפר. לקראת הקרבות הבאים.

הפציעה הזו שלו הייתה הפציעה השלישית שלו בעזה. לפני זה הוא חטף פציעה מקיר שהתפוצץ, ועוד מכה רצינית בברך, ובכתף. הוא נפצע בעזה כמה פעמים. ושבוע אחרי הפציעה ברגל הוא כבר חזר לשטח, להילחם, וניהל שם עוד ועוד מבצעים. הרבה אנשים אמרו לי, כשהוא נפצע, שכאילו הוקל להם, ואיזה כיף, שעכשיו הוא יהיה בבית, אבל אני ידעתי שהוא יחזור, ידעתי שהוא לא יישאר בבית, אין מצב, לא כשהחבר׳ה שלו נלחמים.

.6

באחד הימים, במהלך המלחמה, יצהר והחיילים שהיו איתו בבארי נסעו לים המלח כדי לפגוש את האנשים שהם הצילו. הם היו חמישה עשר חבר׳ה בערך, משהו כזה, כשהם נכנסו כולם עמדו ומחאו להם כפיים, והיה להם שם מין פאנל כזה, שהם שאלו אותם שאלות, גם שאלות קשות, כמו ״למה לקח לכם כל כך הרבה זמן״, ויצהר פנה אליהם בהמון אמפתיה וכנות, והוא אמר להם שהוא מתוסכל מזה, והוא גם ביקש מהם סליחה. הוא ביקש סליחה מאנשי בארי, שהם לא הצילו את כל מי שהם רצו להציל. זה היה רגע קדוש כזה. באמצע מלחמה, מפקד, איש מילואים, שהציל הרבה חיים בשבעה באוקטובר, מתנצל בפני אזרחי בארי. אני חושבת שזה ייחודי. זה לא פשוט לדעת לבוא ולהתנצל. ואני יודעת שזה היה ממקום של אחריות. הייתה לו אחריות כזאת, שליוותה אותו בכל מקום, כל הזמן, באופן טבעי, כל החיים.

אחרי כמה חודשים של מלחמה, יצהר הרים ערב לבנות הזוג של הלוחמים שלו, ערב הוקרה. הוא הפיק אירוע גדול, גם אני הייתי שם. הייתה שם הופעה של חנוך דאום. והקרינו שם סרטון כזה, מהמבצע שלהם בשיפא. הוא ממש חיבר את כולנו למשימה, כולנו הבנו כמה חשוב מה שהם עושים. והוא העניק שם לכל אחת מין מדליה כזאת, מטבע כזה שכתוב שם ״תודה״,

והוא התעקש שלכל אחת מהנשים יהיה את השם שלה על המדליה הזאת. זאת אומרת, לא משהו כללי.

ובסוף הערב הוא דיבר שם, ממש נאום קצר היה לו, הוא דיבר על המטרה שלנו, על המלחמה הצודקת הזאת, הוא דיבר על הזכות שלנו, לגדל את הילדים שלנו בלי פחד מרקטות, על הזכות לגדל יבול בשדות, בלי חשש שיעופו עליהם טילים. הוא באמת דיבר שם כל כך ציוני, שחטפתי את הדפים שלו אחרי שהוא סיים, ואמרתי, "זה נשאר אצלי!".

==הוא באמת באמת היה אידיאליסט. הוא האמין בדברים האלה, הוא חי את זה, את המדינה, את הקולקטיב==. ובחודשים האחרונים, של המלחמה, זה עוד יותר התחזק. זה התחזק ברמה כזאת שיצהר הבין שהוא כבר לא יחזור להיות אזרח. המבצעים שהם עשו, הכול היה כל כך משמעותי. הוא לא יכול היה לחזור אחורה. הוא לא יכול היה לחזור לבנות בניינים. הוא הרגיש שהפלוגה שלו מיישמת את כל מה שהם תכננו בעשר השנים האלה. ומהר מאוד הוא הבין, וגם אני הבנתי, שהוא הולך לחזור להיות קצין ביחידה. זה הייעוד שלו. זה מה שנותן לו משמעות לחיים.

7.

יצהר נהרג בעזה, מירי של צלף. זה היה כדור אחד, מאוד מאוד חזק, הוא חדר את האפוד, פגע לו בגב, וחדר לו ללב. הפינוי היה מהיר, תוך חצי שעה הוא כבר היה בבית חולים. אבל הפגיעה הייתה קטלנית. כשהודיעו לי, כשבאו להודיע לי, אני לא האמנתי. עד שדיברתי עם מפקד היחידה, לא באמת האמנתי. לא הבנתי שזה אמיתי. גם עכשיו בזמן שאנחנו מדברים, אני חושבת שזה פשוט לא יכול להיות. זה לא הגיוני.

הוא נלחם ברצף, בלי הפסקה, במשך מאה ועשרה ימים. והוא היה גאה בפלוגה שלו, הוא היה מסופק מבחינה מקצועית, הוא באמת היה מאושר, להילחם ביחד עם החיילים שלו, הוא העריץ אותם! הוא היה גאה להילחם לצידם, גם בערב ההוא שהיה, שפגשתי אותם, הוא היה עובר איתי, אחד אחד ואומר לי, "זוהר, זה בחור חבל על הזמן, אין דברים כמוהו!", הוא עף עליהם, וגם הם אהבו אותו. זה קשר מיוחד, קשר של מפקד ולוחמים.

אם יש משהו שאני רוצה שיזכרו מיצהר, לצד כל הדברים המטורפים שהוא עשה בארבעת החודשים האלה, בעזה, אני רוצה שיזכרו שהוא היה

הבן אדם הכי פשוט שיש. בכל פעם שהוא חזר הביתה, ולא משנה אם הוא יצא משיפא, או ממבצע מטורף, הוא היה מתחיל לשטוף את הרצפה, לעשות כלים. הוא היה חוטף כדור ברגל, וחוזר הביתה לשחק תופסת עם הילדים.

ואני הייתי אומרת לו, "יצהרי, לך תשים את הראש שעה, לך תנוח", והוא היה אומר לי "לא לא לא", הוא באמת לא חשב לרגע לבוא להוריד הילוך בבית. הוא רצה להקל עליי, הוא רצה לעזור לי, בזמן שיש מלחמה, הוא ראה גם אותי. ובבקרים, לפני שהוא היה יוצא ליחידה, הוא היה מכין לי קופסה עם ירקות חתוכים. והוא היה מצרף לירקות פתק קטן, עם מילים טובות פשוטות ומתוקות. כאילו, איזה בן זוג עושה את זה! הלו! אני צריכה להכין לך עוגיות, שתביא לחבר'ה בצבא! אבל לא, הוא יעצור ויחתוך לי ירקות. זה יצהר. זה ממש יצהר. זה ממש סיפור שמדגים.

ולצד כל מה שהוא עשה בצבא, לצד כל הקרבות החשובים, הוא גם היה אבא מדהים, ובן זוג מדהים, ובן אדם פשוט שאוהב לשמוח, ואבא שאוהב את הילדים שלו אהבה אינסופית. אנחנו תמיד אמרנו בינינו, שזהו, אנחנו עד הסוף ביחד, ממש חשבנו שנזדקן ביחד. דיברנו על זה. בסוף זכינו לארבע עשרה שנים. יפות וקצרות. ואני מרגישה שזכיתי. זכיתי לחיות איתו, זכיתי לאהוב אותו, זכיתי לגדל איתו ילדים.

הכתובת הייתה על הקיר

סיפורה של שי אשרם

מספר – דרור, אבא של שי

מוצב נחל עוז

.1

בחמישה באוקטובר שי העלתה סרטון טיקטוק, שבו היא עושה ריקוד כזה מצחיק עם שתי חברות שלה מהבסיס, נועה ואורי. שלושתן תצפיתניות, נשמות. וזה סרטון כל כך חמוד, כל כך יפה, הן צוחקות שם, הן עושות פרצופים, רואים שם ילדות במדי צה"ל, גאות בעצמן, שמחות, מאושרות.

מייד אחרי הטבח אנשים התחילו להגיב לסרטון הזה, "זה מה שעשיתן במקום לשמור עלינו! עשיתן טיקטוק!". אחר כך התברר שהסרטון הזה היה הריקוד האחרון שלהן ביחד. שי הבת שלנו, נרצחה. נועה מרציאנו נחטפה ואחר כך נרצחה. ואורי מגידיש נחטפה ושוחררה. אני כל כך, כל כך מקווה, אני מתפלל, שלפחות אורי היקרה, אורי הטובה, אני מקווה שיהיו לה עוד ריקודים כאלה בחיים שלה, שתרקוד את כל הריקודים שהבת שלי כבר לא תרקוד.

.2

כששי קיבלה את השיבוץ שלה, להיות תצפיתנית, היא פשוט לא הסכימה לקבל את זה. היא אמרה, "אין מצב בעולם! זה לא מעניין, זה לא מיוחד, וזה לא מה שאני אעשה בצבא, נקודה". היא הלכה לרופא והתחילה לשחק על איזו פציעה ישנה שהייתה לה, בגב התחתון, כדי שהצבא יבין שהיא לא יכולה לשרת בתפקיד כזה, שמצריך הרבה שעות בישיבה. והרופא עושה

לה בדיקה, והוא מגלה שבאמת יש לה שבר קטן בעצם הזנב. אבל זה לא עוזר לה. השבר ממש קטן, לא משמעותי. והיא מתגייסת להיות תצפיתנית.

ותוך כדי הקורס היא ממשיכה לעשות עוד ועוד בדיקות רפואיות, כדי להוכיח להם שהיא לא יכולה להיות בתפקיד, אבל לאט לאט, פתאום ככה, היא שמה לב שהיא מתחילה להתאהב בתפקיד הזה, פתאום היא קולטת שהיא רוצה להיות תצפיתנית! פתאום היא מבינה כמה זה משמעותי, להיות העיניים של המדינה. את יושבת על הגבול עם עזה, יש לך מסך, את מחוברת למצלמה מגדילה שאת שולטת על התנועות שלה, ואת יכולה במבט אחד שלך לסכל חדירות של מחבלים, או חלילה לפספס, אם הסטת את המבט לשנייה אחת בזמן הלא נכון. את יכולה למנוע פיגועים, להקפיץ את הגזרה. משפט אחד שאת אומרת למפקדת שלך, והמפקדת שולחת פקודה מיידית למצלמה שמעל החמ"ל, שתפתח בירי על הנקודה שאת זיהית. זה כל הזמן אקשן. במיוחד במוצב נחל עוז איפה ששיבצו אותה, שזה המוצב הכי קרוב לגדר. והיא אוהבת אקשן, שי שלנו, היא אהבה את זה מאוד.

אבל אז, בדיוק כשהיא מסיימת את הקורס בהתלהבות, בהתרגשות, מגיעות אליה תוצאות רפואיות מעודכנות, שמראות שיש לה בעיה חמורה יותר. והיא מגיעה לבסיס, לנחל עוז, ואומרים לה שם, "אין מה לעשות, מבחינה רפואית, את לא יכולה להיות תצפיתנית, את תהיי או נהגת או תותחנית". ואז היא מתחילה להילחם על התפקיד שלה.

צריך להבין, <mark>שי זאת ילדה שלא מוותרת. אם היא רוצה משהו היא לא מוותרת בחיים.</mark> פעם אחת לא הסכמנו לה לטוס לרודוס לטיול עם דודה שלה, אז היא קמה, ילדה בת חמש עשרה, קמה, הלכה, קנתה כרטיס טיסה בכסף שלה שהיא חסכה, והודיעה לנו שהיא טסה לרודוס לבד, לפגוש שם את דודה שלה. ואנחנו הסכמנו, לא הייתה לנו שום ברירה, כי אם שי רוצה משהו היא תילחם עליו, עד שהוא יקרה.

אז שי שומעת שמורידים אותה מתפקיד התצפיתנית, והיא נלחמת כמו שרק היא יודעת להילחם. היא מנסה לדבר שם עם כל מי שרק אפשר, הולכת לכל מיני בדיקות, ובסוף היא מוצאת רופא אחד שנותן לה אישור שהיא יכולה להיות תצפיתנית, בתנאי שהיא ממשיכה במעקב הרפואי. וזהו.

ובתקופה הזאת, כשהיא הייתה חוזרת הביתה לסופי שבוע, פעם בשבועיים, היינו מרגישים שהיא כאילו גבהה. זאת אותה ילדה, אבל גדולה

יותר, בוגרת יותר. היא הייתה חוזרת אלינו הביתה בשישי עם ניצוצות בעיניים "וואי אתם לא מבינים איזה בלגן היה על הגדר ואיך תפעלתי את האירועים והקפצתי כוחות". היא הרגישה משמעותית. היא כל הזמן אמרה לנו, "אנחנו על הגדר, רואים הכול, שומעים הכול, שומעים יירוטים, שומעים את כיפת ברזל, יש מלא אירועים על הגדר". היא ממש הרגישה, שי, שהיא יום יום מצילה חיים של אזרחים.

.3

שי הייתה תצפיתנית מקצועית. היא ידעה להבדיל בין חתול, לבין חייל, לבין מחבל שעובר את הגדר. היא ידעה מתי להקפיץ כוחות, ומתי להבין שזה סתם ולא להקפיץ אף אחד. פעם אחת היא התקשרה אלינו בוכה, "הולכים להעמיד אותי למשפט". זה היה יום שהראות הייתה לקויה והמצלמות היו קצת עם ערפל, ולא ראו הכי טוב, ועבר איזשהו עצם במצלמה. בגלל שהראות הייתה לא טובה, שי קראה למפקדת שלה ואמרה לה, "המפקדת, אני רואה פה משהו, אבל זה לא נראה לי משהו חריג. זה נראה כמו איזה חתול או בעל חיים, אני לא חושבת שצריך להקפיץ פה אף אחד". והמפקדת שלה אמרה, "סומכת עלייך. מה שאת אומרת, את מכירה את הגזרה. אני סומכת עליך". ובאמת שי לא הקפיצה כוחות.

אבל אחרי כמה ימים אמרו לה שהיא צריכה לעלות למשפט, כי כנראה שהיה שם איזשהו משהו בסוף, והם שולחים עכשיו כוחות לשטח לבדוק מה זה, לפי עקבות, לפי סימנים נוספים. אז היא בוכה שמעמידים אותה למשפט, ואנחנו שואלים אותה, "מי לדעתך צודק", והיא אומרת לנו "אני בטוחה בעצמי במיליון אחוז, לא היה שם שום דבר. זה לא היה משהו מסוכן!" ואז שחר, אחותה הגדולה אומרת לה, "אוקיי! אז תלכי עם האמת שלך, שי! תעלי למשפט, תגידי את מה שיש לך להגיד, את לא צריכה להתנצל על האמת שלך!" ושי באמת עלתה למשפט, והוא הסתיים כשהם אומרים לה "זה באמת היה רק בעל חיים, עשית עבודה מצוינת, כל הכבוד".

בשלב מסוים רצו להוציא אותה לקורס מ"כים, והיא אמרה, "לא, עדיין לא, אני רוצה עוד כמה חודשים להתמחות כתצפיתנית". היא רצתה להיות מפקדת טובה יותר, להיות בטוחה במה שהיא יודעת, שכשהיא תבוא ללמד חיילות, והן ישאלו אותה שאלות, אז היא תדע לענות להן כמו שצריך.

והמפקדים שלה אמרו לה, "זה או שאת יוצאת למ״כים עכשיו, או אף פעם לא". אז היא ענתה "אז לא. אני לא רוצה להיות חצי מ״כית".

בסוף הם זרמו איתה. הם נתנו לה עוד כמה חודשים, כי היא קבעה להם עובדה. היא הבהירה להם שהיא יוצאת לקורס מ״כים רק אחרי שהיא מתמחה בשני פסקלים. פסקל זה אזור, חלק של הגזרה. ואז היא באמת התחילה ללמוד עוד פסקל, להתמקצע גם עליו, היא הייתה באמת יסודית בקטע הזה. הייתה לה בלי סוף מסירות לתפקיד שלה.

שי לא הספיקה לצאת לקורס מ״כים. אם היא הייתה יוצאת לקורס בזמן המקורי שהציעו לה, אם היא לא הייתה מתעקשת להישאר שם בבסיס הזה, במלכודת המוות הזאת, היא הייתה היום איתנו. אנחנו לא מפסיקים לחשוב מה היה אם, ומה היה אם, אבל מה זה עוזר השאלות האלה, זה לא עוזר כלום, השאלות האלו לא יחזירו לנו את שי.

4.

בהתחלה שי לקחה את זה ממש בכיף, בקלות, את התפקיד, אבל לאט לאט, בתקופה האחרונה, נוספה לשמחה שלה מין שכבה כזאת של סודיות, של מסתוריות. היא כל הזמן אמרה, "אסור לי לגלות, אני לא יכולה לספר", אבל היו דברים שהיא כן אמרה. בחודשים האחרונים היא ככה התחילה לומר לנו, לפחות לי אישית, היא התחילה לומר שהיא מודאגת, כי היא רואה מה קורה על הגדר, והיא חושבת שזה הולך לקראת משהו. היא כל הזמן אמרה שהולך להיות בלגן. בלגן רציני.

בשבועות שלפני הטבח היא אמרה למפקדים שלה, "הם עושים המון רעשים, ומגיעים לגדר, וזורקים דברים, ומדליקים צמיגים, ומנסים כל מיני דרכים, ורואים מה עובד, מה לא עובד. הם מתמידים". אני זוכר שהיא סיפרה לי שהיא ראתה ליד הגדר שני אנשים שלא שייכים בכלל לשום תיאור. זה הכי חשוד. הם לא חקלאים שעובדים בשטח, הם לא אנשים רגילים, והיא רואה אותם שם, והיא אומרת שהיא חושבת שזה חשוד, שקורה פה משהו. אבל המפקדים התעקשו לקרוא לזה "הפרות סדר". יעני משהו רגיל. אבל זה לא היה משהו רגיל. הם התכוננו למשהו גדול יותר. ושי הבינה את זה. וסיפרה על זה למפקדים.

היא הרגישה שמשהו במונח הזה "הפרות סדר" הוא לא נכון. היא הרגישה שכל הזמן מתייחסים לדיווחים שלה כאילו זו בעיה נקודתית, כאילו כל פעם זו שריפה אחת קטנה שצריך לכבות. היא הייתה אומרת, "אני לא יודעת אם הם מבינים שצריך למתוח את הקווים בין הנקודות". כי מה ששי זיהתה שם זו מגמה. היא לא רצתה רק לדווח, "היום קרה ככה, אתמול קרה ככה". היא רצתה בעצם להשפיע על הצורה שבה מבינים את כל האירועים האלה ביחד. היא רצתה שהם יבינו שמישהו מתכנן שם משהו על הגדר.

.5

אז היא אמרה, "אוקיי, הפרות סדר, אין בעיה, אני אקרא לזה 'הפרות סדר' אבל אני אדווח על התדירות שלהן, ואז הם יראו שיש לזה כיוון, לדבר הזה, הם יראו שזה כנראה הולך לאיזה מבצע גדול יותר". אז היא דיווחה להם שהתדירות של ההפרות סדר עולה ועולה, היא הראתה להם איך בקיץ זה היה קורה בעיקר בימי שישי, ובספטמבר זה הפך להיות פעמיים בשבוע, ובאוקטובר זה כבר כמעט כל הזמן. וזה לא רק היא דיווחה על הדברים האלה, זה כל הבנות. הן הרגישו משהו. כי הן יושבות שם ורואות כל יום את מה שהולך שם על הגדר.

היא וחברות שלה התצפיתניות היו כל הזמן מעבירות הלאה שהולך להיות בלגן. הן גם ידעו לומר מתי זה יהיה. הן אמרו "בחגים". חברה שלה, אביב חג'ג', תצפיתנית שהייתה איתה ביחד בסבב ונהרגה שם ביחד איתה, שלחה כמה ימים לפני הטבח הודעה לאימא שלה, "אימא הולך להיות פה מבצע גדול, ויש לי תחושה שזה ייפול במשמרת שלי". ממש ככה, מילה במילה! ולא רק תצפיתניות, גם המפקדות. אחת הקצינות בנחל עוז אמרה שהולכת להיות פשיטה של מחבלים, ושיש לה תחושת בטן שזה יהיה אצלה בבסיס.

שי הייתה מדברת איתנו בצורה מאוד כללית, היא לא באמת כל כך שיתפה אותנו בדיוק בכל מה שהיא רואה על הגדר. אבל אחר כך, אחרי שהיא נרצחה, אנחנו דיברנו עם חברות שלה, ואנחנו גם ראינו כתבות שעשו בטלוויזיה, שראיינו את שתי התצפיתניות היחידות ששרדו את הטבח הזה, וגם עוד תצפיתניות מנחל עוז, ואני לא יכול לתאר את זה, אני לא יכול לתאר

מה הרגשתי. הפה שלי היה פעור! אני דפקתי את הראש בקיר, אני פשוט צרחתי, אני לא יכולתי להאמין למה שאני שמעתי שם.

.6

אחת מהן סיפרה בכתבה שהיא הייתה רואה אותם סופרים צעדים ליד הגדר, עושים חפירות, וכשהיא הייתה מדווחת, כל הזמן היו אומרים לה, "לא, זה חקלאות, זה חקלאות". הן היו רואות שם את הנוח'בות, היחידות המיוחדות של החמאס, הן היו רואות אותם איך הם מתאמנים! מגיעים ברכבים, פורקים זריז, רצים מהר מהר ומודדים זמן, כמה זמן לוקח להם להתקרב לגדר בריצה. ועל זה אמרו להן, "זה לא איום, הכול בסדר". הן ראו אותם מתאמנים על יציאה ממנהרות! הם התאמנו איך לפשוט על טנק! הם התאמנו על רחפנים! הן ראו את זה, התצפיתניות, הן ראו הכול! וכל הזמן היו מרגיעים אותן, אומרים להם "זה סתם, זה סתם, הכול בסדר".

הייתה שם תצפיתנית אחת שסיפרה שיום אחד הגיעו קבוצה, משהו, כמות בלתי נתפסת של אנשים, איזה מאתיים חיילים של חמאס, ונעמדו מאה מטר מהגדר! והיא חושבת, היא אומרת לעצמה בראש, "אם הם עכשיו רוצים, אם הם מחליטים לרוץ לגדר, אנחנו אבודים". הן גם ידעו לומר מה התרחיש של הפשיטה. הן פשוט חשבו בהיגיון. הם ידעו שדבר ראשון החמאס יפגעו במצלמות של המערכת של ה"רואה יורה", המצלמות שהמפקדת יכולה לירות מהן, וזה באמת מה שקרה, זה הדבר הראשון שהמחבלים פגעו בו לפני שהם נכנסו.

הדיווח לא נעצר במפקדות, שיהיה ברור. המפקדות לקחו את זה ברצינות. אחת מהן שמה לב יום אחד שהם הגיעו עם מפות, מסתכלים ימינה, מסתכלים שמאלה. היא דיווחה למפקדת שלה, והמפקדת התרשמה, אמרה לה, "כל הכבוד לך שעלית על זה", והעבירה את זה למעלה. המפקדות לקחו את זה ברצינות, אבל זה נעצר איפשהו בדרגים הגבוהים יותר. לא ברור לנו איפה בדיוק זה נעצר, איפה זה הפך להיות זלזול כזה, זלזול באויב, וזלזול בתצפיתניות.

הייתה כתבה אחת שהביאו שם עדות מזעזעת, אני לא יודע, אני אפילו רוצה לחשוב שאולי זה בכלל לא נכון, אבל זה היה בתקשורת רצינית, עיתונאים רציניים, וזה היה מזעזע! הם אמרו שם שהיו תצפיתניות שהחליטו

להתריע למפקדים בכירים יותר, ואחד מהם אמר להן "אני לא רוצה לשמוע עוד פעם על השטויות האלה. אם שוב תציקו עם הדברים האלה, אתן תעמדו למשפט".

.7

בשבועות לפני שזה קרה, שי הרגישה צורך להרגיע אותנו, להרגיע אולי גם את עצמה, והיא אמרה לנו, כמה פעמים, "אוקיי, גם אם יהיה בלגן, ויהיה, ואנחנו יודעות שיהיה, גם אם תהיה מתקפה של החמאס, זה בטוח משהו שהצבא ישתלט עליו. כי אם תצפיתניות שיושבות בנחל עוז יודעות שעומד להיות בלגן, והן כולן אומרות את זה, אז ברור שהצבא הגדול יודע את זה! ברור שהמפקדים הבכירים יודעים את זה! זה ברור".

והן אמרו לעצמן שמבחינת הביטחון האישי שלהן, יהיה בסדר. הן לא הרגישו שמפקירים אותן אישית. הן היו כל כך בטוחות שהן מוגנות בבסיס, עד כדי כך שבמיגונית שבה כמעט כולן נרצחו, הייתה כתובת כזאת, שהתצפיתניות הבוגרות ציירו שם – "תראו אותה, צועדת בשלווה, כאילו עזה לא נמצאת לידה". זה מה שהיה כתוב במיגונית שהבת שלי נרצחה בה. במיגונית שהבת שלי נרצחה בה, הכתובת הייתה על הקיר. זה לא ייאמן! אני תופס את עצמי, אני מתעורר בבוקר ואני תופס את עצמי, ואני אומר, הכתובת הייתה על הקיר.

.8

את השבת ההיא שי סגרה בבסיס. וכשהכול התחיל, היא לא הייתה בחמ"ל עם כל התצפיתניות. היא הייתה אמורה לעלות למשמרת בשעה שבע בבוקר. אבל בשש וחצי, כשהתחילו האזעקות, הבנות בחמ"ל אמרו לה להישאר במיגונית. היא נכנסה עם כל הבנות שהיו שם איתה לתוך המיגונית שנמצאת שם, באזור של מגורי הבנות, והן בעצם היו שם, במיגונית הזו, התחבאו מהפצמ"רים, וחיכו שמשהו יקרה. שמישהו יבוא להציל אותן. ובשמונה בבוקר באמת משהו קרה. בשמונה בבוקר כבר אף אחת מהן לא הייתה בחיים.

באותו הבוקר, כשהתחילו האזעקות היא התקשרה אליי, ואני הייתי בדיוק בדרך לצאת לבית הכנסת. בפעמים הקודמות כשהיו לה אזעקות, היא תמיד הייתה נשמעת רגועה בטלפון, אבל הפעם היא הייתה ממש בפאניקה.

היא אמרה לנו ללכת למרחב המוגן שנמצא בבית של דודה שלה, כרמית. כי משהו רציני קורה.

היא ממש צעקה עליי, "אני הולכת למיגונית ואתם הולכים לממ"ד! זה רציני!", ואנחנו אומרים לה כזה, "בסדר, מה, קצת אזעקות, מה קרה", והיא כזה אומרת "אתם לא מבינים! יש מחבלים, יש מחבלים! יש חדירת מחבלים, יש פה אירוע מטורף. תלכו לכרמית, לממ"ד!".

ובקבוצה של כל הבני דודים, הם כמו אחים ואחיות שלה, היא מקליטה לכולם, "אני אוהבת אתכם הכי הרבה בעולם! תזכרו את זה תמיד! תגידו להורים שלי שיגיעו, תצרחו על ההורים שלי, שיגיעו לממ"ד, זה לא צחוק!". היא הייתה כל כך לחוצה, זה כל כך לא אופייני לה, ואשתי שרי מתקשרת אליה, "את תיכנסי למיגונית! אל תדאגי לנו!" ושי עונה לה, "אימא, מה מיגונית תעזור לי, הם עם רחפנים בתוך הבסיס". בשנייה ששמענו את זה, לקחנו את הרגליים שלנו וטסנו לממ"ד אצל כרמית.

המשכנו לדבר איתה בסמ"סים, אני, אימא שלה, אחיות שלה, בנות דודות שלה, וכולנו מנסים ככה לבקש ממנה שתחזור אלינו, שתעדכן, ובאיזשהו שלב היא כתבה לשרי בהודעות, "אני אוהבת אתכם, אתם ההורים הכי טובים בעולם, תשמרו על עצמכם!", ולבת דודה שלה היא כתבה "תחבקו את אבא ואימא שלי, תגידו להם שאני מאוד אוהבת אותם". היא מהר מאוד הבינה שזה הסוף.

.9

ברבע לשמונה נותק איתה הקשר, אבל רק ביום שני, בשמונה וחצי בערב, באו להודיע לנו מהצבא שהיא לא בחיים. בדיעבד, אנחנו יודעים להגיד שבחמישה לשמונה היא כבר לא הייתה כאן. בדיעבד, אנחנו יודעים להגיד שבשבת ההיא, כבר באחת עשרה בבוקר, אח שלה ראה סרטון של הגופה שלה. והוא לא היה מסוגל, פשוט לא היה מסוגל לספר לנו. בדיעבד, אנחנו יודעים להגיד שכל המשפחה המורחבת שלנו, כולם כבר ראו את הסרטון הזה בצאת השבת. רואים שם את שי, שוכבת על הרצפה, שלמה, יפה, ישנה. ומסביבה חמישה עשר מחבלים.

שישים שעות חיכינו להבין מה קרה לה. זה אולי נשמע הרבה זמן לחכות לדעת מה קורה. אבל ביחס למה שהיה שם, לבלגן המטורף שהיה

להם, זה היה מאוד מהיר. בגלל ששי הייתה במיגונית, זיהו אותה יחסית מהר. אבל כל הבנות שהיו בחמ"ל לצערנו נרצחו. הבנות האלה עברו שם דברים שאני לא רוצה בכלל לתאר, דברים שאני לא רוצה לחשוב עליהם בכלל.

החברות שלה הכי טובות, שהיו איתה בתוך אותה מיגונית, עדיין חטופות בעזה. הן נחטפו משם שבע בנות, ונכון לעכשיו חמש בנות עדיין בשבי. אורי מגידיש, אחרי שהיא שוחררה היא באה אלינו והיא סיפרה לנו מה היה שם. היא אמרה לנו שהמחבלים פשוט נכנסו למיגונית, והבנות התחילו לברוח. זה פתח צר כזה, ושי, אנחנו לא יודעים אם היא בכוונה נתנה לבנות האחרות לצאת לפניה, או שזה פשוט מה שקרה, אבל היא יצאה משם אחרונה. חמש בנות הצליחו לברוח, והיא הייתה אחת מהבנות שהמחבלים רצחו. ממש בתוך המיגונית.

אף אחד לא ידע שיפשטו שלוש מאות מחבלים לתוך בסיס, שיש בו, גג, ארבעים חיילי גולני עם נשק. האטימות הזאת, של הצבא, זה לא היה מכוונת זדון. אף אחד שם לא חלם, אף אחד שם לא ידע בכלל לשער ולדמיין מה שהולך לקרות. אבל מה שהייתה שם זאת יוהרה של מפקדים. זה הכול. וככל שהדרגה הייתה גבוהה יותר, ככה היוהרה הייתה יותר גדולה, ככה האטימות הייתה יותר גדולה. זה מה שהיה.

והבנות האלה, הן נרצחו שם בדם קר. אפילו נשק ארוך, אפילו אקדח לא היה להן. הן לא יכלו להציל אף אחד, בטח שלא את עצמן. ובכל זאת, למרות שהן נרצחו בלי נשק, בכל זאת הבנות האלה הן גיבורות. הן גיבורות כי הן אמרו, והן דיווחו, והן דיברו, והן צעקו, והן התריעו. ולמרות שאף אחד, אף אחד! לא לקח אותן ברצינות, הן לא הפסיקו להתעקש על האמת. ובסוף יצא שהן אלה ששילמו את המחיר.

.10

שי הייתה ילדה מאוד כריזמטית. אי אפשר היה לפספס אותה. היא הייתה נכנסת לחדר, וכולם הרגישו שהיא שם, הייתה לה איזו נוכחות. היא הייתה מישהי כזאת, שרואים ושומעים. היא לא הייתה אחת שאפשר לזלזל בה, היא הייתה חזקה, דעתנית, אם היא הייתה רוצה שישמעו אותה היא ידעה לעצור ולדפוק על השולחן.

שי הייתה בת זקונים, אחרי שלושה אחים גדולים, אראל, תהילה ושחר. אחרי שבע שנים שכבר חשבנו שלא נזכה יותר, פתאום קיבלנו אותה במתנה. שי הייתה הלב של המשפחה שלנו, והלב הזה עכשיו מרוסק. אנחנו פשוט נקרעים מאהבה ומגעגועים. וכשאני חושב על זה שהיא סיימה את החיים שלה בגלל שמישהו, בגלל שהרבה אנשים, בגלל שמערכת שלמה של אנשים, פשוט לא ראו אותה, ולא שמעו אותה, ולא הקשיבו לה ולחברות שלה, זה לא רק מרתיח, זה לא רק מוציא אותי מדעתי, זה גם פשוט, לא יודע, זה פשוט מעליב. זה עלבון למי שהיא הייתה. זה עלבון לנו כהורים שלה. זה עלבון לצבא שלנו. וזה עלבון גם למדינה.

זה קדושת אדם

סיפורו של יוסי לנדאו

שדרות, פסטיבל נובה, קיבוצי העוטף

.1

פעם אחת כמעט נהרגתי תוך כדי הצלה. זה היה בארצות הברית. אני והמתנדבים שהיו איתי קיבלנו קריאה על תאונה קשה, היה מגדל במנהטן שהתרסק עליו מטוס והוא קרס. איך שאנחנו מגיעים אנחנו רואים מטוס נוסף מתרסק לתוך המגדל שלידו. בתוך שנייה הבנתי שזה פיגוע. התחלנו לרוץ לתוך הבניין השני, התחלנו להוציא אנשים, לגרור אותם החוצה, ואז גם הבניין ההוא קרס. אני נקברתי מתחתיו. שבע שעות הייתי שם, בחושך, כלוא, קבור כמעט, מתחת ההריסות. ושם נדרתי נדר לקדוש ברוך הוא, נשבעתי, שאם אני יוצא מפה בחיים, אני נותן מעצמי את כל מה שאני יכול, למי שאני רק יכול. ויצאתי. ניצלתי. שם, בבנייני התאומים לא נהרגתי. אבל בקיבוצים בעוטף עזה דווקא כן. בקיבוצים האלה איבדתי את חיי.

.2

אני יוסי לנדאו, בן חמישים וחמש, תושב אשדוד, חסיד בקהילת צאנז, נשוי, אבא לעשרה ילדים מתוקים, וסבא לעשרים ושניים נכדים, ברוך השם. רק לפני שבוע חיתנתי את הילד השביעי שלנו, אברהם. בחיים הפרטיים שלי אני מנהל חברה, יש לי חברה לשילוח בינלאומי שנותנת שירות בעיקר לציבור החרדי. ובחיים השניים שלי אני מתנדב בזק"א.

זק"א זה ראשי תיבות "זיהוי קורבנות אסון", אבל אנחנו אומרים שזה גם ראשי תיבות של "זה קדושת אדם". אנחנו מגיעים לזירה של אסון ויש עלינו שתי משימות. האחת זה הצלת חיים, השנייה זה כבוד המת. אנחנו

מכבדים את המת אבל אנחנו מקדשים את החיים שהיו לו, את הבן אדם שהוא היה, את צלם האלוקים שבו. אנחנו מכבדים גם את המשפחה שלו שנשארה מאחור ורוצה לא רק זיהוי, היא רוצה גם לדעת איך הוא מת, והיא גם רוצה לדעת שראו אותו ודאגו לו, ושמרו עליו, גם אחרי המוות שלו, המשפחה רוצה לדעת שראו אותו עיניים שמכבדות אותו. מכאן מגיע הכבוד הגדול שלנו לגוף המת.

אני קצין מבצעים של זק"א, אזור לכיש. בתחילת שנות התשעים זכיתי להיות מהמקימים של זק"א, ואני מתנדב בארגון הזה כבר שלושים ושלוש שנה, ברוך השם. הייתי בכל העולם, בכל מיני פיגועים, ולא רק פיגועים, אם זה ברעידת אדמה בהאיטי, או במתקפת הטרור במומביי. לפני שמונה חודשים חזרתי מטורקיה, מרעידת אדמה נוראית, ששם הצלנו, הצוות שלי הציל, תשעה עשר מוסלמים. הייתי בכל מקום, וראיתי את המוות בעיניים, והרגשתי את המוות, והרחתי את המוות. חשבתי שראיתי הכול, חשבתי שכבר ראיתי כל זוועה שבן אדם יכול לראות בעיניים שלו. אבל כמו שאמר חבר שלי מזק"א, אם הייתי יודע מה אני הולך לראות בשבעה באוקטובר, הייתי מבקש קודם מהקדוש ברוך הוא שיעשה אותי עיוור.

.3

בשמחת תורה, בשבת בבוקר, נמצאים אצלי הרבה מילדיי, ועוד ארבעה עשר נכדים, וכל הנכדים מחכים כבר לרגע הזה, בתפילה בבית הכנסת, כולם מחכים לשבת על הכתפיים של סבא, ולקבל את הממתקים, ולרקוד עם התורה. ובשש וחצי בבוקר מגיעה האזעקה. אנחנו באשדוד רגילים לאזעקות, הילדים קמים, נכנסים לתוך הממ"ד, ואני עומד למטה, לראות, להיות בהיכון, איפה נפל. אם תהיה נפילה אני אקפוץ כדי להגיע למקום. אז אני לובש את כל הלבוש שלי, ונמצא בהיכון, ואני רואה את הכיפת ברזל יוצאת מאחורי הבית שלי, ואני רואה בשמיים עשרים, עשרים וחמישה, שלושים יירוטים, והכול מתנגש עם הכיפת ברזל, אני זוכר שאמרתי לעצמי, "משהו קורה פה, זה לא הגיוני".

ואז אני מתחיל לקבל טלפונים, והודעות במכשיר הקשר שלי, מכל מיני קצינים ומפקדים, גם מהצבא, גם מהמשטרה, גם מפיקוד העורף, וכולם אומרים לי "יוסי, תקשיב, יש פה משהו, יש כאוס, אנחנו עוד לא יודעים

להגיד מה האירוע, אבל מה שאתה רואה, הטילים, זה כיסוי על פלישה, ויש מחבלים ויש הרוגים. אנחנו עוד לא יודעים לכוון אותך מה לעשות, אבל תהיה בהיכון".

ואחרי שעתיים בערך אני מקבל טלפון ממפקד מחוז דרום, הוא מתקשר אליי ואומר לי "יוסי, תקשיב, אתה נכנס עכשיו לאוטו, קודם כול תלך למחסן, תמלא את האוטו שלך עם ציוד, שקיות גופה. אנחנו באירוע אחר לגמרי ממה שאתה מכיר. תתחיל לנסוע לכיוון שדרות".

אני מתקשר לכמה מתנדבים, בגלל החג תפסתי רק שניים, ואני אומר להם "תהיו בהיכון, אני בא לאסוף אתכם מהמחסן שלנו באשדוד". אני ממלא את הרכב שלי עם שקיות גופה, עם ציוד, עם כפפות, עם כל מה שצריכים, ולוקח את הנשק הארוך, עם מחסניות, כמה שיש. בדרך כלל אני הולך כל הזמן עם הקצר, עם אקדח, אבל פה הבנתי שיש אירוע אחר.

כמעט לכולנו בזק"א יש נשק, אנחנו כל הזמן עושים אימוני ירי, גם מטעם המשטרה, כי אנחנו נמצאים בשטח, ואנחנו בתור עזרה ראשונה הרבה פעמים מגיעים ראשונים לזירות של אסון, ולפעמים הוא עדיין מתרחש, אז יש לנו הכשרה. אנחנו לא לוחמי ימ"מ, ולא מטכ"ל, ולא שייטת שלוש עשרה, אבל אנחנו יודעים להפעיל את הנשק שלנו, ויודעים לפגוע כשצריכים לפגוע. אם צריך, רחמנא ליצלן.

4.

בצומת יד מרדכי נתקלנו במחסום הראשון של הצבא, היו שם מלא הרוגים בכביש, מלא גופות, חיילים, כוחות מיוחדים שנמצאים בשני צידי הכביש ונלחמים במחבלים שעלו מזיקים. שריקות של כדורים. הצגתי את עצמי ואמרו לי "אם אתה נכנס זה על אחריותך בלבד, תיסע, תדרוך את הנשק שלך שיהיה מוכן, בגלל שכל הזמן קופצים פה מחבלים".

כשהגעתי לשדרות, ראיתי שבכניסה לעיר יש חמ"ל גדול, עם חפ"ק. ופתחו שם גם תחנת עזרה ראשונה, סוג של בית חולים שדה כזה, לכל הפצועים שהיו. ואני עם הצוות שלי, ביחד עם שני מתנדבים, פשוט מתחילים לסרוק את העיר ולחפש פצועים. זה דבר ראשון שאנחנו צריכים לעשות, להציל אנשים. ובזמן שאנחנו בסריקות, פתאום יורים עלינו! ואנחנו רואים אותם, מחבלים! יורים עלינו! התחלנו לירות עליהם, להילחם, אבל זה לא

התפקיד שלנו. התרחקנו משם, המשכנו בסריקות, חיפשנו להציל אנשים, ומצאנו, אני לא יודע כמה מהם נשארו בחיים, אבל הצלחנו להביא אליהם לתחנה שהם פתחו חמישה עשר אנשים בערך, משהו כזה. פשוט אספנו פצועים ברכב, לקחנו אותם לכניסה לשדרות, והשארנו אותם בבית חולים שדה שם, שימשיכו את הטיפול.

ואז אנחנו מגיעים לאיזה רכב אחד שהיה שם, ארבע שעות אחרי שכל האירוע התחיל, אנחנו מגיעים לאיזה רכב, והיו שם בפנים זוג הורים, שהם היו ירויים, בתוך הרכב, ואנחנו מתחילים לבדוק אותם, לראות אם הם חיים, או לטפל בהם ולהכניס אותם בשקית גופה. והשמש קופחת, ואנחנו יודעים שכל דקה קריטית פה בשביל הגופות, ואז אנחנו שומעים בכי של ילדה! הילדה הייתה בתוך האוטו! מתחת לכיסא, וזאת הייתה סטירה ראשונה שלי, שקיבלתי בשבעה באוקטובר. זה משהו שלא הכינו אותי, שלא הייתי מוכן לזה.

והילדה בוכה בוכה, ואני אומר לה "באנו להציל אותך", אז היא שואלת "אתה משלנו", אמרתי "כן". והיא מבקשת ממני סימן, לדעת שאנחנו לא חמאס, ואני אומר לה, עם דמעות בעיניים, "שמע ישראל ה' אלוקינו ה' אחד". ואז היא יצאה החוצה מתחת לכיסא, ובעיניים שלי אני רואה רק את הנכדות שלי, היא הייתה באותו גיל, וכמעט נפלתי שם, כמעט התמוטטתי ונשברתי במקום, אבל אמרתי "זה לא הזמן עכשיו בשביל זה". כיסיתי את העיניים שלה, כדי שהיא לא תראה את ההורים שלה, העברתי אותה לאיזה קצין משטרה שהיה שם בסביבה, ואמרתי לו "קח אותה בבקשה, תשמור עליה, כי כשהיא פה אני לא מסוגל להמשיך".

.5

ואז התחילו הגופות להיערם. היו שם כל כך הרבה הרוגים. ואני מתחיל לספור, עשרים, שלושים, ארבעים, חמישים גופות, והתחלתי לדבר לעצמי בקול, אמרתי, "לא, לא, לא, לא לזה התכוונתי, לא בשביל זה הגעתי לזק"א, זה לא אמור ככה להיות!". ומה אני בדיוק עושה עכשיו עם הכמויות, עם כל הכמויות האלה של הגופות. הסתכלתי, ופתאום ראיתי משאית חונה שם בצד הדרך. שברתי את המנעול של המשאית, פתחתי את המשאית, ואמרתי לחבר'ה שלי – בזה אנו הולכים להשתמש כמחסן גופות.

בשלב הזה אני כל הזמן צועק בקשר של זק"א שאני צריך עוד עזרה, שאני צריך מתנדבים. אבל כל המתנדבים שלנו חרדים, נמצאים בחג, בשבת, בבית כנסת, ואף אחד לא לקח את המכשיר שלו איתו, ואף אחד לא עדכן אותם! אז אני פשוט אומר, אני צועק שם וצורח "אנחנו צריכים עזרה! אני מבקש עזרה!" ולאט לאט פתאום מתחילים להגיע אליי מתנדבים.

ובינתיים התקשרתי גם לעובדים שלי בחברת השילוח. יש לנו שם כמה משאיות. אז התקשרתי לנהגים שלי, ואמרתי להם "מייד בצאת השבת אתם מניעים את הרכב ומגיעים לכיוון שדרות ואופקים!". באופקים היו לנו מעל חמישים גופות. בשדרות שבעים גופות. והיה פשוט צריך להעמיס אותן למשאיות. בשלב הזה עוד לא ידענו בכלל לאן לוקחים אותן. ואז הגיעה ההחלטה שלוקחים אותם למחנה שורה, מחנה שעד אז אף אחד אפילו לא ידע איפה הוא נמצא.

.6

כל הזמן הזה, כשהסתובבנו שם בשדרות, התנהלה שם לחימה איומה, בתחנת המשטרה שם, היו שם מחבלים שהחזיקו בני ערובה, הם החזיקו שם בערך עשרה שוטרים, והיו שוטרים גיבורים, קדושים, שנכנסו פנימה להילחם בהם. הייתה שם מלחמה, ופתאום אני רואה מולי טנק, וזו פעם ראשונה בחיים שלי שאני נמצא בישראל, ואני רואה טנק מסתובב בתוך עיר. והטנק מגיע לתחנת המשטרה בשדרות, והוא לא רואה ממטר, הוא עולה שם על דברים, דורס מכוניות חונות, בקיצור, כאוס לא נורמלי! והשוטרים שם בשדרות, הם החזירו מלחמה, עד הכדור האחרון, הם באמת היו גיבורים, אבל לצערי הרב כמעט כולם נהרגו שם. ואנחנו, רק לפנות בוקר יכולנו לחזור לשם ולקחת אותם.

משדרות יצאנו לכביש שלושים וארבע. יש שם קטע שלוקח ברגיל עשר דקות לנסוע, ואנחנו נסענו אותו בשבע שעות. עברנו את הכביש הזה עם צוות מוגבר לאסוף את הגופות. אוי, מה שהיה לנו שם. ראיתי שם אנשים הרוגים בתוך הרכבים. זרוקים מחוץ לרכבים. ראיתי שם משפחות, ילדים קטנים, אנשים צעירים, אנשים שסתם נסעו שם בכביש, וכולם עם וידוא הריגה. ראיתי שמה רכבים שכבר שתים עשרה שעות אחרי האירוע, עדיין בוערים אחרי שקיבלו אר־פי־ג'י או רימון. ראיתי רכבים שהמחבלים פשוט הציתו אותם ושרפו שם אנשים חיים. הם דאגו, המחבלים ימח שמם, הם

דאגו שלא יישאר זכר מאנשים האלה, פשוט שלא יישאר זכר. ועם הדבר הזה אנחנו מתמודדים עד היום, שאנחנו צריכים לזהות אנשים מתוך אפס, אפס גוף שנשאר.

.7

משם אנחנו הגענו למקום, איפה שהיה הפסטיבל, ברעים, אוי, הגענו לשם באחת בלילה, וכל מה שראינו שם, אוי אוי אוי, אנחנו לא ראינו כלום חוץ מגופות. רק גופות, גופות, דם, גופות, דם, גופות – זה מה שראינו. שלוש מאות ושישים צעירים וצעירות, קדושים וטהורים, קדושים וטהורים וגיבורים, הם עלו השמיימה, אנשים טהורים, והם נמצאים עכשיו סמוך לכיסא הכבוד. אנחנו הרגשנו איזו זכות שאנחנו טיפלנו בקדושים האלה.

וכשהגענו לשם החיילים שהיו שם באו אלינו ואמרו לנו, "עם כל הכבוד, אנחנו לא יכולים לתת לכם לעבוד פה", שאלנו אותם למה, והם עונים, "זה מסוכן לכם להיות פה", ואנחנו לא מבינים למה, תסבירו לנו, והם אומרים "יש עדיין מחבלים בגזרה, יש עדיין מחבלים שיכולים להיכנס, ויש לנו פה עדיין פצמ"רים שמגיעים, אין איפה לתפוס מחסה". אמרתי "מה זאת אומרת, יש לנו פה מלא מיגוניות". ואז נכנסתי לאחת המיגוניות, והבנתי. אי אפשר היה להיכנס למיגוניות, כל המיגוניות שם, כולן היו מלאות גופות.

בסוף סיכמנו עם החיילים שנעבוד עד הזריחה, הם פחדו שבזריחה תיכנס לשם עוד חוליה של מחבלים, אז החלטנו לעבוד שם עד הזריחה, מה שנספיק נספיק. קיבלנו את האישור. הייתי צריך לקחת שם מאה שמונים מתנדבים. וארבעים מתוכם, מה שהם עשו, הם היו צריכים להפריד שם עשרים ואחת גופות שנשרפו בתוך מיגונית. הם היו צריכים להפריד אותן זו מזו, ולשים כל אחת בשקית. זה לקח להם שלוש שעות לעשות את זה. וכל אחד מהמתנדבים שלנו, זה אנשי משפחה, אנשי עבודה. האש שראיתי שם בעיניים של המתנדבים, אני התחלתי לבכות רק מלראות את זה, איזה אנשים יש לנו בזק"א. איזה גיבורים. אני הסתכלתי עליהם וידעתי שכשכל זה יסתיים, הם צריכים לחזור הביתה, ולהיות עם המשפחה שלהם. והם עכשיו לא חושבים בכלל, מה זה יעשה להם, כמה זה יפגע בהם. לא. זה לא מעניין אותם, יש להם משימה עכשיו, ולמשימה הזאת הם ייתנו את הכול, את כל נפשם ומאודם. עד ארבע וחצי בבוקר עבדנו שם. היינו מאה שמונים

מתנדבים, והספקנו לכבד שם את זכרם של מאתיים שלושים ושבעה אנשים קדושים.

8.

בשלב הזה בבוקר, היינו בטוחים שסיימנו, שזהו, אבל אז באו אלינו, ואמרו לנו, "המשימה הבאה שלכם זה להיכנס לקיבוצים, ושם זה הגרוע מהכול". ואני צחקתי עליהם. כי לא יכול להיות יותר גרוע ממה שכבר ראינו. לא יכול להיות גרוע ממסיבה עם כל כך הרבה הרוגים קדושים, כל כך הרבה גופות. אבל כשנכנסתי לקיבוצים, כשנכנסתי לשם, ראיתי את הגרוע מהכול. ואני אישית, אני באופן אישי, אני עדיין לא יצאתי מזה, אני עדיין בתוך האירוע. אני, אני במשך שבעה שבועות, אני לא הצלחתי להרים ולחבק את הנכדים שלי. לא יכולתי להסתכל להם בעיניים. לא רציתי שהם יידבקו במה שאני ראיתי ועברתי. לא רציתי שהם ירגישו מה שאני מרגיש.

נכנסנו לקיבוצים. והמראות שם היו קשים. היו מראות קשים. ואני לא הולך לפרט בדיוק את המראות. ראינו שם דברים, ראינו ילדים, משפחות, מבוגרים, קשישים, דברים נוראיים, נשים בהיריון, נערות צעירות שהתעללו בהן ובגופות שלהן. ובשלב מסוים נכנסנו לבית אחד, שיש שם משפחה שלמה, ושלולית, אני לא הייתי קורא לזה שלולית, אלא נהר של דם שם בסלון, ואני נכנסתי לשמה, ואני רואה שם את המצב של הגופות, ואני מתחיל לחשוב לעצמי, ולדבר לעצמי, "ההורים, הם ראו את מה שעשו לילדים, והילדים, הם ראו את מה שעשו להורים, הם הרי התחננו על החיים שלהם, ובזמן שזה קורה, המחבלים האלה, הם אוכלים את הארוחה שהייתה מוכנה על השולחן של המשפחה הזאת, האם אני רואה נכון, האם זה מה שאני רואה".

היינו שם כמה זמן, בתוך הבית הזה, וכל המתנדבים שם, שהיו איתי, כולם מתנדבים מנוסים, מגיעים אליי, אחד אחרי השני, "יוסי, שלום, אני הולך הביתה, אני לא מסוגל", ואני נשאר שם כמעט לבד, אבל גם אני לא מסוגל, וגם אני צריך לקבל עידוד, ואין לי, ואין ברירה, אז אני קורא למי שנשאר שם איתי, ואנחנו מחזיקים יד ביד, ומתחילים לשיר שם, ליד ההרוגים, ליד המשפחה, אנחנו עוצמים עיניים, בבית של הקדושים האלה, ואנחנו מבטיחים למשפחה, אנחנו מבטיחים הבטחה, שאנחנו נטפל, ונביא לזיהוי, כל אחד ממי שחולל פה, ומי שנהרג פה, זאת הייתה ההבטחה שלנו.

.9

כשהגעתי הביתה בפעם הראשונה, זה היה אחרי כמעט שבוע של עבודה בשטח, בלי שינה בכלל, ואחרי שאיבדתי שבעה קילוגרם מהגוף שלי, כשהגעתי הביתה המשפחה שלי, הם לא רצו להסתכל עליי. לא אשתי ולא הילדים שלי ולא הנכדים. הייתי צריך לקחת אותם, ופשוט להגיד להם שאנחנו נמצאים כרגע בתחתית. אי אפשר לרדת יותר למטה מזה. רק דבר אחד יכול לקרות פה עכשיו, רק לעלות ולעלות, וזה רק עם עידוד ותמיכה, רק ככה אנחנו יכולים לעלות. ואני מבקש מכם, ככה אמרתי להם, אני מבקש מכם לתת לי את התמיכה הזאת ואת העידוד הזה. אם לא, אני הולך ליפול. אני הולך ליפול. ככה אמרתי. והם נתנו לי את המילה שלהם. ואני קיבלתי מהם את התמיכה הזאת. ויצאתי מחוזק.

ושבועיים בערך אחרי השבת ההיא, קיבלתי טלפון מידיד שלי שאני עובד איתו, והוא אומר לי "יוסי, תקשיב, אבא שלי בן תשעים ושתיים, הוא ניצול שואה, הוא מאוד רוצה לדבר איתך, יש לך סיכוי להגיע". אמרתי "כן, אני רוצה להגיע". לקחתי את האוטו, נסעתי לרמת גן לפגוש את היהודי הזה, שהוא היה אצל דוקטור מנגלה בניסויים שהוא עשה על בני אדם. הראיתי לו תמונות ממה שאני צילמתי, מה שהאחים והאחיות שלנו עברו שם, מה שעשו להם, סיפרתי לו. והבן אדם הזה, בן תשעים ושתיים, התחיל לבכות. הוא לקח לי את היד ואמר לי "יוסי, אני רוצה להגיד לך. מה שאתה ראית, אנחנו לא ראינו. לא היו דברים כאלה, יותר גרוע מהשואה".

.10

המתנדבים שלנו הגיבורים עוברים היום טיפולים קשים, טיפולים נפשיים. חלק מהם הפסידו את העבודה שלהם בגלל שהם לא מסוגלים פשוט לתפקד בעבודה. אני מקבל טלפונים באמצע הלילה מנשים של מתנדבים, "יוסי איפה בעלי, הוא לא הגיע הביתה", ואני מתחיל לחפש, ומגלה שהם ישנים באוטו, ישנים בבית הכנסת, הם לא מסוגלים ללכת הביתה, הם לא מסוגלים לחיות את החיים שלהם. או שאני מקבל טלפון משכן של מתנדב שלי, בשעה שלוש אחר הצוהריים ביום שישי, והוא אומר לי, "אתה יודע שהמתנדב הזה שלך, יש לו חמישה ילדים בבית, ואין להם סעודות שבת, אין להם שום דבר לשבת", ואז אני מתחיל להתארגן על כל הדברים האלה. אני מתחיל לארגן להם אוכל,

שיהיה להם, לשבת. וכאלה סיפורים יש לי מאז השבעה באוקטובר, יום יום. **הם לא הרגו רק אלף מאתיים איש. אנחנו גם חלק מהחללים.**

ובאיזה ערב אחד, ישבתי עם המתנדבים שלי בלילה, בדשא, וביקשתי מהם להתחיל לומר, לדבר, מה ראיתם, מה עברתם. וכשהגיע תורי לדבר, אמרתי להם, "אני רוצה להגיד לכם משהו אישי, ואני מבקש שזה יישמר בינינו, שלא יחשבו שאני משוגע, שלא תצא שמועה שיוסי לנדאו השתגע, ואני רוצה להגיד לכם מה אני הרגשתי ביום הזה. אני הרגשתי שהגופות האלה דיברו איתי. אני הרגשתי שהגופות דיברו איתי וסיפרו לי את הסיפור שלהן", זה מה שאמרתי, ועוד לפני שהספקתי לסיים את המשפט, כולם, שבעים מתנדבים, אומרים לי – "יוסי, פחדנו להגיד לך את זה, אבל גם לנו זה קרה, גם אנחנו הרגשנו ככה, אנחנו הרגשנו אותו דבר".

הנרצחים האלו, הקדושים, הטהורים, הם דאגו לנו, הם דאגו שאנחנו נעביר את המסר, שלא הרגו אותם סתם. הם אמרו לנו – "ניסו לקחת את הכבוד העצמי שלנו, ניסו לקחת את הזהות שלנו, ניסו למחוק אותנו, ניסו לא להשאיר מאיתנו שום דבר, אבל אתם תספרו לכל העולם! תספרו את זה, תספרו את מה שהיה, ותגידו מה שאנחנו עברנו. העיניים שלכם זה כמו הפה שלנו, את מה שאנחנו לא יכולים לספר, העיניים שלכם יכולות לספר". זאת הצוואה שלהם, שאני קיבלתי. ואת הצוואה הזאת אני משתדל לקיים.

תודה אבא שאתה חי

סיפורם של תומאס ואמילי הנד

בארי

מספרת – אמילי
בת 9

.1

לא היה אפילו איש אחד נחמד מבין האנשים ששמרו עלינו בקופסא. "קופסא" זה איך שאני קוראת לעזה. אני לא רוצה להגיד את המילה הזאת, עזה, אז אני אומרת "קופסא". יש לי עם אבא כמה מילות קוד. "זיתים" זה מחבלים. "במבה" זה ערבים. "אנטיביוטיקה" זה דם. חטופים זה "גבינה". נרצחים זה "קוטג'". אני קראתי לזה במאכלים שאני לא אוהבת. כי המילים האלה, זה מילים שלפעמים לא נעים לי להגיד.

.2

הגעתי לבארי כשהייתי בת שנתיים וחצי. הילה הייתה בת שבע, היא שמעה שמגיעה ילדה חדשה לקיבוץ אז היא נתנה לי מלא דברים, ומאז אנחנו חברות. ומזל גדול שאנחנו חברות כי כשהייתי בקופסא הילה עזרה לי להיות שם. היא עזרה לי ממש ממש.

אני אוהבת את הקיבוץ ממש. אני אוהבת ששניצל וג'ונזי יכולים להיות חופשיים וללכת בלי קולר. אה, והם גם יודעים איך חוזרים הביתה לבד! אני אוהבת שיש לי כלבה. כי כשאני עצובה אז היא יודעת את זה לבד, והיא יכולה לבוא ולתת לי נשיקה.

שניצל בדרך כלל ממש נובחת, והיא גם כל שניה זזה. ג'ונזי בדרך כלל שותק, ולא זז מהמקום שלו. הוא רגוע. הוא רק שומר עלי. עם שניצל

אני משתוללת, אבל בעדינות, כי היא רגישה. היא רגישה, אבל היא אוהבת להיות משוגעת כזאת. אבל עם ג'ונזי, איתו אני נהיית חזקה. חזקה ורגועה. מדי פעם אני יכולה להיות רגישה, וגם להיות חזקה. בבת אחת. ואז אני הכי רגועה. כזה קלילה כזאת, כאילו שום דבר לא קרה.

3.

אני זוכרת שבשישי בערב הלכנו לבית של הילה, ואז נרקיס באה. רקדנו כזה ועשינו כל מיני שטויות והיה ממש ממש כיף. ובבוקר, בשש בבוקר, הילה מעירה אותי לבומים, והלכנו לממ"ד. **אמרו שיש צבא, אבל לא ראינו שם אף אחד.** ואז כאילו הממ"ד לא היה יכול להיסגר, אז היא שמה כל מיני ספות כאלה על הדלת כניסה.

אני חשבתי שהם בטוח יגיעו אליי, אלינו. המחבלים. בגלל שאנחנו הכי קרובים אל הכרם, והם היו בכרם. שמענו צעקות, אז ידענו שהם בכרם. והם הגיעו אלינו, הם יודעים לפרוץ את זה. כן. הם יכולים לשבור עם פטיש או משהו כזה. ובגלל שהייתי אצל הילה אז אבא לא היה איתנו שם.

4.

אני יודעת מעצמי לצייר. גם כשהייתי עם הילה שם, לפעמים נתנו לנו לצייר. **ציירתי שם את ג'ונזי, ואת אבא. ועכשיו אני הרבה הרבה מציירת.** אני אוהבת לצבוע לפי הגוונים. כאילו, נגיד, ירוק בהיר, ואז ירוק רגיל, ואז יותר כהה, ויותר כהה, ויותר כהה. אני אוהבת שיש סדר. פשוט תמיד כשחברות שלי באות לחדר שלי הן נוגעות לי בכל הדברים. אז אני אומרת להן, "לא, לא, לא, זה צריך להיות פה, זה אמור להיות שם". אני אוהבת שיש סדר. אני אוהבת שמסודר.

5.

היום אנחנו גרים בהרצליה. אני אוהבת את זה פה, יש לי כל מיני חוגים, אני כבר יודעת לרכב על סוס. אני יודעת כבר לעשות "קאנטֶר". בהתחלה אני פחדתי, אבל כשכבר עליתי זה נהיה לי כיף, ובסוף לא רציתי לרדת. פשוט עליתי עליו ורכבתי, ומאז הבנתי שזה ממש כיף, כאילו, אם אני לא מנסה, איך אני יכולה לדעת אם זה כיף.

לפעמים ביום חמישי, אני אפילו הולכת למין חוג כזה, עם כלב, ממש מאולף כזה, הרבה יותר מאולף מג'ונזי. קוראים לו דאו, ואני משחקת איתו פריזבי. אין לי איך להסביר את זה, אבל זה הדבר הכי טוב שיש לי בשבוע. יום חמישי זה היום האהוב עליי. בבוקר סוסים, ואחר כך אני חוזרת ויש לי את דאו, אחר כך אני נוסעת לים המלח למלון, לפגוש את החברות שלי שגרות שם.

פחדתי שהמחבלים יבואו להרצליה. כי הם באו לרעננה, אז פחדתי מאוד. אבל אז הבנתי שהם לא באים, שהם לא באים לבתים ספציפית, הם הולכים רק כזה ברחוב, ושם הם עושים את הפיגוע. הם לא נכנסים פה לבתים. גם איפה שהמקום אצלנו, יש מצלמות אבטחה, ובלילה יש כזה משהו מברזל שיורד על החלונות. אז זה טוב.

אני לא יודעת אם אני רוצה לחזור לבארי. אני לפעמים כן ולפעמים לא. מצד אחד הקיבוץ לא קרוב לשום דבר. מצד שני, יש שם את כל החברות שלי. וזה קטנצ'יק, וזה כיף. מצד שלישי, המחבלים יכולים ככה להשתלט עליו שוב, וזה מפחיד נורא.

מספר – תומאס

.1

כשאמילי הייתה בת שלוש, אמא שלה, ליאת, נפטרה מסרטן. ואני ניגשתי לאמילי ואמרתי לה, "אמא מתה", והיא אמרה "אוקיי", אבל היא לא באמת הבינה שזה אומר שאמא לא תחזור יותר לעולם. במשך ימים, ימים ארוכים, היא המשיכה לשאול שוב ושוב "איפה אמא, איפה אמא". היא הייתה בסך הכל בת שלוש, ילדה קטנטנה, לא היה לה קונספט של מוות.

ובשלב מסויים לקחתי את אמילי לקבר של אמא שלה. חיבקתי אותה, הצבעתי על הקבר, ואמרתי לה, "פה בבית הקטן הזה, אמא נמצאת. היא תישאר פה תמיד, היא לא הולכת מפה. היא לא מרגישה יותר כלום, לא חם לה, לא קר לה, היא לא מרגישה שום דבר". ואמילי הסתכלה עליי, ואני אמרתי לה, "אמילי, תקשיבי לי מתוקה, אמא לא תחזור יותר. היא מתה. ומי שמת, לא חוזר לעולם".

חמש שנים אחר כך, אני מוצא את עצמי שוב בתוך אסון נורא. אני הייתי בטוח שאמילי שלי נרצחה. במשך ימים ארוכים התאבלתי על המוות שלה.

אבל היא כנראה אף פעם לא השלימה עם מה שאמרתי לה שם על הקבר של ליאת. אחרי חודשיים בעזה היא חזרה אלי. הבת האהובה שלי קמה לתחייה.

.2

אני גדלתי באירלנד למשפחה קתולית. בכל יום ראשון הייתי הולך לכנסיה עם ההורים שלי, ילד חמוד עם חליפה ועניבה. זו הייתה תקופה מיוחדת, הייתי אז דתי. היום אני צוחק שאני "אתאיסט קתולי". בגיל שלושים ושתיים הגעתי לקיבוץ בארי כמתנדב, והתאהבתי. התאהבתי פעמיים. קודם כל בקיבוץ, ואחר כך בנרקיס.

הקיבוץ היה הדבר הכי הפוך ממה שהכרתי. אני הגעתי ממקום עם מזג אוויר גשום וסגרירי, ופתאום גיליתי שמש, שמש שיודעת גם לחמם! לא רק להאיר. גיליתי שדות, שבילים, אנשים, ילדים. הייתי המום מרוב יופי. ונדהמתי גם מהדבר הזה, "קיבוץ". כל החיים שלי הייתי בעד סוציאליזם. אבל חשבתי, כמו שכולם אומרים, שסוציאליזם זה רעיון יפה שלא מצליח לעבוד במציאות. והנה, אני מגיע למקום שבו זה באמת עובד. מנהל בית הדפוס מקבל את אותה משכורת של האישה שעובדת במכבסה. שום דבר לא חסֵר לאף אחד. ולכולם יש את מה שהם צריכים.

זאת הייתה התקופה הכי יפה בחיי. אני זוכר, הייתי קם לפנות בוקר לעבודה חקלאית בשדה, וחוזר הביתה בשקיעה, מותש, עם שרירים תפוסים, שלפוחיות על הידיים, וחיוך מרוח על הפנים. הייתי מאושר. אני עדיין מאושר. כבר שלושים שנה קיבוץ בארי זה הבית שלי. חברי הקיבוץ הם המשפחה שלי. אני ממש מחכה לחזור לשם. זה המקום שלי בעולם.

את נרקיס פגשתי בפאב הקטן שלנו בבארי, זמן קצר מאוד אחרי שהגעתי לשם. זו הייתה התאהבות מהירה וקלילה. אחרי חודש כבר עברנו לגור יחד! נשארתי כמתנדב במשך שנה, אבל אז הוויזה שלי נגמרה, וגם הכסף שלי נגמר. באתי רק לשלושה חודשים, לא תכננתי להישאר כל כך הרבה זמן. בסופו של דבר חזרתי הביתה, כדי לעבוד ולהרוויח כסף. אבל נרקיס ואני שמרנו על קשר אוהב וחם. ויום אחד, כשהיא הגיעה לביקור באנגליה, נפגשנו, ואני ביקשתי ממנה להתחתן איתי. ונרקיס אמרה לי כן! אני אהבתי אותה נורא. אחרי החתונה עברתי סוף סוף לבארי. לנרקיס ולי נולדו שני ילדים, עדן ונטלי. לאחר מכן התגרשנו. ונרקיס ואני גידלנו את

הילדים שלנו בקיבוץ. היא הייתה אמא מדהימה לילדים שלנו. היא הייתה אישה מדהימה, נרקיס.

אחרי כמה שנים, הקיבוץ ארגן סופשבוע כזה לפנויים פנויות, באילת. ואני וכמה חברים שלי חשבנו שזה יכול להיות נחמד ונסענו. ושם, באילת, פגשתי את ליאת. מיד חיבבתי אותה, כל הלילה דיברנו, ואני ממש התאהבתי בה, למרות שהיא גרה בחיפה! במשך זמן מה הקשר בינינו היה לונג דיסטנס, כששלוש שעות נסיעה מפרידות בינינו. אבל אז ליאת עברה לגור איתי בבארי. וביחד הבאנו לעולם את אמילי שלנו. ואז ליאת שלי הלכה לעולמה.

וכשליאת נפטרה, נרקיס פשוט לקחה את אמילי תחת חסותה. היא פשוט התייחסה אליה כמו אל עוד בת שלנו! אמילי לא זכתה כמעט להכיר את האמא הביולוגית שלה, אבל נרקיס פיצתה על זה בענק. לאמילי הייתה אמא שנייה, וקראו לה נרקיס. ואז אמילי איבדה גם אותה. <mark>אמילי איבדה שתי אימהות. קרוב למאה חברים מהקיבוץ שלנו נרצחו בשבעה באוקטובר.</mark> וגם נרקיס נרצחה.

לנרקיס הייתה חברה טובה, קוראים לה רעיה רותם. שתיהן גדלו יחד בקיבוץ והקימו שם את המשפחות שלהן. לרעיה יש בת, ילדה מתוקה בת שלוש עשרה, קוראים לה הילה. באופן מפתיע ולא מוסבר, למרות פער הגילאים, בין הילה ובין אמילי נרקם קשר חברות פשוט מקסים. הן באות אחת אל השנייה, רוקדות ביחד, מציירות, הרבה צחוקים, הרבה שטויות, ישנות אחת אצל השנייה. הן חברות טובות ממש. וגם בשישה באוקטובר הן ישנו ביחד. אמילי הלכה לישון אצל הילה.

3.

ביום שישי בערב ישבנו ביחד בחדר האוכל לסעודת חג. אני, אמילי, נרקיס, רעיה, והילה. הילדים הגדולים שלי, נטלי ועדן, לא היו בבארי בחג, והסעודה הייתה ממש נחמדה. איתנו היו שני כלבים חמודים, ג'ונזי הכלב של אמילי, ושניצל הכלבה של נטלי, ששמרנו עליה בסופ"ש. בסוף הארוחה אמילי ביקשה להישאר לישון אצל הילה, ואני אמרתי לה, "בטח! זה החלום שלי! סוף סוף יהיה לי זמן לראות קצת פוטבול!", וככה באמת היה.

שבת בבוקר, רקטות, אזעקות. אני נכנס לממ"ד, קורא לג'ונזי, הוא כבר מתורגל, הוא נכנס יחד איתי, ואנחנו מחכים בפנים. אמילי עם הילה

בבית של רעיה. אני משער שהן נכנסות שם לממ"ד, הכול בסדר. אני לא הבנתי שקורה פה משהו חריג, עד שלא התחלתי לשמוע יריות. יריות מנשק אוטומטי, ובומים של אר פי ג'י. רעש מטורף. ואני מדבר לעצמי בקול, ומקלל, "מה לעזאזל קורה פה, מה לעזאזל קורה פה!" בהתחלה ניסיתי להרגיע את עצמי שזה סתם תרגיל של צה"ל, אבל זה נהיה יותר ויותר קרוב, הרעשים הלכו והתקרבו. ואני הבנתי שזה כנראה סוג של פשיטה.

אני מיד מתקשר לנרקיס, ואני אומר לה, "את בטח בממ"ד, תסגרי את הדלת. הדלת לא ננעלת, תחזיקי את הידית! אם את שומעת אנשים מתקרבים, דיבורים בערבית, תחזיקי את הידית הכי חזק שאת יכולה!". אני יודע שצריך להגיד את זה גם לרעיה, אבל רעיה לא יודעת אנגלית מספיק טוב, ואני לא יודע עברית מספיק טוב, אז אני מתקשר שוב לנרקיס, "אמילי אצל הילה! תתקשרי לרעיה ותגידי לה לעשות בדיוק כמו מה שאמרתי לך! הם חייבים להחזיק את הידית ולסגור את עצמם בממ"ד!".

ובינתיים אני מתחיל להתחמש, ולתכנן מה לעשות. יש לי אקדח, יש לי בערך שלושים כדורים, יש לי גם שני סכינים, אחת מהן ארוכה. אני מתכנן כבר איך אני יוצא, איך אני רץ לבית של רעיה כדי להוציא את אמילי, להחביא אותה. אני פותח קצת את החלון לרגע, כדי לראות מה קורה בחוץ, ומיד, בום! שתי יריות על קיר הבית שלי. אני סוגר את החלון מהר, ואני קולט שאם אני יוצא אני יכול פשוט למות בשנייה אחת.

אני חושב על זה שאמילי כבר איבדה אמא אחת בגיל שלוש. ואני לא מוכן בשום אופן שהיא תהיה יתומה גם מאבא. ובשלב הזה מתחילה ההתלבטות שלי, איזה סיכון לקחת. האם לצאת לאמילי ולהסתכן בכך שהיא תאבד אותי. או לתת לה להישאר בממ"ד עם רעיה והילה, ולקוות לטוב.

בשלב הזה אני יוצא מהממ"ד למטבח, ומתיישב שם עם אקדח טעון. מוכן לכל דבר, לכל מחבל שיגיע אליי. לא רציתי להתחבא כמו עכבר. בעשר וחצי בערך אמילי שולחת לי הודעה ושואלת אם אני בממ"ד, ואני אומר לה "כן". אני לא רוצה שהיא תדע שאני במטבח, אני רוצה שהיא תהיה רגועה. ובדיוק אז נגמרה לי בטלפון הסוללה. לא היה בשכונה שלנו חשמל. זאת הייתה הפעם האחרונה ששמעתי מאמילי באותו היום. זה היה נורא.

הייתי שם במטבח לא מעט זמן. מתתי מצמא. הכיור היה מטר ממני אבל אני לא קמתי לשתות. כי מה יקרה אם הם יגיעו בדיוק אז. אני חייב

להיות בפוקוס! ופתאום אני שומע חריטות כאלה, כאילו מישהו שורט את דלת המטבח. ואני מסתכל דרך החלון ואני רואה שזאת שניצל! הכלבה של נטלי. וברגע הזה אני מבין שקרה דבר נוראי. אני מבין שמשהו קרה לנרקיס. הרי שניצל הייתה איתה בממ"ד! והיא בטוח לא פתחה לה את הדלת. אז מישהו אחר פתח לה את הדלת שם. הבנתי את זה בשנייה.

וזהו, ככה העברתי שש־עשרה שעות. ביחד עם ג'ונזי ושניצל, על כיסא נמוך במטבח. לא קמתי לשתות, ולא קמתי לאכול, ולא הלכתי לשירותים. פשוט ישבתי עם אקדח טעון, עד שבאו לחלץ אותי. אני נשבעתי לעצמי שאני אשרוד, בשביל שאמילי לא תאבד אותי. וכך באמת היה.

.4

החיילים היו באמת גיבורים בצורה שאין לתאר. בשעה אחת־עשרה, הם דופקים לי על הדלת. עדיין יש קרבות בקיבוץ, ואנחנו מחולצים תחת אש, הולכים ברגל לכיוון השער של הקיבוץ, מוקפים בחיילים מיחידת קומנדו, ברכבים ממוגנים, עוצרים כל כמה דקות,. אני שואל אותם על נרקיס, ועל משפחת רותם, והם אומרים לי שהם לא יודעים כלום. הם מקפיצים מיד חיילים שיבדקו את הבתים שלהם. וככה אני מגלה שנרקיס נרצחה. ושבבית של משפחת רותם אין אף אחד.

במשך שלושה ימים אמילי הוגדרה כנעדרת. במשך שלושה ימים אף אחד לא ידע מה עלה בגורלה. ואני משתגע בימים האלה, אני פשוט לא יודע איפה לשים את עצמי. אני כבר הבנתי את סדר הגודל של האירוע, הבנתי כמה זוועות היו שם, הבנתי שיש המוני חטופים, אני שמעתי איך הם התעללו, הברברים האלה, החיות אדם האלה, איך הם התעללו באנשים.

אני שמעתי מה הם עשו בקיבוץ, החמאס, כשהם היו תחת אש, ועכשיו ,בעזה, כשאין צה"ל מסביבם, הם פשוט יכולים לעשות להם כל מה שעולה על הדעת החולנית שלהם! הם יכולים להגשים את כל הפנטזיות המעוותות ביותר שלהם! ברברים, מפלצות! והמחשבה הזאת, שיש סיכוי אפילו קטן, שאמילי נחטפה לשם, זאת מחשבה שלא מאפשרת לי לנשום. זה היה נורא.

בעשירי לאוקטובר ניגשים אליי חברים מהקיבוץ, ומודיעים לי שמצאו את אמילי בתוך הקיבוץ, והיא מתה. ואני, כששמעתי את זה, אני הגבתי

"יס!!!" אני צרחתי ובכיתי וצרחתי, "יס!!!" כי זה עדיף, זה עדיף לה שלא תהיה בידי החמאס. להיות בידיים שלהם זה יותר נורא ממוות. מבין שתי האופציות מה שקרה לה זו בעיני האופציה הפחות גרועה.

5.

ואני נכנס לאבל שחור, שחור משחור, אבל כבד מאוד. כולנו מרוסקים לחלוטין. נטלי ועדן מתאבלים על אמא שלהם, ועכשיו הם גם מתאבלים על אחותם הקטנה. אין לנו אפילו גופה. נורא ואיום. אני נתתי ראיון לסי. אן.אן, הייתי הרוס לגמרי, בקושי הצלחתי לדבר. ובראיון הזה סיפרתי איך הגבתי כששמעתי שאמילי נרצחה. והראיון הזה נהיה ויראלי, הוא פשוט הגיע לכל מקום, התחילו לפנות אליי מכל ערוץ אפשרי להתראיין, ואני רק רציתי שיעזבו אותי, אני רק רציתי לחבק את עדן ונטלי ולא לזוז מהם. אבל אני הבנתי שיש פה הזדמנות, שאני יכול אולי לעשות משהו למען המדינה. אז אני מושך את עצמי בצווארון של החולצה, ואני מושיב את עצמי בראיונות. ומדבר. שהעולם ידע.

ובראיונות אני מספר עליה, על אמילי שלי, המלאך הטהור שלי. ואני מספר שאמילי הייתה ילדה מלאת אור, שהיא אהבה לרקוד, ולשיר, ולנגן. אני מספר שהיא הייתה יכולה לעשות כל דבר שהיא רוצה. ואם היא לא הייתה מצליחה משהו, היא לא הייתה מוותרת! היא הייתה מנסה שוב ושוב עד שזה היה הולך לה. ואני מספר איזו מנהיגה היא הייתה. איך כבר בגיל כל כך צעיר היא משכה אחריה אנשים. ואיך היא הפיצה אהבה, ואיך כולם אהבו אותה. ואני מסיים בזה שאנחנו חייבים לחסל את חמאס לחלוטין! לחלוטין! ואני אומר, אני צועק "עכשיו! אנחנו! חייבים! לסיים את זה! הם התחילו עם זה, ואנחנו נסיים את זה! נקודה!"

6.

ככה זה נמשך, במשך עשרים ימים. אנחנו היינו אז רחוקים מהבית שלנו. במלון של המפונים בים המלח. ואני כל כמה ימים נותן עוד ראיון, ומספר על אמילי שלי. ואז, בשלושים לאוקטובר, אני פתאום מקבל טלפון מהצבא – "תומאס, אנחנו לא בטוחים שאמילי מתה. מה שאמרו לך על הילדה שנמצאה בקיבוץ, זו כנראה הייתה טעות בזיהוי, אנחנו ממש מצטערים".

ואז נכנסתי לסיוט נוראי. נוראי. לכל אחד מהקורבנות של היום הזה, היו שלוש אופציות. נעדר, חטוף, או מת. ואמילי הייתה נעדרת, ואז הפכה למתה, ועכשיו היא שוב נעדרת! זה היה נורא! החוויה הזאת, של האי וודאות, זה דבר בלתי אפשרי. אני הרגשתי שהמחשבות שלי נתקעות לי בראש, כמו סכינים. כל הזמן דמיינתי דברים. דמיינתי את הגופה שלה זרוקה בשיחים. דמיינתי אותה בתוך מנהרה. דמיינתי דברים נוראיים.

ושבוע אחר כך, בשישי לנובמבר, אני יושב בלובי של המלון, ואני רואה פתאום מישהי רצה אליי, טסה אליי, מישהי מהקיבוץ, אני מכיר אותה, והיא מגיעה עד אליי, ואומרת לי, "טום, תקשיב! טום תקשיב!" היא מתנשפת מהריצה, והיא מסדירה את הנשימה, והיא ככה בקושי מצליחה לדבר והיא אומרת, "יש מטפלת אחת מהקיבוץ, הודית, והיא ראתה אותה! עם שתי הבנות שלה!" ואני לא מבין מה היא אומרת, ואני שואל "מי ראתה, מתי, איפה?!", והיא מתיישבת לידי והיא מחזיקה לי את היד, והיא אומרת לי, "תומס, טום, תקשיב! יש הודית שאומרת שהיא ראתה את רעיה, נחטפת, עם שתי הבנות שלה! תומס! לרעיה יש רק בת אחת!"

7.

רעיה נחטפה לעזה יחד עם אמילי והילה. בשבעה באוקטובר בשעה שתים עשרה וחצי, המחבלים הוציאו אותן מהממ"ד. אני הבנתי שזה היה בלי התנגדויות, בלי גרירות, בלי אלימות. הם פשוט שמו את שלושתן במושב האחורי של רכב המילוט שלהם, והובילו אותן ישר לדירת מסתור בעזה. הן היו שם יחד עם עוד כמה חטופים, ביניהם היה גם איתי סבירסקי, שאחר כך גילינו שהוא נרצח בשבי. נורא.

מאותו רגע, הן עוברות בין דירות מסתור בעזה כל הזמן. לפעמים כל יום ממש. והחמאס מרעיבים אותן. הן מקבלות לפעמים פיתה ליום, לפעמים חצי פיתה, לפעמים רבע פיתה. והן רעבות, רעבות, רעבות. באופן תמידי. וגם המים שם מרים. קשה לשתות אותם. ואסור להן לדבר. מותר רק ללחוש. אם הן צוחקות, אם בטעות נשמע ציוץ, אם מישהי בוכה וזה יוצא קצת בקול, המחבל מגיע עם סכין ואומר "אוסקוט!", תהיי בשקט, או שאני אהרוג אותך.

הדברים היחידים שהיו להן שם, כדי להעביר את הזמן, היו להן דפים וטושים שהן ביקשו וקיבלו. והייתה להם חבילת קלפים. והיה להן אחת את

השנייה. ולמרות שאסור לדבר, ואסור לצחוק, ואסור לנשום, אמילי והילה מצחיקות אחת את השנייה. בתוך השבי הן מצחיקות זו את זו! הן ממש מחפשות, מחפשות מה יכול להיות מצחיק, וצוחקות. בלי קול. צוחקות בדממה.

ובכל הזמן הזה, רעיה דואגת לאמילי כמו לבת שלה. היא דואגת שהיא תאכל, היא רוחצת אותה, המקלחת זה לא באמת מקלחת, זו שטיפה כזו בקערה או בכיור, עם קצת מים פושרים וסמרטוט. היא גם קיצרה לה את השיער, כדי שיהיה לה יותר קל לטפל בו. היא ממש לוקחת אותה תחת חסותה. ואם חושבים על זה, במשך כל החודשיים האלה, רעיה הייתה האמא השלישית של אמילי. אחרי ליאת. ואחרי נרקיס. זה פשוט מטורף.

.8

כשאני קולט שאמילי חטופה, כל הכוחות שאיבדתי פשוט חזרו אליי. בבת אחת! מאז הטבח הייתי ממש מרוסק. הורדתי שלושה עשר קילו. הייתי חולה וחלש. אבל כששמעתי שאמילי בחיים, האור פתאום חזר אלי. ומאותו רגע יש לי בראש רק מטרה אחת! להחזיר אותה הביתה. ואני מבין שאולי, אולי אני יכול לעזור לזה לקרות, בזכות העובדה שלאמילי יש אזרחות אירית. אם אני עכשיו גורם לחמאס להבין שלאמילי יש אזרחות אירית, ואם אני מתחיל עכשיו כדור שלג דיפלומטי של לחץ בינלאומי, שיתגלגל ויגיע עד לחמאס, אז אולי, אולי, הבת שלי תחזור אלי הביתה בשלום.

באותו היום שגיליתי שאמילי חטופה, היה במלון צוות של הסי.אן.אן. ביקשתי מהם להתראיין, ובראיון סיפרתי שאמילי חטופה, ושיש לה שני דרכונים. ישראלי ואירי. שיבינו שיש אזרחית אירית חטופה! ואני חושב לעצמי, אם לחמאס יש טלוויזיה, אם הם שומעים את הראיון הזה, הם מבינים שהם מתעסקים עכשיו עם אירלנד. אבל זה לא מספיק. צריך שאירלנד יהיו בצד שלנו. וגם זה לא מספיק. צריך שאירלנד תבין שזו החובה שלה, להחזיר את אמילי. צריך שאירלנד תפעל! אז אני מתחבר ליועצי תקשורת, חבורה מדהימה של אנשים, שצוללים איתי לפרוייקט ענק, בינלאומי, במטרה להחזיר את אמילי, תכף ומיד!

בנקודה הזו, נטלי ועדן מצטרפים למאבק. נטלי היא הכוח שלנו בעברית. אני הכוח שלנו באנגלית. ועדן הוא הכוח שלנו מול הפוליטיקאים.

בתוך כמה ימים אמילי הופכת להיות הפנים של החטופים. אני מתראיין בכל מקום, בכל במה אפשרית, ותמיד, לא משנה כמה הראיון הוא קצר, תמיד אני מזכיר שלושה דברים. דבר ראשון, יש לנו מעל מאתיים חטופים בעזה! דבר שני, אמילי בתי בת השמונה, גם היא חטופה! דבר שלישי, יש לאמילי אזרחות אירית! ילדה אירית נחטפה!

בחלק מהערוצים שהתראיינתי אליהם, הייתה תעמולה אנטי־ישראלית מאסיבית, הם היו אומרים שישראל עושה "אפרטהייד" ו"ג'נוסייד", היו מכנים את החמאס "חיילים", או אפילו "לוחמי חופש", וגם עליי הם לא ריחמו בראיון, הם היו מאוד מעצבנים. ואני התעצבנתי שם, אוהו, כשיש צורך, אני יודע להתעצבן.

בתוך כמה ימים אני מקבל הודעה שיש שלושה אנשים, די חשובים, ששמעו על הסיפור של אמילי, והם רוצים לפגוש אותי. ראש ממשלת אירלנד. נשיא אירלנד. ושר החוץ של אירלנד. נטלי מצטרפת אליי, ואנחנו טסים לשם, ונפגשים עם שלושתם. כששוחחתי עם ראש ממשלת אירלנד, ליאו ורדקר, הוא אומר לי שבשבועיים שחלפו מאז שהתברר שאמילי חטופה, הוא כבר הספיק לנסוע פעמיים לקטאר, ושהוא נוסע בקרוב לאיראן, לסוריה, וללבנון, כדי להפעיל לחץ, כדי שהחמאס ישחרר לי את הילדה! ואני התרגשתי כל כך. הבנתי שהמטרה הראשונה שלי הושגה. אירלנד בתמונה.

אחר כך טסנו לניו יורק, דיברנו עם כמה שיותר אנשים שיש להם השפעה, הצלחנו לגרום לכך שאמילי תתנוסס על הטיימס סקוור, הם שמו תמונה שלה שם, בדרך כלל הפרסומות שם קצרות, אבל אמילי הייתה שם יותר משעה! ואני המשכתי להתראיין לכל מי שרק הסכים. לכל התכניות, לכל העיתונים. רציתי שכל העולם ידע.

ויום אחד, בזמן שהייתי בלונדון, בעצרת ענקית למען ישראל, אני מקבל פתאום טלפון מהארץ, ואומרים לי "יש סיכוי גבוה לעסקה. יש סיכוי שחטופים יתחילו להשתחרר בקרוב. יהיו גם ילדים, אולי גם אמילי תשתחרר". ובאותו רגע ביטלנו את כל אירועי ההסברה שהיו מתוכננים לנו, וטסנו לארץ בחזרה.

.9

אחרי ארבעים ושמונה ימים בשבי, המחבלים ניגשים לאמילי ואומרים לה

שהיא עומדת להשתחרר. אין לי מושג אם היא ידעה קודם שיש אפשרות כזאת בכלל. אני לא יודע אם היא בכלל חשבה שזה יכול לקרות, שיום אחד היא פשוט תצא מהכלא הזה. ואמילי, כשהיא שומעת את זה, הדבר הראשון שהיא אומרת זה "מה עם הילה ורעיה?!", והם אומרים לה, "הן לא משתחררות. אותך משחררים כי לך יש דרכון של אירלנד". ואמילי לא מוכנה לקבל את זה. נקודה. היא מבחינתה לא זזה בלי הילה ורעיה. והיא מתחילה לבכות, פשוט לבכות בלי שליטה, והיא אומרת להם שבשום אופן לא, בשום אופן היא לא יוצאת מפה בלי רעיה והילה.

גם יום למחרת היא לא השתחררה. היא פשוט לא הסכימה להשתחרר. והם ידעו כנראה שהם לא יכולים להוציא אותה משם בניגוד לרצונה. הם לא יכולים להרשות לעצמם את הדימוי הזה, של ילדה שנגררת החוצה בכוח מהרכב של הצלב האדום. זה מצטלם גרוע מאוד. וכשהם ראו שהיא לא מוותרת, הם אמרו לה, "בסדר, מחר את והילה משתחררות". זה היה נורא. הם בעצם כפו על הילה להיפרד מרעיה. הם קרעו ילדה מאמא שלה. זו הייתה בעצם הפרה של ההסכם. היה אסור להם להפריד בין ילדים לאימהות. אז החמאס פשוט שיקרו ש"הם לא יודעים איפה רעיה נמצאת". כרגיל, פשוט מרחו את כולם בשקרים שלהם. חיות אדם.

אמילי והילה חזרו הביתה אחרי חמישים יום בשבי, רעיה שוחררה ארבעה ימים אחר כך. זה מה שקרה.

.10

כשיצאתי לבסיס שבו הייתי אמור לפגוש את אמילי, לקחתי איתי את ג'ונזי, הכלב שלה. אני הבאתי לה אותו כי רציתי שיהיה לה את מי לחבק. אני לא הייתי בטוח בכלל שהיא תרצה לחבק אותי. אני לא ידעתי מה היא חושבת עליי. אני הרי נכשלתי באותו היום, אני הייתי אבא שנכשל בלשמור על הבת שלו. ואני לא ידעתי מה אמילי חשבה עליי בכל הימים האלה בשבי. פחדתי שהיא מאשימה אותי. פחדתי שהיא כועסת עליי. בסופו של דבר, ביום הכי נורא בחיים שלה, אני לא הייתי שם בשבילה. אבל על ג'ונזי היא בטוח לא כועסת. כלב זה אהבה טהורה. הוא לא זה שנכשל בלשמור עליה באותו היום.

אבל כשאמילי הגיעה, היא רצה אליי וחיבקה אותי. וחיבקה. וחיבקה, וחיבקה. ואני חיבקתי אותה, ואני בכיתי, וחיבקתי אותה כל כך חזק, ובכיתי

כל כך חזק. אני לא בכיתי ככה כל חיי. ובדרך, כשנסענו ברכב מהבסיס לבית החולים, אני שם לב שאמילי פשוט לא מפסיקה להסתכל עליי. לא מפסיקה להסתכל. ואני שואל אותה, "אמילי, אהובה שלי, דברי איתי, תספרי לי מה עובר לך בראש", והיא אומרת, בלי קול, היא חמישים יום דיברה בלי קול, היא דיברה בלי קול, ואני הייתי צריך לקרוא את השפתיים שלה, ואני הבנתי שהיא לוחשת לי, "אבא, חשבתי שאתה מת, חשבתי שהם חטפו אותך, חשבתי שאני לא אראה אותך יותר אף פעם", ואני מתחיל לבכות, ואני שואל אותה, "את לא כועסת עליי", ואמילי לא מבינה בכלל למה אני שואל את זה, היא מסתכלת עליי ואומרת לי, "תודה שאתה לא מת אבא, תודה אבא שאתה חי".

שנלך בדרך הזאת, בדרך הלבנה

סיפורו של עווד דראושה

מספר – מוסא, אבא של עווד

פסטיבל נובה

.1

אני זוכר, כשעווד היה קטן, ילד קטן, פעם הוא והאחים שלו עשו משהו בבית, עשו בלגן, נהיה רעש, וכל האחים שלו והאחיות, ברחו, התפזרו, ורק הוא נשאר שם, ואני מגיע, ורואה אותו שם, יושב ככה רגוע, מסתכל עליי, אז אני אומר לו, "למה אתה לא קם, כנראה אתה עשית את הבלגן!", והוא עומד מולי, כמו שד! ואומר לי, "למה אתה כועס אבא, אם הייתי עושה את זה, גם אני הייתי בורח, אבל אני לא עשיתי, אז למה שאני אברח", ואני האמנתי לו, ואמרתי לו, "אתה יודע מה, אתה צדיק, זה נכון, אתה לא עשית את זה". היה לו ראש לילד הזה. והיה לו אומץ, לעמוד מולי. והיה לו לב טוב.

היה לו לב גדול. בכפר שלנו, באיכסאל, עדיין באים לנחם אותנו, ובאה לפה מורה שלו, ואמרה לנו שהוא הביא לה מתנה ליום הולדת, הוא הביא לה שרשרת קטנה, ומורה אחרת סיפרה לנו שהוא הביא לה פרח, היה לו לב כזה, לא כל ילד זוכר ככה את היום הולדת של המורה שלו, היו לו רשימות, הוא היה זוכר תאריכים, יום הולדת של דודה, של דוד, של האחים שלו, וגם במקומות שהוא עבד, באיחוד הצלה, גם שם הוא זכר את כולם, והיה חבר שם של כולם.

הוא לא היה בטלן. הוא היה ילד חרוץ. לא הייתה עבודה באמבולנס – היה הולך לעבוד באולם חתונות, למלצר, לא היה עבודה שם – היה הולך להיות טבח, לעזור לטבח. הוא ידע לבשל גם, היה מבשל הכול, דגים, בשר, שרימפס. והיה לו ראש טוב, הוא היה הולך לאולם חתונות

לעבוד שם, וכל הערב היה עוזר לשולחן שלו, מקבל אנשים, "אהלן איך אפשר לעזור לכם, מה אפשר להביא לכם", היה אומר מילים טובות, והם היו מביאים לו טיפים, הוא היה חוזר הביתה עם אלף שקל. היה לו ראש לילד הזה. הוא היה ילד טוב. היה ילד טוב.

.2

הוא התחיל ללמוד להיות רופא, בגאורגיה. למד שם שנה, ואז חזר, היה בלגן שם, בקורונה. אבל היו לו תוכניות לחזור לשם, לסיים ללמוד, ולהיות דוקטור. כל הזמן הוא היה חושב קדימה. בינתיים הוא התחיל ללמוד להיות פרמדיק, ולעבוד אצל "יוסי אמבולנס". יש חברה, "יוסי אמבולנס" והם אהבו אותו שמה, מה זה אהבו, לימדו אותו להיות פרמדיק, ונתנו לו עוד עבודה, והוא היה עובד שם שעות, שעות. אמרתי לו, "תעזוב את זה, אתה כל הזמן על הכביש", והוא אמר, "זה טוב לי, אבא". היה איש של עבודה.

הוא היה הקטן שלנו, הכי קטן, ובכל זאת הכי היה עוזר לי. כל הזמן היה עוזר, היה מגיע לעבודה שלי, ואומר לי, "אתה תנוח אבא, רק תגיד לי מה לעשות, אני אעשה, תסביר לי מה לעשות, מה להוסיף, מה לחבר, איך להדליק, אתה תנוח". אני קבלן, והוא היה נדבק אליי, ואהב לעזור לי הרבה. לפעמים היה הולך, חוזר מבית ספר, ואז מכין אוכל, ובא עם האוכל אליי לעבודה, ואומר לי, בוא תשב תאכל אבא, ותגיד לי מה לעשות.

וכל החיים היינו חולמים יחד, רוצים לבנות לו בית, לקנות לו בית ואז לעשות לו חתונה, היו תוכניות גדולות, הוא היה המלאך בבית שלנו, מלאך, כל הזמן מחבק את האחיות שלו, מנשק, הוא היה האור פה, ועכשיו אנחנו לבד, מסתכלים אחד בשני בעיניים כל כמה שניות, זהו, אין, נהרסו לנו החיים. וכל לילה אני ואימא שלו, אנחנו מתחננים, מתפללים, שיבוא אלינו בחלום, אבל הוא גם בחלום הוא לא בא. אינשאללה בעזרת השם הוא עוד יבוא לנו בחלום.

.3

עווד ירד לדרום כבר ביום חמישי, הוא לקח איתו את העגלה עם הטרקטורון, היה איתו טרקטורון שם, עם האמבולנס. כשהוא יצא מהבית הוא עדיין לא ידע בדיוק לאיפה הוא נוסע, למה, כי שבוע לפני זה היה עוד אירוע דומה,

באזור של הערבה, וגם שם עווד עבד כפרמדיק, אז הוא חשב שהוא הולך לשם שוב.

לפני שהוא הלך אימא שלו הביאה לו אוכל. הוא היה אוהב עווד, להביא אוכל לכל הצוות, הביא להם לאבנה שאנחנו מכינים, ושמן זית, וזעתר, ופיתות, הכול היה מביא, והם היו אוהבים. הוא הרבה היה עושה את זה. וזהו, נסע, אמר לנו, "חבר'ה אני נוסע לשלושה ימים, ביי ביי, להתראות", והלך.

ביום חמישי היה להם אירוע, וביום שישי עוד אירוע אחר, הוא טיפל שם בכמה אנשים, היה חם, התייבשו, הוא עזר שם לאנשים. ובלילה, בלילה הייתה מסיבה. בסדר הוא רגיל, הוא היה בהרבה אירועים כאלה, אנשים באים לפעמים, לא מרגישים טוב, מתעלפים, לא משהו רציני. זה מסיבות זה ככה.

למחרת, ביום שבת, הוא אפילו לא דיבר עם אף אחד. לא ידענו כלום. אני בכלל הייתי בבית חולים, למה, כי אני היה לי כאב בריאות שלי, וחברים אמרו לי, תלך לבית חולים לבדיקות. רק אחר כך בצוהריים התחלנו להבין מה קורה, התקשרנו אליו והוא לא ענה, ולא דיבר כלום. ואני בבית חולים, עם כאב בריאות, לא הצלחתי לנשום. ולא הבנתי למה אני לא מצליח לנשום. וואלה עכשיו אני מבין.

4.

אנחנו לא יודעים הרבה. עוד לא בירנו, לא דיברנו עם אנשים. מה שאנחנו יודעים שהתחילו הטילים, ואז הגיע הגל הראשון של המחבלים, וירו שם, וזרקו רימונים, לא יודע מה זרקו, ואנשים שם נפצעו, ביד, ברגל, בזה, אז התחילו לטפל בהם, הוא הפרמדיק, והאחות שהייתה איתו, התחילו לטפל באנשים, לחבוש אותם, לעזור להם, טיפלו שם בהרבה פצועים בהתחלה.

והוא היה לו טרקטורון, הוא היה הולך ונוסע, ומביא פצועים לאוהל, היה נוסע לאזור של המסיבה, ומביא פצועים, ככה זה היה. ואז התחילו להגיע מחבלים, לירות שם, לרסס, וכולם ברחו, כל הפרמדיקים שם ברחו, והייתה איתו שם בחורה, אחות, בחורה, והיא התחילה לבכות, והוא חיבק אותה ואמר לה, "עכשיו אין לנו זמן לזה. קומי ונהיה חזקים! תבורכי! תקומי!", ואותו דבר הוא אמר לבחור הבדואי שהיה שם. הוא עזר להם לברוח מהמקום.

וכולם באמת ברחו, והפרמדיק השני אמר לו, "עווד, קום, תברח! אל תהיה טיפש, קום!", אז עווד אמר לו, "אתה תברח, אני אסתדר איתם".

זה המילים האחרונות שאמר לו עווד, "אני אסתדר איתם", הוא חשב שהוא ידבר איתם בערבית, כאילו, ידבר איתם על קוראן או משהו. הוא חשב שהוא יכול להיות המלאך של המלחמה הזאת. הוא לא ידע שהם לא אכפת להם, לא מזה ולא מכלום.

אז הוא נשאר שם. הוא נשאר איפה שהפצועים. הוא לא עזב אותם. למרות שהוא היה הכי צעיר בצוות שלהם, הוא זה שנשאר לשמור עליהם לבד. ומשם הוא כתב ליוסי, לבעל הבית של האמבולנס, הוא כתב לו "אנחנו בבלגן כאן, אנחנו במלחמה, אנחנו צריכים עזרה, איפה המדינה, יש כאן הרבה אנשים שבאים, במכוניות, ברגל", בעשר בבוקר הוא כתב לו. ואז גם באו אליו לשם עוד פצועים, והוא טיפל גם בהם, היה שם לבד וטיפל בהם, וחלק מהם, חלק מהפצועים, ניצלו גם. זה למה נשיא המדינה שהיה כאן אמר לי שעווד הוא גיבור של המלחמה.

הוא נהרג שם, באוהל, ירו לו שני כדורים בלב, שני כדורים, בדיוק בצד שמאל. וכשמצאו את הגופה שלו, מצאו אותו עם תחבושות בידיים. הוא עדיין רץ עם התחבושות. זה מה שהוא חיפש לעשות, לסגור פצעים של אנשים. רק את הפצעים שלו לא היה מי שיסגור. וכשבאתי לראות אותו, כשהביאו לי את הגופה, כשראיתי אותו, הוא היה בארון עם חיוך! והאנשים בדקו אותו, ואמרו לי, הוא כולו נקי, כמו חדש, לא חסר לו כלום, חוץ משני חורים בצד שמאל, איפה הלב. והפנים שלו היו יפים יפים. הוא היה מלאך בארון. מלאך. חתן! איזה פנים היה לו. מי שראה אותו אמר, וואלה, עווד יותר חתיך ממה שהיה בחיים.

5.

מי לא היה בהלוויה שלו. היו מוסלמים, דרוזים, נוצרים, יהודים, צ'רקסים, מי לא היה בהלוויה של עווד. אצלנו נשים אסור להן לצאת ללוויה, אבל כל הנשים עמדו ככה ברחוב! כולן עמדו ברחוב, והסתכלו על הארון. מי לא היה בהלוויה, מי לא עשה תפילה. יש לי חבר רב שעשה תפילה על עווד, יש לי חבר אפיפיור מנצרת שעשה תפילה על עווד. ואחר כך באו אנשים לנחם אותנו, אנשים שאני לא מכיר אותם! ערבים, יהודים, באו ממודיעין, באו מהצפון, אמרו לי, אני שמעתי על הבן שלך, הביאו חיבוק, ואני קיבלתי אותם, אני מקבל כל אורח, כל בן אדם.

עווד היה הילד של הכפר. לא הבן שלי. אנשים בכפר לא אמרו לי "אנחנו משתתפים בצערך", לא! הם אמרו, "עווד זה הבן שלנו! זה הבן שיצא מהבית שלנו". ככה כולם אמרו לי. ואני נשבע, אני קיבלתי כוח מהאנשים האלה. אני בן אדם בכיין, אני בן אדם רגיש, אבל אני עמדתי, וקיבלתי את האנשים. אלפי אלפי אנשים היו. והם נתנו לי את הכוח. הם בירכו אותי בכוח.

אני, זהו, אני את האסון שלי אני כבר קיבלתי. אבל אני מתפלל, אני מתפלל שעכשיו אחרי מה שקרה לנו, נוכל לחיות בשקט, לחיות בשלום, אנחנו צריכים לשנות את החיים שלנו, אנחנו ביחד, צריכים לקבל אחד את השני, ולחיות טוב ביחד, אנחנו יכולים להיות אחלה מדינה, אחלה עולם, אני לא יודע למה אנחנו ככה. למה זה החיים. למה צריכים לחיות ככה אני לא יודע.

למה שלא יהיה שקט, למה שלא יהיה שלום. למה לא יכולים לחיות כולם ביחד. אני, כמה אני צריך לחיות. שבעים, שמונים, תשעים, בסוף אני הולך מהאדמה הזאת. האדמה הזאת לא שלי ולא של אף אחד. אז בואו נחיה בשקט, בואו נחיה ככה, אחד אוהב את השני, אחד מכבד את השני. איך קרה שנהיינו פה אנשים חיות. איך אלוהים ברא אותנו, איך אלוהים נותן לנו לחיות. אפילו הלב של החיות יותר טוב מהלב שלנו.

ובאמת, אני מוכן לקבל את זה, לוותר על עווד ולהגיד, יאללה, האסון האחרון היה אצלי, אבל מעכשיו יהיה יותר טוב, יותר שקט, יותר אור. אינשאללה. אינשאללה! שנלך בדרך הזאת, בדרך הלבנה. בואו נעשה מהתחלה אור!

מפת
האירועים
המופיעים
בספר

בסיס זיקים
מוצב יפתח

ניר עם
שדרות

כפר עזה
מוצב נחל עוז
יכיני
נחל עוז
עלומים
בארי
פסטיבל נובה
רעים

נירים

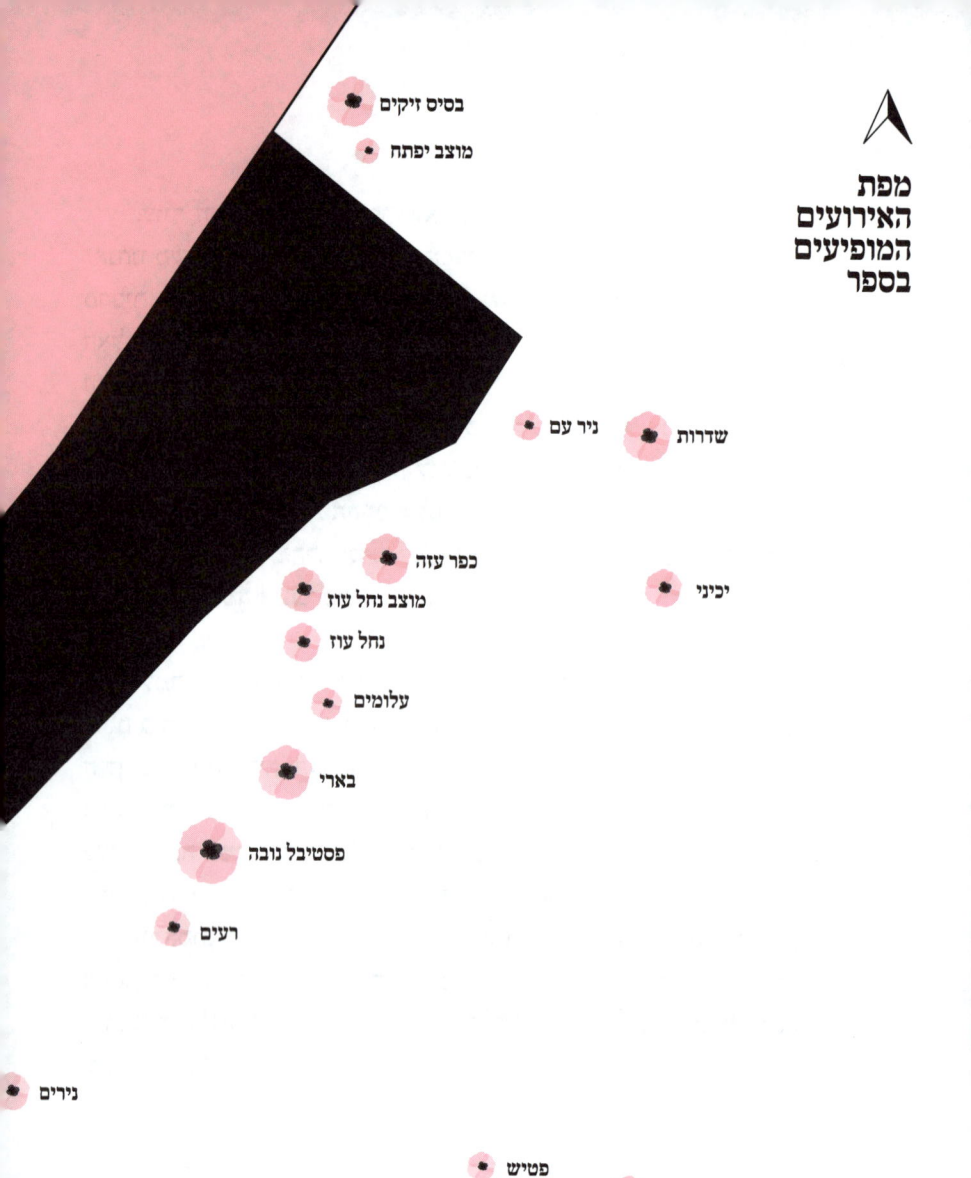

פטיש
אופקים

ניר עוז

	חללים	חטופים	שעות לחימה
פסטיבל נובה	364	44	10 שעות
בארי	98	32	3 ימים
שדרות	80	-	3 ימים
כפר עזה	79	18	68 שעות
מוצב נחל עוז	66	7	50 שעות
אופקים	52	-	2 ימים
ניר עוז	38	72	7 שעות
עלומים	16	8	10 שעות
נחל עוז (קיבוץ)	14	5	12 שעות
רעים (קיבוץ)	11	5	3 ימים
מוצב סופה	11	-	14 שעות
נירים	8	5	10 שעות
יכיני	8	-	10 שעות
מוצב יפתח	8	-	12 שעות
בסיס זיקים	7	-	4 ימים
סופה (קיבוץ)	3	-	12 שעות
ניר עם	2	1	16 שעות
יתד	-	-	12 שעות

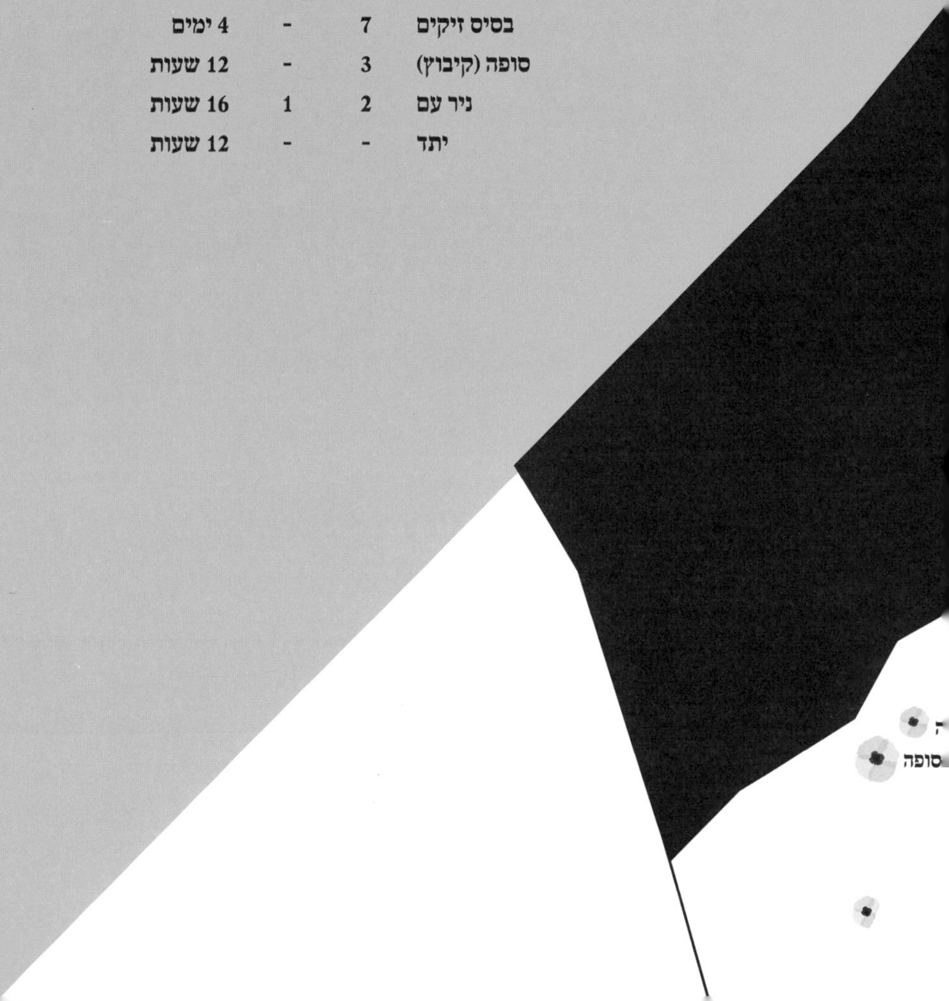

אַאֲמִינָה גַּם בֶּעָתִיד,
אַף אִם יִרְחַק זֶה הַיּוֹם,
אַךְ בּוֹא יָבוֹא – יִשְׂאוּ שָׁלוֹם
אָז וּבְרָכָה לְאֹם מִלְאֹם.

יָשׁוּב יִפְרַח אָז גַּם עַמִּי,
וּבָאָרֶץ יָקוּם דּוֹר,
בַּרְזֶל־כְּבָלָיו יוּסַר מֶנּוּ,
עַיִן־בְּעַיִן יִרְאֶה אוֹר.

יִחְיֶה, יֶאֱהַב, יִפְעַל, יָעַשׂ,
דּוֹר בָּאָרֶץ אָמְנָם חָי
לֹא בֶּעָתִיד – בַּשָּׁמַיִם,
חַיֵּי־רוּחַ לוֹ אֵין דָּי.

אָז שִׁיר חָדָשׁ יָשִׁיר מְשׁוֹרֵר,
לְיֹפִי וְנִשְׂגָּב לִבּוֹ עֵר;
לוֹ, לַצָּעִיר, מֵעַל קִבְרִי
פְּרָחִים יִלְקְטוּ לַזֵּר.

שאול טשרניחובסקי

סרקו להרחבה על הגיבורים שלנו